教育部经济管理类主干课程教材

会计与财务系列

Intermediate Financial Accounting

中级财务会计

（第5版）

陈立军　编著

中国人民大学出版社
· 北京 ·

图书在版编目（CIP）数据

中级财务会计 / 陈立军编著. —5 版. —北京 ：中国人民大学出版社，2020.1
教育部经济管理类主干课程教材. 会计与财务系列
ISBN 978-7-300-27709-7

Ⅰ. ①中… Ⅱ. ①陈… Ⅲ. ①财务会计-高等学校-教材 Ⅳ. ①F234.4

中国版本图书馆 CIP 数据核字（2019）第 267685 号

教育部经济管理类主干课程教材·会计与财务系列
中级财务会计（第 5 版）
陈立军　编著
Zhongji Caiwu Kuaiji

出版发行	中国人民大学出版社		
社　　址	北京中关村大街 31 号	**邮政编码**	100080
电　　话	010－62511242（总编室）		010－62511770（质管部）
	010－82501766（邮购部）		010－62514148（门市部）
	010－62515195（发行公司）		010－62515275（盗版举报）
网　　址	http://www.crup.com.cn		
经　　销	新华书店		
印　　刷	北京溢漾印刷有限公司	**版　　次**	2012 年 10 月第 1 版
规　　格	185 mm×260 mm　16 开本		2020 年 1 月第 5 版
印　　张	24.5 插页 1	**印　　次**	2021 年 5 月第 4 次印刷
字　　数	515 000	**定　　价**	52.00 元

总　序

从教材体系的角度看，基础会计、中级财务会计和高级财务会计三者既相对独立又相互衔接，系统完整地呈现了财务会计确认、计量与报告的理论与实务。

基础会计是财务会计知识体系的基础，由浅入深地讲解会计学的基本知识，循序渐进地介绍财务会计确认、计量与报告的基本原理和基本方法。基础会计将引导学习者步入财务会计知识的殿堂。

中级财务会计是财务会计知识体系的核心，系统地介绍有关资产、负债、所有者权益、收入、费用、利润等会计要素的确认、计量与报告的理论与实务的相关内容，完整地阐述企业利用财务报告列报企业的财务状况、经营成果和现金流量信息的原理与方法。中级财务会计承前启后，是连接基础会计和高级财务会计的桥梁。

关于高级财务会计应涵盖的内容，目前并无统一规范。是侧重于已经受到严峻挑战的四个会计前提的交易或事项有关的会计理论与实务，还是聚焦于有别一般交易或事项的“特殊”会计专题，见仁见智。但有一点是毋庸置疑的，即高级财务会计是在中级财务会计的基础上，对财务会计教学内容的补充与延伸，随着不断变化的经济环境对财务会计教学理念与体系随时提出新的要求，并且补充与延伸的内容日益更新与丰富。

如果说读者通过基础会计的学习，主要是了解会计确认、计量与报告的基本原理和基本方法，那么，通过中级财务会计的学习，应该掌握将企业的财务状况、经营成果和现金流量信息以财务报告的形式呈报给会计信息使用者的理论体系与方法体系；通过高级财务会计的学习，应把握某些较为复杂的交易或事项的会计确认、计量与报告的理论与实务，从而全面掌握财务会计知识体系的深层次内容。

基于以上思考，我们精心设计、编写了这组《基础会计》《中级财务会计》《高级财务会计》教材。本组教材既能够作为高等财经院校会计学专业、高等学历教育及其他经济类专业会计教学的必修课教材，也可以作为广大财会人员、企业管理人员及有志于从事或研究财务会计学的自学者的参考用书。

本组教材的编写以财务会计概念框架为理论基础，以《企业会计准则》及其讲解和应用指南等为主要依据，结合国际财务报告准则的最新动态，参照了我国财政部颁发的《企业会计准则解释第1号》至《企业会计准则解释第13号》等最新规范；在框架设计和内容板块的取舍上，本着既系统又实用的原则，既考虑企业尤其是上市公司常见会计实务的处理要求，又兼顾三本书的协调与衔接。其中，《基础会计》包括11章，系统介绍财务会计的基本理论和基本方法；《中级财务会计》包括13章，系统介绍一般企业对资产、负债、所有者权益、收入、费用和利润等会计要素的确认、计量与报告的基本理论、流程与方法；《高级财务会计》则主要按照非货币性资产交换、债务重组、股份支付、外币折算、租赁、所得税、企业合并、合并财务报表、衍生金融工具以及清算等方面，紧密结合相关交易或事项的理论与方法进行专题介绍。

本组教材的编写在体系与板块安排上着力实现衔接与一贯，在内容组织上注意做到由简到繁、由浅入深；在写作方法上，既有对同类优秀教材的经验借鉴，又有作者本人多年从事财务会计教学的经验总结。《基础会计》《中级财务会计》《高级财务会计》分别由东北财经大学的张捷教授和刘英明副教授、陈立军教授、傅荣教授编著。

本组教材从编写立项、结构安排到具体写作的每一个环节，都得到了中国人民大学出版社李文重编辑的热情鼓励与支持。在此，我们表示衷心的感谢。

对于本组教材中可能存在的不足甚至错误，恳请老师、学生及各界读者不吝指正。

编者

前　言

中级财务会计最终是以财务报告的形式，将企业的财务状况、经营成果及现金流量等信息传递给外部会计信息的使用者，帮助他们进行各种经济决策。由于企业的经营、投资及理财活动不仅直接关系到企业的生存与发展，而且影响着各类信息使用者的经济利益，并受到社会公众的高度关注，因此，企业对外提供的财务报告应能满足高品质的要求，在国内和跨国公司之间具有可比性，并能相互理解。唯有如此，才能使财务会计成为真正意义上国际通用的商业语言。

基于上述考虑，本书吸收了国内外近几年编写的优秀财务会计教材的精华，结合国际财务报告准则变化的最新动态，依据我国《企业会计准则》(2019 年修订) 等最新会计规范，并结合作者多年从事财务会计教学的经验，合理设计、精心编写而成。

2017 年 3 月 31 日，财政部发布了修订后的《企业会计准则第 22 号——金融工具确认和计量》《企业会计准则第 23 号——金融资产转移》《企业会计准则第 24 号——套期会计》；2017 年 5 月 2 日，财政部发布了修订后的《企业会计准则第 37 号——金融工具列报》；2017 年 5 月 10 日，财政部发布了修订后的《企业会计准则第 16 号——政府补助》；2017 年 7 月 5 日，财政部发布了修订后的《企业会计准则第 14 号——收入》。

2017 年 12 月 25 日，财政部发布了关于修订印发一般企业财务报表格式的通知，针对 2017 年施行的《企业会计准则第 42 号——持有待售的非流动资产、处置组和终止经营》和《企业会计准则第 15 号——政府补助》的相关规定，对一般企业的财务报表格式进行了修订。

2018 年 6 月 15 日，财政部发布了关于修订印发 2018 年一般企业财务报表格式的通知，再次修订了一般企业财务报表格式，并分别公布了执行新金融准则和新收入准则企业及未执行新金融准则和新收入准则企业报表格式。

2019 年 5 月 10 日，财政部发布了关于修订印发 2019 年一般企业财务报表格式的通知，又一次修订了一般企业财务报表格式，并分别公布了执行新金融准则、新收入准则和新租赁准则及未执行新金融准则、新收入准则和新租赁准则企业报表格式。

自2016年以来，财政部、国家税务总局发布了营业税改征增值税的系列文件、公告及通知等；2018年4月4日，财政部、国家税务总局发布了《关于调整增值税税率的通知》，规定从2018年5月1日起，增值税的两档税率下调，将制造业等行业的增值税税率从17%降至16%，将交通运输、建筑、基础电信服务等行业及农产品等货物的增值税税率从11%降至10%。统一了工业企业和商业企业小规模纳税人的年销售额标准由50万元和80万元上调至500万元。自2019年4月1日起，增值税的两档税率再次下调至13%和9%。

本版教材鉴于上述原因，在第4版教材的基础上，按照2019年再次修订的报表格式，调整了企业财务报表的格式及列报的内容；按照2019年4月1日起执行的新增值税税率改写了相关章节的例题；完善了各章基本内容的表述；对于有不同观点的实务处理方法做了补充或提示说明。

本书以财务会计概念框架为理论基础，理论联系实际，名章例题的设计主要以我国上市公司的会计实务为例，结合现行会计准则等加以阐释。在教材内容的安排上既注重中级财务会计的体系完整，又兼顾与高级财务会计的协调与衔接。阐述问题思路清晰、语言精练、表达准确、内容丰富，体现了现行企业所得税法、公司法及税法在会计实务中的应用。本书旨在承前启后，成为连接基础会计和高级财务会计的一座桥梁。

本书的编写从立项、体系结构安排到具体内容的写作，都得到了中国人民大学出版社李文重编辑始终如一的热情鼓励与支持，也得到了我的同事张捷教授、傅荣教授的大力支持和帮助，在此一并表示衷心的感谢。

由于时间仓促，改写工作量较大，加之水平有限，书中错误之处在所难免，欢迎广大读者和同行批评指正。

陈立军

目　录

第1章 总 论

学 习 目 标

通过本章的学习，理解财务会计的特征和财务会计的规范；理解财务会计的基本前提；掌握财务会计信息质量要求和财务会计的基本要素；掌握财务会计的最新规范。

1.1 财务会计概述

1.1.1 财务会计的含义及其与管理会计的不同

现代财务会计是以会计规范为指导，运用一系列专门的技术与方法，对企业资金运动进行全面反映、监督与控制，以便向会计信息使用者提供企业相关财务会计信息的对外报告会计。

从社会属性上讲，财务会计是一种管理活动，即会计的功能总是通过会计人员从事的多种形式的管理活动实现的。从自然属性上讲，会计是一门计量的技术和信息系统，即将会计看成是一个以提供财务信息为主的管理信息系统，是一个经济组织中整个经营管理系统的组成部分，并且强调会计的目标是向预定的会计信息使用者提供其进行经营决策所需的信息。

会计信息按其使用者可分为财务会计和管理会计，两者互相配合并共同服务于市场经济条件下的现代企业。管理会计是企业为了加强内部经营管理，提高企业经济效益，在企业经营管理过程中直接发挥作用的会计。管理会计的主要任务是向企业管理者提供内部经营管理和经营决策所需的会计信息，也称内部会计。

与旨在向企业内部管理层提供经营决策所需信息的管理会计不同，财务会计旨在向企业外部的投资者、债权人和其他与企业有利害关系的外部集团提供投资决策、信贷决策和其他类似决策所需的会计信息。这种会计信息最终表现为通用的财务会计报告。将财务会计与管理会计进行比较，可以发现两者存在以下几点不同：

（1）财务会计以对外报告信息为主要目标。财务会计的主要目标是向企业的外部使用者提供会计信息，外部使用者包括投资者、债权人、社会公众和政府部门等。从信息的用途看，主要是利用信息了解企业的财务状况和经营成果等。而管理会计的目标侧重于规划未来，对企业的重大经营活动进行预测和决策，以及加强事中控制等。

（2）财务会计以公认的会计规范为指导。公认的会计规范是指导财务会计工作的原则，是处理会计业务的规范。如我国现行的企业会计准则，包括基本会计准则和具体会计准则；国际会计准则委员会制定的国际会计准则或国际财务报告准则等。而管理会计则不必严格遵守公认的会计规范。

（3）财务会计以一系列的专门技术与方法进行会计处理和信息加工。财务会计对象经过处理，即确认、计量、记录，最终会形成财务报表。财务会计遵循“凭证→账簿→报表”这一会计模式，运用了一系列专门的技术与方法，例如，收入与费用的确认以权责发生制为基础；采用复式记账法；遵循历史成本等计量属性；等等。管理会计所用的方法比较灵活，视具体情况而定，一般不遵循固定的会计模式。

（4）财务会计对数据要求严格。财务会计对数据的正确性要求比较严格，各数据之间存在勾稽关系。而管理会计大多强调数据的决策有用性，对于数据的正确性及勾稽关系的要求不如财务会计严格。

1.1.2 财务会计的目标

财务会计的目标是指财务会计要达到的最终目的和要求。财务会计的目标也称财务报告目标或财务会计的目的。财务会计目标的定位有两种不同的观念，即受托责任观和决策有用观。

1. 受托责任观

受托责任观认为，财务报告的目标应当反映企业管理层受托责任的履行情况，以有助于外部投资者和债权人等评价企业的经营管理责任和资源使用的有效性。

现代企业制度强调企业所有权与经营权相分离，企业管理层是受委托经营管理企业的，因此对企业及其各项资产负有受托责任。即企业管理层所经营管理的企业的各项资产基本上均由投资者投入的资本或者向债权人借入的资金形成，企业管理层有责任妥善保管并合理有效地运用这些资产。企业投资者和债权人等需要及时或者经常性地了解企业管理层保管、使用资产的情况，以便评价企业管理层的受托责任履行情况和经营业绩，并决定是否需要调整投资或者信贷政策，是否需要加强企业内部控制和其他制度建设，是否需要更换管理层等。因此，在受托责任观下，将反映受托责任的履行情况作为财务会计的主要目标。

2. 决策有用观

决策有用观认为，企业财务会计的目标就是向会计信息的使用者提供与其作出经济决策相关的信息。根据对投资者决策有用的目标，财务报告所提供的信息应当如实反映企业拥有或者控制的经济资源、对经济资源的要求权以及经济资源及其要求权的变化情况；如实反映企业的各项收入、费用、利得和损失的金额及其变动情况；如实反映企业各项经营活动、投资活动和筹资活动等所形成的现金流入和现金流出情况等，从而有助于现在的或者潜在的投资者正确合理地评价企业的资产质量、偿债能力、盈利能力和营运效率等；有助于投资者根据相关会计信息作出理性的投资决策；有助于投资者评估与投资有关的未来现金流量的金额、时间和风险等。因此，在决策有用观下，将向会计信息使用者提供决策有用的信息作为财务会计的主要目标。

我国《企业会计准则——基本准则》第四条规定："财务会计报告的目标是向财务会计报告使用者提供与企业财务状况、经营成果和现金流量等有关的会计信息，反映企业管理层受托责任履行情况，有助于财务会计报告使用者作出经济决策。"其中，财务会计报告使用者主要包括投资者、债权人、政府及其有关部门和社会公众等。满足投资者的信息需要是企业财务报告编制的首要出发点。将投资者作为企业财务报告的首要使用者，凸显了投资者的地位，体现了维护投资者利益的要求，是市场经济发展的必然。

除了投资者之外，企业财务报告的使用者还有债权人、政府及其有关部门、社会公众等。例如，企业贷款人、供应商等债权人通常十分关心企业的偿债能力和财务风险，需要相关信息来评估企业能否如期支付贷款本金及其利息，能否如期支付所欠购货款等；政府及其有关部门作为经济管理部门，需要相关信息来监管企业的有关活动、制定税收政策、进行税收征管和国民经济统计等；社会公众也关心企业的生产经营活动及其影响，包括企业对地方经济做出的贡献等。

我国的财务报告目标要求满足投资者等信息使用者决策的需要，体现了决策有用观；财务报告目标还要求反映企业管理层受托责任的履行情况，体现了受托责任观，可见财务报告的决策有用观与受托责任观是一致的。投资者出资委托管理层经营，希望获得更多的投资回报，实现股东财富的最大化，从而进行可持续投资；企业管理层接受投资者的委托从事生产经营活动，努力实现资产安全完整、保值增值，防范风险，促进企业可持续发展，这样才能够更好地持续履行受托责任，为投资者提供回报，为社会创造价值，从而达到企业经营者的目标。

特别提示

企业财务会计对外提供信息的数量与质量，首先取决于外界的需要，外界不需要的信息，企业没有必要也不会提供。其次，外界需要的信息，企业财务会计不一定都有能力提供。最后，外界需要且企业有能力提供的会计信息，不一定都是企业愿意或必须提供的信息。

外界对企业会计信息的需求、企业财务会计提供信息的能力以及企业的意愿或外界的约束，决定了企业财务会计的目标，而影响或制约财务会计目标的各项因素本身是变化的，因而企业财务会计的目标也会随之发生变化。决定财务会计目标的各因素受政治、经济、法律和文化等环境因素的影响，其中经济因素的影响最为明显。当然企业财务会计在实现其目标的过程中，会通过它所提供的会计信息反过来影响经济环境。

1.1.3 财务会计的规范

财务会计的规范是指财务会计的标准。我国现行的财务会计标准就是指企业会计准则。

我国的企业会计准则分为基本准则和具体准则两个层次。基本准则就企业财务会计的一般要求和主要方面作出原则性的规定，为具体准则的制定提供依据。

2006年2月15日，财政部在对原基本准则做重大修订的基础上，发布了《企业会计准则——基本准则》和38项具体准则。2014年，财政部陆续修订、制定了7项具体准则，其中，制定了《企业会计准则第39号——公允价值计量》《企业会计准则第40号——合营安排》《企业会计准则第41号——在其他主体中权益的披露》3项具体准则；修订了《企业会计准则第2号——长期股权投资》《企业会计准则第9号——职工薪酬》《企业会计准则第30号——财务报表列报》《企业会计准则第33号——合并财务报表》4项具体准则；7项具体准则自2014年7月1日起施行。2017年3月31日，财政部修订发布了《企业会计准则第22号——金融工具确认和计量》《企业会计准则第23号——金融资产转移》《企业会计准则第24号——套期会计》，2017年5月2日，又修订发布了《企业会计准则第37号——金融工具列报》，并规定对于在境内外同时上市的企业以及在境外上市并采用国际财务报告准则或企业会计准则编制财务报告的企业，自2018年1月1日起施行；对于其他境内上市企业，要求自2019年1月1日起施行；对于执行企业会计准则的非上市企业，要求自2021年1月1日起施行。2017年5月10日，财政部修订发布了《企业会计准则第16号——政府补助》，要求自2017年6月12日起施行。2017年6月12日，财政部印发企业会计准则解释第9号至第12号，要求自2018年1月1日起施行。2017年7月5日，财政部修订发布了《企业会计准则第14号——收入》，要求境内外同时上市的企业以及在境外上市并采用国际财务报告准则或企业会计准则编制财务报告的企业，自2018年1月1日起施行；对于其他在境内上市的企业，要求自2020年1月1日起施行；对于执行企业会计准则的非上市企业，要求自2021年1月1日起施行。2019年5月10日，财政部发布了关于修订印发2019年一般企业财务报表格式的通知，再次修订了一般企业财务报表格式，并分别公布了执行新金融准则、新收入准则和新租赁准则及未执行新金融准则、新收入准则和新租赁准则企业报表格式。

我国企业会计准则属于法规体系的组成部分。我国的法规体系通常由法律、行政法规、部门规章和规范性文件四个部分构成。我国企业会计准则的基本准则属于部门规章，具体准则属于规范性文件。

基本准则是企业会计准则体系的概念基础，是具体准则的制定依据。基本准则规范了财务报告目标、会计基本假设、会计信息质量要求、会计要素的定义及其确认与计量原则、财务报告等基本问题，是制定具体准则的基础，对各项具体准则的制定起着统驭作用，可以确保各项具体准则的内在一致性。同时基本准则为会计实务中出现的、具体准则尚未规范的新问题提供了会计处理依据。我国现行的 42 项具体准则见表 1－1（表中未标注年限的，均为 2006 年）。

表 1－1 具体会计准则

序号	名称	序号	名称
1	存货	23	金融资产转移（2017）
2	长期股权投资（2014）	24	套期会计（2017）
3	投资性房地产	25	原保险合同
4	固定资产	26	再保险合同
5	生物资产	27	石油天然气开采
6	无形资产	28	会计政策、会计估计变更和差错更正
7	非货币性资产交换（2019）		
8	资产减值	29	资产负债表日后事项
9	职工薪酬（2014）	30	财务报表列报（2014）
10	企业年金基金	31	现金流量表
11	股份支付	32	中期财务报告
12	债务重组（2019）	33	合并财务报表（2014）
13	或有事项	34	每股收益
14	收入（2017）	35	分部报告
15	建造合同（2017 年并入第 14 号准则）	36	关联方披露
16	政府补助（2017）	37	金融工具列报（2017）
17	借款费用	38	首次执行企业会计准则
18	所得税	39	公允价值计量（2014）
19	外币折算	40	合营安排（2014）
20	企业合并	41	在其他主体中权益的披露（2014）
21	租赁（2018）	42	持有待售的非流动资产、处置组和终止经营（2017）
22	金融工具确认和计量（2017）		

特别提示

我国现行企业会计准则体系由基本准则、具体准则、应用指南和解释等组成，基本准则在整个企业会计准则体系中具有统驭地位，属于概念基础；具体准则是在基本准则的基础之上，对具体交易和事项进行会计处理的规范；应用指南是对具体准则的重点和难点问题作出的操作性规定；解释是随着会计准则的实施，就实务中遇到的问题对会计准则作出的具体解释。从 2007 年 11 月至今，财政部分别印发了企业会计准则解释第 1 号至第 14 号，解释中的部分内容已经并入新修订并发布的企业会计准则当中。

1.2 财务会计的基本前提

财务会计的基本前提，也称财务会计基本假设或会计假设，它是财务会计进行确认、计量和报告的前提，是对财务会计核算所处时间、空间环境等所做的合理设定。财务会计的基本前提包括会计主体、持续经营、会计分期和货币计量。

1.2.1 会计主体

会计主体是指财务会计为之服务的特定单位，是会计工作特定的空间范围，即企业财务会计确认、计量和报告的空间范围。为了向信息使用者反映企业财务状况、经营成果和现金流量，提供与其决策相关的有用的信息，企业应当对自身发生的交易或者事项进行会计确认、计量和报告，反映企业所从事的各项生产经营活动。明确界定会计主体是进行会计确认、计量和报告工作的重要前提。

在会计实务中，只有那些影响企业自身经济利益的各项交易或事项才能加以确认、计量和报告，例如，通常所讲的资产、负债的确认，收入的实现，费用的发生等，都是针对特定会计主体而言的。

会计主体不同于法律主体。一般而言，法律主体必然是会计主体，但会计主体不一定是法律主体。例如，一个企业作为一个法律主体，应当建立财务会计系统，独立反映其财务状况、经营成果和现金流量。但企业集团中的母公司拥有若干子公司，母、子公司虽然是不同的法律主体，但是母公司对子公司拥有控制权，为了全面反映企业集团的财务状况、经营成果和现金流量，将企业集团作为一个会计主体，编制合并财务报表，在这种情况下，企业集团虽然不属于法律主体，却是会计主体。

1.2.2 持续经营

持续经营是指在可以预见的将来，企业将会按当前的规模和状态继续经营下去，不会停业，也不会大规模削减业务，会计的出发点是预测企业的经营现状不会改变。在持续经营的前提下，会计确认、计量和报告应当以企业持续、正常的生产经营活动为前提。在这个前提下，各项资产必须按正常的实际成本计价，各项负债和企业的所有者权益，也要按正常情况计价处理。

当一个企业不能持续经营时就应当停止使用这个假设，否则就不能客观地反映企业的财务状况、经营成果和现金流量，从而误导会计信息使用者的经济决策。

1.2.3 会计分期

会计分期是指将一个企业持续的生产经营活动划分为一个个连续的、长短相同的期间。按年划分的称为会计年度，年度以内还可以分为季度、月度。会计分期的目的在于通过会计期间的划分，将持续的生产经营活动划分成连续、相等的期间，据以结算盈亏，按期编报财务报告，从而及时向财务报告使用者提供有关企业财务状况、经营成果和现金流量的信息。

根据持续经营假设，一个企业将按当前的规模和状态持续经营下去。进行会计分期有利于提高会计信息的及时性，满足信息使用者决策的需要。我国企业会计准则规定，企业应当划分会计期间，分期结算账目和编制财务会计报告。会计期间分为年度和中期。中期是短于一个完整会计年度的报告期间。

1.2.4　货币计量

货币计量是指会计主体在财务会计确认、计量和报告时以货币作为计量尺度，反映会计主体的生产经营活动。

企业的各种财产物资各有不同的物质表现形态，计量单位各不相同，如汽车以辆计，船舶以艘计等。在会计工作中，用具有一般等价物性质的货币来统一计量，可以使各类不同质的财产物资相加减，可以使收入、费用相配比，这样才能全面反映企业的生产经营情况，所以，基本准则规定，会计确认、计量和报告应选择货币作为计量单位。

货币计量也有缺陷，就是它把那些不能用货币度量的因素排除在会计系统之外，如企业管理水平、人力资源、研发能力、市场竞争力等。

货币作为一种特殊商品，它本身的价值应当稳定不变，或者即使有所变动，其变动幅度也被认为是微不足道的。如果币值不稳定，以货币计量的会计信息的可信度就会下降。尽管中外会计学者对此问题已经加以重视，但至今尚无好的解决办法。

特别提示

财务会计的基本前提应包括哪些内容，人们在认识上还不完全一致。除了上述四项基本前提外，财务会计的确认、计量和报告还应当以权责发生制为基础。即凡是当期已经实现的收入和已经发生或应当负担的费用，无论款项是否收付，都应当作为当期的收入和费用处理；凡是不属于当期的收入和费用，即使款项已在当期收付，也不应当作为当期的收入和费用处理。

收付实现制是与权责发生制相对应的一种财务会计基础，它是以收到或支付现金作为确认收入和费用等的依据。目前，我国行政单位的会计处理采用收付实现制，事业单位的会计处理除经营业务可以采用权责发生制外，其他大部分业务采用收付实现制。

1.3　财务会计信息的质量要求

由于财务会计信息是以财务报告的形式对外呈报的，其目标是向信息使用者提供与企业有关的会计信息，以帮助信息使用者作出经济决策，因此，保证财务会计信息的有用性，是编制财务报告最直接的目的。为了更好地达成财务会计的目的，会计人员必须提高会计信息质量，并了解高质量会计信息应具备的品质。

我国基本准则规定了财务会计信息质量要求的基本规范，其内容包括可靠性、相关性、可理解性、可比性、实质重于形式、重要性、谨慎性和及时性等。其中，可靠性、相关性、可理解性和可比性是财务会计信息的主要质量要求，是企业财务报告中所提供的会计信息应具备的基本质量特征；实质重于形式、重要性、谨慎性和及时性是财务会计信息的次要质量要求，是对可靠性、相关性、可理解性和可比性等主要质量要求的补充和完善。

1.3.1 财务会计信息的主要质量要求

1. 可靠性

可靠性是指确保财务会计信息免于偏差和错误，能忠实反映现状的质量。可靠性要求企业应当以实际发生的交易或者事项为依据进行确认、计量和报告，如实反映符合确认和计量要求的各项会计要素的信息，保证财务会计信息真实可靠、内容完整。为了达到财务会计信息质量可靠的要求，不得根据虚构的、没有发生的或者尚未发生的交易或者事项进行确认、计量和报告；不能随意遗漏或者减少应予以披露的信息，应当充分披露与使用者决策相关的有用信息；企业财务报告中的财务会计信息应当是中立的、无偏的。

可靠性是高质量会计信息的重要基础和关键所在，如果企业以虚假的经济业务进行确认、计量、报告，就属于违法行为，不仅会严重损害财务会计信息质量，而且会误导投资者，干扰资本市场，导致会计秩序混乱。

2. 相关性

相关性是指财务会计信息与决策有关，具有改变决策或导致决策差异的能力。相关性要求企业提供的财务会计信息应当与投资者等信息使用者的经济决策需要相关，有助于投资者等信息使用者对企业过去、现在或者未来的情况作出评价或者预测。

相关的财务会计信息应具有反馈价值，即有助于信息使用者评价企业过去的决策，证实或者修正过去的有关预测；相关的财务会计信息还应当具有预测价值，即有助于信息使用者根据所提供的财务会计信息，预测企业未来的财务状况、经营成果和现金流量。

特别提示

财务会计信息质量的相关性应以可靠性为基础，即财务会计信息质量应在具备可靠性的前提下，尽可能地具备相关性，以满足财务会计信息使用者的决策需要。

3. 可理解性

财务会计信息能否为信息使用者所理解，取决于信息本身是否易懂和决策者的能力。可理解性要求企业提供的财务会计信息应当清晰明了，便于投资者等信息使用者理解和使用。

企业提供财务会计信息的目的在于使用，企业提供的财务会计信息只有清晰明了、易于理解，才能提高财务会计信息的有用性，满足信息使用者决策的需求。信息使用者通过阅读、分析、使用财务会计信息，了解企业过去、现在及未来的发展趋势，才能作出科学决策。

可理解性不仅是财务会计信息的一项质量要求，同时也是与信息使用者有关的质量要求。会计人员应尽可能使财务会计信息易于理解，而信息使用者应设法提高理解信息的能力，这样财务会计信息才能发挥最大的作用。

4. 可比性

可比性是指能使信息使用者从两组经济情况中区别出异同的财务会计信息的质量特征。即当经济情况相同时，财务会计信息能反映相同的情况；当经济情况不同时，财务会计信息能反映出差异。可比性包括横向可比和纵向可比两个方面。

横向可比是指不同企业相同会计期间可比。即要求不同企业同一会计期间发生的相同或者相似的交易或者事项，应当采用相同的会计政策，确保财务会计信息口径一致、相互可比，以使不同企业按照一致的确认、计量和报告要求提供有关会计信息。

纵向可比是指同一企业不同时期可比。即要求同一企业不同时期发生的相同或者相似的交易或者事项，应当采用相同的会计政策，并且不得随意变更。但是，满足会计信息可比性要求，并非表明企业不得变更会计政策，如果按照规定或者在会计政策变更后可以提供更可靠、更相关的会计信息，企业也可以变更会计政策。

1.3.2 财务会计信息的次要质量要求

1. 实质重于形式

实质重于形式是指企业按照交易或者事项的经济实质进行会计处理。即要求企业应当按照交易或者事项的经济实质进行会计确认、计量和报告，不应仅以交易或者事项的法律形式为依据进行会计处理。

在多数情况下，企业发生的交易或事项的经济实质和法律形式是一致的，但在有些情况下两者会出现不一致。例如，企业签订了售后回购合同，并将商品卖给客户，虽然从法律形式上看实现了收入，但企业因存在与客户的远期安排而负有回购义务或企业享有回购权利，表明客户在销售时并未取得相关商品控制权的，企业应当作为租赁交易或融资交易进行会计处理。

又如，企业租入使用权资产，在租赁期内的款项并未付清，从法律形式上看，设备的所有权并没有完全转移给租入方；但从经济实质上看，租入方已经控制并实际使用该项固定资产，并为企业带来了相应的经济利益，符合资产要素的本质特征，企业就可以将其确认为资产。

2. 重要性

重要性是指当某项财务会计信息出现不正确的表达或遗漏时，可能会影响信息使用者作出判断。重要性要求企业提供的会计信息应当反映与企业财务状况、经营成果和现金流量有关的所有重要交易或者事项。

如果企业提供的财务会计信息的错报或省略会影响信息使用者据此做出决策，那么该信息就具有重要性。重要性的应用需要依赖职业判断，企业应当根据其所处环境和实际情况加以判断。例如，5万元的损失对小公司可能很重要，对大公司则可能不重要。

3. 谨慎性

谨慎性是指企业对不确定的结果，应确认可能的损失，而不确认可能的收益。谨慎性要求企业在对交易或者事项进行会计确认、计量和报告时保持应有的谨慎，不应高估资产或者收益，也不应低估负债或者费用。

企业的生产经营活动面临着许多风险和不确定性，例如，应收款项能否如数收回、固定资产和无形资产的使用寿命、售出商品可能发生的退货或者返修等。谨慎性要求会计人员在做出职业判断时，应当保持应有的谨慎，充分估计到各种风险和损失，既不高估资产或者收益，也不低估负债或者费用。例如，对于企业发生的或有事项，通常不能确认或有资产，只有当相关经济利益基本确定能够流入企业时，才能作为资产予以确认；相反，当相关的经济利益很可能流出企业而且构成现时义务时，应当及时确认为预计负债，这体现了会计信息质量的谨慎性要求。

特别提示

谨慎性的应用不允许企业设置秘密准备，如果企业故意低估资产或收入，或者故意高估负债或费用，则不符合财务会计信息的可靠性和相关性要求，会损害财务会计信息质量，扭曲企业实际的财务状况和经营成果，从而对信息使用者的决策产生误导。

4. 及时性

及时性要求企业对于已经发生的交易或者事项，应当及时进行确认、计量和报告，不得提前或者延后。财务会计信息如果不及时提供，即使质量再好，也会失去时效性，对于使用者的效用就会大大降低，甚至不再具有实际意义。

财务会计信息的价值在于帮助信息使用者作出经济决策，具有时效性。及时性要求企业在经济交易或者事项发生后，及时收集整理各种原始单据或者凭证；及时对经济交易或者事项进行确认、计量，并编制财务报告；及时将编制的财务报告传递给信息使用者，便于其及时使用和决策。

1.4 财务会计的基本要素

1.4.1 财务会计要素的内容

财务会计要素是对财务会计对象的基本分类，分类的基础应服从财务报告的目标。我国企业会计准则将财务会计要素分为资产、负债、所有者权益、收入、费用和利润。

1. 反映企业财务状况的要素

财务会计以下列公式反映企业在一定日期的财务状况：

资产＝负债＋所有者权益

（1）资产。资产是指企业过去的交易或者事项形成的、由企业拥有或者控制的、预期会给企业带来经济利益的资源。资产具有以下特征：

1）资产是由企业过去的交易或者事项形成的。过去的交易或者事项是指企业已经发生的交易或者事项（如购买材料、生产产品等），也就是说，只有过去的交易或者事项才可能形成资产，企业预期在未来发生的交易或者事项不会形成资产。例如，企业有购买某类存货的意愿，但是购买行为尚未发生，预期可能增加的存货不符合资产的这一特征，也就不能确认为企业的资产。

2）资产是由企业拥有或者控制的资源。由企业拥有或者控制的资源，是指企业享有某项资源的所有权，或者虽然不享有某项资源的所有权，但该资源能被企业所控制。

企业享有资产的所有权，通常会从该项资产中获取经济利益。有些情况下，虽然企业并不享有所有权，但控制了这些资产，同样表明企业能够从该资产中获取经济利益，符合资产的定义。例如，融资租入的固定资产，尽管企业在租赁期内并不拥有其所有权，但控制了该资产的使用及其所能带来的经济利益，应当将其作为企业资产予以确认、计量和报告。

3）资产预期会给企业带来经济利益。资产预期会给企业带来经济利益，是指资产直接或者间接导致现金流入企业的潜力。例如，企业采购的原材料用于生产商品，对外出售后收回货款，即为企业所获得的经济利益。

（2）负债。负债是指企业过去的交易或者事项形成的、预期会导致经济利益流出企业的现时义务。负债具有以下特征：

1）负债是由企业过去的交易或者事项形成的。负债应当由企业过去的交易或者事项形成，也就是说，只有过去的交易或者事项才可能形成负债，企业将在未来发生的承诺、签订的合同等交易或者事项不会形成负债。

2）负债预期会导致经济利益流出企业。只有当企业在履行义务时会导致经济利益流出企业，才符合负债的定义，如果不会导致企业经济利益流出，就不符合负债的定义。

3）负债是企业承担的现时义务。企业承担的现时义务是指企业在现有条件下承担的义务。未来发生的交易或者事项形成的义务不属于现时义务，不应当确认为负债。

（3）所有者权益。所有者权益是指企业资产扣除负债后应由所有者享有的剩余权益。它是从企业资产中扣除债权人权益后应由所有者享有的部分。公司的所有者权益又称为股东权益。所有者权益既可反映所有者投入资本的保值增值情况，又体现了保护债权人的权益的理念。

所有者权益的来源包括所有者投入的资本、直接计入所有者权益的利得和损失、留存收益等，通常由实收资本（或股本）、其他权益工具、资本公积、其他综合收益、盈余公积和未分配利润构成。其中，所有者投入的资本是指所有者投入企业的资本部分，它既包括构成企业注册资本或者股本部分的金额，也包括投入资本超过注册资本或者股本部分的金额，即资本溢价或者股本溢价。

直接计入所有者权益的利得和损失，是指不应计入当期损益、会导致所有者权益发生增减变动的、与所有者投入资本或者向所有者分配利润无关的利得或者损失。其中，利得或损失是指由企业非日常活动所形成的、会导致所有者权益增加或减少的、与所有者投入资本无关的经济利益的流入或流出。利得或损失包括直接计入所有者权益的利得或损失，以及直接计入当期利润的利得或损失。

留存收益是企业历年实现的净利润留存于企业的部分，主要包括累计计提的盈余公积和未分配利润。

按我国现行企业会计准则的规定，所有者权益的具体项目包括实收资本或股本、其他权益工具、资本公积、其他综合收益、盈余公积和未分配利润等。

2. 反映经营成果的要素

（1）收入。收入是指企业在日常活动中形成的、会导致所有者权益增加的、与所有者投入资本无关的经济利益的总流入。收入具有以下特征：

1）收入是企业在日常活动中形成的。日常活动是指企业为完成其经营目标所从事的经常性活动以及与之相关的活动。例如，制造企业制造并销售产品、商业企业销售商品、咨询公司提供咨询服务、安装公司提供安装服务、商业银行对外贷款等，均属于企业的日常活动。只有日常活动所形成的经济利益的流入才可以确认为收入，反之，非日常活动所形成的经济利益的流入不能确认为收入，而应当计入利得。

2）收入会导致所有者权益的增加。由于收入最终会导致所有者权益的增加，因此不会导致所有者权益增加的经济利益的流入不符合收入的定义，不应确认为收入。

3）收入是与所有者投入资本无关的经济利益的总流入。一般而言，收入只有在经济利益很可能流入企业时才导致企业资产增加或者负债减少，但是，经济利益的流入有时是所有者投入资本的增加所致，所有者投入资本的增加不应当确认为收入，应当直接确认为所有者权益。

（2）费用。费用是指企业在日常活动中发生的、会导致所有者权益减少的、与向所有者分配利润无关的经济利益的总流出。费用具有以下特征：

1）费用是企业在日常活动中形成的。因日常活动所产生的费用通常包括销售成本、期间费用等。企业非日常活动所形成的经济利益的流出不能确认为费用，而应当计入损失。

2）费用会导致所有者权益的减少。与费用相关的经济利益的流出会导致所有者权益的减少，不会导致所有者权益减少的经济利益的流出不符合费用的定义，不应确认为费用。例如，企业偿还银行借款，尽管也导致了企业经济利益的流出，但该经济利益的流出不会导致企业所有者权益的减少，因此不应确认为企业的费用。

3）费用是与向所有者分配利润无关的经济利益的总流出。费用的发生应当会导致经济利益的流出，从而导致资产的减少或者负债的增加。但企业向所有者分配利润也会导致经济利益的流出，而该经济利益的流出属于对投资者投资回报的分配，不应确认为费用。

（3）利润。利润是指企业在一定会计期间的经营成果。利润包括收入减去费用后的净额、直接计入当期利润的利得和损失等。其中收入减去费用后的净额反映企业日常活动的经营业绩，直接计入当期利润的利得和损失反映企业非日常活动的业绩。企业应当严格区分收入和利得、费用和损失，以便更加全面地反映企业的经营成果。

1.4.2 财务会计要素的确认与计量

1. 财务会计要素的确认

财务会计要素的确认，是指将某一事项作为资产、负债、收入或费用等正式加以记录并列入财务报表的过程，是广义的确认。确认主要解决两方面的问题：一是何时、以何种金额、通过何种账户记录；二是何时、以何种金额并通过何种要素列入财务报告。

我国企业会计准则规定了财务会计要素确认的基本条件，如资产的确认要同时具备以下两个条件：（1）与该资产有关的经济利益很可能流入企业；（2）该资产的成本或者价值能够可靠地计量。

负债的确认要同时满足以下两个条件：（1）与该义务有关的经济利益很可能流出企业；（2）未来流出的经济利益的金额能够可靠地计量。

至于所有者权益的确认，主要取决于资产、负债、收入、费用等要素的确认。

收入的确认应视不同收入来源的特征而有所不同。当企业与客户之间的合同同时满足下列条件时，企业应当在客户取得相关商品控制权时确认收入：（1）合同各方已批准该合同并承诺将履行各自义务；（2）该合同明确了合同各方与所转让商品或提供劳务相关的权利和义务；（3）该合同有明确的与所转让商品相关的支付条款；

（4）该合同具有商业实质，即履行该合同将改变企业未来现金流量的风险、时间分布或金额；（5）企业因向客户转让商品而有权取得的对价很可能收回。

费用的确认也应当满足严格的条件：一是与费用相关的经济利益很可能流出企业；二是经济利益流出企业会导致资产的减少或者负债的增加；三是经济利益的流出额能够可靠地计量。

利润的确认主要依赖于收入和费用以及利得和损失的确认，其金额的确定也主要取决于收入、费用、利得、损失金额的确定。

2. 财务会计要素的计量

财务会计要素的计量，是指将符合确认条件的财务会计要素列报于财务报告中并确定其货币金额的过程。这一计量过程由计量单位和计量属性两个要素构成。通常以各国法定的名义货币作为计量单位，而不考虑其购买力的变化对企业财务会计信息的影响。

计量属性是指予以计量的某一要素的特性，如房屋的面积、桌子的长度、铁矿石的重量等。从会计角度讲，计量属性反映的是财务会计要素金额的确定基础，按我国会计准则的规定，主要包括历史成本、重置成本、可变现净值、现值和公允价值等。

（1）历史成本。历史成本又称实际成本，即取得或制造某项财产物资时实际支付的现金或现金等价物。在历史成本计量下，资产按照其购置时支付的现金或者现金等价物的金额，或者按照购置资产时所付出的对价的公允价值计量。负债按照因承担现时义务而实际收到的款项或者资产的金额，或者承担现时义务的合同金额，或者日常活动中为偿还负债预期需要支付的现金或者现金等价物的金额计量。

（2）重置成本。重置成本又称现行成本，是指按照当前市场条件，重新取得同样的资产所需支付的现金或现金等价物的金额。在重置成本计量下，资产按照现在购买相同或者相似资产所需支付的现金或者现金等价物的金额计量。负债按照现在偿付该项债务所需支付的现金或者现金等价物的金额计量。

（3）可变现净值。可变现净值是指在正常生产经营过程中，资产预计售价减去进一步加工成本和预计销售费用以及相关税费后的净值。在可变现净值计量下，资产按照其正常对外销售所能收到现金或者现金等价物的金额扣减该资产至完工时估计将要发生的成本、估计的销售费用以及相关税费后的金额计量。可变现净值通常应用于存货资产减值情况下的后续计量。

（4）现值。现值是指对未来现金流量以恰当的折现率进行折现后的价值，是考虑货币时间价值的一种计量属性。在现值计量下，资产按照预计从其持续使用和最终处置中所取得的未来净现金流入量的折现金额计量。负债按照预计期限内需要偿还的未来净现金流出量的折现金额计量。

（5）公允价值。公允价值是指市场参与者在计量日发生的有序交易中，出售一项资产所能收到或者转移一项负债所需支付的价格。

市场参与者，是指在相关资产或负债的主要市场（或最有利市场）中，同时具备下列特征的买方和卖方：（1）市场参与者应当相互独立，不存在《企业会计准则第 36 号——关联方披露》所述的关联方关系；（2）市场参与者应当熟悉情况，能够根据可取得的信息对相关资产或负债以及交易具备合理认知；（3）市场参与者应当有能力并自愿进行相关资产或负债的交易。

有序交易，是指在计量日前一段时期内相关资产或负债具有惯常市场活动的交易。清算等被迫交易不属于有序交易。

企业以公允价值计量相关资产或负债，应当考虑该资产或负债的特征。相关资产或负债的特征，是指市场参与者在计量日对该资产或负债进行定价时考虑的特征，包括资产状况及所在位置、对资产出售或者使用的限制等。

企业以公允价值计量相关资产或负债，应当假定出售资产或者转移负债的有序交易在相关资产或负债的主要市场进行。不存在主要市场的，企业应当假定该交易在相关资产或负债的最有利市场进行。

主要市场，是指相关资产或负债交易量最大和交易活跃程度最高的市场。最有利市场，是指在考虑交易费用和运输费用后，能够以最高金额出售相关资产或者以最低金额转移相关负债的市场。

交易费用，是指在相关资产或负债的主要市场（或最有利市场）中，发生的可直接归属于资产出售或者负债转移的费用。交易费用是直接由交易引起的、交易所必需的、不出售资产或者不转移负债就不会发生的费用。

特别提示

企业在对财务会计要素进行计量时，一般应当采用历史成本，采用重置成本、可变现净值、现值、公允价值计量的，应当保证所确定的财务会计要素金额能够取得并可靠计量。

现阶段适度谨慎地引入公允价值这一计量属性是考虑到我国尚属新兴的转型的市场经济国家，如果不加限制地引入公允价值，有可能出现公允价值计量不可靠，甚至借机人为操纵利润的现象。因此，相关具体准则中规定，只有在存在主要市场（或最有利市场）、公允价值能够取得并可靠计量的情况下，才允许采用公允价值计量，如投资性房地产后续计量采用公允价值计量模式等。

思考题

1. 财务会计的目标是什么？
2. 财务会计与管理会计有哪些不同？
3. 财务会计的基本前提有哪些？其意义是什么？

4. 财务会计信息的质量要求有哪些？
5. 财务会计计量属性具体包括哪些？如何选择？
6. 财务会计确认、计量和报告的基础是什么？
7. 反映财务状况的财务会计要素有哪几个？
8. 反映经营成果的财务会计要素有哪几个？
9. 我国财务会计的规范包括哪些内容？

第 2 章

货币资金

学 习 目 标

通过本章的学习，了解货币资金的类别和银行转账结算方式；理解银行存款余额调节表的编制目的与方法；掌握货币资金增减变动的账务处理。

2.1 现 金

货币资金是指直接以货币形态存在的资金，包括现金、银行存款和其他货币资金。这三种形态的资金在企业日常收付结算、管理要求及账务处理上均有差异，现分别阐述如下。

2.1.1 现金的性质与特征

现金有广义和狭义之分。狭义的现金仅指企业的库存现金，即企业库存的有形纸币和硬币等。广义的现金还包括一切具有购买力的、可以自由流通与转让的交换媒介，如银行存款、银行本票存款、银行汇票存款、个人支票、旅行支票等。

现金一般具有如下特征：

（1）货币性。货币性是指现金具有的货币属性，即它起着交易媒介、价值衡量尺度、货币计量单位的作用。

（2）通用性。通用性是指可以被企业直接用来支付各项费用或者偿还各项债务。

（3）流动性。流动性是指在一定范围内能够自由流动。

特别提示

我国会计实务中的现金只是一个狭义的概念，现金和银行存款是分开记录的。现金只包括库存现金。至于企业的外埠存款、银行本票存款、银行汇票存款、信用证存款等，都列入其他货币资金。现金、银行存款和其他货币资金统称货币资金（即广义的现金），并列报在资产负债表上。

2.1.2 现金的管理与控制

1. 现金的管理

中国人民银行总行是现金管理的主要部门，其各分支机构负责对开户银行的管理进行监督和稽核，开户银行负责具体执行。根据国务院颁发的《现金管理暂行条例》的规定，开户单位可以在下列范围内使用现金：职工的工资、津贴；个人劳动报酬；根据国家规定颁发给个人的科学技术、文化艺术、体育等各种奖金；各种劳保、福利费用以及国家规定的对个人的其他支出；向个人收购农副产品和其他物资的价款；出差人员必须随身携带的差旅费；结算起点以下的零星支出（结算起点为1 000元）；中国人民银行确定需要支付现金的其他支出。

企业与其他单位的经济往来，除了在规定的范围内可以使用现金外，应当通过开户银行进行转账结算。

为保证企业日常零星开支的需要，开户银行应根据企业日常现金的需要量、企业与银行的距离以及交通便利程度等因素，核定企业库存现金的最高限额。核定的依据一般为3～5天的正常现金开支需要量，边远地区和交通不便地区最高不超过15天的现金开支需要量。企业每日结存的现金不能超过核定的库存限额，超过部分应按规定及时送存银行，低于限额的部分，可向银行提取现金补足。

企业从开户银行提取现金应写明用途，并经银行审核。企业不能通过编造和谎报途径套取现金，不能利用支票等转账凭证套取现金，不能利用在银行开户为其他单位或个人套取现金，不能利用白条顶替库存现金，不能将现金收入作为个人储蓄存入银行，不能私设“小金库”保留账外公款等。

2. 现金的控制

现金具有普遍的可接受性和高度流动性，在日常频繁的现金收支过程中，极易因盗窃、挪用或其他舞弊行为而发生现金短缺。为了保护企业资产安全完整，必须建立健全严格的内部控制制度。

现金的控制主要指现金收支的内部控制。

（1）现金收入的控制。现金收入控制的主要目的是保证全部现金收入无一遗漏地入账。例如，签发现金收款收据与收款应由不同的人员经办；所有现金收入都应开具收款收据；控制收款收据和销售发票的数量和编号；领用收据时须由领用人签收领用数量和起讫编号；收据存根由收据保管人回收并负责保管；要定期查对已领尚未使用的空白收据，防止短缺和遗失；已使用过的发票和收据要清点、登记、封存和保管，并按规定程序审批后销毁；开出收据的存根应与已入账的收据联按编号逐张核对无误后予以注销，确保现金收入全部入账；所有现金收入必须当天入账，尽可能在当天送存银行，当天不能存入银行的应于次日送存银行，以防坐支等。

（2）现金支出的控制。现金支出控制的主要目的是保证全部现金支付都经有关主管人员授权批准。例如，要在国家规定的范围内使用现金；采购、出纳、记账工作应分别由不同的经办人员负责，不能职责不清，由一人兼管；支票的签发和付款要有两人分别盖章，互相监督；任何一项需要付款的业务都必须有原始凭证，由经办人签字证明，并由分管主管同意，经有关会计人员审核后，出纳人员才能据以付款；付讫的凭证要加盖“银行付讫”或“现金付讫”图章，予以注销，定期装订成册后由专人保管，以防重复付款、被盗窃和篡改等。

2.1.3 现金的账务处理

为了加强对现金的管理和核算，企业应设置现金日记账，由出纳人员按照经济业务发生的先后顺序逐日逐笔登记。现金日记账的收入和付出金额，应根据审核无误后的收付款凭证登记。现金日记账必须做到日清月结、账实相符。每日终了，应计算全日的现金收入合计数与现金支出合计数，并将结余数与实际库存数进行核对，做到账实相符。如果发现账实不符，应及时查明原因，进行处理。

为了总括反映和监督企业库存现金的收支和结存情况，应设置“库存现金”总账账户，由不从事出纳工作的会计人员负责登记。该账户的借方登记现金的收入金额；贷方登记现金的支出金额；余额在借方，反映现金的库存余额。“库存现金”总账账户可以根据现金收付款凭证和银行付款凭证直接登记。

如果企业日常现金收支业务量较大，为简化核算工作，企业可以根据实际情况，采用汇总记账凭证或科目汇总表等形式，定期或在月份终了时，根据汇总收付款凭证或科目汇总表，登记“库存现金”总账账户。

企业收入现金时，借记“库存现金”科目，贷记有关科目；支出现金时，借记有关科目，贷记“库存现金”科目。月份终了时，现金日记账的余额应与“库存现金”总账的余额核对相符。

2.1.4 备用金制度

几乎每个企业都会发生一些小额的日常零星开支，如出租车费、邮电费、报刊费等支出。对这些支出每次都使用支票是不经济的，有时甚至是不切实际的，因此建立零用金支出的备用金制度是一种有效控制现金支出的方法。设置备用金的操作程序如下：

（1）设专人保管零用现金，并负责小额的零星开支。

(2) 凡支付时，保管员应请经手人填列备用金凭单，并把原始凭证附在备用金凭单之后，根据这些凭单逐笔记入备用金备查簿中。

(3) 会计部门根据企业零星开支的多少，规定适度的备用金限额，一般以限定10天至半个月的零星开支为宜。当备用金快用完时，由保管员把备用金凭单及原始凭证提交至会计部门，经有关人员审核后，会计部门再开出支票，由备用金保管员向银行兑现，补足备用金限额。

(4) 如果设置的备用金限额太多或太少，会计部门可再做相应的调整。

企业零用现金的账务处理，一般可通过“其他应收款”科目进行，也可设立“备用金”科目予以登记。

例2-1

某企业会计部门开出一张5 000元的现金支票为行政管理部门建立备用金。其账务处理如下：

借：其他应收款——备用金　　5 000
　贷：银行存款　　5 000

为加强对零用现金的管理，应设置备用金登记簿，由备用金的经管人员逐笔登记各项零星支出，并保留所有的报销凭证。在办理报销和补足定额时，可直接借记各有关费用科目，不必通过“其他应收款——备用金”科目进行登记。

例2-2

沿用例2-1的资料。该企业的行政管理部门支付差旅费2 200元、购买文具用品800元、购买图书资料1 200元，备用金的经管人员将所保存的各笔支出的单据一次性向会计部门报销。其账务处理如下：

借：管理费用　　4 200
　贷：库存现金　　4 200

如果企业认为有必要，经有关人员批准可以增加或减少备用金定额，或全部收回备用金。对此，应作增加或减少备用金的账务处理，同时减少或增加库存现金或银行存款。

例2-3

沿用例2-1的资料。该企业撤销了行政管理部门的备用金，行政管理部门最后一次性以2 800元的费用单据向会计部门报销并缴回剩余的2 200元现金。其账务处理如下：

借：库存现金　　2 200
　　管理费用　　2 800
　贷：其他应收款——备用金　　5 000

期末，“其他应收款——备用金”科目的余额应列入资产负债表的“货币资金”项目。

特别提示

备用金的管理办法一般有两种：一种是随借随用、用后报销制度，适用于不经常使用备用金的单位和个人；另一种是定额备用金制度，适用于经常使用备用金的单位和个人。本章的业务实例均是定额备用金制度下的账务处理。

2.1.5 现金的溢缺

企业应对现金进行定期或不定期的检查，当发现库存现金与账面金额不符，又不能及时查出原因时，应及时进行账务处理。

企业应于每日终了时结算现金收支，如发现有待查明原因的现金短缺或溢余，应通过“待处理财产损溢”科目核算：属于现金短缺的，应按实际短缺的金额，借记“待处理财产损溢——待处理流动资产损溢”科目，贷记“库存现金”科目；属于现金溢余的，按实际溢余的金额，借记“库存现金”科目，贷记“待处理财产损溢——待处理流动资产损溢”科目。待查明原因后作如下处理：如为现金短缺，属于应由责任人赔偿的部分，借记“其他应收款——应收现金短缺款”或“库存现金”等科目，贷记“待处理财产损溢——待处理流动资产损溢”科目；属于应由保险公司赔偿的部分，借记“其他应收款——应收保险赔款”科目，贷记“待处理财产损溢——待处理流动资产损溢”科目；属于无法查明原因的部分，根据管理权限，经批准后借记“管理费用”科目，贷记“待处理财产损溢——待处理流动资产损溢”科目。如为现金溢余，属于应支付给有关人员或单位的，借记“待处理财产损溢——待处理流动资产损溢”科目，贷记“其他应付款——应付现金溢余”科目；无法查明原因的，经批准后借记“待处理财产损溢——待处理流动资产损溢”科目，贷记“营业外收入——盘盈利得”科目。

例2-4

某企业在对现金进行清查时，发生溢余100元。其账务处理如下：

借：库存现金	100	
贷：待处理财产损溢——待处理流动资产损溢		100

例2-5

沿用例2-4的资料。该企业现金溢余原因不明，经批准计入营业外收入。其账务处理如下：

借：待处理财产损溢——待处理流动资产损溢	100	
贷：营业外收入——盘盈利得		100

例2-6

某企业在对现金进行清查时，发现短缺200元。其账务处理如下：

借：待处理财产损溢——待处理流动资产损溢	200	
贷：库存现金		200

例2-7

沿用例2-6的资料。该企业现金短缺，因无法查明原因转入管理费用。其账务处理如下：

借：管理费用　200

　贷：待处理财产损溢——待处理流动资产损溢　200

2.2 银行存款

2.2.1 银行存款的管理

银行存款是企业存放在银行或其他金融机构的货币资金。按照国家有关货币资金管理的规定，企业的大宗现款和陆续收到的货款要存入银行，大宗付款须通过银行从存款中支付。因此，企业必须在其所在地的银行开户并设置“银行存款”科目，用开户银行给定的账号进行存款、取款和各种收支转账业务的划拨结算。

为了维护金融秩序，规范全国的银行账户的开立与使用，中国人民银行制定的《企业银行结算账户管理办法》规定，一个企业可以根据需要在银行开立基本存款账户、一般存款账户、临时存款账户和专用存款账户。

基本存款账户是企业办理日常结算和现金收付业务的账户，企业职工薪酬等现金的支取只能通过该账户办理；一般存款账户是企业在基本存款账户以外开立的用于办理银行借款转存业务，以及办理与基本存款账户的企业不在同一地点的附属非独立核算的单位结算业务的账户，企业可以通过该账户办理转账结算和现金缴存业务，但不能支取现金；临时存款账户是企业因临时经营活动的需要而开立的账户，企业可以通过该账户办理转账结算业务和根据国家现金管理的规定办理现金收付业务；专用存款账户是企业因特殊用途需要而开立的账户。一个企业只能在一家银行开立一个基本存款账户；不得在同一家银行的几个分支机构开立一般存款账户。

企业使用银行存款账户，必须遵守银行与企业存款户往来的各项规定，并向银行提供有关资料。例如，在经营业务的过程中，企业应合法使用银行账户办理与外界的款项收付，不得供企业以外的其他单位或个人使用；企业不得利用银行账户进行非法活动；企业应指定专人签发银行支票，且签发支票时必须有足够的存款可供支付；不得签发远期支票、空头支票；企业应及时与银行核对账目。

2.2.2 银行转账结算方式

转账结算是指企业单位之间的款项收付不是动用现金，而是由银行从付款单位的存款账户划转到收款单位的存款账户的货币清算行为。

在我国，企业日常生产经营活动中所发生的各项经济往来，除现金收支范围内的可用现金结算外，其余都必须通过银行办理转账结算。为了保证银行结算业务的正常开展，使社会经济活动中各项资金得以顺畅流转，中国人民银行总行制定并颁发了统一的结算制度和结算方式。主要的银行结算方式如下。

1. 银行汇票

银行汇票是汇款人将款项交存当地出票银行后，出票银行签发的，由其在见票时按照实际结算金额无条件支付给收款人或持票人的票据。企业与异地单位和个人的各种款项结算，均可使用银行汇票。银行汇票的提示付款期限是自出票日起 1 个月。持票人超过付款期限提示付款的，代理付款人不予受理。

企业支付购货款等款项时，应向出票银行提交银行汇票申请书，填明收款人名称、支付金额、申请人、申请日期等事项并签章，签章为其在银行预留的印鉴。银行受理银行汇票申请书，收妥款项后签发银行汇票，并用压数机压印出票金额，然后将银行汇票和解讫通知一并交给汇款人。申请人取得银行汇票后即可持银行汇票向填明的收款单位办理结算。

收款企业在收到付款单位送来的银行汇票时，应在出票金额以内，根据实际需要的款项办理结算，并将实际结算金额和多余金额准确、清晰地填入银行汇票和解讫通知的有关栏内，银行汇票的实际结算金额低于出票金额的，多余金额由出票银行退交申请人。

收款企业还应填写进账单并在汇票背面“持票人向银行提示付款签章”处签章，签章应与在银行预留的印鉴相同，然后，将银行汇票和解讫通知、进账单一并交开户银行办理结算，银行审核无误后办理转账。

2. 银行本票

银行本票是指由银行签发的，承诺自己在见票时无条件支付确定的金额给收款人或者持票人的票据。它适用于单位和个人在同一票据交换区域需要支付各种款项的结算。

银行本票的提示付款期限自出票日起最长不得超过 2 个月。持票人超过付款期限提示付款的，代理付款人不予受理。持票人可在票据权利时效内向出票银行作出说明，并提供本人身份证件或单位证明，持银行本票向出票银行请求付款。银行本票的代理付款人是代理出票银行审核并支付银行本票款项的银行。银行本票可以背书转让给被背书人。

申请人使用银行本票，应向银行填写银行本票申请书，填明收款人名称、申请人名称、支付金额、申请日期等事项并签章，申请人和收款人均为个人需要支取现金的，应在“支付金额”栏先填写“现金”字样，后填写支付金额。

银行本票若丢失，失票人可以凭人民法院出具的其享有票据权利的证明，向出票银行请求付款或退款。

3. 商业汇票

商业汇票是出票人签发的，委托付款人在指定日期无条件支付确定的金额给收款人或者持票人的票据。在银行开立存款账户的法人以及其他组织之间须具有真实的交易关系或债权债务关系，才能使用商业汇票。商业汇票的付款期限由交易双方商定，但最长不得超过6个月。

商业汇票可以由付款人签发并承兑，也可以由收款人签发交由付款人承兑。见票后定日付款的商业汇票，持票人应当在汇票到期日前向付款人提示承兑；见票后定期付款的商业汇票，持票人应当自出票日起1个月内向付款人提示承兑。汇票未按规定期限提示承兑的，持票人将丧失其追索权。付款人应当自收到提示承兑的汇票之日起3日内承兑或者拒绝承兑。付款人拒绝承兑的，必须出具拒绝承兑的证明。

商业汇票按承兑人不同分为商业承兑汇票和银行承兑汇票两种。商业承兑汇票由银行以外的付款人承兑。银行承兑汇票由银行承兑，由在承兑银行开立存款账户的存款人签发。承兑银行按规定向出票人收取一定的手续费。

4. 支票

支票是单位或个人签发的，委托办理支票存款业务的银行在见票时无条件支付确定的金额给收款人或者持票人的票据。支票适用于单位和个人在同一票据交换区域的各种款项的结算。

支票分为现金支票、转账支票和普通支票三种。在支票上印有“现金”字样的支票为现金支票，现金支票只能用于支取现金；在支票上印有“转账”字样的支票为转账支票，转账支票只能用于转账；在支票上未印有“现金”或“转账”字样的为普通支票，普通支票可以用于支取现金，也可以用于转账。

支票的出票人是经中国人民银行当地分支行批准办理支票业务并在银行机构开立可以使用支票的存款账户的单位和个人。

单位和个人签发支票的金额不得超过付款时在付款人处实有的存款金额，同时不得签发空头支票、与在银行预留的印鉴不符的支票以及支付密码错误的支票。

5. 信用卡

信用卡是指商业银行向个人和单位发行的，凭以向特约单位购物、消费和向银行存取现金，且具有消费信用的特制载体卡片。信用卡按使用对象分为单位卡和个人卡；按信誉等级分为金卡和普通卡等。

凡在中国境内金融机构开立基本存款账户的单位均可申领单位卡。单位申领使用信用卡时，应按规定填制申请表，连同有关资料一并送交发卡银行。单位卡账户的资金一律从其基本存款账户转账存入，不得交存现金，不得将销货收入的款项存入其账户。单位卡销户时账户余额要转入其基本存款账户，不能提取现金。

6. 汇兑

汇兑是汇款人委托银行将其款项支付给收款人的结算方式。单位和个人的各种款项的结算均可使用汇兑结算方式。汇兑分为信汇、电汇两种。信汇是指汇款人委托银行通过邮寄方式将款项划转给收款人。电汇是指汇款人委托银行通过电报将款项划给收款人。这两种汇兑方式由汇款人根据需要选择使用。

7. 委托收款

委托收款是指收款人委托银行向付款人收取款项的结算方式。按银行结算办法的规定，单位和个人凭已承兑商业汇票、债券、存单等付款人债务证明办理款项的结算均可以使用委托收款结算方式。这种结算方式在同城、异地均可以使用。委托收款结算款项的划回方式分邮寄和电报两种，由收款人选择使用。

8. 托收承付

托收承付是根据购销合同由收款人发货后委托银行向异地付款人收取款项，由付款人向银行承兑付款的结算方式。办理托收承付结算的款项，必须是商品交易，以及因商品交易而产生的劳务供应的款项。

9. 信用证

信用证是国际结算的一种主要方式。经中国人民银行批准经营结算业务的商业银行总行，以及经商业银行总行批准开办信用证结算业务的分支机构，也可以办理国内企业之间商品交易的信用证结算业务。

上述各种银行转账结算方式的应用，必然要产生银行存款收付业务的账务处理。银行存款收付业务的账务处理，是通过银行存款的序时核算与总分类核算完成的。银行存款序时核算的方法是设置与登记银行存款日记账；银行存款总分类核算的方法是设置“银行存款”账户，并根据银行存款的收款凭证和付款凭证进行汇总登记。

特别提示

除上述结算方式外，实务中普遍采用网上银行支付方式。网上银行支付，指在银联在线支付平台通过输入用户名和密码等方式登录网络银行，并完成支付。网上银行又称网络银行、在线银行或电子银行，它是各银行在互联网中设立虚拟柜台，利用网络技术、通过互联网向客户提供开户、销户、查询、对账、行内转账、跨行转账、信贷、网上证券、投资理财等金融服务的新型银行机构与服务形式。网上银行支付使客户足不出户就能安全、便捷地管理活期和定期存款、支票、信用卡及个人投资等。

2.2.3 银行往来与银行存款余额调节表

编制银行存款余额调节表，是企业在与银行往来中保持账目正确的一个必不可少的环节。企业的往来结算大部分通过银行收付。为了有效经营，灵活调度企业资金，必须根据每天存入银行的款项和所支用的数额，正确计算银行存款的余额，为此，银行存款日记账的记录应经常与银行对账单核对清楚，至少每月核对一次。月份终了，企业账面结存款与银行对账单结存数之间如有差额，必须逐笔查明原因，及时更正。如果两者的余额不相等，原因可能有两个：一是企业或银行记账有差错；二是存在未达账项。

未达账项是指一方已登记入账，而对方尚未登记入账的款项。这些款项不外乎以下几种情况：（1）银行已经收款记账，企业尚未记账的款项；（2）银行已经付款记账，企业尚未记账的款项；（3）企业已经收款记账，银行尚未记账的款项；（4）企业已经付款记账，银行尚未记账的款项。以上（1）和（4）两种情况的未达账项，会使企业银行存款日记账所记存款余额小于银行对账单所列存款余额；（2）和（3）两种情况的未达账项，则会使企业银行存款日记账所记存款余额大于银行对账单所列存款余额。

银行存款余额调节表的编制方法通常有以下四种：

（1）正确余额调节法。正确余额调节法也称简单调节法，是指在企业银行存款账户余额和银行账面余额中各自增减未达账项后，视其余额是否正确相等的一种方法。采用该法编制的银行存款余额调节表如表2-1所示。

表2-1 银行存款余额调节表

企业账面余额	×××
加：银行已收，企业未收款项	×××
减：银行已付，企业未付款项	×××
调节后余额	×××
银行账面余额	×××
加：企业已收，银行未收款项	×××
减：企业已付，银行未付款项	×××
调节后余额	×××

调节后，企业账面余额应与银行账面余额相等。

（2）企业账面余额调节法。企业账面余额调节法是指以企业账面余额为准，对银行账面余额进行调节，视其调节后的余额与企业账面余额是否相等的一种方法。采用该法编制的银行存款余额调节表如表2-2所示。

表2-2 银行存款余额调节表

企业账面余额	×××
银行账面余额	×××
加：企业已收，银行未收款项	×××
银行已付，企业未付款项	×××
减：企业已付，银行未付款项	×××
银行已收，企业未收款项	×××
调节后余额（应与企业账面余额相等）	×××

（3）银行账面余额调节法。银行账面余额调节法是指以银行账面余额为准，对企业账面余额进行调节，视其调节后的余额与银行账面余额是否相等的一种方法。采用该法编制的银行存款余额调节表如表2-3所示。

表 2-3　银行存款余额调节表

银行账面余额	×××
企业账面余额	×××
加：银行已收，企业未收款项	×××
企业已付，银行未付款项	×××
减：银行已付，企业未付款项	×××
企业已收，银行未收款项	×××
调节后余额（应与银行账面余额相等）	×××

（4）差额调节法。差额调节法是指以企业账面余额减去银行账面余额的差额，与企业和银行双方未达账项合计数的差额进行核对，视其是否相等的一种方法。采用该法编制的银行存款余额调节表如表 2-4 所示。

表 2-4　银行存款余额调节表

企业账面余额减去银行账面余额的差额		×××
未达账项：		
企业已收，银行未收款项（＋）	×××	
企业已付，银行未付款项（－）	×××	
银行已付，企业未付款项（＋）	×××	
银行已收，企业未收款项（－）	×××	
未达账项合计数		×××

例 2-8

某企业某年 6 月 30 日银行存款账面余额为 88 650 元，银行对账单所记存款余额为 92 175 元，经过逐笔核对，查明有以下几笔未达账项：

（1）6 月 29 日，银行受企业之托代收款项 1 875 元，银行已收款记账，企业尚未接到银行的收款通知；

（2）6 月 29 日，企业开出支票 5 250 元，持票人尚未到银行办理转账手续；

（3）6 月 30 日，企业送存支票 3 150 元，银行尚未记账；

（4）6 月 30 日，银行已代付款项 450 元，企业尚未接到银行付款通知。

根据上述资料，分别用上述四种方法编制银行存款余额调节表，其格式见表 2-5、表 2-6、表 2-7、表 2-8。

表 2-5　银行存款余额调节表　单位：元

企业账面余额	88 650
加：银行已收，企业未收款项	1 875
减：银行已付，企业未付款项	450
调节后余额	90 075
银行账面余额	92 175
加：企业已收，银行未收款项	3 150
减：企业已付，银行未付款项	5 250
调节后余额	90 075

表2-6　银行存款余额调节表　单位：元

企业账面余额	88 650
银行账面余额	92 175
加：企业已收，银行未收款项	3 150
银行已付，企业未付款项	450
减：企业已付，银行未付款项	5 250
银行已收，企业未收款项	1 875
调节后余额（应与企业账面余额相等）	88 650

表2-7　银行存款余额调节表　单位：元

银行账面余额	92 175
企业账面余额	88 650
加：银行已收，企业未收款项	1 875
企业已付，银行未付款项	5 250
减：银行已付，企业未付款项	450
企业已收，银行未收款项	3 150
调节后余额（应与银行账面余额相等）	92 175

表2-8　银行存款余额调节表　单位：元

企业账面余额减去银行账面余额的差额	(3 525)
未达账项：	
企业已收，银行未收款项（＋）3 150	
企业已付，银行未付款项（－）5 250	
银行已付，企业未付款项（＋）　450	
银行已收，企业未收款项（－）1 875	
未达账项合计数	(3 525)

银行存款余额调节表虽然可以用多种方法编制，但在会计实务中，第一种方法（正确余额调节法）的运用最为普遍。调节后如果双方账目的余额相等，一般说明双方记账没有错误；如果不相符，说明记账有差错，应进一步查明原因并进行更正，根据更正后的账目更正或重编银行存款余额调节表。我国规定，未达账项应在结算凭证到达以后再记账，不应根据银行存款余额调节表所列金额立即记账。调节表中所列双方相等的调节后的余额，是企业在编表日可以动用的银行存款实有额。

2.3　其他货币资金

2.3.1　其他货币资金的内容

其他货币资金是指除现金、银行存款以外的其他各种货币资金。与库存现金和银行存款相比，其他货币资金由于存在形式及支付方式有其特殊性，应单独进行管理与核算。其他货币资金主要包括外埠存款、银行汇票存款、银行本票存款、存出投资款、信用证保证金存款和信用卡存款等。其中，外埠存款，是指企业到外地进行临时或零星采购时，汇往采购地银行开立采购专户的款项；银行汇票存款，是指企业为取得银行汇票按照规定存入银行的款项；银行本票存款，是指企业为取得银行本票按照规定存入银行的款项；存出投资款，是指企业已存入证券公司但尚未购买股票、基金等投资对象的款项；信用证保证金存款，是指企业为取得信用证按照规定存入银行的保证金；信用卡存款，是指企业为取得信用卡按照规定存入银行的款项。

2.3.2 其他货币资金的账务处理

企业的外埠存款、银行汇票存款、银行本票存款等具有专门的用途，为了单独反映这部分资金的增减及结余情况，应设置“其他货币资金”总账科目，并分设“外埠存款”“银行汇票”“银行本票”等明细科目。

1. 外埠存款的账务处理

企业将款项委托当地银行汇往采购地银行开立采购专户时，借记“其他货币资金——外埠存款”科目，贷记“银行存款”科目。收到采购员交来的供应单位发票账单等报销凭证时，借记“材料采购”“原材料”“应交税费——应交增值税（进项税额）”等科目，贷记“其他货币资金——外埠存款”科目。将多余的外埠存款转回当地银行结算户时，根据银行的收账通知，借记“银行存款”科目，贷记“其他货币资金——外埠存款”科目。

例2-9

某企业因零星采购需要，将款项400 000元汇往外地并开立采购专户，会计部门应根据银行转来的回单联记账。其账务处理如下：

借：其他货币资金——外埠存款　　400 000
　贷：银行存款　　400 000

例2-10

沿用例2-9的资料。该企业的会计部门收到采购员寄来的采购材料的发票等凭证，货款339 000元，其中应交增值税39 000元。其账务处理如下：

借：原材料　　300 000
　　应交税费——应交增值税（进项税额）　　39 000
　贷：其他货币资金——外埠存款　　339 000

例2-11

沿用例2-10的资料。该企业采购结束，采购员将剩余采购资金61 000元转回，会计部门根据银行转来的收款通知填制记账凭证。其账务处理如下：

借：银行存款　　61 000
　贷：其他货币资金——外埠存款　　61 000

2. 银行汇票存款的账务处理

企业在填送银行汇票委托书并将款项交存银行，取得银行汇票后，应根据银行盖章退回的委托书存根联，借记“其他货币资金——银行汇票”科目，贷记“银行存款”科目。企业使用银行汇票后，应根据发票账单及开户银行转来的银行汇票第四联等有关凭证，经核对无误后，借记“材料采购”“原材料”“应交税金——应交增值税（进项税额）”等科目，贷记“其他货币资金——银行汇票”科目。

例 2-12

某企业向银行提交银行汇票委托书，并交存款项400 000元，银行受理后签发银行汇票和解讫通知，企业根据银行汇票委托书存根联记账。其账务处理如下：

借：其他货币资金——银行汇票　　400 000
　贷：银行存款　　400 000

例 2-13

沿用例2-12的资料。该企业用银行签发的银行汇票支付采购材料货款361 600元，其中应交增值税41 600元，企业根据银行转来的银行汇票相关联及所附发票账单等凭证记账。其账务处理如下：

借：原材料　　320 000
　　应交税费——应交增值税（进项税额）　　41 600
　贷：其他货币资金——银行汇票　　361 600

例 2-14

沿用例2-13的资料。该企业采购完毕，收到银行退回的多余款项收账通知。其账务处理如下：

借：银行存款　　38 400
　贷：其他货币资金——银行汇票　　38 400

3. 银行本票存款的账务处理

企业向银行提交银行本票申请书，并将款项交存银行，取得银行本票后，应根据银行盖章退回的申请书存根联，借记“其他货币资金——银行本票”科目，贷记“银行存款”科目。付出银行本票后，应根据发票账单等有关凭证，借记“材料采购”“原材料”“应交税费——应交增值税（进项税额）”等科目，贷记“其他货币资金——银行本票”科目。企业因本票超过付款期等原因要求退款时，应填制进账单一式两联，连同本票一并送交银行，然后根据银行盖章退回的进账单第一联，借记“银行存款”科目，贷记“其他货币资金——银行本票”科目。银行本票业务与银行汇票业务的账务处理相似，故不再举例。

4. 存出投资款的账务处理

存出投资款的账务处理主要包括企业在证券市场进行股票、债券投资时，应向证券公司申请资金账号划出资金和使用资金。

例 2-15

某企业拟利用闲置资金进行股票投资，并将银行存款 240 万元划入某证券公司申请资金账号。其账务处理如下：

借：其他货币资金——存出投资款　　2 400 000
　贷：银行存款　　2 400 000

例 2-16

沿用例 2-15 的资料。该企业用存入证券公司的款项购入某股票作为以公允价值计量且其变动计入当期损益的金融资产，确认初始投资成本 108 万元，发生交易费用 2 万元。其账务处理如下：

借：交易性金融资产　　1 080 000
　　投资收益　　20 000
　贷：其他货币资金——存出投资款　　1 100 000

5. 信用证保证金存款的账务处理

企业申请使用信用证进行结算时，应向银行缴纳保证金，根据银行退回的进账单，借记“其他货币资金——信用证保证金”科目，贷记“银行存款”科目。根据开证行交来的信用证来单通知书及有关单据列明的金额，借记“材料采购”或“原材料”“库存商品”“应交税费——应交增值税（进项税额）”等科目，贷记“其他货币资金——信用证保证金”科目。

例 2-17

某企业申请开证，并向银行缴纳信用证保证金 80 万元。其账务处理如下：

借：其他货币资金——信用证保证金　　800 000
　贷：银行存款　　800 000

例 2-18

沿用例 2-17 的资料。该企业收到银行转来的信用证通知及有关购货凭证，款项总计 113 万元，其中，材料价款 100 万元，增值税 13 万元，材料已验收入库。其账务处理如下：

借：原材料　　1 000 000
　　应交税费——应交增值税（进项税额）　　130 000
　贷：其他货币资金——信用证保证金　　800 000
　　　银行存款　　330 000

6. 信用卡存款的账务处理

企业申请使用信用卡时，应按规定填制申请表，连同支票和有关资料一并送交发卡银行，根据银行盖章退回的进账单第一联，借记“其他货币资金——信用卡”科目，贷记“银行存款”科目。企业用信用卡购物或支付有关费用时，借记有关科目，如“管理费用”“材料采购”等，贷记“其他货币资金——信用卡”科目。企业信用卡在使用过程中，需要向其账户续存资金时，借记“其他货币资金——信用卡”科目，贷记“银行存款”科目。

例 2-19

某企业向银行申请办理信用卡，将银行存款8万元存入信用卡。其账务处理如下：

借：其他货币资金——信用卡　　80 000

　贷：银行存款　　80 000

例 2-20

沿用例2-19的资料。上述企业用信用卡购买办公用品，支付65 000元。其账务处理如下：

借：管理费用　　65 000

　贷：其他货币资金——信用卡　　65 000

特别提示

随着我国互联网的发展，出现的第三方支付平台如微信、支付宝等，丰富了支付和销售业务结算的手段，促进了经济的发展。企业通过微信、支付宝平台转入的款项也包括在其他货币资金中，作为微信、支付宝存款。微信、支付宝存款是指企业发生有关收款业务通过微信、支付宝收入的款项。

思考题

1. 货币资金有哪些特点？具体包括哪些内容？
2. 如何理解现金的性质及特征？
3. 企业现金控制的主要内容有哪些？
4. 为什么要编制银行存款余额调节表？企业一般会采用哪些编制方法？
5. 企业只能在哪些情况下使用现金？
6. 目前我国主要的银行结算方式有几种？其适用范围如何？
7. 其他货币资金包括哪些内容？

练习题

习题一

［目的］　练习货币资金收付业务的账务处理。

[资料]　甲企业属于一般纳税人，于 2×18 年第一季度发生下列业务：

(1) 1 月 1 日，核定行政部门备用金定额 24 000 元，用现金支票支付。1 月 30 日，行政部门前来报销零星开支，共计 18 760 元。

(2) 1 月 12 日，委托开户银行将存款 180 000 元汇往北京某工商银行开立采购专户。2 月 6 日，采购员交来采购发票两张，合计 169 500 元（其中增值税 19 500 元）。同时报销差旅费 2 800 元，用现金支付。2 月 18 日，接到开户银行通知，剩余的外埠存款 10 500 元已转回开户银行账户。

(3) 2 月 3 日，销售商品收到买方转账支票一张，价款合计 226 000 元（其中增值税 26 000 元）。

(4) 3 月 10 日，从银行提取现金 240 000 元，备发工资。

(5) 3 月 31 日，清查时发现库存现金溢余 200 元，原因待查。

[要求]　根据上述经济业务编制会计分录。

习题二

[目的]　练习其他货币资金收付业务的账务处理。

[资料]　某企业于 2×18 年 7 月发生的部分经济业务如下：

(1) 4 日，将款项 32 000 元交存银行，开出银行汇票一张，并派采购员刘明前往办理材料采购事宜。

(2) 7 日，因临时材料采购的需要，将款项 40 000 元汇往交通银行上海分行，并开立采购专户，材料采购员王亮同日前往上海。

(3) 11 日，为方便行政管理部门办理事务，办理信用卡一张，金额 9 600 元。

(4) 15 日，采购员刘明完成材料采购任务回到企业，将有关材料采购凭证交到会计部门。材料采购凭证注明，材料价款 24 800 元，应交增值税 3 224 元。

(5) 16 日，会计人员到银行取回银行汇票余款划回通知，银行汇票余款已存入企业结算户。

(6) 19 日，因采购材料需要，委托银行开出信用证，交存保证金 120 000 元。

(7) 22 日，材料采购员王亮完成材料采购任务，当日将采购材料的有关凭证交到会计部门，本次采购的材料价款 32 000 元，应交增值税 4 160 元。

(8) 24 日，企业接到银行的收款通知，交通银行上海分行采购专户的余款已转入结算户。

(9) 27 日，行政管理部门小王用信用卡购买办公用品，支付款项 2 560 元。

(10) 29 日，为购买股票，企业将款项 160 000 元存入海通证券公司的证券投资账户。

[要求]　根据上述经济业务编制会计分录。

习题三

[目的]　练习银行存款余额调节表的编制。

［资料］ 甲公司2×18年8月31日银行存款账户的余额为889 216.52元，同日银行对账单余额为1 490 743.17元，经核对后发现如下情况：

（1）8月26日，甲公司的销售收入款331 749.60元，银行尚未入账。

（2）8月28日，银行已扣手续费287元，公司未入账。

（3）8月29日，公司委托银行代收的款项614 600元，银行已于3月31日收到，甲公司尚未入账。

（4）8月31日，公司签发的＃152支票234 688.15元，银行尚未付款。

（5）8月31日，银行将乙公司一张92 610.00元的付款支票误存入甲公司账户。银行当天发现错账且予以更正，并及时通知乙公司（乙公司已记过账）处理。

（6）8月31日，甲公司在登记支付货款19 653.90元的支票时，误记为196 539.00元。

［要求］ 编制甲公司2×18年8月31日的银行存款余额调节表。

第3章

应收款项

学　习　目　标

通过本章的学习，了解各项应收款项的性质；理解应收账款的让售的含义；理解其他应收款和预付账款的账务处理；掌握应收票据的确认与贴现的账务处理；掌握应收账款的计价与坏账的确认与其账务处理方法。

3.1　应收票据

3.1.1　应收票据的性质与分类

应收票据是指企业因销售商品、产品和提供劳务等持有的尚未到期兑现的票据。票据有的在销售商品或产品时直接收到，有的在抵付应收账款时收到。由于在我国的会计实务中，支票、银行本票及银行汇票均为见票即付的票据，无须将其列入应收票据处理，因此，我国的应收票据仅指尚未到期兑现的商业汇票。商业汇票主要有以下两种分类方法：

1. 按承兑人分类

商业汇票按承兑人不同，可分为商业承兑汇票和银行承兑汇票两种。

商业承兑汇票是指由收款人签发，经付款人承兑，或由付款人签发并承兑的汇票。商业承兑汇票必须经由付款人承兑，在汇票上签署“承兑”字样并加盖与在银行预留印鉴相符的印章，才具有法律效力。对其所承兑的汇票，付款人负有到期无条件支付票款的责任。而银行只负责在汇票到期日凭票将款项从付款人账户划转给收款人或贴现银行，不承担付款责任。如果付款人的银行存款余额不足以支付票款，银行则直接将汇票退还收款人，由双方自行处理。

银行承兑汇票是指由收款人或承兑申请人签发，并由承兑申请人向开户银行申请，经银行审查同意承兑的票据。银行根据有关政策规定对承兑申请人所持汇票和购销合同进行审查，符合承兑条件的，即与承兑申请人签订承兑协议，并在汇票上签章，同时向承兑申请人收取一定比例的承兑手续费。汇票到期时，无论承兑申请人是否将票款足额缴存至开户银行，承兑银行都应向收款人或贴现银行无条件履行付款责任。

2. 按是否计息分类

商业汇票按其是否计息可分为不带息商业汇票和带息商业汇票两种。

不带息商业汇票是指票据到期时，承兑人只按票面金额（即面值）向收款人或被背书人支付款项的汇票，票据到期值等于其面值。带息商业汇票是指票据到期时，承兑人应按票面金额加上按票据规定利率计算的到期利息向收款人或被背书人支付款项的汇票。带息票据的到期值等于其面值加上到期应计利息。我国会计实务中主要使用不带息商业汇票。

3.1.2 应收票据的计价

应收票据的计价是指确定其入账价值的标准。应收票据的计价方法一般有两种：一种是按票据到期值的现值计价，这种方法在理论上更为可取；另一种是按票据的面值计价，对于期限较短的票据，一般采用这种计价方法。我国目前允许使用的商业汇票最长期限为6个月，利息金额相对来说不大，用现值记账不但计算麻烦，而且折价的逐期摊销过于烦琐，因而在会计实务中都是按面值计价。对于带息和不带息票据，其会计处理不尽相同。

1. 不带息票据

不带息票据的到期值为其票面价值。企业因销售商品等而收到商业汇票时，应根据票面价值，借记“应收票据”科目，贷记“主营业务收入”“应交税费”等科目。票据到期收到票据款时，借记“银行存款”科目，贷记“应收票据”科目。收到用于抵付以往应收账款的票据时，借记“应收票据”科目，贷记“应收账款”科目。

例3-1

甲公司某年3月销售一批产品给乙公司，甲公司开具的增值税专用发票上注明的商品价款为80 000元，增值税销项税额为10 400元。当日收到乙公司签发的不带息商业承兑汇票一张，该票据的期限为3个月。假定符合收入的确认条件。甲公司的账务处理如下：

（1）确认收入并记录债权。

借：应收票据	90 400	
贷：主营业务收入		80 000
应交税费——应交增值税（销项税额）		10 400

（2）票据到期时，收回款项并存入银行。

借：银行存款　　90 400

　　贷：应收票据　　90 400

2. 带息票据

带息票据的到期值为票面价值加上到期应计利息，即

带息票据到期值＝应收票据面值×（1＋利率×期限）

式中的利率是指票面规定的利率，一般以年利率表示；期限是指从票据生效之日起到票据到期日止的时间间隔。

带息票据到期，收到承兑人兑付的到期值票款时，按实际收到的款项，借记“银行存款”科目，按票据面值，贷记“应收票据”科目，实际收款额大于票据面值的差额即票据利息额，作冲减财务费用处理。

当企业应收票据到期，承兑人无力兑付票款而退票（一般发生在采用商业承兑汇票的结算方式中），且付款人不再签发新票据时，应将票据面值与应计未收利息之和一并转为应收账款，借记“应收账款”科目，贷记“应收票据”科目和“财务费用”科目。

例3-2

2×18年12月1日，乙公司收到客户为偿付当年11月份购货款64 000元交来的当天签发、60天到期的商业承兑票据，利率为9%，在年末应确认该票据30天的应计利息480元。其账务处理如下：

（1）收到票据时。

借：应收票据　　64 000

　　贷：应收账款　　64 000

（2）2×18年年末确认应计利息时。

借：应收票据　　480

　　贷：财务费用　　480

（3）票据在到期日如数兑现时。

借：银行存款　　64 960

　　贷：应收票据　　64 480

　　　　财务费用　　480

3.1.3 应收票据的贴现

应收票据贴现是指银行买入未到期的票据，预先扣除自贴现日起至票据到期日止的利息，而将余额付给贴现者的一种交易行为。贴现是银行放贷的一种方式，银行买入未到期的票据所载金额的债权，放出现金以达到获利的目的。就贴现企业而言，是将未到期的票据所载金额转让给银行，以换取现金并贴以利息的交易。

1. 不带息应收票据的贴现

当企业向银行贴现不带息票据时，票据到期值为票据面值。贴现息为票据面值、贴现率、贴现期三者的乘积，贴现所得是票据面值与贴现息之差。

例3-3

某企业于某年7月1日将当天收到的面值为40 000元、期限6个月的无息银行承兑汇票到银行办理贴现，贴现率为10%。贴现额的计算及账务处理如下：

票据面值	40 000	
减：贴现息（40 000×10%×6/12）	2 000	
贴现所得	38 000	

借：银行存款　　38 000
　　财务费用　　2 000
　贷：应收票据　　40 000

2. 带息应收票据的贴现

带息应收票据的贴现息和贴现所得应按下列公式计算：

贴现息＝票据到期值×贴现率×贴现期

贴现所得＝票据到期值－贴现息

式中，票据到期值是票据的面值加上按票据载明的利率计算的票据全部期间的利息。

例3-4

某企业将4月1日收到的面值为50 000元、票面利率为8%、当年7月1日到期的附息银行承兑汇票于当年6月1日去银行贴现，贴现率为10%。贴现额的计算及账务处理如下：

票据面值	50 000	
票据附息（50 000×8%×90/360）	1 000	
票据到期值	51 000	
减：贴现息（51 000×10%×30/360）	425	
贴现所得	50 575	

借：银行存款　　50 575
　贷：短期借款　　50 000
　　　财务费用　　575

特别提示

企业将银行承兑汇票贴现基本上不存在到期不能收回票款的风险，故这类贴现被视为不带追索权的商业汇票贴现，按金融资产终止确认的原则进行账务处理，直接贷记“应收票据”科目。例3-3、例3-4就属于这类业务。如果企业将商业承兑汇票贴现，则被视为带追索权的商业汇票贴现，贴现的账务处理不能直接贷记“应收票据”科目，而应贷记“短期借款”科目。

3.2 应收账款

3.2.1 应收账款的确认

应收账款是指企业在正常经营活动中，由于销售商品或提供劳务等而应向购货或接受劳务单位收取的款项，主要包括企业出售商品、材料、提供劳务等应向有关债务人收取的价款及代购货方垫付的运杂费等。应收账款是应收项目的重要组成部分。

应收账款的确认与收入的确认密切相关。当企业赊销的商品满足收入的确认条件后，由于现金暂时尚未流入企业，意味着赊销已经成立，企业应确认与此相关的应收账款。

3.2.2 应收账款的计价

应收账款通常按实际发生额计价入账。实际发生额包括：销售商品或提供劳务的价款、增值税，以及代购货方垫付的包装费、运杂费等。在确认应收账款的入账金额时，应当考虑折扣因素。

1. 正常赊销

正常赊销是指在没有任何销货折扣条件下的销售。企业在正常赊销的情况下，应按其应收款项的全部金额入账。

例 3-5

甲公司对外赊销商品一批，货款总计 90 000 元，适用的增值税税率为 13%，代垫运杂费 1 800 元已通过银行转账支付，符合收入确认条件。甲公司的账务处理如下：

（1）记录应收账款并确认收入。

借：应收账款	103 500	
贷：主营业务收入		90 000
应交税费——应交增值税（销项税额）		11 700
银行存款		1 800

（2）收到货款。

借：银行存款	103 500	
贷：应收账款		103 500

2. 商业折扣

商业折扣是指企业为促进销售而在商品标价上给予的扣除。企业之所以对客户提供商业折扣，往往出于多种原因，如为不同的客户或不同的购货数量提供不同的价格；向竞争对手隐瞒真实的开票价格；等等。商业折扣通常以百分比来表示，如5%、10%等。

商业折扣一般在交易发生时即已确定，它仅仅是确定实际销售价格的一种手段，不需要在买卖双方任何一方的账上反映，因此，在存在商业折扣的情况下，企业应收账款入账金额应按扣除商业折扣以后的实际售价确定。

例3-6

甲公司赊销商品一批给乙公司，按商品价目表的价格计算，货款金额总计60 000元，给乙公司的商业折扣为10%，适用的增值税税率为13%。代垫运杂费3 000元。款项通过银行转账支付，符合收入确认条件。甲公司的账务处理如下：

（1）按扣除商业折扣后的金额记录应收账款并确认收入。

借：应收账款	64 020	
贷：主营业务收入		54 000
应交税费——应交增值税（销项税额）		7 020
银行存款		3 000

（2）收到货款。

借：银行存款	64 020	
贷：应收账款		64 020

3. 现金折扣

现金折扣是指债权人为鼓励债务人在规定的期限内付款，而向债务人提供的债务扣除。即销货企业为了鼓励客户在一定期限内及早偿还货款而从销售价格中让渡给客户的一定数额的款项。现金折扣通常用一定的术语来表示，如“2/10，n/30”（付款期30天，如果在10天内付款可享受2%的现金折扣）。

销货方提供现金折扣，有利于早日收回货款，加速资金周转，而对于购货方来说，接受现金折扣无异于得到一笔可观的理财收入。

在现金折扣条件下，从理论上讲，对应收账款的入账价值有两种不同的确认方法，即总价法和净价法。

（1）总价法。总价法是将未减去现金折扣前的金额作为应收账款的入账价值。现金折扣只有当客户在折扣期内支付货款时才予以确认。在这种方法下，销货方将给予客户的现金折扣作为冲减营业收入处理。总价法可以较好地反映企业销售的总过程，但可能会因客户享受现金折扣而高估应收账款和营业收入。

例3-7

甲公司赊销商品一批，增值税发票上注明的不含税价款为40 000元，增值税额为5 200元。付款条件为"2/10，n/30"。假设折扣时不考虑增值税。采用总价法时，其账务处理如下：

1）确认营业收入和应收账款时。

借：应收账款　　45 200
　贷：主营业务收入　　40 000
　　　应交税费——应交增值税（销项税额）　　5 200

2）假如客户于10天内付款，享受现金折扣时。

现金折扣额＝40 000×2%＝800(元)

借：银行存款　　44 400
　　主营业务收入　　800
　贷：应收账款　　45 200

3）假如客户超过10天付款，未享受现金折扣时。

借：银行存款　　45 200
　贷：应收账款　　45 200

（2）净价法。净价法是将扣减最大现金折扣后的金额作为应收账款的入账价值。这种方法将客户取得折扣视为正常现象，认为客户一般都会提前付款，由于客户超过折扣期限而多收入的金额，于收到账款时调增营业收入。净价法可以弥补总价法的不足，但在客户没有享受现金折扣而全额付款时，必须再查对原销售总额。

例3-8

沿用例3-7的资料。甲公司采用净价法时，其账务处理如下：

1）确认营业收入和应收账款时。

借：应收账款　　44 400
　贷：主营业务收入　　39 200
　　　应交税费——应交增值税（销项税额）　　5 200

2）假如客户于10天内付款，享受现金折扣800元（40 000×2%）时。

借：银行存款　　44 400
　贷：应收账款　　44 400

3）假如客户超过10天付款，未享受现金折扣时。

借：银行存款　　45 200
　贷：应收账款　　44 400
　　　主营业务收入　　800

特别提示

现金折扣实质上是企业为了尽早收到销货款而采取的一种激励手段，并随时间而变化，属于交易价格中的可变对价，理论上应作为对营业收入的调整。在会计实务中，为简化起见，将现金折扣作为调整财务费用处理。在总价法下，如果购货方能够在折扣期内付款，企业应按购货方取得的现金折扣金额调减营业收入（或调增财务费用）；在净价法下，如果购货方未能在折扣期内付款，企业应按购货方丧失的现金折扣金额调增营业收入（或调减财务费用）。

3.2.3 应收账款的让售

应收账款的让售是指企业将按照销售商品、提供劳务的销售合同所产生的应收账款出售给银行等金融机构的一种交易。企业应按照实质重于形式的原则，充分考虑交易的经济实质。当与应收账款有关的风险和报酬实质上已经发生转移时，让售方应将出售所得与让售的应收账款的差额确认为让售损益；否则，就应当以质押取得借款的方式进行账务处理，将被质押应收账款保留在企业账上。

例3-9

2×19年5月17日，甲公司销售一批商品给乙公司，开出的增值税专用发票上注明的销售价款为240 000元，增值税销项税额为31 200元，款项尚未收到。双方约定的付款日期为2×19年8月31日。甲公司因资金周转困难，2×19年5月25日经与中国银行协商后约定：将应收乙公司的货款出售给中国银行，价款为210 600元；在应收乙公司货款到期无法收回时，中国银行不能向甲公司追偿。根据以往经验，甲公司预计该批商品将发生的销售退回金额为19 210元，其中，增值税销项税额为2 210元；退货成本为10 400元，实际发生的销售退回由甲公司承担。2×19年7月7日，甲公司收到乙公司退回的商品。假定不考虑其他因素，甲公司的账务处理如下：

（1）5月17日，销售成立时。

借：应收账款	271 200	
贷：主营业务收入		240 000
应交税费——应交增值税（销项税额）		31 200

（2）5月25日，出售应收债权时。

借：银行存款	210 600	
营业外支出	41 390	
其他应收款	19 210	
贷：应收账款		271 200

（3）7月7日，收到退回的商品时。

借：主营业务收入	17 000	
应交税费——应交增值税（销项税额抵减）	2 210	
贷：其他应收款		19 210
借：库存商品	10 400	
贷：主营业务成本		10 400

特别提示

企业将其按照销售商品、提供劳务的销售合同所产生的应收账款提供给银行作为其向银行借款的质押的，应将从银行等金融机构获得的款项确认为对银行等金融机构的一项负债，作为短期借款等处理。企业发生的借款利息及向银行等金融机构偿付借入款项的本息时的账务处理，应按有关借款核算的规定进行。

3.2.4 坏账与应收账款减值

1. **坏账与坏账损失的含义**

坏账是指企业无法收回或收回可能性极小的应收款项；而坏账损失是指由于坏账而产生的损失。可见，坏账的实质是无法收回的应收款项，坏账产生的基础是存在应收款项，存在应收款项就会有收不回的风险，就可能会产生坏账损失。

企业的应收账款在何时被确认为坏账，确认多少坏账，必然涉及坏账及其损失的确认与计量。确认与计量的条件通常是由会计准则或制度给出的，不论会计准则或制度如何变化，在会计实务中，坏账及其损失的确认都要遵循财务报告的目标和会计信息的质量要求，企业应尽量做到真实、准确，切合自身的实际情况。

2. **应收账款减值测试**

按企业会计准则的规定，应收账款发生减值时，应将其账面价值减记为预计未来现金流量的现值，但由于应收账款属于短期债权，预计未来现金流量与其现值相差很小，因此在确定相关减值金额时，可不对预计未来现金流量进行折现。

企业应当定期或者至少于每年年度终了时，对应收账款进行减值测试，分析各项应收账款的可收回性，预计可能发生的减值损失。应收账款单项金额重大的，应当单独进行减值测试，有客观证据表明应收账款发生减值的，应当以其未来现金流量低于账面价值的差额作为减值金额，据以计提坏账准备；应收账款单项金额非重大的，可以单独进行减值测试，也可以与经单独测试后未减值的应收账款一起按类似信用风险特征划分为若干组合，再按这些应收账款组合在资产负债表日余额的一定比例预计减值金额，据以计提坏账准备。

表明应收账款发生减值的客观证据，是指应收账款初始确认后实际发生的、对该应收账款的预计未来现金流量有影响，且企业能够对该影响进行可靠计量的事项。应收账款发生减值的客观证据主要包括下列各项：

（1）债务人发生严重财务困难；

（2）企业出于经济或法律等方面的考虑，对发生财务困难的债务人作出让步；

（3）债务人很可能倒闭或进行债务重组。

3. 坏账的估计与账务处理

企业应当在期末对应收账款进行检查，并预计可能产生的预期信用损失。应收款项的预期信用损失应当按照应收取的合同现金流量与预期收取的现金流量二者之间的差额计量，即按照预期不能收回的应收款项金额计量。在会计实务中，经常使用的确定应收款项预期信用损失的具体方法有应收款项余额百分比法和账龄分析法。

（1）应收款项余额百分比法。应收款项余额百分比法是指按应收款项的期末余额和预期信用损失率计算确定应收款项预期信用损失，据以计提坏账准备的一种方法。预期信用损失率，是指应收款项的预期信用损失金额占应收款项账面余额的比例。

企业应在资产负债表日，按下列公式计算确定当期应计提的坏账准备金额：

本期应计提的坏账准备金额＝本期预期信用损失金额－“坏账准备”科目原有贷方余额

式中，

本期预期信用损失金额＝本期应收款项期末余额×预期信用损失率

根据上列公式，如果计提坏账准备前，“坏账准备”科目无余额，应按本期预期信用损失金额计提坏账准备，借记“信用减值损失”科目，贷记“坏账准备”科目。如果计提坏账准备前，“坏账准备”科目已有贷方余额，应按本期预期信用损失金额大于“坏账准备”科目原有贷方余额的差额补提坏账准备，借记“信用减值损失”科目，贷记“坏账准备”科目；按本期预期信用损失金额小于“坏账准备”科目原有贷方余额的差额冲减已计提的坏账准备，借记“坏账准备”科目，贷记“信用减值损失”科目；本期预期信用损失金额等于“坏账准备”科目原有贷方余额时，不计提坏账准备。

对于有确凿证据表明确实无法收回或收回可能性不大的应收款项，如债务单位已撤销、破产、资不抵债、现金流量严重不足等，应根据企业的管理权限报经批准后，转销该应收款项账面余额，并按相同金额转销坏账准备。

例3－10

乙公司根据以往的营业经验、债务单位的财务状况和现金流量情况，并结合当前的市场状况、企业的赊销政策等相关资料，确定应收账款预期信用损失率为5%。乙公司各年应收账款期末余额、坏账转销、坏账收回的有关资料以及相应的账务处理如下（会计分录中的金额单位为万元）：

1）2×15年12月31日，应收账款余额为2 400万元，“坏账准备”科目无余额。

本年计提的坏账准备＝2 400×5%＝120(万元)

借：信用减值损失 120
　贷：坏账准备 120

2）2×16年6月20日，确认应收A公司的账款96万元已无法收回，予以转销。

借：坏账准备 96
　贷：应收账款——A公司 96

3）2×16年12月31日，应收账款余额为2 240万元。

“坏账准备”科目原有贷方余额＝120－96＝24（万元）
本年计提的坏账准备＝2 240×5%－24＝88（万元）

借：信用减值损失 88
　贷：坏账准备 88

“坏账准备”科目年末贷方余额＝88＋24＝112（万元）

4）2×17年9月30日，确认应收B公司的账款40万元已无法收回，予以转销。

借：坏账准备 40
　贷：应收账款——B公司 40

5）2×17年12月31日，应收账款余额为1 200万元。

“坏账准备”科目原有贷方余额＝112－40＝72（万元）
本年计提的坏账准备＝1 200×5%－72＝－12（万元）

借：坏账准备 12
　贷：信用减值损失 12

“坏账准备”科目年末贷方余额＝72－12＝60（万元）

6）2×18年7月5日，确认应收C公司的账款64万元已无法收回，予以转销。

借：坏账准备 64
　贷：应收账款——C公司 64

7）2×18年12月31日，应收账款余额为1 600万元。

“坏账准备”科目原有贷方余额＝60－64＝－4（万元）
本年计提的坏账准备＝1 600×5%＋4＝84（万元）

借：信用减值损失 84
　贷：坏账准备 84

“坏账准备”科目年末贷方余额＝84－4＝80（万元）

8）2×19年4月30日，确认应收D公司的账款48万元已无法收回，予以转销。

借：坏账准备 48
　贷：应收账款——D公司 48

9）2×19年10月15日，公司于2×16年6月20日已作为坏账予以转销的A公司账款96万元又全部收回。

已作为坏账予以转销的应收账款，以后又部分或全部收回时，应先做一笔与原来转销应收账款相反的会计分录，以示对以前判断失误的更正，然后按正常的方式记录应收账款的收回。乙公司的账务处理如下：

借：应收账款——A公司　　96
　贷：坏账准备　　96
借：银行存款　　96
　贷：应收账款——A公司　　96

10）2×19年12月31日，应收账款余额为1 600万元。

“坏账准备”科目原有贷方余额＝80－48＋96＝128(万元)
本年计提的坏账准备＝1 600×5%－128＝－48(万元)

借：坏账准备　　48
　贷：信用减值损失　　48

“坏账准备”科目年末贷方余额＝128－48＝80(万元)

（2）账龄分析法。账龄分析法是指对应收账款按账龄的长短进行分组并分别确定预期信用损失率，据以计算确定预期信用损失金额、计提坏账准备的一种方法。账龄是指客户所欠账款时间的长短。企业为了加强应收账款的管理，在期末一般都要编制应收账款账龄分析表。将账龄分析表中各账龄段应收账款的余额乘以相应的预期信用损失率，就可计算出期末应计提的坏账准备。

例3-11

某企业通过分析2×19年12月31日各客户的应收账款明细账，编制应收账款账龄分析表，同时根据历史资料和有关变化条件，为不同账龄的应收账款分别估计预期信用损失率，并编制应收账款账龄分析及估计信用损失表。应收账款账龄分析及估计信用损失表见表3-1。

表3-1　应收账款账龄分析及估计信用损失表　　单位：元

客户名称	账龄	2×19年12月31日		
		应收账款金额	估计信用损失率（%）	估计信用损失金额
A	未到期	61 200	1	612
B	逾期1个月	24 000	2	480
C	逾期2个月	14 400	4	576
D	逾期3个月	9 600	6	576
E	逾期4个月	7 200	25	1 800
F	逾期6个月	2 400	50	1 200
G	破产或追诉中	1 200	80	960
合计		120 000	—	6 204

假定2×19年12月31日，该企业计提本年坏账准备前，“坏账准备”科目已有贷方余额1 784元，则应计入当期信用减值损失的金额为4 420元（6 204－1 784）。其账务处理如下：

借：信用减值损失 4 420

　贷：坏账准备 4 420

特别提示

应收款项余额百分比法和账龄分析法的实质都是百分比法，只是估计的基础不同而已。前者不考虑账龄结构，将全部应收账款按一个比率计提坏账准备；而账龄分析法按不同账龄分不同的比率计提坏账准备，没考虑同一账龄的应收账款也会存在不同的风险。

从账务处理的特点看，两种方法采用的都是备抵法，即要求每期按一定的方法估计信用减值损失，计入当期损益，同时形成坏账准备。待实际核销坏账时，再冲销坏账准备和应收账款，对当期损益一般不产生影响。在备抵法下，每期确认的信用减值损失是一个估计数，而信用减值损失的估计必须切合实际，这是恰当运用备抵法的关键。当然，企业发生信用减值损失带有很大的不确定性，企业只能以过去的经验为基础，参照当前的信用政策、市场情况和行业惯例，特别是赊销金额巨大的客户的支付能力等因素，尽可能准确地估计每期的信用减值损失。

3.3 预付账款

预付账款是指企业按照购货合同的规定预付给供货单位的款项。预付账款是企业暂时被供货单位占用的资金。企业预付货款后，有权要求对方按照购货合同的规定发货。预付账款必须以购销双方签订的购货合同为条件，按照规定的程序和方法进行核算。

在会计处理中一般应设置“预付账款”账户加以反映。但当企业的预付账款不多，或与供货单位往来以赊购为主时，也可以不设“预付账款”账户，而将预付账款直接记入“应付账款”账户的借方。

企业根据购货合同的规定向供货单位预付货款时，借记“预付账款”科目，贷记“银行存款”科目；企业收到所购货物时，根据有关发票账单金额，借记“原材料”“应交税费——应交增值税（进项税额）”等科目，贷记“预付账款”科目；当预付货款小于采购货物所需支付的款项时，应补付不足部分货款，借记“预付账款”科目，贷记“银行存款”科目；当预付货款大于采购货物所需支付的款项时，对收回的多余货款应借记“银行存款”科目，贷记“预付账款”科目。

例3-12

某企业按合同规定预付给供货单位部分货款17 600元，实际收到供货单位发来材料的价款为41 600元，增值税额为5 408元，并补付其余欠款。其账务处理如下：

（1）预付货款时。

借：预付账款　　17 600

　贷：银行存款　　17 600

（2）收到商品并验收入库时。

借：原材料　　41 600

　　应交税费——应交增值税（进项税额）　　5 408

　贷：预付账款　　47 008

（3）补付采购货款时。

借：预付账款　　29 408

　贷：银行存款　　29 408

特别提示

如有确凿证据表明企业的预付账款不符合预付款项的性质，或者因供货单位破产、撤销等原因无望再收到所购货物的，应将原计入预付账款的金额转入其他应收款，并按规定确定减值损失，计提坏账准备。

3.4 其他应收款

其他应收款是指除应收票据、应收账款、预付账款以外的其他各种应收、暂付款项。主要内容包括：应收的各种赔款、罚款，如因企业财产等遭受意外损失而应向有关保险公司收取的赔款等；应收的出租包装物租金；应向职工收取的各种垫付款项，如为职工垫付的水电费等；应由职工负担的房租费等；存出保证金，如租入包装物支付的押金及其他各种应收、暂付款项等。

企业应设置“其他应收款”账户对以上业务进行反映。“其他应收款”账户应按各种应收、暂付项目设置明细账户，并为每项应收款的不同债务人设置明细账，实行会计控制。

例3-13

某企业应收甲公司罚款3 200元，应收出租给乙公司包装箱租金9 600元，其账务处理如下：

（1）记录应收的罚款、租金时。

借：其他应收款——甲公司（罚款收入）　　3 200

　贷：营业外收入——罚款收入　　3 200

借：其他应收款——乙公司（包装箱租金） 9 600
　贷：其他业务收入——租金收入 9 600

（2）企业收到上述款项时。

借：银行存款 12 800
　贷：其他应收款——罚款收入 3 200
　　　　　　　——租金收入 9 600

思考题

1. 如何确认应收票据的入账价值?
2. 带息应收票据的贴现与不带息应收票据的贴现有何区别?
3. 现金折扣的账务处理有哪几种方法? 各有何优缺点?
4. 企业应当如何确认应收账款的减值损失?

练习题

习题一

［目的］ 练习应收票据贴现的账务处理。

［资料］ 2×18年5月15日，甲公司将持有的4月15日开出、票面金额48 000元、期限5个月的商业汇票向银行申请贴现，收到贴现款47 040元。甲公司与银行签订的协议规定，贴现票据到期时，如果债务人未能如期付款，甲公司负有连带还款责任。

［要求］ 编制下列有关票据贴现业务的会计分录：

（1）将商业汇票贴现。

（2）贴现票据到期。

1）假定债务人如期付款。

2）假定债务人未能如期付款。

3）假定债务人和甲公司均无力付款。

习题二

［目的］ 练习应收账款的账务处理。

［资料］ 2×18年8月12日，甲公司赊销给乙公司一批商品，售价64 000元，增值税额8 320元，代垫运杂费800元。合同约定，乙公司于2×18年10月12日付款。

［要求］ 编制下列有关应收账款业务的会计分录：

（1）2×18年8月12日，赊销商品。

（2）2×18年10月12日，收回货款。

习题三

［目的］ 练习以备抵法核销坏账的账务处理。

［资料］ 某企业从2×17年度起，按照应收账款账面余额的1%计提坏账准备。2×17年年末，应收账款账面余额为240 000元；2×18年6月，确认应收A公司的账款2 800元已无法收回；2×18年年末，应收账款账面余额为256 000元。

［要求］ 根据上述资料，对该企业下列有关坏账准备的业务进行账务处理：

（1）2×17年年末，计提坏账准备。

（2）2×18年6月，转销应收A公司的账款。

（3）2×18年年末，计提坏账准备。

习题四

［目的］ 练习计提坏账准备的账务处理。

［资料］ 某企业从2×17年度起采用备抵法核算坏账损失，按照应收账款账面余额的1%计提坏账准备。2×17年年末，应收账款账面余额为240 000元；2×18年6月，确认应收A公司的账款160元已无法收回；2×18年年末，应收账款账面余额为200 000元。

［要求］ 根据上述资料，对该企业下列有关坏账准备的业务进行账务处理：

（1）2×17年年末，计提坏账准备。

（2）2×18年6月，转销应收A公司的账款。

（3）2×18年年末，计提坏账准备。

习题五

［目的］ 练习预付账款的账务处理。

［资料］ 甲公司根据购货合同规定，预付给丙公司货款30 000元，用于购买原材料。丙公司提供所购原材料后，开来发票账单，增值税专用发票上所列的货款金额为27 000元，增值税额为3 510元，甲公司向丙公司补付货款510元。

［要求］ 编制下列有关预付账款的业务的会计分录：

（1）向丙公司预付货款。

（2）丙公司提供所购原材料并开来发票账单。

（3）向丙公司补付货款。

第4章
存 货

学 习 目 标

通过本章的学习，了解存货的性质及分类；理解存货的概念及存货确认条件的应用；理解存货清查结果的账务处理方法；掌握存货初始计量的规则；掌握发出存货的计价方法的应用及其对财务报表的影响；掌握存货计划成本法核算程序的应用；掌握存货期末计量的成本与可变现净值孰低法的理论依据及应用。

4.1 存货的性质及分类

4.1.1 存货的含义与特征

存货是指企业在日常活动中持有以备出售的产成品或商品、处在生产过程中的在产品、在生产过程或提供劳务过程中耗用的材料和物料等。存货处于不断销售和重置或耗用之中，具有鲜明的流动性，因此归属于企业流动资产的范畴。存货的价值在一般情况下一次性转移，并随着销售的实现一次性得到补偿。与其他资产相比，存货具有如下特征：

（1）存货是一种具有物质实体的有形资产。存货包括原材料、在产品、产成品及商品、周转材料等各类具有物质实体的材料物资，因而有别于金融资产、无形资产等没有实物形态的资产。

（2）存货属于流动资产。存货通常将在一年或超过一年的一个营业周期内被销售或耗用，并不断地重置，具有较强的变现能力和较大的流动性，明显不同于固定资产、在建工程等具有物质实体的非流动资产。

（3）存货以在正常生产经营过程中被销售或耗用为目的而取得。企业持有存货的目的在于准备在正常生产经营过程中出售，如商品、产成品以及准备直接出售的半成品等；或者仍处在生产过程中，待制成产成品后再出售，如在产品、半成品等；或者将在生产过程或提供劳务过程中耗用，如材料和物料、周转材料等。企业在判断一个资产项目是否属于存货时，必须考虑持有该资产的目的，即在生产经营过程中的用途或所起的作用。例如，企业为生产产品或提供劳务而购入的材料属于存货，但为建造固定资产而购入的材料就不属于存货。

4.1.2 存货的确认

企业在确认某项资产是否作为存货时，首先要视其是否符合存货的概念，在此前提下，应当同时满足以下两个条件才能加以确认。

1. 与该存货有关的经济利益很可能流入企业

在通常情况下，随着存货实物的交付和存货所有权的转移，所有权上的主要风险和报酬也一并转移。就销货方而言，存货所有权的转出一般可以表明其所包含的经济利益已经流出企业；就购货方而言，存货所有权的转入一般可以表明其所包含的经济利益能够流入企业。因此，存货确认的一个重要标志，就是企业拥有某项存货的所有权。

一般来说，凡是企业拥有所有权的货物，无论存放何处，都应包括在本企业的存货之中；而尚未取得所有权或者已将所有权转移给其他企业的货物，即使存放在本企业，也不应包括在本企业的存货之中。

但需要注意的是，在有些交易方式下，存货实物的交付及所有权的转移与所有权上主要风险和报酬的转移可能并不同步，此时，存货的确认应当注重交易的经济实质，而不能仅仅依据其所有权的归属。例如，在售后回购交易方式下，销货方在销售商品时，商品的所有权已经转移给了购货方，但由于销货方承诺将回购商品，因而仍然保留了商品所有权上的主要风险，交易的实质是销货方以商品为质押向购货方融通资金，销货方通常并不确认销售收入，所销售的商品仍应包括在销货方的存货之中。

2. 存货的成本能够可靠地计量

存货作为资产的重要组成部分，在确认时必须符合资产确认的基本条件，即成本能够可靠地计量。成本能够可靠地计量，是指成本的计量必须以取得的确凿、可靠的证据为依据，并且具有可验证性。如果存货成本不能可靠地计量，则存货不能予以确认。例如，企业承诺购买的货物，由于目前尚未发生实际的购买行为，无法取得证实其成本的确凿、可靠的证据，因此不能确认为购买企业的存货。

4.1.3 存货的分类

存货的分类根据企业的性质、经营范围及存货用途的不同分为以下两种情况：

1. 制造业存货的分类

（1）原材料。原材料是指在生产过程中经加工改变其形态或性质并构成产品主要实体的各种原料及主要材料、辅助材料、外购半成品（外购件）、修理用备件（备品备件）、包装材料等。

对于委托加工材料，虽然加工中的材料已运离本企业，但其所有权并未发生转移，仍属企业存货的特殊存放形式。加工完成并验收入库后，按其用途归属于某类材料。

（2）在产品和自制半成品。在产品是指仍处于生产过程中、尚未完工入库的产品，包括正处于各个生产工序中尚未制造完成的产品，以及虽已制造完成但尚未检验或虽已检验但尚未办理入库手续的产成品。自制半成品是指在本企业已经过一定生产过程的加工，并经检验合格交付半成品仓库保管，但尚未最终制造完成，仍需进一步加工的中间产品。

（3）产成品。产成品是指已经完成全部生产过程并验收入库，可以按照合同规定的条件送交订货单位，或者可以作为商品对外销售的产品。企业接受外来原材料加工制造的代制品和为外单位加工修理的代修品，制造和修理完成验收入库后，应视同企业的产成品。

（4）周转材料。周转材料是指企业能够多次使用但不符合固定资产定义、不能确认为固定资产的各种材料，主要包括包装物和低值易耗品等。

如果一种存货在企业中具有多种用途，应按其主要用途进行归类。

2. 商品流通企业存货的分类

商品流通企业的存货主要分为：商品、材料物资、低值易耗品、包装物等。其中商品是商品流通企业存货的主要部分，它是指企业为销售而购入的物品。商品在销售以前保持其原有实物形态。

4.1.4 存货管理的重要性

在企业中，存货占流动资产的比重往往较大。存货在保证安全及防止损失等各个方面，其重要程度并不低于现金。对于存货的管理，首先要保证其安全完整，防止偷盗事件发生。

此外还要在数量上保持适中。适量的存货储备既能避免存货过多而使资金积压，又能避免因存货不足影响正常生产经营活动而失去获利良机。存货的管理离不开会计的介入，存货一经确认就需要计量，存货计量的基本目的是计算企业某会计期间的销货成本，以便和相关的销售收入进行配比，从而恰当地确定企业在该会计期间的利润。

存货计量不仅与企业损益的确定关系密切，还与资产负债表的财务状况紧密相关。通过资产负债表向会计信息使用者反映存货对企业的价值是存货计量的另一目的。资产负债表与利润表的关联性可在存货与销售成本的关系上得到验证。企业的存货不会对利润产生影响，它只是作为一项资产在资产负债表上加以揭示；但存货售出后，转化为销售成本，带来相关的销售收入，从而产生利润。这就是说，存货计量的正确与否对企业利润的确定有着直接的影响。

4.2 存货的初始计量

存货的初始计量应以取得存货的实际成本为基础，实际成本包括采购成本、加工成本和其他成本。由于存货的取得方式多种多样，而在不同的取得方式下，存货成本的具体构成内容并不完全相同，因此，存货的实际成本应结合存货的取得方式加以确定，作为存货入账的依据。

4.2.1 外购存货的初始计量

1. 外购存货的成本构成

外购存货的成本是指存货从采购到入库前所发生的全部支出，即采购成本，一般包括购买价款、相关税费、运输费、装卸费、保险费以及其他可归属于存货采购成本的费用。购买价款是指所购货物发票账单上列明的价款，但不包括按规定可予抵扣的增值税进项税额；相关税费是指进口关税、购买存货发生的消费税以及不能从增值税销项税额中抵扣的进项税额等；其他可归属于存货采购成本的费用，是指存货采购过程中发生的除上述各项费用以外的仓储费、包装费、运输途中的合理损耗、大宗物资的市内运杂费、入库前的挑选整理费用等可直接归属于存货采购成本的费用。

2. 外购存货的账务处理

企业外购的存货，由于距离采购地点远近不同、货款结算方式不同等，可能造成存货验收入库和货款结算不能总是同步完成。此外，外购存货还可能采用预付款购货方式、赊购方式等。因此，企业外购的存货应根据具体情况，分别进行账务处理。

（1）存货已到，货款已付。这种情况属于收货和付款同时进行的业务，一般在当地采购时较为常见。当发票和结算凭证已经收到并已付款，存货已经验收入库时，应根据有关凭证记账。

例4-1

某企业在本市某单位购入辅助材料一批，用转账支票支付款项33 900元，其中专用发票上注明的材料货款为30 000元，增值税额为3 900元。其账务处理如下：

借：原材料　　30 000

　　应交税费——应交增值税（进项税额）　　3 900

　贷：银行存款　　33 900

（2）货款已付，存货未到。这种情况属于在途物资。由于异地采购存货时，存货的运输时间往往超过银行结算凭证的传递时间，因此经常会发生货款已付而存货未到的情况。对已经付款但尚在运输途中的存货，通过“在途物资”科目核算，存货到达企业并验收入库时再转入“原材料”等科目。

例4-2

某企业向首都钢厂购买钢材一批，专用发票上的总金额为67 800元，其中增值税额为7 800元，款项已通过银行支付。钢材尚未运达企业。其账务处理如下：

借：在途物资　　60 000
　　应交税费——应交增值税（进项税额）　　7 800
　贷：银行存款　　67 800

材料到达企业并验收入库时。

借：原材料　　60 000
　贷：在途物资　　60 000

（3）存货已到，货款未付。这种情况属于未付款的收货业务。存货先到企业，但由于尚未收到结算凭证，不知存货款项数额，无法付款。由于结算凭证一般在收到存货几天以后就可以收到，因此存货验收入库时可暂不编制会计分录，待收到结算凭证时再编制会计分录。

如果等到月末时结算凭证仍然未到，应按暂估价入账，借记“原材料”等科目，贷记“应付账款”科目，并于下月1日用红字冲回，以便结算凭证到达时作正常付款的账务处理。

例4-3

某企业于5月13日和20日收到并验收入库两批钢材，第一批为2 000千克，第二批为1 000千克，均因结算凭证未到不编制会计分录。5月28日，第一批钢材的结算凭证到达企业，专用发票上注明货款175 000元、增值税额22 750，款项已通过银行支付。其账务处理如下：

1）第一批钢材运到并付款。

借：原材料　　175 000
　　应交税费——应交增值税（进项税额）　　22 750
　贷：银行存款　　197 750

2）月末，将到货的第二批钢材按暂估价85 000元入账。

借：原材料　　85 000
　贷：应付账款——暂估材料款　　85 000

3）次月1日编制一张相同分录的红字记账凭证。

借：原材料　　85 000
　贷：应付账款——暂估材料款　　85 000

（4）采用预付款方式购入存货。企业在采购存货时，可以根据有关规定先预付一部分存货货款，才能取得购入的存货。因此，预付的存货货款是企业的暂付款，企业的预付货款业务应通过“预付账款”科目记录。

例4-4

2×19年5月19日，甲公司向乙公司预付货款56 000元，采购一批原材料。乙公司于6月9日交付所购材料，并开具增值税专用发票，材料价款为49 600元，增值税进项税额为6 448元。6月11日，甲公司将应补付的货款48元通过银行转账支付。其账务处理如下：

1）5月19日，预付货款时。

借：预付账款——乙公司	56 000	
贷：银行存款		56 000

2）6月9日，材料验收入库时。

借：原材料	49 600	
应交税费——应交增值税（进项税额）	6 448	
贷：预付账款——乙公司		56 048

3）6月11日，补付货款时。

借：预付账款——乙公司	48	
贷：银行存款		48

（5）采用赊购方式购入存货。在采用赊购方式购入存货的情况下，对于赊购存货货款，应通过“应付账款”科目记录。如果赊购附有现金折扣条件，则其会计处理有总价法和净价法之分。总价法是将未减去现金折扣前的金额作为应付账款的入账价值，如果购货方在现金折扣期限内付款，则取得的现金折扣应当作为购货价格的扣减，调减购货成本；净价法是将扣减最大现金折扣后的金额作为应付账款的入账价值，如果购货方超过现金折扣期限付款，则丧失的现金折扣视为购货价格的增加，调增购货成本。

例4-5

2×19年9月1日，甲公司从乙公司赊购一批原材料，增值税专用发票上注明的原材料价款为64 000元，增值税进项税额为8 320元。根据购货合同的约定，甲公司应于9月30日之前支付货款，并附有现金折扣条件：如果甲公司能在10日内付款，可按原材料价款（不含增值税）的2%享受现金折扣；如果甲公司超过10日但在20日内付款，可按原材料价款（不含增值税）的1%享受现金折扣；如果超过20日付款，则须按交易金额付全款。甲公司采用总价法的账务处理如下：

1）9月1日，赊购原材料时。

借：原材料	64 000	
应交税费——应交增值税（进项税额）	8 320	
贷：应付账款——乙公司		72 320

2）支付购货款时。

①假定甲公司于9月8日支付货款。

现金折扣＝64 000×2%＝1 280(元)

实际付款金额＝72 320－1 280＝71 040(元)

借：应付账款——乙公司 72 320
　贷：银行存款 71 040
　　原材料 1 280

②假定甲公司于9月18日支付货款。

现金折扣＝64 000×1%＝640(元)

实际付款金额＝72 320－640＝71 680(元)

借：应付账款——乙公司 72 320
　贷：银行存款 71 680
　　原材料 640

③假定甲公司于9月28日支付货款。

借：应付账款——乙公司 72 320
　贷：银行存款 72 320

例4-6

沿用例4-5的资料。甲公司采用净价法的账务处理如下：

1）9月1日，赊购原材料时。

原材料入账价值＝64 000×(1－2%)＝62 720(元)

借：原材料 62 720
　应交税费——应交增值税（进项税额） 8 320
　贷：应付账款——乙公司 71 040

2）支付购货款时。

假定甲公司于9月8日支付货款：

借：应付账款——乙公司 71 040
　贷：银行存款 71 040

假定甲公司于9月18日支付货款：

超过折扣期限多支付的金额＝64 000×1%＝640(元)

借：应付账款——乙公司 71 040
　原材料 640
　贷：银行存款 71 680

假定甲公司于9月28日支付货款：

超过折扣期限多支付的金额＝640 000×2%＝1 280(元)

借：应付账款——乙公司 71 040
　原材料 1 280
　贷：银行存款 72 320

特别提示

企业采用赊购方式购入存货并附有现金折扣条件时，理论上购货方应将取得的现金折扣调减购货成本（总价法），按照由于超过折扣期限而多支付的金额调增购货成本（净价法）。实务中为简化起见，购货方将取得或丧失的现金折扣冲减或增加财务费用。

4.2.2 自制存货的初始计量

企业自制存货的成本主要由采购成本和加工成本构成，由于采购成本是由所消耗的原材料采购成本转移而来的，因此，自制存货成本主要指存货的加工成本。

加工成本是指存货制造过程中发生的直接人工和制造费用。其中，直接人工是指企业在生产产品过程中，向直接从事产品生产的工人支付的职工薪酬；制造费用是指企业为生产产品而发生的各项间接费用等。

企业自制并已验收入库的存货，按计算确定的实际成本，借记“库存商品”等科目，贷记“生产成本”科目。

例4-7

2×19年9月，甲公司基本生产车间生产的1 200件A产品验收入库，A产品实际总成本为388 800元。甲公司的账务处理如下：

借：库存商品　　388 800

　贷：生产成本——基本生产成本　　388 800

特别提示

（1）无论是外购存货还是自制存货，发生的其他成本都应计入存货成本。其他成本是指除采购成本、加工成本以外的，使存货达到目前状态所发生的其他支出，如为特定客户设计产品所发生的设计费用、可直接归属于符合资本化条件的存货发生的应当予以资本化的借款费用等。其中，符合资本化条件的存货，是指需要经过相当长时间的生产活动才能达到预定可销售状态的存货。企业发生的一般产品设计费用以及不符合资本化条件的借款费用，应当计入当期损益。

（2）发生的下列支出应当于发生时直接计入当期损益，不应当计入存货成本：非正常消耗的直接材料、直接人工和制造费用，例如，企业超定额的废品损失以及因自然灾害而发生的直接材料、直接人工和制造费用损失；仓储费用，是指存货在采购入库之后发生的仓储费用，包括存货在加工环节和销售环节发生的一般仓储费用。

4.2.3 其他方式取得存货的初始计量

1. 委托加工的存货

委托加工的存货包括委托外单位加工的各种材料、商品等物资。其成本一般包括企业发给外单位用于加工的原材料或半成品成本、加工费、往返运杂费等，以及按规定应当计入加工成本的税金。

委托加工存货的成本通过“委托加工物资”科目记录。企业发出用于加工的原材料等物资时，按照实际成本，借记本科目，贷记“原材料”等科目；结算加工费时，按应当支付的加工费，借记本科目，按照发票上注明的增值税额，借记“应交税费——应交增值税（进项税额）”科目，贷记“银行存款”“应付账款”等科目。需要缴纳消费税的委托加工物资，由受托方代收代缴的消费税，应当区别下列两种情况进行处理：

（1）委托加工存货收回后直接用于销售时，由受托方代收代缴的消费税应当计入委托加工存货的成本，待销售该批存货时，不需要再计算和缴纳消费税。

（2）委托加工存货收回后用于连续生产应税消费品时，由受托方代收代缴的消费税按规定准予扣除的，不计入委托加工存货的成本，而应当冲减当期应交消费税。账务处理为：借记“应交税费——应交消费税”科目，贷记“银行存款”“应付账款”等科目。

委托加工的存货加工完毕、验收入库并收回剩余物资时，按委托加工存货的实际成本和剩余物资的实际成本，借记“原材料”等存货类科目，贷记“委托加工物资”科目。

例4-8

2×19年5月6日，甲公司发出一批A材料，委托乙公司加工成B商品（非应税消费品）。发出A材料的实际成本为36 000元。2×19年6月16日加工完毕，支付加工费和增值税共计13 560元，其中增值税为1 560元。当日收到B商品并验收入库。另外，甲公司为委托加工物资支付运杂费1 440元（假定不考虑增值税的计算）。甲公司的账务处理如下：

（1）发出A材料时。

借：委托加工物资 36 000
　贷：原材料——A材料 36 000

（2）支付加工费时。

借：委托加工物资 12 000
　　应交税费——应交增值税（进项税额） 1 560
　贷：银行存款 13 560

（3）支付运杂费时。

借：委托加工物资 1 440
　贷：银行存款 1 440

（4）收回B商品并验收入库时。

借：库存商品——B商品 49 440
　贷：委托加工物资 49 440

例4-9

沿用例4-8的资料。假设加工的B商品为应税消费品。加工完毕甲公司支付给乙公司的消费税为1 392元。收回的B商品直接用于销售。其他条件不变，甲公司的账务处理如下：

（1）发出A材料时。

借：委托加工物资	36 000	
贷：原材料——A材料		36 000

（2）支付加工费和消费税时。

借：委托加工物资	13 392	
应交税费——应交增值税（进项税额）	1 560	
贷：银行存款		14 952

（3）支付运杂费时。

借：委托加工物资	1 440	
贷：银行存款		1 440

（4）收回B商品并验收入库时。

借：库存商品——B商品	50 832	
贷：委托加工物资		50 832

2. 投资者投入的存货

投资者投入存货的成本，应当按照投资合同或协议约定的价值确定，但合同或协议约定价值不公允的除外。企业收到投资者投入的存货，按照投资合同或协议约定的存货价值，借记“原材料”“库存商品”等科目，按增值税专用发票上注明的增值税进项税额，借记“应交税费——应交增值税（进项税额）”科目，按投资者在注册资本中所占的份额，贷记“实收资本”或“股本”科目，按其差额，贷记“资本公积”科目。

例4-10

2×19年5月16日，甲公司收到某股东作为资本投入的一批物资，甲公司将其作为原材料核算。取得的增值税专用发票上注明的价款为360 000元，增值税额为46 800元。经投资各方确认，该股东的投入资本按发票金额确定，可折换甲公司的普通股240 000股，每股面值为1元。甲公司的账务处理如下：

借：原材料	360 000	
应交税费——应交增值税（进项税额）	46 800	
贷：股本		240 000
资本公积——股本溢价		166 800

3. 接受捐赠的存货

企业接受捐赠的存货，应分情况确定存货的实际成本。如果捐赠方提供了有关凭证，按凭证上标明的金额加上应支付的相关税费确定；如果捐赠方未提供有关凭证，应当按参照同类或类似存货的市场价格估计的金额加上应支付的相关税费确定；不满足上述两个条件的，应采用估值技术确定。

例4-11

甲公司接受捐赠一批原材料，捐赠者提供的有关凭证上标明，价款为96 000元，增值税额为12 480元，甲公司另支付运杂费500元。甲公司的账务处理如下：

借：原材料 96 500

应交税费——应交增值税（进项税额） 12 480

贷：营业外收入——捐赠利得 108 480

银行存款 500

特别提示

企业通过债务重组取得的存货，应当按照受让存货的公允价值作为入账成本。重组债权的账面余额与受让存货的公允价值（包含增值税）之间的差额，应当作为债务重组损失，计入当期营业外支出。企业以非货币性资产交换取得的存货，其入账价值应当根据该项交换是否具有商业实质以及换入存货或换出资产的公允价值是否能够可靠地计量，分别以公允价值为基础进行计量或以账面价值为基础进行计量。

4.3 发出存货的计量

4.3.1 存货成本流转概述

发出存货的计量主要是指存货流出的实际成本的确定。随着存货的取得，存货不断地流入企业；随着存货的耗用或销售，存货最终又流出企业。存货的这种不断流动就形成了生产经营过程中的存货流转。

从理论上说，存货的成本流转应当与实物流转一致，但在会计实务中，由于存货品种繁多，因不同时间、不同地点及不同方式取得的存货的单位成本各异，很难保证存货的成本流转与实物流转完全一致，因此，会计可按照一个假定的成本流转方式来确定发出存货的成本，而不强求存货的成本流转与实物流转一致，但企业所选择的存货的成本流转应当与实物流转大致相同，以减少人为操纵的可能性，提高会计信息的可靠性。

采用不同的存货成本流转假设，在期末结存存货与本期发出存货之间分配存货成本，就产生了不同的存货计价方法，如个别计价法、先进先出法、加权平均法等。由于不同的存货计价方法得出的计价结果各不相同，因此，存货计价方法的选择将对企业的财务状况和经营成果产生一定的影响。例如，存货计价方法对资产负债表中流动资产总额及所有者权益数额的计算有直接影响：如果期末存货计价低估或高估，就会低估或高估当期收益；而如果期初存货计价低估或高估，就会高估或低估当期收益。

4.3.2 发出存货的计价方法

企业应当根据实际情况，综合考虑存货的性质、实物流转方式和管理的要求，选择适当的存货计价方法，合理确定发出存货的实际成本。发出存货计价方法一旦选定，前后各期应当保持一致，并在财务报表附注中予以披露。我国企业会计准则规定，企业发出存货的计价方法可以采用个别计价法、先进先出法和加权平均法。

1. 个别计价法

个别计价法也称个别认定法，是指对发出的存货分别加以认定的一种方法。采用个别认定法一般需具备两个条件：一是各存货项目必须是可以辨别认定的；二是必须有详细的记录以了解每一存货项目的具体情况。

例4－12

甲公司12月份购货和存货的数据资料见表4－1。

表4－1 存货收发存表

数量单位：千克
金额单位：元

日期及摘要	收入		发出		结存数量
	数量	单位成本	数量	单位成本	
12月1日存货	600	20			600
12月8日购入	400	22			1 000
12月14日发出			800		200
12月20日购入	600	23			800
12月28日发出			400		400
12月31日购入	400	25			800

根据表4－1提供的资料，甲公司12月31日结存存货800千克，经确认属于以下各批购货的留存，则期末存货成本见表4－2。

表4－2 各批购货中的留存及期末存货成本表

数量单位：千克
金额单位：元

批次	数量	单位成本	每批成本
期初存货	200	20	4 000
第一批购货	100	22	2 200
第二批购货	400	23	9 200
第三批购货	100	25	2 500
期末存货成本			17 900

个别认定法从理论上来讲比较合理，因为它符合收入与费用配比的要求，而且无论是在永续盘存制还是在定期盘存制下都可以应用，计算结果也相同。但是，该方法的应用必须具备详细的存货收、发、存记录，在各种存货以各种方式从各种渠道入库时，均需为其编定号码，以便在发出时按专用材料发票上的价格或专用商品

入库单上的成本，确定该批存货的发出成本。显然，此法应用起来比较麻烦，另外还可能导致企业任意选用较高或较低的单位成本进行计价，人为地调节成本水平。这个方法只适用于不能互换使用的存货、为某一特定项目准备的存货，或体积较大（易于辨认）、数量不多（能够辨认）及单位成本较高（有必要为个别计价）的存货。

2. 先进先出法

先进先出法是假定先入库的存货先发出，并根据这种假定的成本流转顺序，对发出存货和结存存货进行计量的一种方法。每次发出存货时，都假定发出的是最先入库的存货，发出存货的单价也就是最先入库的存货单价。

根据表 4-1 提供的资料，发出存货采用先进先出法计算，见表 4-3。

表 4-3 存货先进先出法计算表

数量单位：千克
金额单位：元

日期	收入			发出			结存		
	数量	单位成本	总成本	数量	单位成本	总成本	数量	单位成本	总成本
12 月 1 日							600	20	12 000
12 月 8 日	400	22	8 800				600 400	20 22	12 000 8 800
12 月 14 日				600 200	20 22	12 000 4 400	200	22	4 400
12 月 20 日	600	23	13 800				200 600	22 23	4 400 13 800
12 月 28 日				200 200	22 23	4 400 4 600	400	23	9 200
12 月 31 日	400	25	10 000				400 400	23 25	9 200 10 000
合计	1 400			1 200			800		

在先进先出法下，由于期末存货成本是根据近期进货的单位成本计算的，因此，存货价值更接近市场，与物价发展趋势相吻合。但是，在先进先出法下，有时要同时按两个或两个以上单位成本进行计算，因此，计价核算烦琐。

3. 加权平均法

（1）月末一次加权平均法。月末一次加权平均法是指以月初结存存货数量和本月各批收入存货数量作为权数，计算本月存货的加权平均单位成本，据以确定本月发出存货成本和月末结存存货成本的一种方法。其计算公式如下：

$$加权平均单位成本=\frac{月初结存存货成本+本月收入存货成本}{月初结存存货数量+本月收入存货数量}$$

$$本月发出存货成本=加权平均单位成本\times本月发出存货的数量$$

$$月末结存存货成本=加权平均单位成本\times本月结存存货的数量$$

根据表 4-1 提供的资料，发出存货采用月末一次加权平均法计算，见表 4-4。

表4-4　存货月末一次加权平均法计算表

数量单位：千克
金额单位：元

日期	收入			发出			结存		
	数量	单位成本	总成本	数量	单位成本	总成本	数量	单位成本	总成本
12月1日							600	20	12 000
12月8日	400	22	8 800				1 000		
12月14日				800			200		
12月20日	600	23	13 800				800		
12月28日				400			400		
12月31日	400	25	10 000				800		
合计	1 400		32 600	1 200	22.3	26 760	800	22.3	17 840

$$\text{加权平均单位成本}=\frac{12\ 000+32\ 600}{600+1\ 400}=22.3(\text{元})$$

按照月末一次加权平均法计算发出存货的单位成本，每月只计算一次，简化了存货的计价工作，但平时不能提供发出存货的单位成本资料。在将其与存货现行成本进行比较时，两者之间有一定的差距，当物价上涨时加权平均成本将会小于现行成本。

（2）移动加权平均法。移动加权平均法是指平时每入库一批存货，就以原有存货数量和本批入库存货数量为权数，计算一个加权平均单位成本，据以对其后发出存货进行计价的一种方法。移动加权平均单位成本以及本批发出存货成本和期末结存存货成本的计算公式如下：

$$\text{移动加权平均单位成本}=\frac{\text{原有存货成本}+\text{本批入库存货成本}}{\text{原有存货数量}+\text{本批入库存货数量}}$$

本批发出存货成本＝最近移动加权平均单位成本×本批发出存货的数量

期末结存存货成本＝期末移动加权平均单位成本×本期结存存货的数量

根据表4-1提供的资料，发出存货采用移动加权平均法计算，见表4-5。

表4-5　存货移动加权平均法计算表

数量单位：千克
金额单位：元

日期	收入			发出			结存		
	数量	单位成本	总成本	数量	单位成本	总成本	数量	单位成本	总成本
12月1日							600	200	12 000
12月8日	400	22	8 800				1 000	20.8	20 800
12月14日				800	20.8	16 640	200	20.8	4 160
12月20日	600	23	13 800				800	22.45	17 960
12月28日				400	22.45	8 980	400	22.45	8 980
12月31日	400	25	10 000				800	23.725	18 980
合计	1 400			1 200			800		

$$\text{第一批购货后的单位成本}=\frac{12\,000+8\,800}{600+400}=20.8(\text{元})$$

$$\text{第二批购货后的单位成本}=\frac{4\,160+13\,800}{200+600}=22.45(\text{元})$$

$$\text{第三批购货后的单位成本}=\frac{8\,980+10\,000}{400+400}=23.725(\text{元})$$

移动加权平均法的特点是将存货的计价和明细账的登记分散在平时进行，从而可以随时掌握发出存货的成本和结存存货的成本，为存货管理及时提供所需信息。但采用这种方法，每次收货都要计算一次加权平均单位成本，计算工作量较大，不适合收发货频繁的企业使用。

4.3.3 发出存货的账务处理

存货是为了满足企业生产经营的各种需要而储备的，其经济用途各异，消耗方式也各不相同。因此，企业应当根据各类存货的特点及用途，对发出存货进行相应的账务处理。下面仅以生产经营领用的材料为例加以说明。

企业应在月末时，根据月份内签收的各种发料凭证按照发出材料的用途进行分类汇总，编制发出材料汇总表，作为账务处理的依据；按发出材料的用途，将其成本直接计入产品成本或当期费用。领用材料时，按计算确定的实际成本，借记“生产成本”“制造费用”“销售费用”“管理费用”“其他业务成本”等科目，贷记“原材料”等科目。发出材料汇总表的示例见表 4－6。

表 4－6 发出材料汇总表

某年 3 月 31 日

单位：元

领用部门	用途	材料类别			合计
		原料及主要材料	辅助材料	燃料	
生产车间	产品生产	95 000	3 000	2 000	100 000
	一般消耗		2 500	1 500	4 000
厂部	一般消耗			2 400	2 400
销售科	销售	8 000	2 000		10 000
合计		103 000	7 500	5 900	116 400

根据表 4－6 作账务处理如下：

借：生产成本　　100 000
　　制造费用　　4 000
　　管理费用　　2 400
　　其他业务成本　　10 000
　贷：原材料　　116 400

4.3.4 计划成本法

1. 计划成本法的含义及核算程序

计划成本法是指存货的日常收入、发出和结存均按预先制定的计划成本计价，并设置“材料成本差异”科目登记实际成本与计划成本之间的差异，月末再通过对存货成本差异的分摊，将发出存货的计划成本和结存存货的计划成本调整为实际成本进行反映的一种核算方法。

上述存货的初始计量及发出存货的计量均以实际成本计价为前提，即存货采用实际成本进行日常核算，要求存货的收入和发出凭证、明细分类账、总分类账全部按实际成本计价。显然这对于存货品种、规格、数量繁多，收发频繁的企业来说，日常核算工作量很大，核算成本较高，也会影响会计信息的及时性。为了简化存货的核算，企业可以采用计划成本法对存货的收入、发出及结存进行日常核算。采用计划成本法进行存货日常核算的基本程序如下：

（1）制定存货的计划成本目录，规定存货的分类，以及各类存货的名称、规格、编号、计量单位和单位计划成本。

采用计划成本法核算时，需要对每一品种、规格的存货制定计划成本。计划成本是指在正常的市场条件下，企业取得存货应当支付的合理成本，包括采购成本、加工成本和其他成本，其组成内容应当与实际成本完全一致。计划成本一般由会计部门与采购部门共同制定，制定的计划成本应尽可能接近实际，以利于发挥计划成本的考核和控制功能。除特殊情况外，计划成本在年度内一般不作调整。

（2）设置“材料成本差异”账户，登记存货实际成本与计划成本之间的差异。取得存货并形成差异时，实际成本高于计划成本的超支差异，在该账户的借方登记，实际成本低于计划成本的节约差异，在该账户的贷方登记；发出存货并分摊差异时，超支差异从该账户的贷方用蓝字转出，节约差异从该账户的贷方用红字转出。

（3）设置“材料采购”账户，对购入存货的实际成本与计划成本进行计价对比。该账户的借方登记购入存货的实际成本，贷方登记购入存货的计划成本，并将计算的实际成本与计划成本的差额转入“材料成本差异”账户分类登记。

（4）存货的日常收入与发出均按计划成本计价，月末，通过存货成本差异的分摊，将本月发出存货的计划成本和月末结存存货的计划成本调整为实际成本进行反映。

2. 存货成本差异的形成与分配

存货成本差异是指存货的实际成本与计划成本之间的差异。当实际成本大于计划成本时为超支差异；当实际成本小于计划成本时为节约差异。

本期存货成本的差异主要来源于不同方式取得存货初始确认的金额（实际成本）与计划成本之间的差异，如外购存货的采购成本与计划成本的差异、自制存货的实际成本与计划成本的差异等。存货的增加会增加存货成本差异，而存货的发出会减少存货成本差异。期初存货成本差异和本期存货成本差异之和，应在期末结存存货与本期发出存货之间进行分配，通常在期末通过计算存货成本差异率进行。存货成本差异率包括本期存货成本差异率和期初存货成本差异率两种，计算公式如下：

$$\text{本期存货成本差异率}=\frac{\text{期初结存存货的成本差异}+\text{本期增加存货的成本差异}}{\text{期初结存存货的计划成本}+\text{本期增加存货的计划成本}}\times 100\%$$

$$\text{期初存货成本差异率}=\frac{\text{期初结存存货的成本差异}}{\text{期初结存存货的计划成本}}\times 100\%$$

$$\text{本期发出存货应负担的成本差异}=\text{本期发出存货的计划成本}\times\text{存货成本差异率}$$

本期发出存货的实际成本＝本期发出存货的计划成本±发出存货应负担的成本差异

期末结存存货应负担的成本差异＝期末结存存货的计划成本×存货成本差异率

期末结存存货的实际成本＝期末结存存货的计划成本±结存存货应负担的成本差异

3. 计划成本法下存货的账务处理

由于存货种类较多，计划成本法下存货的账务处理以材料存货为例加以说明。

按计划成本进行材料总分类核算时，也要设置“原材料”等存货类账户和“应付账款”账户。有关材料账户的核算内容与明细账的设置，与按实际成本的核算基本相同，只是计价不同。材料类账户的借方、贷方及余额均反映材料的计划成本。此外，为确定材料的采购成本，考核材料采购业务成果，还要设置“材料采购”和“材料成本差异”账户，不再另设“在途物资”账户，并将在途物资业务并入“材料采购”账户核算。

（1）存货收入的账务处理。由于存货种类较多，计划成本法下存货收入的账务处理仅以外购材料存货为例加以说明。外购材料收入的业务应分不同情况加以处理。

1）外购存货收入的账务处理。对于已经付款（或已开出并承兑商业汇票）的材料采购业务，不管材料是否验收入库，都应根据发票、运单等凭证记入“材料采购”账户的借方和“银行存款”“应付票据”等账户的贷方。月份终了，根据仓库转来的收料单和付款凭证及已开出并承兑的商业汇票等结算凭证，按材料实际成本和计划成本分别汇总，再将计划成本记入“原材料”等账户的借方和“材料采购”账户的贷方，并结转材料实际成本与计划成本之间的差异。如果是实际成本大于计划成本的超支差异，应从“材料采购”账户的贷方转入“材料成本差异”账户的借方；反之，出现节约差异时，应作相反的结转。

例 4-13

甲公司的存货采用计划成本核算。某年6—7月，发生下列材料采购业务：

①6月8日，购入一批原材料，增值税专用发票上注明的价款为80 000元，增

值税进项税额为 10 400 元。货款已通过银行转账支付，材料也已验收入库。该批原材料的计划成本为 84 000 元。

借：材料采购	80 000	
应交税费——应交增值税（进项税额）	10 400	
贷：银行存款		90 400
借：原材料	84 000	
贷：材料采购		84 000
借：材料采购	4 000	
贷：材料成本差异——原材料		4 000

②6 月 13 日，购入一批原材料，增值税专用发票上注明的价款为 128 000 元，增值税进项税额为 16 640 元。货款已通过银行转账支付，材料尚在运输途中。

借：材料采购	128 000	
应交税费——应交增值税（进项税额）	16 640	
贷：银行存款		144 640

③6 月 21 日，收到 6 月 13 日购进的原材料并验收入库。该批原材料的计划成本为 120 000 元。

借：原材料	120 000	
贷：材料采购		120 000
借：材料成本差异——原材料	8 000	
贷：材料采购		8 000

④6 月 26 日，购入一批原材料，增值税专用发票上注明的价款为 160 000 元，增值税进项税额为 20 800 元。货款已通过银行转账支付，材料尚在运输途中。

借：材料采购	160 000	
应交税费——应交增值税（进项税额）	20 800	
贷：银行存款		180 800

⑤6 月 27 日，购入一批原材料，材料已经运达企业并验收入库，但发票等结算凭证尚未收到，货款尚未支付。月末该批材料的结算凭证仍未到达，企业按该批材料的计划成本 64 000 元估价入账。

借：原材料	64 000	
贷：应付账款——暂估材料款		64 000

⑥7 月 1 日，用红字冲回上月末暂估入账分录。

借：原材料	64 000	
贷：应付账款——暂估材料款		64 000

特别提示

月末，对已验收入库但尚未收到发票账单的存货，按计划成本暂估入账，借记“原材料”等科目，贷记“应付账款——暂估材料款”科目，下月初再用红字作相同的会计分录予以冲回；下月收到发票账单并结算时，按正常的程序进行账务处理。

---

⑦7 月 3 日，收到 6 月 27 日已入库原材料的发票等结算凭证，增值税专用发票上注明的材料价款为 62 400 元，增值税进项税额为 8 112 元，货款通过银行转账支付。

借：材料采购	62 400	
应交税费——应交增值税（进项税额）	8 112	
贷：银行存款		70 512
借：原材料	64 000	
贷：材料采购		64 000
借：材料采购	1 600	
贷：材料成本差异——原材料		1 600

⑧7 月 5 日，收到 6 月 26 日购进的原材料并验收入库。该批原材料的计划成本为 157 600 元。

借：原材料	157 600	
贷：材料采购		157 600
借：材料成本差异——原材料	2 400	
贷：材料采购		2 400

在会计实务中，为了简化存货收入和结转存货成本差异的核算手续，企业平时收到存货时，也可以既不记录存货的增加，也不结转形成的存货成本差异；月末时，再将本月已付款（或已开出并承兑商业汇票）且已验收入库的存货按实际成本和计划成本分别汇总，一次登记本月存货的增加，并计算和结转本月存货成本差异。

2）其他来源存货收入的账务处理。企业利用除外购以外的方式取得的存货，无须通过“材料采购”科目确定存货成本差异，而应直接按取得存货的计划成本，借记“原材料”等存货科目，按确定的实际成本，贷记“生产成本”等相关科目，按实际成本与计划成本之间的差额，借记或贷记“材料成本差异”等科目。

（2）存货发出的账务处理。如前所述，由于存货种类较多，计划成本法下发出存货的账务处理仍以外购材料存货为例加以说明。

计划成本法下，发出材料的账务处理与实际成本法核算时一样，财会部门应根据签收的各种领料单，按其用途分类汇总，月末一次编制发出材料汇总表。由于汇总表反映的是发出材料的计划成本，还需借助材料成本差异率将其调整为实际成本，因此汇总表中既要反映发出材料的计划成本，也要反映其成本差异，作为编制记账凭证和登记总账的依据。

例4-14

发出材料汇总表见表4-7。

表4-7 发出材料汇总表 单位：元

领用部门	用途	材料类别						合计	
		原料及主要材料		辅助材料		燃料		计划成本	成本差异
		计划成本	成本差异	计划成本	成本差异	计划成本	成本差异		
生产车间	产品生产	98 000	−4 900	2 000	40	3 000	90	103 000	−4 770
	一般消耗			3 000	60	4 000	120	7 000	180
厂部	一般消耗					5 000	150	5 000	150
销售科	销售	7 000	−350	4 000	80			11 000	−270
合计		105 000	−5 250	9 000	180	12 000	360	126 000	−4 710

1）根据发出材料汇总表，登记本月发出各类材料的计划成本。其账务处理如下：

①借：生产成本 98 000
　　其他业务成本 7 000
　贷：原材料——原料及主要材料 105 000

②借：生产成本 2 000
　　制造费用 3 000
　　其他业务成本 4 000
　贷：原材料——辅助材料 9 000

③借：生产成本 3 000
　　制造费用 4 000
　　管理费用 5 000
　贷：原材料——燃料 12 000

2）根据发出材料汇总表，登记本月发出各类材料应分摊的材料成本差异。其账务处理如下：

①借：生产成本 4 900
　　其他业务成本 350
　贷：材料成本差异 5 250

②借：生产成本 40
　　制造费用 60
　　其他业务成本 80
　贷：材料成本差异 180

③借：生产成本 90
　　制造费用 120
　　管理费用 150
　贷：材料成本差异 360

4. 计划成本法的优点

存货的计划成本法具有如下优点：一是可以简化存货的日常核算手续。因为在计划成本法下，同一种存货只有一个单位计划成本，所以，存货明细账平时可以只登记收、发、存数量，而不必登记收、发、存金额。需要了解某项存货的收、发、存金额时，以该项存货的单位计划成本乘以相应的数量即可求得，这样既避免了烦琐的发出存货计价，又简化了存货的日常核算手续。二是有利于考核采购部门的工作业绩。因为通过实际成本与计划成本的比较，可以得出实际成本偏离计划成本的差异，通过对差异的分析，寻求实际成本偏离计划成本的原因，据以考核采购部门的工作业绩，促使采购部门不断降低采购成本。鉴于此，计划成本法在我国大中型工业企业中应用比较广泛。

4.4 存货的期末计量

存货的期末计量是指资产负债表日存货价值的再计量。我国企业会计准则规定，资产负债表日，存货应当按照成本与可变现净值孰低法计量。

4.4.1 成本与可变现净值孰低法的含义

成本与可变现净值孰低法，是指对期末存货按照成本与可变现净值两者之中较低者计量存货的一种方法。当成本低于可变现净值时，期末存货按成本计量；当可变现净值低于成本时，期末存货按可变现净值计量。

成本，是指期末存货的实际成本，即采用先进先出法、加权平均法等存货计价方法，对发出存货（或期末存货）进行计量所确定的期末存货账面价值。如果存货的日常核算采用计划成本法，则存货的成本是指通过差异调整后的实际成本。

可变现净值，是指在日常活动中，存货的估计售价减去至完工时估计将要发生的成本、估计的销售费用以及相关税费后的金额。

采用成本与可变现净值孰低法对期末存货进行计量，当某项存货的可变现净值跌至成本以下时，表明该项存货为企业带来的未来经济利益低于其账面价值，企业应按可变现净值低于成本的金额确认存货跌价准备，并将其从存货价值中扣除，否则，就会虚计当期利润和存货价值；而当可变现净值高于成本时，企业不能按可变现净值高于成本的金额确认这种尚未实现的存货增值收益，否则，也会虚计当期利润和存货价值。因此，成本与可变现净值孰低法体现了谨慎性的会计信息质量要求。

4.4.2 存货可变现净值的确定

1. 确定存货可变现净值应考虑的主要因素

确定存货的可变现净值应当考虑的主要因素有三个：第一，应以取得的确凿证据为基础，确凿证据是指对确定存货的可变现净值有直接影响的客观证明，如产品或商品的市场销售价格等；第二，应考虑持有存货的目的，即是持有以备出售还是持有以备继续加工或耗用；第三，应考虑资产负债表日后事项的影响，如资产负债表日至财务报告批准报出日之间存货的价格变动对存货在资产负债表日存在状况的影响等。

2. 产成品和商品存货可变现净值的确定

企业持有产成品和商品存货的目的是对外销售，该类存货的可变现净值应按其估计售价减去估计的销售费用和相关税费后的金额确定。其中，估计售价的确定至关重要，企业应当根据产成品和商品存货是否有约定的销售合同，区别以下情况确定该类存货的估计售价：

（1）如果产成品和商品存货是为执行销售合同而持有，通常应当以产成品或商品的合同价格作为估计售价。如果企业持有产成品和商品的数量多于销售合同的订购数量，超出部分的产成品和商品存货应当以产成品或商品的一般销售价格（即市场销售价格）作为估计售价。

（2）如果产成品和商品存货没有销售合同，则应当以产成品或商品的一般销售价格作为估计售价。

特别提示

确定产成品和商品存货的可变现净值时，估计的销售费用和相关税费可以根据以往的经营经验可靠估计。

例4-15

甲公司于某年10月15日与乙公司签订了一份不可撤销的销售合同，双方约定，甲公司按每台100万元的价格（不包括增值税）向乙公司提供D型设备60台。该年12月31日，甲公司库存D型设备70台，每台单位成本78.4万元，总成本为5 488万元；估计销售每台D型设备会发生销售费用以及相关税费4万元。该年12月31日，D型设备的市场销售价格为每台96万元。

本例中，由于甲公司与乙公司签订了不可撤销的销售合同，并且合同约定的销售数量小于库存D型设备数量，D型设备的可变现净值计算如下：

D型设备可变现净值＝(100×60＋96×10)－4×70＝6 680(万元)

3. 材料存货可变现净值的确定

材料存货主要是指企业持有以备继续加工或耗用的存货，如原材料、半成品等，企业持有材料类存货的目的并非对外销售，而是主要用于产品生产。该类存货的可变现净值，应当以所生产的产成品的估计售价减去至完工时估计将要发生的成本、估计的销售费用和相关税费后的金额确定。可见，材料存货可变现净值的确定以它所生产的产成品为基础。

其中，产成品的估计售价按上述方法确定即可，至完工时将要发生的成本、估计的销售费用和相关税费，同样要根据企业以往的经营经验可靠估计。

例 4-16

沿用例 4-15 的资料。假定该年末库存丙材料的总成本为 400 万元，可用于生产 10 台 D 型设备。甲公司将丙材料生产成 D 型设备，每台估计尚需投入人工成本等 38.4 万元。丙材料可变现净值计算如下：

丙材料可变现净值＝100×10－38.4×10－4×10＝576(万元)

特别提示

如果企业将原材料、在产品等存货用于对外出售（少数情况），其可变现净值的确定方法与产成品和商品存货可变现净值的确定方法相同。即用于出售的原材料、半成品等存货，通常以该原材料或半成品的市场销售价格作为其可变现净值的计算基础。如果用于出售的原材料或半成品存在销售合同约定，应按合同价格作为其可变现净值的计算基础。

4. 材料存货的期末计量

材料存货的期末计量是指材料存货期末列报于资产负债表中的价值。企业持有的材料等存货主要用于继续生产产品。会计期末，应当以该材料存货所生产的产成品的可变现净值与成本的比较为基础，区分以下两种情况确定其期末价值：

(1) 如果用该材料生产的产成品的可变现净值预计高于生产成本，则该材料应当按照成本计量。

(2) 如果材料价格的下降表明产成品的可变现净值低于生产成本，则该材料应当按可变现净值计量，并相应地计提存货跌价准备。

例 4-17

2×19 年 12 月 31 日，甲公司持有的用于生产 A 产品的丙材料账面成本总额为 200 000 元，市场价格总额已跌至 176 000 元。甲公司持有的丙材料可生产 200 件 A 产品。由于丙材料市场价格下跌，导致用丙材料生产的 A 产品的市场价格也相应下跌，由原来的每件 2 600 元降为每件 2 440 元。将丙材料加工成 A 产品，每件还需投入人工及制造费用 1 400 元；销售 A 产品每件估计会发生销售费用及相关税费 120 元。

根据上述资料可知，用库存丙材料所能生产的 A 产品的可变现净值为 464 000 元（2 440×200－120×200)，用库存丙材料所能生产的 A 产品的成本为 480 000 元(200 000＋1 400×200)，A 产品的可变现净值低于生产成本 16 000 元，发生了减值，表明丙材料的可变现净值一定低于账面成本，也发生了减值。在这种情况下，丙材料应按可变现净值计量，并按可变现净值低于成本的差额计提存货跌价准备。计算如下：

丙材料可变现净值＝2 440×200－1 400×200－120×200＝184 000（元）

丙材料应计提的存货跌价准备＝200 000－184 000＝16 000（元）

在2×19年12月31日资产负债表的存货项目中，丙材料应按可变现净值184 000元列示其价值。

4.4.3 成本与可变现净值的比较

企业按成本与可变现净值孰低规则对存货计量时，有三种不同的比较方式可供选择。

1. 单项比较法

单项比较法亦称逐项比较法或个别比较法，指对库存中每一种存货的成本和可变现净值逐项进行比较，每项存货均取较低者确定存货的期末成本。

2. 分类比较法

分类比较法亦称类比法，指按存货类别的成本与可变现净值进行比较，每类存货取其较低者确定存货的期末成本。

3. 总额比较法

总额比较法亦称综合比较法，指按全部存货的总成本与可变现净值总额进行比较，将较低者作为期末全部存货的成本。

例4-18

某企业有A、B两大类甲、乙、丙、丁四种存货，各种存货分别按三种计算方式确定的期末存货成本如表4-8所示。

表4-8 成本与可变现净值比较表 单位：元

项目	数量	成本		可变现净值		单项比较法	分类比较法	总额比较法
		单价	总额	单价	总额			
A类存货								
甲	200	40	8 000	37.5	7 500	7 500		
乙	100	75	7 500	77.5	7 750	7 500		
小计			15 500		15 250		15 250	
B类存货								
丙	300	50	15 000	52.0	15 600	15 000		
丁	200	90	18 000	97.5	19 500	18 000		
小计			33 000		35 100		33 000	
总计			48 500		50 350	48 000	48 250	48 500

4.4.4 存货跌价准备的账务处理

在成本与可变现净值孰低法下，若存货的成本低于可变现净值，则不需要作账务处理，资产负债表中存货项目反映的是存货的成本；若可变现净值低于成本，则要计提存货跌价准备，资产负债表中存货项目反映的是存货的可变现净值，即账务处理后的账面价值。

企业应当定期对存货进行全面检查，如果由于存货毁损、全部或部分陈旧过时或销售价格低于成本等原因，存货可变现净值低于其成本，应按可变现净值低于成本的部分，计提存货跌价准备。企业在对存货进行定期检查时，如果存在下列情况之一，应当考虑计提存货跌价准备：

（1）市价持续下跌，并且在可预见的未来无回升的希望。

（2）企业使用该项原材料生产产品的成本大于产品的销售价格。

（3）企业因产品更新换代，原有库存原材料已不适应新产品的需要，而该原材料的市场价格又低于其账面成本。

（4）企业所提供的商品或劳务过时或消费者偏好改变而使市场的需求发生变化，导致市场价格逐渐下跌。

（5）其他足以证明该项存货实质上已经发生减值的情况。

在具体进行存货跌价准备的账务处理时，首先应按本期存货可变现净值低于成本的金额，确定本期存货的减值金额，然后将本期存货的减值金额与“存货跌价准备”科目的余额进行比较，按下列公式计算确定本期应计提的存货跌价准备金额：

$$\begin{array}{c}\text{本期应计提的}\\\text{存货跌价准备}\end{array}=\begin{array}{c}\text{当期可变现净值}\\\text{低于成本的金额}\end{array}-\begin{array}{c}\text{“存货跌价准备”}\\\text{科目原有余额}\end{array}$$

根据上述公式，如果本期存货可变现净值低于成本的差额大于“存货跌价准备”科目原有贷方余额，表明存货价值进一步降低，应按二者之差补提存货跌价准备，借记“资产减值损失”科目，贷记“存货跌价准备”科目；如果本期存货可变现净值低于成本的差额与“存货跌价准备”科目原有贷方余额相等，表明存货价值未发生变动，不需要计提存货跌价准备；如果本期存货可变现净值低于成本的差额小于“存货跌价准备”科目原有贷方余额，表明存货价值有所回升，应按二者之差转回已计提的存货跌价准备，借记“存货跌价准备”科目，贷记“资产减值损失”科目；如果本期存货可变现净值高于成本，表明存货价值完全恢复，应将已计提的存货跌价准备全部转回，借记“存货跌价准备”科目，贷记“资产减值损失”科目。

如果以前导致存货减值的影响因素已经部分或全部消失，已计提的存货跌价准备可以转回；转回的存货跌价准备金额应当以该项存货、该类存货或该合并存货原已计提的存货跌价准备金额为限，恢复后的存货账面价值不应超过该存货原先的入账成本。

例4-19

甲公司从2×17年度开始，对期末结存存货按成本与可变现净值孰低法计量。2×17年至2×19年，有关D商品期末计量的资料及相应的账务处理如下：

（1）2×17年12月31日，D商品的账面成本为64 000元，可变现净值为56 000元。

可变现净值低于成本的差额＝64 000－56 000＝8 000(元)

借：资产减值损失　　8 000
　贷：存货跌价准备——D商品　　8 000

在2×17年12月31日的资产负债表中，D商品应按可变现净值56 000元列示其价值。

（2）2×18年度，在转出D商品时，相应结转存货跌价准备6 400元。2×18年12月31日，D商品的账面成本为76 800元，可变现净值为68 000元；计提存货跌价准备之前，“存货跌价准备”科目贷方余额为1 600元（8 000－6 400）。

可变现净值低于成本的差额＝76 800－68 000＝8 800(元)

应计提的存货跌价准备＝8 800－1 600＝7 200(元)

借：资产减值损失　　7 200
　贷：存货跌价准备——D商品　　7 200

本年计提存货跌价准备之后，“存货跌价准备”科目贷方余额为8 800元；在2×18年12月31日的资产负债表中，D商品应按可变现净值68 000元列示其价值。

（3）2×19年度，在转出D商品时，相应地结转存货跌价准备4 800元。2×19年12月31日，D商品的账面成本为49 600元，可变现净值为46 400元；计提存货跌价准备之前，“存货跌价准备”科目贷方余额为4 000元（8 800－4 800）。

可变现净值低于成本的差额＝49 600－46 400＝3 200(元)

应计提的存货跌价准备＝3 200－4 000＝－800(元)

上述计算结果为负数，表明D商品价值有所回升，且回升的金额小于已计提的存货跌价准备，因此，本年应转回的存货跌价准备金额为800元。

借：存货跌价准备——D商品　　800
　贷：资产减值损失　　800

本年转回存货跌价准备之后，“存货跌价准备”科目贷方余额为3 200元；在2×19年12月31日的资产负债表中，D商品应按可变现净值46 400元列示其价值。

4.5 存货的清查

企业的存货种类较多，有些存货收发极为频繁，因而在存货的收发、计量和核算工作中很容易发生差错；有些存货会发生自然损耗；有些存货还可能丢失、被贪污、被窃等。这些都会造成存货的盘盈、盘亏乃至毁损，造成企业账实不符。为保证存货核算的真实性及完整性，应及时对账实不符的存货进行处理。

4.5.1　存货清查的方法

存货的清查可以定期或不定期地进行。具体方法是实地盘点，可对存货进行全面盘点，也可抽查重点存货进行盘点。在实地盘点以前，应根据各类存货的收发凭证将存货的全部收发业务记入各类存货明细账，经过稽核计算出余额，并将账面存货数量填入存货盘点表。在盘点时，应根据各类存货的不同性质，分别采用点数、过磅、丈量等方法清点实际结存数量，并将其填入存货盘点表，以便与账面结存数量进行核对。

存货清查中，如果发现存货盘盈或盘亏，应当于期末前查明原因，并根据企业的管理权限，报经股东大会或董事会（或其他类似机构）批准后，在期末结账前处理完毕。

4.5.2　存货清查结果的账务处理

为核算企业财产物资盘盈、盘亏和毁损情况，应设置“待处理财产损溢”账户。借方登记各项财产物资的盘亏、毁损数及各项财产物资盘盈批准后的转销数；贷方登记各项财产物资的盘盈数及各项财产物资盘亏、毁损批准后的转销数；期末借方余额反映尚未处理的各种财产物资的净损失，贷方余额则反映尚未处理的各种财产物资的净溢余。

1. 存货盘盈

对于盘盈的存货，应按其重置成本作为入账价值，及时登记入账，借记“原材料”“周转材料”“库存商品”等存货科目，贷记“待处理财产损溢——待处理流动资产损溢”科目；待查明原因，按管理权限报经批准处理后，冲减当期管理费用。

特别提示

只有真正的盘盈、盘亏和毁损的存货才转入“待处理财产损溢”账户进行反映，如果是因账户记录有误产生的，应按照常规方法予以更正。

例4-20

某企业在存货清查中发现盘盈某材料800千克，单位重置成本为50元。

（1）对于盘盈的存货，按重置成本登记入账。其账务处理如下：

借：原材料　　40 000

　　贷：待处理财产损溢——待处理流动资产损溢　　40 000

（2）经查明，盘盈是由收发计量出现差错造成的，经批准转销计入管理费用。其账务处理如下：

借：待处理财产损溢——待处理流动资产损溢　　40 000

贷：管理费用　　40 000

2. 存货盘亏和毁损

存货清查中，若存货的实存数量少于账面结存数量，说明发生存货盘亏。存货发生盘亏，应当将盘亏存货的账面价值予以转销，借记“待处理财产损溢——待处理流动资产损溢”科目，贷记“原材料”“库存商品”等存货类科目。如果已经计提存货跌价准备，还应当冲减相应的存货跌价准备；待查明原因，报经有关机构批准后，根据造成盘亏的原因，分以下不同情况进行会计处理：

（1）属于定额内自然损耗造成的短缺，计入管理费用。

（2）属于收发计量差错和管理不善等原因造成的短缺或毁损，将扣除可收回的保险公司和过失人赔款以及残料价值后的净损失，计入管理费用。

（3）属于自然灾害等非常原因造成的毁损，将扣除可收回的保险公司和过失人赔款以及残料价值后的净损失，计入营业外支出。

例4-21

某企业在财产清查中盘亏原材料80千克，实际单位成本为10元，经查明，属于一般经营损失。其账务处理如下：

（1）发现盘亏报经批准前，调整原材料成本。

借：待处理财产损溢　　800
　贷：原材料　　800

（2）报经批准后，计入管理费用。

借：管理费用　　800
　贷：待处理财产损溢　　800

例4-22

某企业在财产清查中发现产品毁损20件，实际单位成本为100元。经查明，应由责任人赔偿。其账务处理如下：

（1）发现毁损报经批准前，调整产品成本。

借：待处理财产损溢　　2 000
　贷：库存商品　　2 000

（2）报经批准后，由责任人赔偿，计入其他应收款。

借：其他应收款　　2 000
　贷：待处理财产损溢　　2 000

特别提示

如果盘盈或盘亏的存货在期末结账前未经批准，在对外提供财务会计报告时应当先按上述方法进行会计处理，并在财务报表附注中作出说明。如果其后批准处理的金额与已处理的金额不一致，应当调整当期财务报表相关项目的年初数。

思考题

1. 什么是存货？存货有何特征？
2. 如何确定外购存货的采购成本？
3. 发出存货的计价方法对企业财务状况和经营成果有何影响？
4. 存货发出的计价方法有哪些？各种方法的特点如何？
5. 什么是计划成本法？其主要优点有哪些？
6. 如何进行按计划成本计价的存货收发的核算？
7. 什么是存货的可变现净值？如何确定可变现净值？
8. 材料存货的期末计量有何特点？
9. 如何确定本期应计提的存货跌价准备金额？
10. 在成本与可变现净值孰低法下如何进行会计处理？
11. 为什么说成本与可变现净值孰低法体现了会计信息质量的谨慎性要求？

练习题

习题一

[目的] 练习存货成本差异的计算及其应用的会计处理。

[资料] 某企业材料采用计划成本法核算。某年8月初结存甲材料4 800元，应负担的差异为节约100元。

(1) 本月收入材料情况如下：

验收入库外购甲材料的实际成本为19 400元，生产车间自制完工入库甲材料的实际成本为1 640元，本月收入甲材料如表4-9所示。

表4-9 本月收入甲材料

单位：元

贷方科目	原材料（甲材料）
材料采购	19 600
生产成本	1 600
合计	21 200

(2) 本月发出甲材料如表4-10所示。

表4-10 本月发出甲材料

单位：元

用途	计划成本
生产车间产品用	11 400
生产车间一般用	1 260
厂部用	500
合计	13 160

［要求］

（1）计算本月甲材料的成本差异率。

（2）计算发出甲材料的实际成本。

习题二

［目的］ 练习存货成本差异的计算及其应用的会计处理。

［资料］ 某企业4月初结存原材料的计划成本为50 000元，材料成本差异为节约3 000元。4月购进原材料的实际成本为247 000元，计划成本为230 000元；本月领用原材料的计划成本为250 000元，其中，生产领用235 000元，车间一般消耗12 000元，管理部门耗用3 000元。

［要求］ 对该企业发出原材料的有关业务进行会计处理：

（1）按计划成本领用原材料。

（2）计算本月材料成本差异率。

（3）分摊材料成本差异。

（4）计算月末结存原材料的实际成本。

习题三

［目的］ 存货收发与跌价的会计处理。

［资料］ 甲公司为增值税一般纳税人，原材料按计划成本法核算，A材料计划单位成本为610元/千克。期末存货按成本与可变现净值孰低法计价，中期期末和年度终了按单个存货项目计提存货跌价准备。甲公司2×12年A材料的有关资料如下：

（1）4月30日，从外地购入A材料500千克，增值税专用发票上注明的价款为300 000元，增值税额为39 000元。另发生运杂费及装卸费1 840元（不考虑与运费有关的增值税）。各种款项已用银行存款支付，材料尚未到达。

（2）5月10日，所购A材料到达企业，验收入库的实际数量为490千克，短缺10千克属于定额内合理损耗。

（3）该公司调整产品品种结构，导致上述A材料一直积压在库。A材料6月30日和12月31日的可变现净值分别为147 500元和149 500元。

［要求］

（1）计算A材料的实际采购成本和材料成本差异。

（2）编制A材料采购入库、中期期末和年末计提存货跌价准备的会计分录。

习题四

［目的］ 练习赊购存货的账务处理。

［资料］ 乙公司从B公司赊购一批原材料，增值税专用发票上注明的原材料价款为50 000元，增值税额为6 500元。根据购货合同的约定，赊购期限为30天，现

金折扣条件为“2/10，1/20，n/30”，计算现金折扣时假定不考虑增值税，采用总价法核算。

[要求] 对乙公司赊购原材料的有关业务进行账务处理：

(1) 赊购原材料。

(2) 支付货款。

1) 假定10天内支付货款。

2) 假定20天内支付货款。

3) 假定超过20天支付货款。

习题五

[目的] 练习外购存货（原材料）业务的账务处理。

[资料] 某年6月，甲公司购入一批原材料，增值税专用发票上注明的材料价款为10 000元，增值税额为1 300元。

[要求] 分别编制下列不同情况下甲公司购入原材料的会计分录：

(1) 原材料已验收入库，款项已支付。

(2) 款项已经支付，但材料尚在运输途中。

1) 6月15日，支付款项。

2) 6月20日，材料运抵并验收入库。

(3) 材料已验收入库，但发票账单尚未到达。

1) 6月22日，材料运抵并验收入库，但发票账单尚未到达。

2) 6月28日，发票账单到达，支付货款。

(4) 材料已验收入库，但发票账单尚未到达。

1) 6月25日，材料运抵并验收入库，但发票账单尚未到达。

2) 6月30日，发票账单仍未到达，对该批材料估价10 500元入账。

3) 7月1日，用红字冲回上月末估价入账分录。

4) 7月5日，发票账单到达，支付货款。

第 5 章
金融资产

学 习 目 标

通过本章的学习，理解金融资产的含义及分类；理解各类金融资产重分类的意义及会计处理规则；掌握各类金融资产初始金额的确定规则；掌握各类金融资产期末计量的规则和方法；掌握各类金融资产处置的会计处理方法。

5.1 金融资产的含义及分类

5.1.1 金融资产的含义

金融资产是指企业持有的现金、其他方的权益工具以及符合下列条件之一的资产：

(1) 从其他方收取现金或其他金融资产的合同权利。例如，企业的银行存款、应收账款、应收票据等均属于金融资产。

(2) 在潜在有利条件下，与其他方交换金融资产或金融负债的合同权利。例如，企业持有的看涨或看跌期权等。

(3) 将来须用或可用企业自身权益工具进行结算的非衍生工具合同，且企业根据该合同将收到可变数量的自身权益工具。

(4) 将来须用或可用企业自身权益工具进行结算的衍生工具合同，但以固定数量的自身权益工具交换固定金额的现金或其他金融资产的衍生工具合同除外。

特别提示

金融资产是金融工具的构成项目之一。金融工具是指形成一方的金融资产并形成其他方的金融负债或权益工具的合同。金融工具包括金融资产、金融负债和权益工具。本章不涉及以下金融资产的会计处理：货币资金（现金、银行存款及其他货币资金）；应收项目（应收票据、应收账款及其他应收款）；长期股权投资（即企业对外能够形成控制、共同控制和重大影响的股权投资）。

5.1.2 金融资产的分类

金融资产可以从不同的角度分类，但最基本的分类是按经济内容分类，如货币资金、应收票据、应收账款、其他应收款、股权投资、债券投资等。我国《企业会计准则22号——金融工具确认和计量》（2017）规定，企业应根据其管理金融资产的业务模式和金融资产的合同现金流量特征，从金融资产后续计量的角度将金融资产分为以下三类：

（1）以摊余成本计量的金融资产；

（2）以公允价值计量且其变动计入其他综合收益的金融资产；

（3）以公允价值计量且其变动计入当期损益的金融资产。

金融资产的分类一经确定，不得随意变更。

1. 企业管理金融资产的业务模式

管理金融资产的业务模式，是指企业如何管理其金融资产以产生现金流量。业务模式决定企业所管理金融资产现金流量的来源是收取合同现金流量、出售金融资产还是两者兼有。例如，企业持有一个以收取合同现金流量为目标的投资组合，同时还持有一个既以收取合同现金流量为目标又以出售该金融资产为目标的投资组合。企业管理金融资产的业务模式，应当以企业关键管理人员决定的对金融资产进行管理的特定业务目标为基础确定。企业确定管理金融资产的业务模式，应当以客观事实为依据，不得以按照合理预期不会发生的情形为基础确定。

2. 金融资产的合同现金流量特征

金融资产的合同现金流量特征，是指金融工具合同约定的、反映相关金融资产经济特征的现金流量属性。企业分类为以摊余成本计量的金融资产、以公允价值计量且其变动计入其他综合收益的金融资产，其合同现金流量特征应当与基本借贷安排相一致。即相关金融资产在特定日期产生的合同现金流量仅为本金和以未偿付本金金额为基础的利息支付。

3. 金融资产的具体分类

金融资产的具体分类是指按照《企业会计准则22号——金融工具确认和计量》（2017）对金融资产三分类的具体条件。

（1）以摊余成本计量的金融资产。该类金融资产应同时符合以下两个条件：1）企业管理该金融资产的业务模式以收取合同现金流量为目标；2）该金融资产的合同条款规定，在特定日期产生的合同现金流量仅为本金和以未偿付本金金额为基础的利息支付，如应收账款、应收票据、其他应收款、长期债权投资等。

（2）以公允价值计量且其变动计入其他综合收益的金融资产。该类金融资产应同时符合以下两个条件：1）企业管理金融资产的业务模式既以收取合同现金流量为目标又以出售该金融资产为目标；2）该金融资产的合同条款规定，在特定日期产生的合同现金流量仅为本金和以未偿付本金金额为基础的利息支付，如其他债权投资等。

企业应设置“其他债权投资”科目核算该类金融资产。

（3）以公允价值计量且其变动计入当期损益的金融资产。该类金融资产是指以摊余成本计量的金融资产和以公允价值计量且其变动计入其他综合收益的金融资产以外的金融资产，如随时准备出售的债券投资和股票投资等。

特别提示

金融资产的后续计量是金融资产会计的难点和关键。会计准则对金融资产的三分类，正是着眼于对金融资产后续计量进行规范所采用的方法，突出强调后续确认和确认的重要性。这种分类有利于规范金融资产会计信息的生成和列报。但企业持有的非交易性权益工具投资（如持有的限售股票）难以按照上述标准归类，企业会计准则规定，可以将其指定为以公允价值计量且其变动计入其他综合收益的金融资产。

5.2 以摊余成本计量的金融资产——债权投资

本节以摊余成本计量的金融资产仅限于《企业会计准则第22号——金融工具确认和计量》（2017）所规范的债权投资。

5.2.1 债权投资的含义与特征

债权投资是指企业业务管理模式为以特定日期收取合同现金流量为目的的金融资产，具体指企业购入的到期日固定、回收金额固定或可确定，且有明确意图和能力持有至到期的各种债券投资。从企业管理金融资产的业务模式看，由于管理者的意图是持有至到期，不准备随时出售，其特征是收取合同现金流量，即在到期日收取的合同现金流量仅为本金和以未偿付本金金额为基础的利息。

5.2.2 债权投资的初始计量

债权投资的成本应当按取得时的公允价值计量，相关交易费用应当计入初始确认金额。交易费用是指可直接归属于购买、发行或处置债权投资新增的外部费用。新增的外部费用，是指企业不购买、发行或处置债权投资就不会发生的费用，包括支付给代理机构、咨询公司、券商、证券交易所、政府有关部门等的手续费、佣金、相关税费以及其他必要支出。

如果实际支付的价款中包含已到付息期但尚未领取的债券利息，应单独确认为应收项目，不构成债权投资的初始入账金额。

企业应当设置“债权投资”科目，并根据债权投资的类别和品种，分别按照“成本”“利息调整”“应计利息”等进行明细核算。其中，“成本”明细科目反映债权投资的面值；“利息调整”明细科目反映债权投资的初始入账金额与面值的差额，以及按照实际利率法分期摊销后该差额的摊余金额；“应计利息”明细科目反映企业计提的到期一次还本付息债权投资应计未付的利息。

例5-1

2×19年1月1日，甲公司购入乙公司当日发行的面值400 000元、期限5年、票面利率6%、每年12月31日付息、到期还本的债券，确认为债权投资，实际支付的购买价款（包括交易费用）为422 400元。

借：债权投资——成本（乙公司债券）	400 000	
——利息调整（乙公司债券）	22 400	
贷：银行存款		422 400

例5-2

2×19年1月1日，乙公司购入丙公司于2×18年1月1日发行的面值640 000元、期限5年、票面利率5%、每年12月31日付息、到期还本的债券，确认为债权投资，实际支付的购买价款（包括交易费用）为654 800元，该价款中包含已到付息期但尚未支付的利息32 000元。

初始入账金额＝654 800－32 000＝622 800(元)

利息调整＝640 000－622 800＝17 200(元)

借：债权投资——成本（丙公司债券）	640 000	
应收利息	32 000	
贷：银行存款		654 800
债权投资——利息调整（丙公司债券）		17 200

当乙公司收到上述利息时，应借记“银行存款”科目，贷记“应收利息”科目。

5.2.3 债权投资的后续计量

1. 摊余成本与实际利率法

债权投资的后续计量应当采用实际利率法，按摊余成本计量。债权投资的摊余成本，是指持有债权投资的初始确认金额经过下列调整后的结果：（1）扣除已偿还的本金；（2）加上或减去采用实际利率法将该初始确认金额与到期日金额之间的差额进行摊销形成的累计摊销额；（3）扣除累计计提的损失准备（仅限于金融资产）。

实际利率法是指按照债权投资的实际利率计算其摊余成本及各期利息收入的方法。其中，实际利率是指将债权投资在预期存续期间或适用的更短期间内的未来现金流量折现为债权投资当前账面价值所使用的利率。

实际利率法是以债权投资的期初摊余成本乘以实际利率作为当期利息收入，以当期利息收入与按面值和票面利率计算确定的当期应收利息的差额作为当期利息调整摊销额，以期初摊余成本加上或减去当期利息调整摊销额作为期末摊余成本的一种方法。

实际利息收入、应收利息、利息调整摊销额之间的关系可用公式表示如下：

实际利息收入＝债权投资摊余成本×实际利率

应收利息＝面值(到期日金额)×票面利率(名义利率)

利息调整摊销额＝利息收入－应收利息

在债权投资既不存在已偿还的本金也未发生减值损失的情况下，其摊余成本可用公式表示如下：

摊余成本＝初始入账金额±利息调整累计摊销额

或　　＝面值±利息调整摊余金额

2. 分期付息债券利息收入的确认

债权投资如为分期付息的债券，企业应当于付息日或资产负债表日计提债券利息，计提的利息通过“应收利息”科目核算，同时确认利息收入。付息日或资产负债表日，按照以债权投资面值和票面利率计算确定的应收利息，借记“应收利息”科目；按照以债权投资摊余成本和实际利率计算确定的利息收入，贷记“投资收益”科目；按其差额，借记或贷记“债权投资——利息调整”科目。

特别提示

企业一般应当采用实际利率计算确认利息收入，但若实际利率与票面利率差别较小，也可按票面利率计算确认利息收入。即付息日或资产负债表日，按照以债权投资面值和票面利率计算确定的应收利息，借记“应收利息”科目；按照以债权投资的摊余成本和票面利率计算确定的利息收入，贷记“投资收益”科目。

例5-3

2×15年1月1日，甲公司购入乙公司面值400 000元、期限5年、票面利率6%、每年12月31日付息、初始确认金额为422 400元的乙公司债券，确认为债权投资。该债券在持有期间采用实际利率法确认利息收入并确定摊余成本。经估算（估算过程此处从略）债券的实际利率为4.72%，甲公司采用实际利率法编制的利息收入与摊余成本计算表见表5-1。

表5-1 利息收入与摊余成本计算表

（实际利率法）

单位：元

日期	应收利息	利息收入	利息调整摊销	摊余成本
2×15.01.01				422 400
2×15.12.31	24 000	19 937	4 063	418 337
2×16.12.31	24 000	19 746	4 254	414 083
2×17.12.31	24 000	19 545	4 455	409 628
2×18.12.31	24 000	19 334	4 666	404 962
2×19.12.31	24 000	19 038	4 962	400 000
合计	120 000	97 600	22 400	—

甲公司各年确认利息收入、摊销利息调整及到期收回本金时，其账务处理（各年收到债券利息的账务处理此处从略）如下：

（1）2×15年12月31日。

借：应收利息　　24 000

　贷：投资收益　　19 937

　　债权投资——利息调整（乙公司债券）　　4 063

（2）2×16年12月31日。

借：应收利息　　24 000

　贷：投资收益　　19 746

　　债权投资——利息调整（乙公司债券）　　4 254

（3）2×17年12月31日。

借：应收利息　　24 000

　贷：投资收益　　19 545

　　债权投资——利息调整（乙公司债券）　　4 455

（4）2×18年12月31日。

借：应收利息　　24 000

　贷：投资收益　　19 334

　　债权投资——利息调整（乙公司债券）　　4 666

（5）2×19年12月31日。

借：应收利息　　24 000

　贷：投资收益　　19 038

　　债权投资——利息调整（乙公司债券）　　4 962

（6）债券到期，收回债券本金。

借：银行存款　　400 000

　贷：债权投资——成本（乙公司债券）　　400 000

例5-4

2×16年1月1日，乙公司购入丙公司面值640 000元、期限5年（发行日为2×15年1月1日）、票面利率5%、每年12月31日付息的债券，确认为债权投资。

初始确认金额为622 800元（已扣除购买价款中包含的已到付息期但尚未支付的利息32 000元），在持有期间采用实际利率法确认利息收入并确定摊余成本。经估算（估算过程此处从略）债券的实际利率为5.78%，乙公司采用实际利率法计算利息收入与摊余成本，具体计算如表5-2所示。

表5-2 利息收入与摊余成本计算表

（实际利率法）

单位：元

日期	应收利息	利息收入	利息调整摊销	摊余成本
2×16.01.01				622 800
2×16.12.31	32 000	35 998	3 998	626 798
2×17.12.31	32 000	36 229	4 229	631 027
2×18.12.31	32 000	36 473	4 473	635 500
2×19.12.31	32 000	36 500	4 500	640 000
合计	128 000	145 200	17 200	—

乙公司各年确认利息收入、摊销利息调整及到期收回本金的账务处理（各年收到债券利息的账务处理此处从略）如下：

（1）2×16年12月31日。

借：应收利息 32 000
　　债权投资——利息调整（丙公司债券） 3 998
　贷：投资收益 35 998

（2）2×17年12月31日。

借：应收利息 32 000
　　债权投资——利息调整（丙公司债券） 4 229
　贷：投资收益 36 229

（3）2×18年12月31日。

借：应收利息 32 000
　　债权投资——利息调整（丙公司债券） 4 473
　贷：投资收益 36 473

（4）2×19年12月31日。

借：应收利息 32 000
　　债权投资——利息调整（丙公司债券） 4 500
　贷：投资收益 36 500

（5）债券到期，收回债券本金。

借：银行存款 640 000
　贷：债权投资——成本（丙公司债券） 640 000

特别提示

债权投资如为到期一次还本付息的债券，企业应当于资产负债表日计提债券利息，计提的利息通过“债权投资——应计利息”科目核算，同时确认利息收入。资产负债表日，按照以债权投资面值和票面利率计算确定的应收利息，借记“债权投资——应计利息”科目；按照以债权投资摊余成本和实际利率计算确定的利息收入，贷记“投资收益”科目；按其差额，借记或贷记“债权投资——利息调整”科目。

5.2.4 债权投资的提前出售与到期兑现

如果有证据表明企业持有意图或能力发生改变，使某项投资不再适合作债权投资，企业可能会将该项投资提前出售。企业提前出售债权投资时，应将所取得的价款与该投资账面价值之间的差额计入投资收益。其中，投资的账面价值是指投资的账面余额扣除已计提的减值准备后的差额。企业出售的债权投资已计提减值准备的，在出售时还应同时结转相应的减值准备。

例5-5

2×19年9月1日，甲公司将2×16年1月1日购入的面值160 000元、期限5年、票面利率5%、每年12月31日付息的乙公司债券全部出售，实际收到出售价款164 800元。该债券的初始确认金额为160 000元。其账务处理如下：

借：银行存款	164 800	
贷：债权投资——成本（乙公司债券）		160 000
投资收益		4 800

债权投资的到期兑现，是指债权投资的期限已满时按面值收回投资和应收未收的利息。如果该债券是分期付息的，到期时企业可以收回债券面值；如果该债券是一次付息的债券，到期时企业可以收回债券面值和利息。企业收回债券面值和利息时，应借记“银行存款”科目，贷记“债权投资”科目。

例5-6

承例5-4的资料。2×19年12月31日按面值收回投资时，其账务处理如下：

借：银行存款	640 000	
贷：债权投资——成本（丙公司债券）		640 000

5.2.5 债权投资的期末计量

债权投资的期末价值应当采用摊余成本计量，不考虑市价变动的影响。企业应当在资产负债表日，对债权投资的账面价值进行检查，如有客观证据表明债权投资发生减值，应当计提减值准备。金融资产发生减值的客观证据，是指金融资产初始确认后实际发生的、对该金融资产的预计未来现金流量有影响，且企业能够对该影响进行可靠计量的事项。金融资产发生减值的客观证据具体包括下列各项：

（1）发行方或债务人发生严重财务困难。

（2）债务人违反了合同条款，如偿付利息或本金发生违约或逾期等。

（3）债权人出于经济或法律等方面因素的考虑，对发生财务困难的债务人作出让步。

（4）债务人很可能倒闭或进行其他债务重组。

（5）因发行方发生重大财务困难，该金融资产无法在活跃市场继续交易。

（6）无法辨认一组金融资产中的某项资产的现金流量是否已经减少，但根据公开的数据对其进行总体评价后发现，该组金融资产自初始确认以来的预计未来现金流量确已减少且可计量，如该组金融资产的债务人支付能力逐步恶化，或债务人所在国家或地区失业率上升、担保物在其所在地区的价格明显下跌、所处行业不景气等。

（7）债务人经营所处的市场、经济或法律环境等发生重大不利变化，使权益工具投资人可能无法收回投资成本。

（8）债权投资的公允价值发生严重或非暂时性下降。

（9）其他表明金融资产发生减值的客观证据。

在会计期末，如果债权投资发生减值，应当按其账面价值减记至预计未来现金流量的现值，将减记的金额确认为减值损失，计入当期损益。债权投资计提减值准备后，如有确凿证据表明其价值又得以恢复，且客观上与确认该损失时发生的事项有关（如债务人原已降低的信用评级又得以提高等），已计提的减值准备应当予以转回，计入当期损益。但是，转回减值准备后的账面价值不应当超过假定不计提减值准备情况下，该债权投资在转回日的摊余成本。

资产负债表日债权投资发生减值的，应按预期信用损失金额，借记“信用减值损失”科目，贷记“债权投资减值准备”科目；已计提减值准备的债权投资，若其价值以后又得以恢复，应在原已计提的减值准备金额内，按应恢复的账面价值，借记“债权投资减值准备”科目，贷记“信用减值损失”科目。

5.3 以公允价值计量且其变动计入其他综合收益的金融资产

5.3.1 以公允价值计量且其变动计入其他综合收益的金融资产的含义及构成

同时符合以下两个条件的资产即以公允价值计量且其变动计入其他综合收益的金融资产：（1）企业管理金融资产的业务模式既以收取合同现金流量为目标又以出售该金融资产为目标；（2）该金融资产的合同条款规定，在特定日期产生的合同现金流量仅为本金和以未偿付本金金额为基础的利息支付。

企业在初始确认时，除符合上述条件的金融资产外，还可以将非交易性权益工具投资（如企业持有的限售股等）指定为以公允价值计量且其变动计入其他综合收益的金融资产，并确认股票股利。该指定一经决定不得撤销。

以公允价值计量且其变动计入其他综合收益的金融资产主要包括其他债权投资

和其他权益工具投资。

5.3.2　其他债权投资

1. 其他债权投资的含义及特征

其他债权投资是指既可能持有至到期收取现金流量，也可能在到期之前全部出售的债券投资。企业取得的其他债权投资应划分为以公允价值计量且其变动计入其他综合收益的金融资产。采用实际利率法计算利息收入计入当期损益；该金融资产由于公允价值变动产生的利得或损失计入其他综合收益；该金融资产发生的减值损失计入当期损益；该金融资产终止确认时，之前计入其他综合收益的累计利得或损失应当从其他综合收益中转出，计入当期损益。

2. 其他债权投资的初始计量

企业应当设置“其他债权投资”科目，核算持有的以公允价值计量且其变动计入其他综合收益的其他债权投资，并根据其他债权投资的类别和品种，分别按照“成本”“利息调整”“应计利息”“公允价值变动”等进行明细核算。其中，“成本”明细科目反映其他债权投资的面值；“利息调整”明细科目反映其他债权投资的初始入账金额与其面值的差额，以及按照实际利率法分期摊销后该差额的摊余金额；“应计利息”明细科目反映企业计提的到期一次还本付息的其他债权投资应计未付的利息；“公允价值变动”明细科目反映其他债权投资的公允价值变动金额。

其他债权投资应当按取得该金融资产的公允价值和相关交易费用之和作为初始入账金额。如果支付的价款中包含已到付息期但尚未领取的利息，应单独确认为应收项目，不构成其他债权投资的初始入账金额。

企业取得其他债权投资时，应按其面值，借记“其他债权投资——成本”科目；按支付的价款中包含的已到付息期但尚未领取的利息，借记“应收利息”科目；按实际支付的金额，贷记“银行存款”等科目；按上列差额，借记或贷记“其他债权投资——利息调整”科目。

收到支付的价款中包含的已到付息期但尚未领取的利息，借记“银行存款”科目，贷记“应收利息”科目。

例5-7

2×19年1月1日，乙公司购入丙公司当日发行的面值480 000元、期限3年、票面利率8%、每年12月31日付息、到期还本的债券，实际支付的购买价款（包括交易费用）为496 000元。乙公司既可能持有至到期，也可能提前出售，将其确认为其他债权投资。其账务处理如下：

借：其他债权投资——成本（丙公司债券）	480 000	
——利息调整（丙公司债券）	16 000	
贷：银行存款		496 000

3. 其他债权投资的后续计量

其他债权投资的后续计量包括持有期间投资收益、期末计量、提前出售及减值等。

（1）其他债权投资收益的确认。企业在持有其他债权投资期间，应按照债券的摊余成本和初始确认的实际利率确定投资收益；根据票面利息（应收利息），借记“其他债权投资——应计利息”或“应收利息”等科目；根据实际利息收入，贷记“投资收益”科目；根据两者的差额，贷记“其他债权投资——利息调整”科目。

例5-8

2×17年1月1日，甲公司购入乙公司面值480 000元、期限3年、票面利率8%、每年12月31日付息、到期还本的债券，初始确认金额为496 000元，经估算（估算过程此处从略）债券的实际利率为6.74%。甲公司既可能持有至到期，也可能提前出售，将其确认为其他债权投资。甲公司在持有期间确认利息收入的计算过程及账务处理如下：

1）采用实际利率法计算利息收入与摊余成本，具体计算如表5-3所示。

表5-3 利息收入与摊余成本计算表

（实际利率法）

单位：元

日期	应收利息	利息收入	利息调整摊销	摊余成本
2×17.01.01				496 000
2×17.12.31	38 400	33 430	4 970	491 030
2×18.12.31	38 400	33 095	5 305	485 725
2×19.12.31	38 400	32 675	5 725	480 000
合计	115 200	99 200	16 000	—

2）各年确认利息收入并摊销利息调整的账务处理（各年收到债券利息的账务处理此处从略）如下：

①2×17年12月31日。

借：应收利息　38 400

　贷：投资收益　33 430

　　其他债权投资——利息调整（乙公司债券）　4 970

②2×18年12月31日。

借：应收利息　38 400

　贷：投资收益　33 095

　　其他债权投资——利息调整（乙公司债券）　5 305

③2×19年12月31日。

借：应收利息　38 400

　贷：投资收益　32 675

　　其他债权投资——利息调整（乙公司债券）　5 725

（2）其他债权投资的期末计量。其他债权投资的期末计量应以公允价值为基础，因公允价值变动形成的未实现利得和损失，作为所有者权益变动，计入其他综合收益，借记或贷记“其他债权投资——公允价值变动”科目，贷记或借记“其他综合收益——其他债权投资公允价值变动”科目。

资产负债表日，其他债权投资的公允价值高于其账面余额时，应按二者之间的差额调增其他债权投资的账面余额，同时将公允价值变动计入其他综合收益，借记“其他债权投资——公允价值变动”科目，贷记“其他综合收益——其他债权投资公允价值变动”科目；其他债权投资低于其账面余额时，应按二者之间的差额调减其他债权投资的账面余额，同时按公允价值变动计入其他综合收益，借记“其他综合收益——其他债权投资公允价值变动”科目，贷记“其他债权投资——公允价值变动”科目。

例5-9

某公司各年末持有债券的公允价值见表5-4。

表5-4 公允价值变动计算表 单位：元

日期	摊余成本	公允价值	累计公允价值变动	本期公允价值变动
2×17.12.31	157 066	157 208	142	142
2×18.12.31	158 490	158 542	52	−90
2×19.12.31	160 000	160 000	0	−52

说明：累计公允价值变动＝公允价值－摊余成本；本期公允价值变动＝累计公允价值变动－本期公允价值变动的期初数。

该公司各年末的账务处理如下：

1）2×17年12月31日。

借：其他债权投资——公允价值变动　　142
　　贷：其他综合收益——其他债权投资公允价值变动　　142

2）2×18年12月31日。

借：其他综合收益——其他债权投资公允价值变动　　90
　　贷：其他债权投资——公允价值变动　　90

3）2×19年12月31日。

借：其他综合收益——其他债权投资公允价值变动　　52
　　贷：其他债权投资——公允价值变动　　52

（3）其他债权投资的处置。企业处置其他债权投资时，应终止确认该金融资产，将取得的处置价款与该金融资产账面余额之间的差额计入投资收益；同时，将原直接计入所有者权益的累计公允价值变动对应处置部分的金额转出，计入投资收益。

处置其他债权投资时，应按实际收到的处置价款，借记“银行存款”科目；按其他债权投资面值，贷记“其他债权投资——成本”科目；按利息调整摊余金额，贷记或借记“其他债权投资——利息调整”科目；按累计公允价值变动金额，贷记或借记“其他债权投资——公允价值变动”科目；按上列差额，贷记或借记“投资收益”科目。同时，将原计入其他综合收益的累计公允价值变动对应处置部分的金额转出，借记或贷记“其他综合收益——其他债权投资公允价值变动”科目，贷记或借记“投资收益”科目。

例 5-10

2×18年3月1日，乙公司将持有的面值480 000元、期限3年、票面利率8%、每年12月31日付息、到期还本的丙公司债券出售，实际收到出售价款489 600元。出售日，丙公司债券账面余额为486 400元，其中，成本480 000元，利息调整（借方）5 727元，公允价值变动（借方）673元。

借：银行存款	489 600	
贷：其他债权投资——成本（丙公司债券）		480 000
——利息调整（丙公司债券）		5 727
——公允价值变动（丙公司债券）		673
投资收益		3 200
借：其他综合收益——其他债权投资公允价值变动	673	
贷：投资收益		673

（4）其他债权投资的减值。如果企业在报告期末持有的其他债权投资发生信用损失（存在表明发生减值客观证据的债券），应当确认为减值损失，计提减值准备。对于以公允价值计量且其变动计入其他综合收益的其他债权投资，企业应在其他综合收益中确认其减值损失，并将减值损失或利得计入当期损益，且不减少该金融资产在资产负债表中列示的价值。

企业确认的其他债权投资减值损失，借记“信用减值损失”科目，贷记“其他综合收益——信用减值准备”科目；如该资产减值恢复，编制相反的会计分录。

例 5-11

甲公司于2×17年至2×18年根据其他债权投资相关业务所作的账务处理如下：

1）2×17年1月1日，甲公司购入乙公司当日发行的面值960 000元、期限5年、票面利率5%、到期还本付息的债券，确认为其他债权投资，用银行存款支付初始入账金额986 312元，初始确认时确定的实际利率为4%。

利息调整借差＝986 312－960 000＝26 312(元)

借：其他债权投资——成本（乙公司债券）	960 000	
——利息调整（乙公司债券）	26 312	
贷：银行存款		986 312

2）2×17年12月31日，乙公司债券的市价为1 020 000元，甲公司预计到期时该债券的现金流量现值为996 000元，甲公司认定乙公司债券发生了减值。

①确认利息收入及利息调整摊销。

利息收入＝986 312×4％＝39 452(元)
应计利息＝960 000×5％＝48 000(元)
利息调整借差摊销＝48 000－39 452＝8 548(元)

借：其他债权投资——应计利息　48 000
　贷：其他债权投资——利息调整（乙公司债券）　8 548
　　投资收益　39 452

债券摊余成本＝986 312＋48 000－8 548＝1 025 764(元)

②确认公允价值变动。

本期公允价值变动＝1 020 000－1 025 764＝－5 764(元)

借：其他综合收益——其他债权投资公允价值变动　5 764
　贷：其他债权投资——公允价值变动（乙公司债券）　5 764

③确认减值损失。

减值损失＝1 020 000－996 000＝24 000(元)

借：信用减值损失　24 000
　贷：其他综合收益——信用减值准备　24 000

3) 2×18年12月31日，乙公司债券的市价为1 062 000元，假定甲公司预计到期时该债券的现金流量现值为1 044 000元，甲公司认定乙公司债券发生了减值。

①确认利息收入及利息调整摊销。

利息收入＝1 025 764×4％＝41 031(元)
应计利息＝960 000×5％＝48 000(元)
利息调整借差摊销＝48 000－41 031＝6 969(元)

借：其他债权投资——应计利息　48 000
　贷：其他债权投资——利息调整（乙公司债券）　6 969
　　投资收益　41 031

债券摊余成本＝1 025 764＋48 000－6 969＝1 066 795(元)

②确认公允价值变动。

本期公允价值变动＝1 062 000－1 066 795－(－5 764)＝969(元)

借：其他债权投资——公允价值变动（乙公司债券）　969
　贷：其他综合收益——其他债权投资公允价值变动　969

③确认减值损失。

减值损失＝1 062 000－1 044 000－24 000＝－6 000(元)

借：其他综合收益——信用减值准备　　6 000

　贷：信用减值损失　　6 000

特别提示

上例中在2×17年12月31日和2×18年12月31日的资产负债表上，该项其他债权投资以其账面价值（即公允价值）列示，列示金额分别为1 020 000元和1 062 000元，资产减值不影响其列示金额。

5.3.3 其他权益工具投资

1. 其他权益工具投资的含义及特征

其他权益工具投资是指不具有控制、共同控制和重大影响的股权及非交易性股票等。例如，企业持有的上市公司限售股尽管在活跃市场中有报价，但由于出售受到限制，不能随时出售，可指定为以公允价值计量且其变动计入其他综合收益的金融资产。企业取得的其他权益工具投资按公允价值计量，其公允价值变动计入其他综合收益；该金融资产终止确认时，之前计入其他综合收益的累计利得或损失应当从其他综合收益中转出，计入留存收益。其他权益工具投资不需要计提减值准备。

2. 其他权益工具投资的初始计量

企业取得的股权投资如确认为其他权益工具投资，初始成本包括该股票交易日的公允价值和相关交易费用之和。如果支付的价款中包含已宣告但尚未发放的现金股利，应单独确认为应收项目，不构成其他权益工具投资的初始入账金额。收到支付的价款中包含的已宣告但尚未发放的现金股利，借记“银行存款”科目，贷记“应收股利”科目。

企业应设置“其他权益工具投资”科目，并设置“成本”“公允价值变动”明细科目核算其他权益工具投资的取得及变动业务。

例5-12

2×18年3月20日，甲公司按每股7.60元的价格购入乙公司每股面值1元的股票64 000股，并支付交易费用1 440元，该股票一年内不得出售，确认为其他权益工具投资。股票购买价格中包含每股0.20元已宣告但尚未领取的现金股利，该现金股利于2×18年4月20日发放。其账务处理如下：

(1) 2×18年3月20日，购入乙公司股票。

初始确认金额＝(7.60－0.20)×64 000＋1 440＝475 040(元)

应收现金股利＝0.20×64 000＝12 800(元)

借：其他权益工具投资——成本（乙公司股票） 475 040
　　应收股利 12 800
　贷：银行存款 487 840

（2）2×18 年 4 月 20 日，收到乙公司发放的现金股利。

借：银行存款 12 800
　贷：应收股利 12 800

3. 其他权益工具投资的后续计量

（1）其他权益工具投资收益的确认。其他权益工具投资在持有期间取得的现金股利（不包括取得该金融资产时已宣告但尚未发放的现金股利），应当计入投资收益。

其他权益工具投资持有期间，被投资单位宣告发放现金股利时，按应享有的份额，借记“应收股利”科目，贷记“投资收益”科目；收到发放的现金股利时，借记“银行存款”科目，贷记“应收股利”科目。

例 5 - 13

丙公司持有丁公司股票 64 000 股。2×18 年 3 月 15 日，丁公司宣告每股分派现金股利 0.25 元，该现金股利于 2×18 年 4 月 20 日发放。其账务处理如下：

1）2×18 年 3 月 15 日，丁公司宣告分派现金股利。

应收现金股利＝0.25×64 000＝16 000（元）

借：应收股利 16 000
　贷：投资收益 16 000

2）2×18 年 4 月 20 日，收到丁公司发放的现金股利。

借：银行存款 16 000
　贷：应收股利 16 000

（2）其他权益工具投资的期末计量。其他权益工具投资在期末应以公允价值计量。资产负债表日，公允价值高于其账面余额时，应按二者之间的差额调增其他权益工具投资的账面余额，同时将公允价值变动计入其他综合收益，借记“其他权益工具投资——公允价值变动”科目，贷记“其他综合收益——其他权益工具投资公允价值变动”科目；其他权益工具投资的公允价值低于其账面余额时，应按二者之间的差额调减其他权益工具投资的账面余额，同时按公允价值变动减记所有者权益，借记“其他综合收益——其他权益工具投资公允价值变动”科目，贷记“其他权益工具投资——公允价值变动”科目。

例 5 - 14

甲公司持有乙公司股票 32 000 股，该股票在 2×16 年 12 月 31 日的市价为 16.40 元；在 2×17 年 12 月 31 日的市价为 15 元。2×16 年 12 月 31 日，乙公司股票按公允价值调整前的账面余额（即初始确认金额）为 475 040 元。甲公司的账务处理如下：

1）2×16年12月31日，调整其他权益工具投资账面余额。

公允价值变动＝16.40×32 000－475 040＝49 760(元)

借：其他权益工具投资——公允价值变动（乙公司股票）　　49 760

　贷：其他综合收益——其他权益工具投资公允价值变动　　49 760

调整后甲公司持有的该股票账面余额＝16.40×32 000＝524 800(元)

2）2×17年12月31日，调整其他权益工具投资账面余额。

公允价值变动＝15×32 000－524 800＝－44 800(元)

借：其他综合收益——其他权益工具投资公允价值变动　　44 800

　贷：其他权益工具投资——公允价值变动（乙公司股票）　　44 800

调整后甲公司持有的该股票账面余额＝15×32 000＝480 000(元)

（3）其他权益工具投资的处置。企业处置其他权益工具投资时，应将取得的处置价款与该金融资产账面余额之间的差额计入其他综合收益；同时将累计确认的其他综合收益转为留存收益，不得计入当期损益。

企业应根据实际收到的处置价款，借记“银行存款”等科目；根据其账面余额，贷记“其他权益工具投资”科目；根据其差额，贷记或借记“其他综合收益——其他权益工具投资公允价值变动”科目。同时，根据累计公允价值变动原计入其他综合收益的金额，借记或贷记“其他综合收益——其他权益工具投资公允价值变动”科目，贷记或借记“利润分配——未分配利润”科目。

例5-15

2×18年3月17日，甲公司将持有的48 000股乙公司股票出售，实际收到价款520 000元。出售日，乙公司股票账面余额为480 000元，其中成本475 040元，公允价值变动（借方）4 960元。

1）出售乙公司股票。

借：银行存款　　520 000

　贷：其他权益工具投资——成本（乙公司股票）　　475 040

　　　　　　　　　　——公允价值变动（乙公司股票）　　4 960

　　其他综合收益——其他权益工具投资公允价值变动　　40 000

2）结转累计计入其他综合收益的公允价值变动。

累计计入其他综合收益的公允价值变动＝4 960＋40 000＝44 960(元)

借：其他综合收益——其他权益工具投资公允价值变动　　44 960

　贷：利润分配——未分配利润　　44 960

5.4　以公允价值计量且其变动计入当期损益的金融资产

5.4.1　以公允价值计量且其变动计入当期损益的金融资产的含义与特征

以公允价值计量且其变动计入当期损益的金融资产，是指以摊余成本计量的金融资产和以公允价值计量且其变动计入其他综合收益的金融资产以外的金融资产，如随时准备出售的债券投资和股票投资等。企业取得该金融资产主要是为了近期内出售。其特征是企业能够随时变现以获得证券交易差价。

特别提示

以公允价值计量且其变动计入当期损益的金融资产的满足条件体现的是该金融资产的特征。有些金融资产虽不满足确认为以公允价值计量且其变动计入当期损益的金融资产的条件，但企业仍可在符合某些特定条件的情况下将其指定为以公允价值计量且其变动计入当期损益的金融资产。

5.4.2　以公允价值计量且其变动计入当期损益的金融资产的初始计量

根据以公允价值计量且其变动计入当期损益的金融资产的特征，该金融资产的初始确认金额应当按照公允价值计量。公允价值通常为金融资产和金融负债的交易价格，相关的交易费用在发生时直接计入当期损益。

企业应当根据《企业会计准则第 39 号——公允价值计量》的规定，确定金融资产和金融负债的公允价值。如果公允价值与交易价格存在差异，企业应区别下列情况处理：(1) 在初始确认时，金融资产或金融负债依据相同资产或负债在活跃市场上的报价或者以仅使用可观察市场数据的估值技术确定的，企业应当将该公允价值与交易价格之间的差额确认为一项利得或损失。(2) 在初始确认时，金融资产或金融负债的公允价值以其他方式确定的，企业应当将该公允价值与交易价格之间的差额递延。初始确认后，企业应当根据某一因素在相应会计期间的变动程度将该递延差额确认为相应会计期间的利得或损失。

企业应设置"交易性金融资产"科目核算以公允价值计量且其变动计入当期损益的金融资产，并根据该金融资产的类别和品种，分别按照"成本""公允价值变动"进行明细核算。需要注意的是，企业持有的指定为以公允价值计量且其变动计入当期损益的金融资产，也通过"交易性金融资产"科目核算，不再单独设置会计科目。

特别提示

企业取得以公允价值计量且其变动计入当期损益的金融资产所支付的价款中，如果包含已宣告但尚未发放的现金股利或已到付息期但尚未领取的债券利息，性质上属于暂付应收款，应当单独确认为应收项目（应收股利或应收利息），不计入以公允价值计量且其变动计入当期损益的金融资产。

例5-16

2×17年1月6日，甲公司购入乙公司每股面值1元的普通股股票10 000股，每股价格为15元，确认为以公允价值计量且其变动计入当期损益的金融资产，并支付交易费用1 800元。其账务处理如下：

借：交易性金融资产——成本（乙公司股票）	150 000	
投资收益	1 800	
贷：银行存款		151 800

例5-17

2×17年4月26日，乙公司按每股10.20元的价格从二级市场购入丙公司每股面值1元的股票10 000股，确认为以公允价值计量且其变动计入当期损益的金融资产，并支付交易费用1 200元。股票购买价格中包含已宣告但尚未领取的现金股利（每股0.20元）。乙公司的账务处理如下：

借：交易性金融资产——成本（丙公司股票）	100 000	
应收股利	2 000	
投资收益	1 200	
贷：银行存款		103 200

乙公司在收到上述股利时，应借记“银行存款”科目，贷记“应收股利”科目，而非贷记“投资收益”科目。

例5-18

2×17年7月1日，丙公司支付34 720元购入丁公司于2×16年7月1日发行的面值32 000元、期限5年、票面利率6%、每年6月30日付息、到期还本的债券，确认为以公允价值计量且其变动计入当期损益的金融资产，并支付交易费用120元。债券购买价格中包含已到付息期但尚未支付的利息1 920元。丙公司的账务处理如下：

借：交易性金融资产——成本（丁公司债券）	32 680	
应收利息	1 920	
投资收益	120	
贷：银行存款		34 720

丙公司在收到上述利息时，应借记“银行存款”科目，贷记“应收利息”科目，而非贷记“投资收益”科目。

5.4.3　以公允价值计量且其变动计入当期损益的金融资产的后续计量

企业在持有以公允价值计量且其变动计入当期损益的金融资产期间，会产生一定的收益，如获得的现金股利或债券利息，应当确认为投资收益。包含在取得以公允价值计量且其变动计入当期损益的金融资产投资时支付的价款中、已宣告但尚未发放的现金股利或已到付息期但尚未领取的债券利息，属于投资者在购买时垫付的资金，是一种债权，在实际收到时应冲减已记录的应收股利或应收利息，不能确认为投资收益。

资产负债表日，以公允价值计量且其变动计入当期损益的金融资产应按公允价值反映，公允价值的变动计入当期损益。

资产负债表日，以公允价值计量且其变动计入当期损益的金融资产的公允价值高于其账面余额时，应按二者之间的差额调增其账面余额，同时确认公允价值上升的收益，借记“交易性金融资产——公允价值变动”科目，贷记“公允价值变动损益”科目；以公允价值计量且其变动计入当期损益的金融资产的公允价值低于其账面余额时，应按二者之间的差额调减其账面余额，同时确认公允价值下降的损失，借记“公允价值变动损益”科目，贷记“交易性金融资产——公允价值变动”科目。

例 5－19

甲公司于每年年末对持有的以公允价值计量且其变动计入当期损益的金融资产按公允价值进行后续计量，确认公允价值变动损益。2×19 年 12 月 31 日，甲公司持有的以公允价值计量且其变动计入当期损益的金融资产明细资料见表 5－5。

表 5－5　甲公司交易性金融资产投资明细资料

2×19 年 12 月 31 日　　单位：元

项目	调整前账面余额	期末公允价值	公允价值变动损益	调整后账面余额
乙公司股票	260 000	208 000	－52 000	208 000
丙公司债券	65 600	68 000	2 400	68 000

根据表 5－5 的资料，甲公司于 2×19 年 12 月 31 日确认公允价值变动损益的账务处理如下：

借：公允价值变动损益　　52 000

　贷：交易性金融资产——公允价值变动（乙公司股票）　　52 000

借：交易性金融资产——公允价值变动（丙公司债券）　　2 400

　贷：公允价值变动损益　　2 400

5.4.4　以公允价值计量且其变动计入当期损益的金融资产的处置

以公允价值计量且其变动计入当期损益的金融资产处置时，需要确认处置损益。处置损益是指处置以公允价值计量且其变动计入当期损益的金融资产实际收到的价款，减去所处置以公允价值计量且其变动计入当期损益的金融资产账面余额后的差额。其中，以公允价值计量且其变动计入当期损益的金融资产的账面余额，是指以公允价值计量且其变动计入当期损益的金融资产的初始入账金额加上或减去资产负债表日累计公允价值变动后的金额。如果在处置以公允价值计量且其变动计入当期损益的金融资产时，已计入应收项目的现金股利或债券利息尚未收回，还应从处置价款中扣除该部分现金股利或债券利息，然后确认处置损益。处置以公允价值计量且其变动计入当期损益的金融资产，该金融资产在持有期间已确认的累计公允价值变动净损益应确认为处置当期投资收益，同时调整公允价值变动损益。

例 5－20

2×19 年 3 月 17 日，甲公司将持有的乙公司股票出售，实际收到出售价款 212 800 元。股票出售日，该股票账面价值 208 000 元，其中，成本 260 000 元，已确认公允价值变动损失 52 000 元。股票处置损益的计算及账务处理如下：

处置损益＝212 800－208 000＝4 800(元)

借：银行存款　　212 800
　　交易性金融资产——公允价值变动（乙公司股票）　　52 000
　贷：交易性金融资产——成本（乙公司股票）　　260 000
　　　投资收益　　4 800

同时，

借：投资收益　　52 000
　贷：公允价值变动损益　　52 000

例 5－21

2×19 年 4 月 20 日，甲公司将丙公司债券出售，实际收到出售价款 70 880 元。债券出售日，该债券已计提但尚未收到的利息为 1 920 元，账面价值为 68 000 元，其中，成本 65 600 元，已确认公允价值变动收益 2 400 元。债券处置损益的计算及账务处理如下：

处置损益＝70 880－68 000－1 920＝960(元)

借：银行存款　　70 880
　贷：交易性金融资产——成本（丙公司债券）　　65 600
　　　　　　　　　　——公允价值变动（丙公司债券）　　2 400
　　　应收利息　　1 920
　　　投资收益　　960

同时，

借：公允价值变动损益　　2 400
　贷：投资收益　　2 400

特别提示

在处置以公允价值计量且其变动计入当期损益的金融资产时，是否将该金融资产在持有期间已确认的累计公允价值变动净损益确认为处置当期投资损益，存在确认与不确认两种方法，两种方法各有利弊。本教材的做法是确认并结转，理由是随着该金融资产的处置，将累计未实现的损益转为已实现的损益符合客观情况。

5.5 金融资产的重分类

5.5.1 金融资产重分类的原则

企业改变其管理金融资产的业务模式时，应当按照规定对所有受影响的相关金融资产进行重分类。金融资产的重分类是指金融资产可以在以摊余成本计量的金融资产、以公允价值计量且其变动计入其他综合收益的金融资产和以公允价值计量且其变动计入当期损益的金融资产之间进行重分类。

由于企业管理金融资产的业务模式变更是极其少见的情况，因此企业对金融资产进行重分类时，自重分类日起采用未来适用法进行相关会计处理，不得对以前已经确认的利得或损失进行追溯调整。重分类日是指导致企业对金融资产进行重分类的业务模式发生变更后的首个报告期间的第一天。例如，甲公司决定于 2×18 年 2 月 26 日改变某金融资产的业务模式，则重分类日为 2×18 年 4 月 1 日（即下一个季度会计期间的期初）；如果甲公司决定于 2×17 年 10 月 16 日改变某金融资产的业务模式，则重分类日为 2×18 年 1 月 1 日。

5.5.2 金融资产重分类的计量

1. 以摊余成本计量的金融资产重分类

（1）以摊余成本计量的金融资产重分类为以公允价值计量且其变动计入其他综合收益的金融资产。企业将一项以摊余成本计量的金融资产重分类为以公允价值计量且其变动计入其他综合收益的金融资产的，应当按照该金融资产在重分类日的公允价值计量，原账面价值与公允价值的差额计入其他综合收益。该金融资产重分类不影响其实际利率和预期信用损失的计量。

重分类日，企业应根据该金融资产的摊余成本，借记“其他债权投资”科目，贷记“债权投资”等科目。同时，根据该金融资产公允价值与账面价值的差额，借记或贷记“其他债权投资——公允价值变动”科目，贷记或借记“其他综合收益——其他债权投资公允价值变动”科目。

例5-22

2×19年12月31日，乙公司将其持有的丙公司债券（债权投资）重分类为以公允价值计量且其变动计入其他综合收益的金融资产。重分类日，丙公司债券的公允价值为405 760元、账面价值为399 040元，其中，成本384 000元，利息调整借差9 280元，应计利息5 760元。其账务处理如下：

1）结转该债券账面价值。

借：其他债权投资——成本（丙公司债券）	384 000	
——利息调整（丙公司债券）	9 280	
——应计利息（丙公司债券）	5 760	
贷：债权投资——成本（丙公司债券）		384 000
——利息调整（丙公司债券）		9 280
——应计利息（丙公司债券）		5 760

2）调整公允价值。

公允价值变动=405 760−399 040=6 720(元)

借：其他债权投资——公允价值变动	6 720	
贷：其他综合收益——其他债权投资公允价值变动		6 720

（2）以摊余成本计量的金融资产重分类为以公允价值计量且其变动计入当期损益的金融资产。企业将一项以摊余成本计量的金融资产重分类为以公允价值计量且其变动计入当期损益的金融资产的，应当按照该金融资产在重分类日的公允价值计量，原账面价值与公允价值的差额计入当期损益。

重分类日，企业应根据该金融资产的摊余成本，借记“交易性金融资产——成本”科目，贷记“债权投资”等科目。同时，根据该金融资产公允价值与账面价值的差额，借记或贷记“交易性金融资产——公允价值变动”科目，贷记或借记“公允价值变动损益”科目。

例5-23

2×19年12月31日，乙公司将其持有的一项丙公司债券（债权投资）重分类为以公允价值计量且其变动计入当期损益的金融资产。重分类日，丙公司债券的公允价值为405 760元、账面价值为399 040元，其中，成本384 000元，利息调整借差9 280元，应计利息5 760元。其账务处理如下：

1）结转该债券账面价值。

借：交易性金融资产——成本	399 040	
贷：债权投资——成本（丙公司债券）		384 000
——利息调整（丙公司债券）		9 280
——应计利息（丙公司债券）		5 760

2）调整公允价值。

公允价值变动=405 760−399 040=6 720(元)

借：交易性金融资产——公允价值变动　　6 720

　贷：公允价值变动损益　　6 720

2. 以公允价值计量且其变动计入其他综合收益的金融资产重分类

（1）以公允价值计量且其变动计入其他综合收益的金融资产重分类为以摊余成本计量的金融资产。企业将一项以公允价值计量且其变动计入其他综合收益的金融资产重分类为以摊余成本计量的金融资产的，应当将之前计入其他综合收益的利得或损失转出，调整该金融资产在重分类日的公允价值，并以调整后的金额作为新的账面价值，即视同该金融资产一直以摊余成本计量。该金融资产重分类不影响其实际利率和预期信用损失的计量。

重分类日，企业应根据该金融资产的摊余成本，借记“债权投资”科目，贷记“其他债权投资”科目。由于其减值准备是以公允价值为基础计算的，因此其公允价值变动属于减值准备的组成部分，应根据公允价值变动，借记或贷记“其他债权投资——公允价值变动”科目，贷记或借记“债权投资减值准备”科目；同时借记或贷记“其他综合收益——信用减值准备”科目，贷记或借记“信用减值损失”科目；根据累计确认的资产减值准备，借记“其他综合收益——信用减值准备”科目，贷记“债权投资减值准备”科目

例 5-24

2×18 年 1 月 1 日，甲公司将其持有的乙公司债券（其他债权投资）重分类为以摊余成本计量的金融资产（债权投资）。当日该债券的账面价值为 708 000 元，其中，债券面值 640 000 元，利息调整借差 7 197 元，应计利息 64 000 元，公允价值变动 −3 197 元；累计计提金融资产减值准备 12 000 元。其账务处理如下：

1）结转摊余成本。

借：债权投资——成本　　640 000

　　　　　　——利息调整　　7 197

　　　　　　——应计利息　　64 000

　贷：其他债权投资——成本　　640 000

　　　　　　　　——利息调整　　7 197

　　　　　　　　——应计利息　　64 000

2）结转公允价值变动。

借：其他债权投资——公允价值变动　　3 197

　贷：债权投资减值准备　　3 197

借：信用减值损失　　3 197

　贷：其他综合收益——信用减值准备　　3 197

3）结转金融资产减值准备。

借：其他综合收益——信用减值准备　　12 000

　贷：债权投资减值准备　　12 000

（2）以公允价值计量且其变动计入其他综合收益的金融资产重分类为以公允价值计量且其变动计入当期损益的金融资产。企业将一项以公允价值计量且其变动计入其他综合收益的金融资产重分类为以公允价值计量且其变动计入当期损益的金融资产的，应当继续以公允价值计量该金融资产。同时，企业应当将之前计入其他综合收益的累计利得或损失从其他综合收益转入当期损益。

重分类日，企业应根据该金融资产的公允价值，借记“交易性金融资产”科目，贷记“其他债权投资”科目；根据将原计入其他综合收益的公允价值变动，借记或贷记“其他综合收益”科目，贷记或借记“公允价值变动损益”科目；根据其减值准备，借记“其他综合收益——信用减值准备”科目，贷记“信用减值损失”科目。

例5-25

2×18年1月1日，甲公司将其持有的乙公司债券（其他债权投资）重分类以公允价值计量且其变动计入当期损益的金融资产。当日该债券的账面价值为708 000元（即公允价值），其中，债券面值640 000元，利息调整借差7 197元，应计利息64 000元，公允价值变动－3 197元；累计计提金融资产减值准备12 000元。其账务处理如下：

1）结转摊余成本和公允价值。

借：交易性金融资产——成本　　708 000
　　其他债权投资——公允价值变动　　3 197
　贷：其他债权投资——成本　　640 000
　　　　　　　——利息调整　　7 197
　　　　　　　——应计利息　　64 000

2）结转金融资产公允价值变动。

借：公允价值变动损益　　3 197
　贷：其他综合收益——其他债权投资公允价值变动　　3 197

3）结转金融资产减值准备。

借：其他综合收益——信用减值准备　　12 000
　贷：信用减值损失　　12 000

3. 以公允价值计量且其变动计入当期损益的金融资产重分类

（1）以公允价值计量且其变动计入当期损益的金融资产重分类为以摊余成本计量的金融资产。企业将一项以公允价值计量且其变动计入当期损益的金融资产重分类为以摊余成本计量的金融资产的，应当以其在重分类日的公允价值作为新的账面余额，以该金融资产在重分类日的公允价值确定实际利率。其后，按照以摊余成本计量的金融资产的相关规定进行后续计量。

企业将原准备随时出售的债券重分类为以摊余成本计量的金融资产债权投资时，重分类日，应根据该债券的公允价值，借记“债权投资”科目，贷记“交易性金融资产”科目。

例5-26

2×18年12月31日，甲公司决定将原准备随时出售的乙公司债券（交易性金融资产）重分类为以摊余成本计量的金融资产（债权投资）。当日该债券的公允价值为884 000元，其中，成本864 000元，公允价值变动20 000元。该债券系乙公司于2×16年1月1日发行，面值800 000元、5年期、票面利率4%、到期一次还本付息。甲公司于每年年末确认投资收益，重新确定的实际利率为4.21%。其账务处理如下：

债券应计利息＝800 000×4%×3＝96 000(元)

债券利息调整＝884 000－800 000－96 000＝－12 000(元)

借：债权投资——成本	800 000	
——应计利息	96 000	
贷：交易性金融资产——成本		864 000
——公允价值变动		20 000
债权投资——利息调整		12 000

（2）以公允价值计量且其变动计入当期损益的金融资产重分类为以公允价值计量且其变动计入其他综合收益的金融资产。企业将一项以公允价值计量且其变动计入当期损益的金融资产重分类为以公允价值计量且其变动计入其他综合收益的金融资产的，应当继续以公允价值计量该金融资产。

企业将原准备随时出售的债券重分类为以公允价值计量且其变动计入其他综合收益的金融资产时，重分类日，应根据该债券的公允价值，借记“其他债权投资”科目，贷记“交易性金融资产”科目。

例5-27

2×18年12月31日，甲公司决定将原准备随时出售的乙公司债券（交易性金融资产）重分类为以公允价值计量且其变动计入其他综合收益的金融资产（其他债权投资）。当日该债券的公允价值为884 000元，其中，成本864 000元，公允价值变动20 000元。该债券系乙公司于2×16年1月1日发行，面值800 000元、5年期、票面利率4%、到期一次还本付息。甲公司于每年年末确认投资收益，重新确定的实际利率为4.21%。其账务处理如下：

债券应计利息＝800 000×4%×3＝96 000(元)

债券利息调整＝884 000－800 000－96 000＝－12 000(元)

借：其他债权投资——成本	800 000	
——应计利息	96000	
贷：交易性金融资产——成本		864 000
——公允价值变动		20 000
其他债权投资——利息调整		12 000

特别提示

以公允价值计量且其变动计入当期损益的金融资产进行重分类的，企业应当根据该金融资产在重分类日的公允价值确定其实际利率。同时，企业应当自重分类日对该金融资产适用金融资产减值的相关规定，并将重分类日视为初始确认日。

思考题

1. 什么是金融资产？金融资产是如何三分类的？三分类的意义是什么？
2. 以摊余成本计量的金融资产的含义及特征是什么？
3. 以摊余成本计量的金融资产如何确认初始成本？
4. 以摊余成本计量的金融资产如何确认各期的摊余成本及投资收益？
5. 以摊余成本计量的金融资产如何确认减值及进行账务处理？
6. 以公允价值计量且其变动计入其他综合收益的金融资产的含义及特征是什么？
7. 其他债权投资如何确认初始成本？
8. 其他债权投资如何进行期末计量？
9. 其他权益工具投资如何进行期末计量？
10. 其他权益工具投资如何进行处置或出售的账务处理？
11. 以公允价值计量且其变动计入当期损益的金融资产的含义及特征是什么？
12. 以公允价值计量且其变动计入当期损益的金融资产如何进行初始计量、后续计量及账务处理？
13. 金融资产重分类的原则是什么？具体包括什么内容？如何进行重分类日的会计处理？

练习题

习题一

[目的] 练习以公允价值计量且其变动计入当期损益的金融资产业务的账务处理。

[资料] 2×17年1月10日，甲公司以每股6.50元的价格购入乙公司每股面值1元的普通股10 000股作为以公允价值计量且其变动计入当期损益的金融资产，并支付手续费500元。2×17年4月5日，乙公司宣告2×16年度股利分配方案，每股分派现金股利0.10元。2×17年6月30日，乙公司股票每股公允价值7.50元。

2×17 年 9 月 25 日，甲公司将乙公司股票出售，收到出售价款 86 000 元。

［要求］ 编制甲公司下列有关该项金融资产业务的会计分录：

(1) 2×17 年 1 月 10 日，购入股票。

(2) 2×17 年 4 月 5 日，乙公司宣告分派现金股利。

(3) 2×17 年 6 月 30 日，确认公允价值变动损益。

(4) 2×17 年 9 月 25 日，将乙公司股票出售。

习题二

［目的］ 练习以摊余成本计量的金融资产业务的账务处理。

［资料］ 2×16 年 1 月 1 日，丙公司支付价款 189 300 元（含 2×15 年度已到付息期但尚未支付的债券利息和相关税费），购入 2×15 年 1 月 1 日发行、面值 200 000 元、期限 4 年、票面利率 4%、每年 12 月 31 日付息、到期还本的丁公司债券作为以摊余成本计量的金融资产（债权投资）。丙公司在取得债券时确定的实际利率为 6%。

［要求］ 对丙公司下列有关该项债权投资的业务进行账务处理：

(1) 编制购入债券的会计分录。

(2) 采用实际利率法编制债券利息收入与摊余成本计算表（格式参见教材）。

(3) 编制各年年末确认债券利息收入的会计分录。

(4) 编制债券到期收回本金和最后一期利息的会计分录。

习题三

［目的］ 练习以公允价值计量且其变动计入其他综合收益的金融资产业务的账务处理。

［资料］ 2×18 年 1 月 10 日，乙公司以每股 6.50 元的价格购入丙公司每股面值 1 元的普通股 10 000 股作为其他权益工具投资，并支付手续费 500 元。2×18 年 4 月 5 日，丙公司宣告 2×17 年度股利分配方案，每股分派现金股利 0.10 元。2×18 年 6 月 30 日，丙公司股票每股公允价值 7.50 元。2×18 年 9 月 25 日，乙公司将丙公司股票出售，收到出售价款 86 000 元。

［要求］ 编制乙公司下列有关该项金融资产业务的会计分录：

(1) 2×18 年 1 月 10 日，购入股票。

(2) 2×18 年 4 月 5 日，丙公司宣告分派现金股利。

(3) 2×18 年 6 月 30 日，确认公允价值变动。

(4) 2×18 年 9 月 25 日，将丙公司股票出售。

习题四

［目的］ 练习对金融资产业务账务处理结果的判断。（会计分录中的金额单位为万元。）

［资料］ 甲公司为上市公司，该公司内部审计部门在对其 2×17 年度财务报表

进行审计时，对以下交易或事项的账务处理提出疑问：

(1) 2×17年12月10日，甲公司购入乙公司股票1 000万股作为以公允价值计量且其变动计入当期损益的金融资产，每股购入价为4元，另支付相关费用12万元。2×17年12月31日，该股票收盘价为4.8元。甲公司的相关账务处理如下：

借：交易性金融资产——成本（乙公司股票）　　4 012
　贷：银行存款　　4 012
借：交易性金融资产——公允价值变动（乙公司股票）　　788
　贷：公允价值变动损益　　788

(2) 2×17年5月10日，甲公司购入丙公司股票2 000万股作为其他权益工具投资，每股购入价为8元，另支付相关费用48万元。2×17年6月30日，该股票的收盘价为7.20元；2×17年9月30日，该股票的收盘价为每股4.80元（跌幅较大）；2×17年12月31日，该股票的收盘价为6.40元。甲公司的账务处理如下：

1) 2×17年5月10日。

借：其他权益工具投资——成本（丙公司股票）　　16 048
　贷：银行存款　　16 048

2) 2×17年6月30日。

借：其他综合收益　　1 648
　贷：其他权益工具投资——公允价值变动（丙公司股票）　　1 648

3) 2×17年9月30日。

借：资产减值损失　　4 800
　贷：其他权益工具投资——公允价值变动（丙公司股票）　　4 800

4) 2×17年12月31日。

借：其他权益工具投资——公允价值变动（丙公司股票）　　3 200
　贷：资产减值损失　　3 200

［要求］ 根据资料（1）和（2），逐项判断甲公司的账务处理是否正确。如不正确，简要说明理由，并编制按当期差错更正的会计分录（使原分录与更正分录的结果为正确的会计分录）。

第6章

长期股权投资

学 习 目 标

通过本章的学习，理解长期股权投资的范围；掌握长期股权投资初始计量的规则及金额的确认方法；掌握长期股权投资处置损益的确认与会计处理方法；掌握长期股权投资后续计量的成本法与权益法的基本原理及应用；掌握长期股权投资核算方法转换的基本原理与一般方法。

6.1 长期股权投资概述

6.1.1 长期股权投资的性质

长期股权投资是指投资方对被投资单位实施控制或重大影响的权益性投资，以及对其合营企业的权益性投资。其性质是企业长期持有、按所持股份比例享有被投资单位权益并承担相应责任的投资。从金融工具投资的角度而言，长期股权投资是指以摊余成本计量的金融资产、以公允价值计量且其变动计入其他综合收益的金融资产、以公允价值计量且其变动计入当期损益的金融资产以外的投资。若公司进行权益性投资的目的是取得对被投资单位的控制、共同控制或重大影响的权利，并通过这些权利获取长远的经济利益，则该项投资应当通过长期股权投资来核算。长期股权投资是一种战略性投资，其特点是通过投资对被投资单位施加一定的影响力，并凭借这种影响力来获取回报。从流动性来看，长期股权投资属于非流动资产。

6.1.2 长期股权投资的范围

界定长期股权投资的范围是对长期股权投资进行确认、计量和报告的前提。根据长期股权投资准则规定，企业持有的下列权益性投资，在初始确认时应当划分为长期股权投资。

1. 实施控制的权益性投资

实施控制的权益性投资通常是指对子公司的投资。控制是指投资方拥有对被投资单位的权力，通过参与被投资单位的相关活动享有可变回报，并且有能力运用对被投资单位的权力影响其回报金额。

相关活动是指对被投资单位的回报产生重大影响的活动。被投资单位的相关活动应当根据具体情况进行判断，通常包括商品或劳务的销售和购买、金融资产的管理、资产的购买和处置、研究与开发活动以及融资活动等。

控制意味着投资方对被投资单位拥有权力，包括以下两种情形：一是投资方持有被投资单位半数以上的表决权；二是投资方持有被投资单位半数或以下的表决权，但通过与其他表决权持有人之间的协议能够控制半数以上的表决权。

上述第二种情形的表现有：通过与其他投资者的协议，投资方拥有被投资单位半数以上有表决权资本的控制权；根据章程或协议，投资方有权决定被投资单位的财务和经营政策；投资方有权任免被投资单位董事会或类似权力机构的多数成员；投资方在被投资单位董事会或类似权力机构会议上有半数以上的投票权。

特别提示

投资方持有被投资单位半数或以下的表决权，但综合考虑下列事实和情况后，判断投资方持有的表决权足以使其目前有能力主导被投资单位相关活动的，视为投资方对被投资单位拥有权力：（1）投资方持有的表决权相对于其他投资方持有的表决权份额的大小，以及其他投资方持有表决权的分散程度；（2）投资方和其他投资方持有的被投资单位具有实质性权利的潜在表决权，如可转换公司债券、可执行认股权证等；（3）其他合同安排产生的权利；（4）被投资单位以往的表决权行使情况等其他相关事实和情况。

2. 实施共同控制的权益性投资

实施共同控制的权益性投资是指对合营安排的投资。合营安排是指一项由两个或两个以上的参与方共同控制的安排。合营安排具有下列特征：各参与方均受到该安排的约束；两个或两个以上的参与方对该安排实施共同控制。任何一个参与方都不能单独控制该安排，对该安排具有共同控制的任何一个参与方均能够阻止其他参与方或参与方组合单独控制该安排。

合营安排分为共同经营和合营企业。共同经营是指合营方享有该安排相关资产且承担该安排相关负债的合营安排。合营企业是指合营方仅对该安排的净资产享有权利的合营安排。

共同控制是指按照相关约定对某项安排所共有的控制，并且该安排的相关活动必须经过分享控制权的参与方一致同意后才能决策。相关活动是指对某项安排的回报产生重大影响的活动。某项安排的相关活动应当根据具体情况进行判断，通常包括商品或劳务的销售和购买、金融资产的管理、资产的购买和处置、研发活动以及融资活动等。在判断是否存在共同控制时，应当首先判断所有参与方或参与方组合是否集体控制该安排，然后判断该安排相关活动的决策是否必须经过这些集体控制该安排的参与方一致同意。

3. 具有重大影响的权益性投资

具有重大影响的权益性投资是指对联营企业投资。重大影响是指对一个企业的财务和经营政策有参与决策的权力，但并不能控制或者与其他方一起共同控制这些政策的制定。在确定能否对被投资单位施加重大影响时，应当考虑投资方和其他方持有的被投资单位当期可转换公司债券、当期可执行认股权证等潜在表决权因素。投资方能够对被投资单位施加重大影响的，被投资单位为其联营企业。通常情况下，如果投资方直接或通过子公司间接拥有被投资单位 20%或以上表决权资本，但未形成控制或共同控制，可以认为其对被投资单位具有重大影响，除非有确凿的证据表明投资方不能参与被投资单位的生产经营决策，不能对被投资单位形成重大影响。

如果投资方拥有被投资单位的表决权资本不足 20%，一般认为对被投资单位不具有重大影响，但符合下列情况之一的，可以认为对被投资单位具有重大影响：

（1）在被投资单位董事会或类似权力机构中派有代表；

（2）参与被投资单位的政策制定过程，包括股利分配政策等的制定；

（3）与被投资单位之间发生重要交易；

（4）向被投资单位派出管理人员；

（5）向被投资单位提供关键技术资料。

特别提示

其他权益工具投资是指不具有控制、共同控制和重大影响的股权及非交易性股票等。例如，企业持有的上市公司限售股，尽管在活跃市场中有报价，但由于出售受到限制，不能随时出售，可指定为以公允价值计量且其变动计入其他综合收益的金融资产。其他权益工具投资不确认为企业的长期股权投资，由《企业会计准则第 22 号——金融工具确认和计量》（2017）规范。

6.2 长期股权投资的初始计量

长期股权投资的初始计量，是指长期股权投资初始成本的确定与计量。长期股权投资可以通过企业合并形成，也可以通过企业合并以外的其他方式取得，在不同的取得方式下，初始投资成本的确定方法有所不同。

6.2.1 企业合并形成的长期股权投资

企业合并形成的长期股权投资，是指控股合并所形成的投资方对被投资单位的股权投资。也就是说，只有控股合并才会形成企业的长期股权投资。企业合并形成的长期股权投资，应当区分同一控制下的企业合并和非同一控制下的企业合并，分别确定初始投资成本。

1. 同一控制下企业合并形成的长期股权投资

同一控制下的企业合并，是指参与合并的企业在合并前后均受同一方或相同的多方最终控制且该控制并非暂时性的。同一控制下企业合并形成的长期股权投资，其投资成本是指合并日被合并方所有者权益在最终控制方合并财务报表中的账面价值的份额。

在同一控制下的企业合并中，合并方取得的长期股权投资必然涉及合并对价。合并方可能以支付现金、转让非现金资产或承担债务的方式作为合并对价，也可能以发行权益性证券（如发行股票）的方式作为合并对价，但合并方无论以什么作为合并对价，均在合并日按照取得的被合并方所有者权益在最终控制方合并财务报表中的账面价值的份额，作为长期股权投资的初始投资成本。长期股权投资初始投资成本与支付的现金、转让的非现金资产以及所承担债务账面价值之间的差额，应当调整资本公积；资本公积不足冲减的，调整留存收益；合并方以发行权益性证券作为合并对价时，按照发行股份的面值总额作为股本，长期股权投资初始投资成本与所发行股份面值总额之间的差额，应当调整资本公积；资本公积不足冲减的，调整留存收益。

合并方应当在企业合并日，按取得的被合并方所有者权益在最终控制方合并财务报表中的账面价值的份额，借记“长期股权投资”科目，按应享有被合并方已宣告但尚未发放的现金股利或利润，借记“应收股利”科目，按支付的合并对价的账面价值，贷记有关资产等科目，按其差额，贷记“资本公积——资本溢价（或股本溢价）”科目。如为借方差额，则应借记“资本公积——资本溢价（或股本溢价）”科目；资本公积（资本溢价或股本溢价）不足冲减时，还可以借记“盈余公积”“利润分配——未分配利润”科目。

特别提示

合并方为企业合并发生的审计、法律服务、评估咨询等中介费用以及其他相关管理费用，应当于发生时计入当期损益。合并方为企业合并而发行权益性证券发生的手续费、佣金等费用，应当冲减权益性证券的溢价发行收入，溢价发行收入不足冲减的，可以冲减留存收益。合并方为企业合并而发行债券或承担其他债务支付的手续费、佣金等，应当计入所发行债券及其他债务的初始确认金额。

例6-1

2×18年2月26日，甲公司和乙公司达成合并协议，约定甲公司以银行存款3 040万元作为合并对价，取得乙公司80%的股权。甲公司和乙公司同为集团内的母公司所控制。2×18年4月26日，甲公司实际取得对乙公司的控制权，当日，乙公司所有者权益账面价值总额为3 600万元，甲公司“资本公积——股本溢价”科目余额为120万元。在与乙公司的合并中，甲公司以银行存款支付审计费用、评估费用、法律服务费用等共计52万元。

本例中，甲公司和乙公司在合并前后均受集团内的母公司控制，合并后甲公司取得了对乙公司的控制权。因此，该合并为同一控制下的控股合并，集团内的母公司在合并前后均是实施最终控制的一方，甲公司在合并日的账务处理如下：

（1）确认初始投资成本。

借：长期股权投资——乙公司　28 800 000

　　资本公积——股本溢价　1 200 000

　　盈余公积　400 000

　贷：银行存款　30 400 000

（2）支付直接相关费用。

借：管理费用　520 000

　贷：银行存款　520 000

例6-2

丙公司和丁公司同为明星公司所控制的两个子公司。根据丙公司和丁公司达成的合并协议，2×18年3月15日，丙公司以增发的股票作为合并对价，取得丁公司90%的股权。丙公司增发面值1元的普通股股票2 000万股，支付手续费及佣金等发行费用64万元。2×18年3月15日，丙公司实际取得对丁公司的控制权，当日丁公司所有者权益账面价值总额为4 000万元。丙公司在合并日的账务处理如下：

（1）确认初始投资成本。

借：长期股权投资——丁公司　36 000 000

　贷：股本　20 000 000

　　　资本公积——股本溢价　16 000 000

（2）支付发行股票的手续费及佣金。

借：资本公积——股本溢价　640 000

　贷：银行存款　640 000

特别提示

按照合并日应享有被合并方所有者权益在最终控制方合并财务报表中的账面价值的份额确定长期股权投资的初始投资成本时，要求合并前合并方与被合并方所采用的会计政策、会计期间应当一致。如果合并前合并方与被合并方所采用的会计政策、会计期间不一致，应当首先按照合并方的会计政策、会计期间对被合并方资产、负债的账面价值进行调整，并以调整后的被合并方所有者权益在最终控制方合并财务报表中的账面价值为基础，按合并方的持股比例计算确定长期股权投资的初始投资成本。

2. 非同一控制下企业合并形成的长期股权投资

非同一控制下企业合并，是指参与合并的各方在合并前后不受同一方或相同的多方最终控制的企业合并。对于非同一控制下的企业合并，购买方（非同一控制下合并方通常的称谓）应合理确定合并成本，并将合并成本作为长期股权投资的初始投资成本。

合并成本是指合并对价的公允价值，即合并成本可能是购买方在购买日为取得对被购买方的控制权而付出的资产、发生或承担的负债的公允价值；也可能是购买方在购买日为取得对被购买方的控制权而发行的权益性证券的公允价值。

购买方作为合并对价付出资产，应当按照以公允价值处置该资产进行账务处理。其中，付出资产为固定资产、无形资产的，付出资产的公允价值与账面价值的差额，计入资产处置损益；付出资产为金融资产的，付出资产的公允价值与账面价值的差额，计入投资收益；付出资产为存货的，按其公允价值确认收入，同时按其账面价值结转成本，涉及增值税的，还应进行相应的账务处理。

购买方应当在购买日按照确定的企业合并成本，借记“长期股权投资”科目，按应享有被购买方已宣告但尚未发放的现金股利或利润，借记“应收股利”科目，按支付合并对价的账面价值，贷记有关资产等科目，按其差额，贷记“资产处置损益”“投资收益”等科目。合并对价为以公允价值计量且其变动计入其他综合收益的金融资产的，还应按持有期间公允价值变动形成的其他综合收益，借记（或贷记）“其他综合收益”科目，贷记（或借记）“投资收益”科目；同时，按企业合并发生的各项直接相关费用，借记“管理费用”科目，贷记“银行存款”等科目。

特别提示

购买方为企业合并发生的审计、法律服务、评估咨询等中介费用以及其他相关管理费用，应当于发生时计入当期损益。购买方为发行权益性证券而支付的手续费、佣金等费用，应当冲减权益性证券的溢价发行收入，溢价发行收入不足冲减的，冲减留存收益。购买方为进行企业合并而发行债券支付的手续费、佣金等费用，应当计入所发行债券及其他债务的初始确认金额。

例6-3

甲公司和乙公司为两个独立的法人企业，合并之前不存在任何关联方关系。2×18年1月10日，甲公司和乙公司达成合并协议，约定甲公司以库存商品和银行存款作为合并对价，取得乙公司70%的股权。甲公司付出库存商品的账面价值为2 560万元，购买日公允价值为3 200万元，增值税额为416万元；付出银行存款的金额为4 000万元。2×18年2月1日，甲公司实际取得对乙公司的控制权。在与乙公司的合并中，甲公司以银行存款支付审计费用、评估费用、法律服务费用等共计144万元。甲公司在购买日的账务处理如下：

（1）确认合并成本。

合并成本＝3 200＋416＋4 000＝7 616（万元）

借：长期股权投资——乙公司	76 160 000	
贷：主营业务收入		32 000 000
应交税费——应交增值税（销项税额）		4 160 000
银行存款		40 000 000
借：主营业务成本	25 600 000	
贷：库存商品		25 600 000

（2）支付直接相关费用。

借：管理费用	1 440 000	
贷：银行存款		1 440 000

例6-4

丙公司和丁公司为两个独立的法人企业，合并之前不存在任何关联方关系。丙公司和丁公司达成合并协议，约定丙公司以发行的股票作为合并对价，取得丁公司80%的股权。丙公司拟增发每股面值1元的普通股股票1 600万股，每股公允价值2.80元。2×18年7月1日，丙公司完成了普通股股票的增发，发生手续费及佣金等股票发行费用96万元。在与丁公司的合并中，丙公司另以银行存款支付审计费用、评估费用、法律服务费用等共计64万元。丙公司在购买日的账务处理如下：

（1）确认合并成本4 480万元（2.80×1 600）。

借：长期股权投资——丁公司	44 800 000	
贷：股本		16 000 000
资本公积——股本溢价		28 800 000

（2）支付股票发行费用。

借：资本公积——股本溢价	960 000	
贷：银行存款		960 000

（3）支付直接相关费用。

借：管理费用	640 000	
贷：银行存款		640 000

6.2.2　非企业合并方式取得的长期股权投资

非企业合并方式取得的长期股权投资，是指企业以支付现金、转让非现金资产、发行权益性证券等方式取得的对被投资单位不具有控制权的长期股权投资，如取得的对合营企业、联营企业的权益性投资。非企业合并方式取得的长期股权投资的初始投资成本的确定方法与非同一控制下企业合并形成的长期股权投资成本的确定方法基本相同。

1. 以支付现金取得的长期股权投资

企业以支付现金取得的长期股权投资，应当按照实际支付的购买价款作为初始投资成本。购买价款包括买价和购买过程中支付的与取得长期股权投资直接相关的费用、税金及其他必要支出。

例6-5

甲公司以支付现金的方式取得A公司20%的股权，实际支付的买价为256万元，在购买过程中另支付手续费等相关费用6万元。股权购买价款中包含已宣告但尚未发放的现金股利8万元。甲公司取得该20%的股权后，能够对A公司的生产经营决策施加重大影响，甲公司将其划分为长期股权投资。初始投资成本的计量及账务处理如下：

（1）购入A公司20%的股权。

初始投资成本＝256＋6－8＝254(万元)

借：长期股权投资——A公司　　2 540 000
　　应收股利　　80 000
　贷：银行存款　　2 620 000

（2）收到A公司派发的现金股利。

借：银行存款　　80 000
　贷：应收股利　　80 000

2. 以发行权益性证券取得的长期股权投资

企业以发行权益性证券方式取得的长期股权投资，应当按照所发行权益性证券的公允价值作为初始投资成本。为发行权益性证券而支付给证券承销机构的手续费、佣金等相关税费及其他直接相关支出，不构成长期股权投资的初始成本，应自权益性证券的溢价发行收入中扣除；权益性证券的溢价发行收入不足冲减的，应依次冲减盈余公积和未分配利润。

例6-6

乙公司和B公司达成协议，约定乙公司以增发的股票作为对价，取得B公司25%的股权。乙公司增发每股面值1元的普通股股票1 200万股，每股发行价格3元，向证券承销机构支付发行手续费及佣金等直接相关费用96万元。乙公司取得该部分股权后，能够对B公司的生产经营决策施加重大影响，乙公司将其划分为长期股权投资。初始投资成本的计量及账务处理如下：

（1）取得股权。

初始投资成本＝3×1 200＝3 600(万元)

借：长期股权投资——B公司　　36 000 000

贷：股本 12 000 000

资本公积——股本溢价 24 000 000

（2）支付股票发行费用。

借：资本公积——股本溢价 960 000

贷：银行存款 960 000

3. 投资者投入的长期股权投资

投资者投入的长期股权投资，是指投资者将其持有的对第三方的投资作为出资投入企业形成的长期股权投资。投资者投入的长期股权投资，应当按照投资合同或协议约定的价值作为初始投资成本，但合同或协议约定价值不公允的除外。如果投资者在合同或协议中约定的价值不公允，应当按照取得的长期股权投资公允价值作为初始投资成本。

例 6-7

丙公司的 A 股东以其持有的 B 公司每股面值 1 元的普通股股票 2 000 万股作为资本金投入企业，投资协议约定的股权投资价值为 6 560 万元，可折换丙公司每股面值 1 元的普通股股票 1 600 万股。投资协议约定的股权投资价值是按照 B 公司股票的市价并考虑相关调整因素后确定的。丙公司取得的 B 公司股票占 B 公司股本的 20%，取得该项投资后，丙公司能够对 B 公司的生产经营决策施加重大影响，丙公司将该项股权投资划分为长期股权投资。丙公司的账务处理如下：

借：长期股权投资——B 公司 65 600 000

贷：股本——A 股东 16 000 000

资本公积——股本溢价 49 600 000

特别提示

企业通过非货币性资产交换取得的长期股权投资，如果以公允价值为基础计量，应当以换出资产的公允价值加上应支付的相关税费作为初始投资成本；如果以账面价值为基础计量，应当以换出资产的账面价值加上应支付的相关税费作为初始投资成本。企业通过债务重组取得的长期股权投资，应当以受让长期股权投资的公允价值作为初始投资成本。如果企业受让股权时还发生了手续费等直接相关费用，也应当计入相关长期股权投资的成本。受让的长期股权投资公允价值与重组债权账面余额之间的差额，作为债务重组损失计入营业外支出。

6.3 长期股权投资的后续计量

长期股权投资的后续计量要解决长期股权投资在持有期间，如何确认投资收益及期末计价方法的选择等问题。根据投资企业对被投资单位的影响程度，分别采用成本法及权益法进行后续计量。

6.3.1 长期股权投资的成本法

1. 成本法的概念及适用范围

成本法是指企业持有的长期股权投资按初始投资成本进行计量的方法。投资方能够对被投资单位实施控制的长期股权投资应当采用成本法进行后续计量。

2. 成本法的账务处理

在成本法下，企业应设置“长期股权投资”科目，反映长期股权投资的初始投资成本。除追加投资或收回投资外，无论被投资单位经营情况如何，净资产是否增减，投资方都不对长期股权投资的账面价值进行调整。被投资单位宣告发放现金股利或利润时，投资方应当按属于本企业享有的部分确认投资收益。

特别提示

企业收到取得投资时实际支付的价款中包含的已宣告但尚未发放的现金股利或利润，不应确认投资收益；被投资单位宣告分派股票股利，投资方应于除权日在备查簿中登记；被投资单位未分派股利，投资企业不作账务处理。

企业在持有长期股权投资期间，当被投资单位宣告发放现金股利或利润时，投资方应当按照享有的份额，借记“应收股利”科目，贷记“投资收益”科目；收到上述现金股利或利润时，借记“银行存款”科目，贷记“应收股利”科目。

例6-8

甲公司和乙公司为两个独立的法人企业，合并前不存在关联方关系。2×16年2月21日，甲公司以5 024万元的价款（含已宣告但尚未发放的现金股利200万元）作为对价取得乙公司普通股股票2 000万股，占乙公司普通股股份的60%。甲公司取得了对乙公司的实际控制权，将其划分为长期股权投资并采用成本法进行后续计量。2×16年3月6日，甲公司收到支付的投资价款中包含的已宣告但尚未发放的现金股利；2×17年2月6日，乙公司宣告2×16年度股利分配方案，每股分派现金股利0.20元，并于2×17年3月16日派发；2×18年4月10日，乙公司宣告2×17年度股利分配方案，每股派送股票股利0.3股（即通常意义上的每10股送3股），除权日为2×18年5月10日。甲公司的账务处理如下：

（1）2×16年2月21日，取得乙公司普通股股票时。

借：长期股权投资——乙公司	48 240 000	
应收股利	2 000 000	
贷：银行存款		50 240 000

(2) 2×16 年 3 月 6 日，收到乙公司派发的现金股利时。

借：银行存款　　2 000 000

　贷：应收股利　　2 000 000

(3) 2×17 年 2 月 6 日，乙公司宣告 2×16 年度股利分配方案时。

现金股利=0.20×2 000=400(万元)

借：应收股利　　4 000 000

　贷：投资收益　　4 000 000

(4) 2×17 年 3 月 16 日，收到乙公司派发的现金股利时。

借：银行存款　　4 000 000

　贷：应收股利　　4 000 000

(5) 2×18 年 5 月 10 日，乙公司派送的股票股利除权时。

甲公司不作正式会计分录，但应于除权日在备查簿中登记增加的股份：

股票股利=0.3×2 000=600(万股)

持有乙公司股票总数=2 000+600=2 600(万股)

6.3.2 长期股权投资的权益法

1. 权益法的概念及适用范围

权益法是指长期股权投资以初始成本计量后，在投资持有期间根据投资方应享有被投资单位所有者权益份额的变动，对长期股权投资的账面价值进行相应调整的方法。投资方对联营企业和合营企业的长期股权投资，应当采用权益法进行后续计量。

2. 采用权益法下会计科目的设置

采用权益法核算时，在“长期股权投资”科目下应当设置“成本”“损益调整”“其他综合收益”“其他权益变动”明细科目，其中，成本，反映长期股权投资的初始投资成本，以及在长期股权投资的初始投资成本小于取得投资时应享有被投资单位可辨认净资产公允价值份额的情况下，按其差额调整初始投资成本后形成的账面价值；损益调整，反映被投资单位因发生净损益、分配利润引起的所有者权益变动中，投资方按持股比例计算的应享有或应分担的份额；其他综合收益，反映被投资单位因确认其他综合收益引起的所有者权益变动中，投资方按持股比例计算的应享有或应分担的份额；其他权益变动，反映被投资单位除发生净损益、分配利润以及确认其他综合收益以外所有者权益的其他变动中，投资方按持股比例计算的应享有或承担的份额。

3. 权益法下初始投资成本的调整

权益法下初始投资成本的调整，是指初始投资成本按照被投资单位可辨认净资产公允价值和持股比例进行调整。可辨认净资产公允价值，是指被投资单位可辨认资产公允价值减去负债及或有负债公允价值后的余额。

如果长期股权投资的初始投资成本大于取得投资时应享有被投资单位可辨认净资产公允价值的份额，二者之间的差额在本质上是商誉以及被投资单位不符合确认条件的资产价值，不需要按该差额调整已确认的初始投资成本。如果长期股权投资的初始投资成本小于投资时应享有被投资单位可辨认净资产公允价值的份额，二者之间的差额体现的是投资作价过程中转让方的让步，该差额计入取得投资当期的营业外收入，同时调整长期股权投资的账面价值。

例6－9

2×18年7月1日，甲公司购入乙公司股票1 600万股，实际支付购买价款1 960万元（包括交易税费）。投资时，乙公司可辨认净资产公允价值为7 200万元。该股份占乙公司普通股股份的25%，因能够对乙公司施加重大影响，甲公司采用权益法进行后续计量。甲公司的账务处理如下：

应享有乙公司可辨认净资产公允价值的份额＝7 200×25%＝1 800(万元)

由于长期股权投资的初始投资成本大于投资时应享有乙公司可辨认净资产公允价值的份额，因此，不调整长期股权投资的初始投资成本。

借：长期股权投资——成本（乙公司）	19 600 000	
贷：银行存款		19 600 000

例6－10

2×18年7月1日，乙公司购入丙公司股票1 600万股，实际支付购买价款1 960万元（包括交易税费）。投资时，丙公司可辨认净资产公允价值为8 000万元。该股份占丙公司普通股股份的25%，因能够对丙公司施加重大影响，乙公司采用权益法进行后续计量。乙公司的账务处理如下：

应享有丙公司可辨认净资产公允价值的份额＝8 000×25%＝2 000(万元)

由于长期股权投资的初始投资成本小于投资时应享有丙公司可辨认净资产公允价值的份额，因此，应按二者之间的差额调整长期股权投资的初始投资成本，同时将差额计入当期营业外收入。

初始投资成本调整额＝2 000－1 960＝40(万元)

借：长期股权投资——成本（丙公司）	19 600 000	
贷：银行存款		19 600 000
借：长期股权投资——成本（丙公司）	400 000	
贷：营业外收入		400 000

调整后的投资成本＝1 960＋40＝2 000(万元)

4. 权益法下投资损益的确认

投资方取得长期股权投资后，应当按照在被投资单位实现的净利润或发生的净亏损中投资方应享有或应分担的份额确认投资损益，同时相应调整长期股权投资的账面价值，即按应享有的收益份额，借记或贷记“长期股权投资”科目，贷记或借记“投资收益”科目。

由于长期股权投资的初始投资成本已经按照股权取得日被投资单位可辨认净资产公允价值进行了调整，因此，被投资单位账面净损益应以购买日各项可辨认资产等的公允价值为基础进行调整后加以确认。也就是说，以取得投资时被投资单位各项可辨认资产等的公允价值为基础，在对被投资单位的净损益进行调整后，才能作为确认投资损益的依据。

调整时应基于重要性原则，调整的主要内容如下：

（1）以取得投资时被投资单位固定资产、无形资产的公允价值为基础计提的折旧额、摊销额，以及以取得投资时的公允价值为基础计算确定的资产减值准备金额，与被投资单位以账面价值为基础计提的折旧额、摊销额，以及以账面价值为基础计算确定的资产减值准备金额之间存在差额的。

之所以要调整这个差额，是因为投资方确认的初始投资成本，是以被投资单位有关资产、负债的公允价值为基础确定的，投资方的投资收益所代表的是未来期间被投资单位的资产、负债以公允价值计量的净损益中归属于投资方的部分；而被投资单位个别利润表中的净损益是以其持有的资产、负债的账面价值为基础持续计算的。如果取得投资时被投资单位有关资产、负债的公允价值与其账面价值不同，投资方应当以取得投资时被投资单位各项可辨认资产等的公允价值为基础，对被投资单位的账面净损益进行调整，并按调整后的净损益和持股比例计算确认投资损益。

例 6－11

2×18 年 1 月 1 日，甲公司购入 A 公司股票 1 600 万股，实际支付购买价款 1 920 万元（含交易税费）。该股份占 A 公司普通股股份的 20%，甲公司在取得股份后，派人参与了 A 公司的生产经营决策，因而对该项股权投资采用权益法进行后续计量。取得投资当日，A 公司可辨认净资产公允价值为 8 000 万元，假定除固定资产项目外，A 公司其他资产、负债的公允价值与账面价值相同。2×18 年 1 月 1 日，固定资产的账面原价为 1 600 万元，预计使用年限 20 年，已使用年限 5 年，已计提折旧 400 万元；公允价值为 1 440 万元、剩余使用年限 10 年。

2×18 年度，A 公司实现净利润 800 万元，甲公司的固定资产按直线法计提折旧，预计净残值均为零。甲公司与 A 公司的会计年度及采用的会计政策相同，双方未发生任何内部交易。甲公司的账务处理如下：

固定资产差额应调减利润＝1 440÷15－1 600÷20＝16(万元)

调整后的净利润＝800－16＝784(万元)

应享有收益份额＝784×20%＝156.8(万元)

借：长期股权投资——损益调整（A 公司）　　1 568 000

　贷：投资收益　　1 568 000

特别提示

如果投资方无法合理确定取得投资时被投资单位各项可辨认资产等的公允价值或被投资单位可辨认资产的公允价值与其账面价值之间的差额不大，根据重要性原则和成本效益原则，可以不进行调整。应在财务报表附注中说明不能调整的事实及其原因。

（2）投资方与联营企业及合营企业之间进行商品交易形成的未实现内部交易损益，按照持股比例计算的归属于投资方的部分，应当予以调整抵销。未实现内部交易损益，是指当内部交易形成的资产尚未对外部独立第三方出售时，包含在投资方或其联营企业、合营企业持有的相关资产账面价值中的部分就形成未实现内部交易损益。

投资方与联营企业及合营企业之间的内部交易可以分为顺流交易和逆流交易，顺流交易是指投资方向其联营企业或合营企业出售资产；逆流交易是指投资方自其联营企业或合营企业购买资产。

例6-12

甲公司持有乙公司20%有表决权股份，能够对乙公司生产经营决策施加重大影响，采用权益法进行后续计量。甲公司于2×18年10月，将其账面价值为400万元的A产品以640万元的价格出售给乙公司，乙公司将购入的A产品作为存货入账，至2×18年12月31日，乙公司尚未对外出售该批A产品。甲公司在取得乙公司20%的股权时，乙公司各项可辨认资产、负债的公允价值与其账面价值相同，双方以前未发生过内部交易。2×18年度，乙公司实现净利润960万元。假定不考虑所得税影响。甲公司的账务处理如下：

调整后的净利润＝960－240＝720(万元)

应享有收益份额＝720×20%＝144(万元)

借：长期股权投资——损益调整（乙公司）	1 440 000	
贷：投资收益		1 440 000

为了在账面上明确体现对未实现内部交易损益影响的抵销以及对联营企业或合营企业长期股权投资账面价值的调整，甲公司也可作如下账务处理：

按账面利润应享有的收益份额＝960×20%＝192(万元)

应抵销的未实现内部交易损益份额＝240×20%＝48(万元)

借：长期股权投资——损益调整（乙公司）	1 920 000	
贷：投资收益		1 920 000
借：投资收益	480 000	
贷：长期股权投资——损益调整（乙公司）		480 000

例6-13

丙公司持有丁公司20%有表决权股份，能够对丁公司生产经营决策施加重大影响，采用权益法进行后续计量。丁公司于2×18年11月，将其成本为320万元的B商品以480万元的价格出售给丙公司，丙公司将取得的B商品作为存货入账，至2×18年12月31日，丙公司尚未对外出售该批B商品。丙公司在取得丁公司20%的股权时，丁公司各项可辨认资产、负债的公允价值与其账面价值相同，双方以前未发生过内部交易。2×18年度，丁公司实现净利润800万元。假定不考虑所得税影响。丙公司的账务处理如下：

调整后的净利润＝800－160＝640(万元)

应享有收益份额＝640×20%＝128(万元)

借：长期股权投资——损益调整（丁公司） 1 280 000

　贷：投资收益 1 280 000

为了在账面上明确体现对未实现内部交易损益影响的抵销以及对联营企业或合营企业长期股权投资账面价值的调整，丙公司也可作如下账务处理：

按账面利润应享有的收益份额＝800×20%＝160(万元)

应抵销的未实现内部交易损益份额＝160×20%＝32(万元)

借：长期股权投资——损益调整（丁公司） 1 600 000

　贷：投资收益 1 600 000

借：投资收益 320 000

　贷：长期股权投资——损益调整（丁公司） 320 000

特别提示

投资方与联营企业及合营企业之间进行商品交易形成的未实现内部交易损益按照持股比例计算的归属于投资方部分的调整抵销，可以理解为顺流交易调整投资方卖出商品的未实现内部交易损益，抵销的是卖给自己的份额；逆流交易调整投资方买入商品的未实现内部交易损益，抵销的是买入自己的份额。

投资方与联营企业及合营企业之间无论是逆流交易还是顺流交易，产生的未实现内部交易损失如果属于所转让资产发生的减值损失，有关的未实现内部交易损失应当全额确认，不应予以抵销。

5. 权益法下取得现金股利或利润的处理

长期股权投资采用权益法核算时，如果被投资单位宣告分派现金股利或利润，投资方按应获得的现金股利或利润确认应收股利，同时抵减长期股权投资的账面价值，借记“应收股利”科目，贷记“长期股权投资”科目；如果被投资单位分派股票股利，投资方不进行账务处理，但应于除权日在备查簿中登记增加的股份。

例6-14

2×15年1月1日，甲公司购入A公司股票1 200万股，占A公司普通股股份的25%，能够对A公司施加重大影响，甲公司对该项股权投资采用权益法进行后续计量。假定甲公司按照A公司的账面净损益和持股比例计算确认投资损益。A公司2×15年至2×18年各年的净收益和利润分配情况以及甲公司相应的账务处理（各年收到现金股利的账务处理此处从略）如下：

（1）2×15年度，A公司报告净收益784万元；2×16年4月20日，A公司宣告2×15年度利润分配方案，每股分派现金股利0.15元。

1）确认投资收益。

应确认投资收益＝784×25%＝196(万元)

借：长期股权投资——损益调整（A公司） 1 960 000
　贷：投资收益 1 960 000

2）确认应收股利。

应收现金股利＝0.15×1 200＝180(万元)

借：应收股利 1 800 000
　贷：长期股权投资——损益调整（A公司） 1 800 000

（2）2×16年度，A公司报告净收益800万元，未进行利润分配。

应确认投资收益＝800×25%＝200(万元)

借：长期股权投资——损益调整（A公司） 2 000 000
　贷：投资收益 2 000 000

（3）2×17年度，A公司报告净亏损160万元，用以前年度留存收益弥补亏损后，于2×18年4月5日宣告2×17年度利润分配方案，每股分派现金股利0.10元。

1）确认投资损失。

应确认投资损失＝160×25%＝40(万元)

借：投资收益 400 000
　贷：长期股权投资——损益调整（A公司） 400 000

2）确认应收股利。

应收现金股利＝0.10×1 200＝120(万元)

借：应收股利 1 200 000
　贷：长期股权投资——损益调整（A公司） 1 200 000

（4）2×18年度，A公司继续发生亏损400万元，未进行利润分配。

应确认投资损失＝400×25%＝100(万元)

借：投资收益　　1 000 000

　贷：长期股权投资——损益调整（A 公司）　　1 000 000

特别提示

采用权益法进行后续计量时，当被投资单位确认其他综合收益及其变动时，投资方应按持股比例计算应享有或分担的份额，调整长期股权投资的账面价值，同时计入其他综合收益。

对于被投资单位除发生净损益、分配利润以及确认其他综合收益以外所有者权益的其他变动（主要包括被投资单位接受其他股东的资本性投入、被投资单位发行可分离交易的可转换公司债券中包含的权益成分、其他股东对被投资单位增资导致投资方持股比例变动等），投资方应按照以持股比例计算的应享有或应分担的被投资单位其他权益变动份额，调整长期股权投资的账面价值，同时计入其他综合收益。

6. 权益法下超额亏损的账务处理

长期股权投资准则规定，投资方确认应分担被投资单位发生的损失，原则上应以长期股权投资及其他实质上构成对被投资单位净投资的长期权益减记至零为限，投资方负有承担额外损失义务的除外。其中，实质上构成对被投资单位净投资的长期权益，通常是指长期性的应收项目。

投资方在确认应分担被投资单位发生的亏损份额时，应当按照以下顺序进行处理：

（1）冲减长期股权投资的账面价值，借记“投资收益”科目，贷记“长期股权投资”科目。

（2）在长期股权投资的账面价值减记为零的情况下，如果账面上存在其他实质上构成对被投资单位净投资的长期权益项目，则应当以其他实质上构成对被投资单位净投资的长期权益账面价值为限继续确认投资损失，并冲减长期应收项目等的账面价值，借记“投资收益”科目，贷记“长期应收款”等科目。

（3）在长期股权投资的账面价值和其他实质上构成对被投资单位净投资的长期权益账面价值均减记为零的情况下，按照投资合同或协议约定投资方仍须承担额外损失弥补等义务的，对于符合预计负债确认条件的义务，应按预计承担的金额确认预计负债，计入当期投资损失，借记“投资收益”科目，贷记“预计负债”科目。

经过上述顺序确认应分担的亏损份额后，如果仍有未确认的亏损分担额，投资方应在账外作备查登记，待被投资单位以后年度实现盈利时，再按应享有的收益份额，首先扣减账外备查簿中登记的未确认亏损分担额，然后按与上述相反的顺序进行处理，恢复长期股权投资的账面价值，同时确认投资收益。

例6-15

甲公司持有乙公司40%的股份，可以对乙公司施加重大影响，甲公司对该项股权投资采用权益法进行后续计量。甲公司还有一笔金额为240万元的应收乙公司长期债权，在可预见的未来期间不准备收回。假定甲公司按照乙公司的账面净损益和持股比例计算确认投资损益。由于乙公司持续亏损，甲公司在确认了2×16年度的投资损失以后，该项股权投资的账面价值已减至400万元，其中，“长期股权投资——成本”科目借方余额2 400万元，“长期股权投资——损益调整”科目贷方余额2 000万元。2×17年度乙公司继续亏损，当年亏损额为1 200万元；2×18年度乙公司仍然亏损，当年亏损额为640万元。甲公司的账务处理如下：

（1）确认应分担的2×17年度亏损份额。

应分担的亏损份额＝1 200×40%＝480(万元)

甲公司应以该项长期股权投资的账面价值减记至零为限确认投资损失，剩余应分担的亏损份额80万元应继续冲减长期应收款并确认投资损失。

借：投资收益　　4 000 000
　贷：长期股权投资——损益调整（乙公司）　　4 000 000
借：投资收益　　800 000
　贷：长期应收款——乙公司　　800 000

（2）确认应分担的2×18年度亏损份额。

应分担的亏损份额＝640×40%＝256(万元)

甲公司不能再按应分担的亏损份额确认当年的投资损失，而只能以长期应收款账面余额160万元（240—80）为限确认当年的投资损失，其余96万元未确认的亏损留待以后年度乙公司取得收益后抵销。甲公司确认当年投资损失的账务处理如下：

借：投资收益　　1 600 000
　贷：长期应收款——乙公司　　1 600 000

特别提示

按《企业会计准则解释第9号》的规定，投资方在权益法下因确认被投资单位发生的其他综合收益减少净额而产生未确认投资净损失的，分别不同情况进行会计处理：(1) 投资方当期对被投资单位净利润和其他综合收益增加净额的分享额小于或等于前期未确认投资净损失的，根据登记的未确认投资净损失的类型，弥补前期未确认的应分担的被投资单位净亏损或其他综合收益减少净额等投资净损失。(2) 投资方当期对被投资单位净利润和其他综合收益增加净额的分享额大于前期未确认投资净损失的，应先按照以上 (1) 的规定弥补前期未确认投资净损失；对于前者大于后者的差额部分，依次恢复其他长期权益的账面价值和长期股权投资的账面价值，同时按权益法确认该差额。

7. 其他综合收益及其他权益的变动的确认

（1）其他综合收益的确认。被投资单位确认其他综合收益及其变动，会导致其所有者权益总额发生变动，从而影响投资方在被投资单位所有者权益中应享有的份额。因此，在权益法下，当被投资单位确认其他综合收益及其变动时，投资方应按持股比例计算应享有或分担的份额，调整长期股权投资的账面价值，同时计入其他综合收益。

例6-16

丙公司持有D公司25%的股份，能够对D公司施加重大影响，采用权益法核算。2×17年12月31日，D公司持有的一项成本为1 200万元的以公允价值计量且其变动计入其他综合收益的金融资产，公允价值升至1 600万元，D公司按公允价值超过成本的差额400万元调增该项金融资产的账面价值，并计入其他综合收益，导致其所有者权益发生变动。其账务处理如下：

应享有其他综合收益份额＝400×25%＝100(万元)

借：长期股权投资——其他综合收益（D公司）　　1 000 000
　贷：其他综合收益　　1 000 000

（2）其他权益变动的确认。其他权益变动是指被投资单位除发生净损益、分配利润以及确认其他综合收益以外所有者权益的其他变动，主要包括被投资单位接受其他股东的资本性投入、以权益结算的股份支付、其他股东对被投资单位增资导致投资方持股比例变动等。投资方对于按照持股比例计算的应享有或应分担的被投资单位其他权益变动份额，应调整长期股权投资的账面价值，同时计入资本公积（其他资本公积）。

例6-17

丁公司持有D公司30%的股份，能够对D公司施加重大影响，采用权益法核算。2×18年度，D公司接受其母公司实质上属于资本性投入的现金捐赠，金额为480万元，D公司将其计入资本公积，导致所有者权益发生变动。其账务处理如下：

应享有其他权益变动份额＝480×30%＝144(万元)

借：长期股权投资——其他权益变动（D公司）　　1 440 000
　贷：资本公积——其他资本公积　　1 440 000

6.4　长期股权投资核算方法的转换

长期股权投资在持有期间，因持股比例发生变动会导致成本法与权益法的相互转换。

6.4.1 成本法转换为权益法

企业原持有对被投资单位具有控制的长期股权投资，因处置投资导致持股比例下降，不再对被投资单位具有控制但仍能够施加重大影响或与其他投资方一起实施共同控制的，股权投资的核算方法应当由成本法转换为权益法。对于处置的长期股权投资部分，应当按照处置投资比例转销终止确认的长期股权投资账面价值；对于剩余的长期股权投资，应当按照权益法的核算要求对其账面价值进行调整。具体处理方法如下：

（1）比较剩余的长期股权投资成本与按照剩余持股比例计算的取得原投资时应享有被投资单位可辨认净资产公允价值的份额，如果属于剩余投资成本大于取得原投资时应享有被投资单位可辨认净资产公允价值份额的差额，不调整长期股权投资的账面价值；如果属于剩余投资成本小于取得原投资时应享有被投资单位可辨认净资产公允价值份额的差额，在调整长期股权投资成本的同时，应调整留存收益。

（2）对于取得原投资后至转为权益法核算之间被投资单位实现的净损益中应享有的份额，在调整长期股权投资账面价值的同时，对于在取得原投资时至处置投资当期期初被投资单位实现的净损益中应享有的份额，应调整留存收益；对于在处置投资当期期初至处置投资交易日之间被投资单位实现的净损益中应享有的份额，应调整当期损益；对于其他原因导致的所有者权益变动中应享有的份额，在调整长期股权投资账面价值的同时，计入其他综合收益。

例6－18

2×16年1月1日，A公司支付1 800万元取得B公司100%的股权，投资当时B公司可辨认净资产公允价值为1 500万元。2×16年1月1日至2×17年12月31日，B公司净资产增加了225万元，其中按购买日公允价值计算的实现的净利润为150万元，持有期间以公允价值计量且其变动计入其他综合收益的金融资产的公允价值升值75万元。

2×18年1月5日，A公司转让B公司60%的股权，收取转让款1 440万元并存入银行，转让后A公司对B公司的持股比例降为40%，A公司丧失了对B公司的控制权，但能对其施加重大影响。A公司对B公司剩余40%的股权的公允价值为960万元。假定A，B公司均按10%提取盈余公积，B公司未分配现金股利，不考虑其他因素的影响。A公司的账务处理如下：

（1）2×18年1月5日，A公司转让60%的股权。

转让股权的账面价值＝1 800×60%＝1 080(万元)

借：银行存款　　14 400 000
　贷：长期股权投资　　10 800 000
　　投资收益　　3 600 000

（2）2×18年1月5日，调整剩余股权的账面价值。

借：长期股权投资——成本（B公司）　　900 000

贷：盈余公积（1 500 000×40%×10%） 60 000

利润分配——未分配利润（1 500 000×40%×90%） 540 000

其他综合收益（750 000×40%） 300 000

经过调整后，A公司在其个别财务报表中剩余股权的账面价值为810万元（1 800×40%+90）。

6.4.2 权益法转换为成本法

企业因追加投资导致原持有的对联营企业或合营企业的投资转变为对子公司的投资，股权投资的核算方法应当由权益法转换为成本法。转换核算方法时，应当以原采用权益法核算的长期股权投资账面价值加上追加投资的成本，作为按照成本法核算的初始投资成本。

例6-19

2×17年1月5日，甲公司以4 560万元的价款取得乙公司30%的股份，能够对乙公司施加重大影响，采用权益法核算股权投资，当日，乙公司可辨认净资产公允价值为15 200万元。2×17年度，乙公司实现净收益800万元，未分配现金股利，甲公司已将应享有的收益份额240万元（800×30%）作为投资收益确认入账，并相应调整了长期股权投资账面价值；除实现净损益外，乙公司在此期间还确认了以公允价值计量且其变动计入其他综合收益的金融资产公允价值变动利得400万元，甲公司已将应享有的其他权益变动份额120万元（400×30%）确认入账，并相应调整了长期股权投资账面价值。2×18年2月10日，甲公司又以3 840万元的价款取得乙公司25%的股份。至此，甲公司对乙公司的持股比例已增至55%，对乙公司形成控制，股权投资的核算方法由权益法改为成本法。

原持有股份按权益法核算的账面价值=4 560+240+120=4 920(万元)

成本法下的初始投资成本=4 920+3 840=8 760(万元)

借：长期股权投资——乙公司 87 600 000

贷：长期股权投资——成本（乙公司） 45 600 000

——损益调整（乙公司） 2 400 000

——其他权益变动（乙公司） 1 200 000

银行存款 38 400 000

6.5 长期股权投资的减值与处置

6.5.1 长期股权投资的减值

企业应在每年年末对长期股权投资的账面价值进行检查，如果存在减值迹象，应对长期股权投资的可收回金额进行估计。长期股权投资的可收回金额是指长期股权投资的公允价值减去处置费用后的净额与长期股权投资的预计未来现金流量的现值两者之间的较高者。

如果长期股权投资的可收回金额低于其账面价值，应当将该资产的账面价值减记至可收回金额，减记的金额确认为资产减值损失，计入当期损益，同时计提相应的减值准备，借记“资产减值损失”科目，贷记“长期股权投资减值准备”科目。

例 6-20

2×18 年 12 月 31 日，甲公司持有乙公司的普通股股票账面价值为 1 350 万元，作为长期股权投资进行核算。乙公司当年经营不善，资金周转发生困难，使得其股票市价下跌至 1 140 万元，短期内难以恢复。假设甲公司本年度首次对其计提长期股权投资减值准备，则计提的减值准备金额为 210 万元（1 350－1 140）。甲公司的账务处理如下：

借：资产减值损失——长期股权投资减值损失	2 100 000	
贷：长期股权投资减值准备——股票投资（乙公司）		2 100 000

6.5.2 长期股权投资的处置

企业在持有长期股权投资的过程中，出于各方面的考虑，决定将所持有的对被投资单位的股权全部或部分对外出售时，应相应结转与所售股权对应的长期股权投资的账面价值，将出售所得价款与处置长期股权投资账面价值之间的差额计入当期损益。

采用权益法进行后续计量的长期股权投资，处置时还应将与所处置的长期股权投资对应的原计入资本公积（其他权益）项目的金额转出，计入处置当期投资损益。

例 6-21

2×15 年 3 月 20 日，甲公司购入乙公司股票 1 200 万股，实际支付购买价款 2 280 万元（含交易税费），取得乙公司 53%的控股股权，并将其划分为长期股权投资，采用成本法进行后续计量。2×17 年 12 月 31 日，甲公司为该项股权投资计提了减值准备 760 万元。2×18 年 9 月 25 日，甲公司将持有的乙公司股票全部转让，实际收到转让价款 1 440 万元。甲公司的账务处理如下：

借：银行存款	14 400 000	
长期股权投资减值准备	7 600 000	
投资收益	800 000	
贷：长期股权投资——乙公司		22 800 000

例 6-22

丙公司对持有的丁公司股份采用权益法进行后续计量。2×18 年 5 月 8 日，丙公司将持有的丁公司股份全部转让，收到转让价款 2 800 万元。转让日，该项长期股权投资的账面余额为 2 600 万元，其中，成本 2 000 万元，损益调整（借方）480 万元，其他权益变动（借方）120 万元。丙公司的账务处理如下：

转让损益＝2 800－2 600＝200(万元)

借：银行存款	28 000 000	
贷：长期股权投资——成本（丁公司）		20 000 000
——损益调整（丁公司）		4 800 000
——其他权益变动（丁公司）		1 200 000
投资收益		2 000 000
借：资本公积——其他资本公积	1 200 000	
贷：投资收益		1 200 000

思考题

1. 什么是同一控制下的企业合并？如何确定其初始投资成本？
2. 什么是非同一控制下的企业合并？如何确定其初始投资成本？
3. 什么是成本法？其适用范围是什么？
4. 成本法下如何确认投资收益？
5. 什么是权益法？其适用范围是什么？
6. 权益法下如何确认投资收益？
7. 成本法与权益法会计处理的主要区别是什么？
8. 如何确认长期股权投资的处置损益？

练习题

习题一

[目的]　练习长期股权投资初始确认的账务处理。

[资料]　2×18 年 9 月 1 日，丙公司以 1 988 万元的价款（包括相关税费）取得丁公司普通股股票 1 280 万股作为长期股权投资，占丁公司普通股股份的 25%，丙公司采用权益法核算。

[要求]　根据下列不同情况，编制丙公司取得长期股权投资的会计分录（会计分录中的金额单位用万元表示）：

（1）假定投资当时丁公司可辨认净资产公允价值为 7 200 万元。

（2）假定投资当时丁公司可辨认净资产公允价值为 8 000 万元。

习题二

[目的]　练习长期股权投资成本法的账务处理。

［资料］ 2×14年6月10日，甲公司以684 800元的价款（包括相关税费）取得乙公司普通股股票240 000股作为长期股权投资，占乙公司普通股股份的55%，甲公司采用成本法核算。2×14年度，乙公司未进行股利分配；2×16年3月5日，乙公司宣告2×15年度股利分配方案，每股分派现金股利0.20元；2×16年度，乙公司发生亏损，当年未进行股利分配；2×18年4月5日，乙公司宣告2×17年度股利分配方案，每股分派现金股利0.10元。

［要求］ 编制甲公司下列有关该项长期股权投资业务的会计分录：

（1）2×14年6月10日，取得乙公司股票。

（2）2×16年3月5日，乙公司宣告2×15年度股利分配方案。

（3）2×18年4月5日，乙公司宣告2×17年度股利分配方案。

习题三

［目的］ 练习长期股权投资权益法的账务处理。

［资料］ 2×17年1月1日，甲公司购入乙公司普通股股票2 000万股作为长期股权投资，占乙公司普通股股份的30%，甲公司采用权益法核算。假定投资当时，乙公司可辨认净资产公允价值与其账面价值之间的差额较小，甲公司直接根据乙公司账面净损益计算确认投资损益。2×17年度，乙公司报告净收益1 500万元，2×18年3月10日，乙公司宣告2×17年度利润分配方案，每股分派现金股利0.15元；2×18年度，乙公司报告净亏损600万元，当年未进行利润分配。

［要求］ 编制甲公司持有该项股权投资期间发生的下列业务的会计分录（会计分录中的金额单位用万元表示）：

（1）确认2×17年度的投资收益。

（2）2×18年3月10日，确认应收股利。

（3）确认2×18年度的投资损失。

第7章

固定资产

学 习 目 标

通过本章的学习，了解固定资产的特征与分类；理解固定资产的价值构成；掌握各种来源取得固定资产的账务处理及计算固定资产折旧的方法；掌握固定资产后续计量的方法及账务处理；掌握固定资产减值的账务处理。

7.1 固定资产概述

7.1.1 固定资产的性质与特征

1. 固定资产的性质

固定资产是企业赖以生存的物质基础，是企业产生效益的源泉，关系到企业的运营与发展。科学管理和正确核算固定资产，有利于促进企业正确评估固定资产的整体情况，提高资产使用效率，降低生产成本，保护固定资产的安全完整，实现资产的保值增值，增强企业的综合竞争实力。《企业会计准则第4号——固定资产》对于固定资产的定义为，固定资产是指同时具有下列特征的有形资产：第一，为生产商品、提供劳务、出租或经营管理而持有。第二，使用寿命超过一个会计年度。使用寿命，是指企业使用固定资产的预计期间，或者该固定资产所能生产产品或提供劳务的数量。

由于企业的经营内容、经营规模等各不相同，固定资产的具体标准也不可能绝对一致，各企业应根据规定的固定资产标准，结合具体情况，确定适合本企业实际情况的固定资产目录、分类方法、每类或每项固定资产的折旧年限、折旧方法，作为进行固定资产账务处理的依据。

企业已经确定并对外报送，或备置于企业所在地的有关固定资产目录、分类方法、估计净残值、预计使用年限、折旧方法等，一经确定不得随意变更。如需变更，仍然应当按照上述程序，经批准后报送有关各方备案，并在财务报表附注中予以说明。

2. 固定资产的特征

在生产经营过程中，有些固定资产直接参与劳动过程，起着将劳动者的劳动传导到劳动对象上去的作用，如机器设备、生产工具等；有些固定资产起着辅助生产的作用，如动力设备、传导设备、运输工具等；还有一些固定资产是作为生产经营的必要条件而存在的，如房屋、建筑物等。尽管固定资产在生产经营过程中所起的作用各不相同，但一般来说，都具备如下主要特征：

第一，固定资产是为生产商品、提供劳务、出租或经营管理而持有。企业持有固定资产的目的是生产商品、提供劳务、出租或经营管理，这意味着企业持有的固定资产是企业的劳动工具或手段，而不是直接用于出售的产品。其中出租的固定资产，是指用以出租的机器设备类固定资产，不包括以经营租赁方式出租的建筑物，后者属于企业的投资性房地产，不属于固定资产。

第二，固定资产的使用寿命超过一个会计年度。固定资产的使用寿命，是指企业使用固定资产的预计期间，或者该固定资产所能生产产品或提供劳务的数量。通常情况下固定资产的使用寿命是指使用固定资产的预计期间，如自用房屋建筑物的使用年限。某些机器设备或运输设备等固定资产，其使用寿命往往以该固定资产所能生产产品或提供劳务的数量来表示，例如，发电设备按其预计发电量估计使用寿命，汽车或飞机等按其预计行驶里程估计使用寿命。固定资产使用寿命超过一个会计年度，意味着固定资产属于长期资产，随着使用和磨损，通过计提折旧的方式逐渐减少账面价值。

第三，固定资产为有形资产。固定资产具有实物特征，这一特征将固定资产与无形资产区别开来。有些无形资产可能同时符合固定资产的其他特征，如无形资产为生产商品、提供劳务而持有，使用寿命超过一个会计年度，但是，由于其没有实物形态，所以不属于固定资产。工业企业所持有的工具、用具、备品备件、维修设备等资产，施工企业所持有的模板、挡板、架料等周转材料，以及地质勘探企业所持有的管材等资产尽管具有固定资产的某些特征，如使用期限超过一年，也能够带来经济利益，但由于数量多、单价低，考虑到成本效益原则，在实务中，通常确认为存货。

7.1.2 固定资产的分类

企业的固定资产根据管理需要及分类标准，可以进行不同的分类，主要有以下几种分类方法：

1. 按经济用途分类

固定资产按经济用途分类，可分为生产经营用固定资产和非生产经营用固定资产。生产经营用固定资产，是指直接服务于企业生产经营过程的各种固定资产，如生产经营用的房屋、建筑物、机器、设备、器具、工具等；非生产经营用固定资产，是指不直接服务于生产经营过程的各种固定资产，如职工宿舍、食堂、浴室、理发室等使用的房屋、设备和其他固定资产等。

2. 按使用情况分类

固定资产按使用情况分类，可分为使用中的固定资产、未使用的固定资产和不需用的固定资产。

（1）使用中的固定资产，是指正在使用中的经营性和非经营性固定资产。由于季节性经营或大修理等原因，暂时停止使用的固定资产仍属于企业使用中的固定资产，企业出租（指经营租赁）给其他单位使用的固定资产和内部替换使用的固定资产也属于使用中的固定资产。

（2）未使用的固定资产，是指已完工或已购建的尚未正式使用的新增固定资产以及因进行改建、扩建等原因暂停使用的固定资产。如企业购建的尚未正式使用的固定资产、经营任务变更停止使用的固定资产以及主要的备用设备等。

（3）不需用的固定资产，是指企业多余或不适用的各种固定资产。

3. 按所有权分类

固定资产按所有权分类，可分为自有固定资产和租入固定资产。自有固定资产，是指企业拥有的可供企业自由支配使用的固定资产；租入固定资产，是指企业采用租赁的方式从其他单位租入的固定资产。

特别提示

在实务中，固定资产还可以按经济用途和使用情况进行综合分类，划分为生产经营用固定资产、非生产经营用固定资产、租出固定资产、未使用固定资产、土地等。

7.1.3　固定资产的确认

固定资产只有在同时满足以下两个条件时，才能加以确认。

（1）该固定资产包含的经济利益很可能流入企业。这一条件要求企业必须有一定的证据，对固定资产未来经济利益流入企业的确定程度作出可靠的估计，只有在企业确认通过该项资产很可能获得报酬时才确认为企业的固定资产。但在实务上，有时尽管企业对该项固定资产没有所有权，却能够控制资产带来的经济利益，并使之流入企业，该项固定资产也应作为企业的固定资产予以确认。

（2）该固定资产的成本能够可靠地计量。这是固定资产确认的一个基本条件，也就是确定固定资产价值量的问题。如果企业能够拥有和控制固定资产，那么其价值量的确定在大多数情况下并不是一件很困难的事情。如外购固定资产在交易时就确定了它的价值。

特别提示

符合固定资产定义和确认条件的应当确认为固定资产，如民用航空运输企业的高价周转件等。构成固定资产的各组成部分如果具有不同的使用寿命或者以不同方式为企业提供经济利益，适用不同折旧率或折旧方法，该各组成部分实际上是以独立的方式为企业提供经济利益，企业应当分别将各组成部分确认为单项固定资产。例如，飞机的引擎如果与飞机机身具有不同的使用寿命，适用不同的折旧率或折旧方法，则企业应当将其确认为单项固定资产。企业由于安全或环保的要求购入的设备等虽然不能直接给企业带来未来经济利益，但有助于企业从其他相关资产的使用中获得未来经济利益，也应确认为固定资产。

7.2 固定资产的初始计量

固定资产的初始计量是指企业最初取得固定资产时其入账价值的确定及会计处理。入账价值即固定资产的初始成本，是指企业在购置某项固定资产使之达到预定可使用状态前所发生的一切合理和必要的支出。包括直接发生的价款、运杂费、包装费和安装成本，以及间接发生的借款利息、应分摊的间接费用和特殊行业特定固定资产的弃置费用等。由于固定资产的来源渠道不同，其初始成本构成的具体内容及会计处理也有所差异。

7.2.1 购入的固定资产

购入固定资产的初始成本，包括购买价款、进口关税和其他税费，使固定资产达到预定可使用状态前所发生的可归属于该项资产的场地整理费、运输费、装卸费、安装费和专业人员服务费等。

以一笔款项购入多项没有单独标价的固定资产，应当按照各项固定资产公允价值比例对总成本进行分配，分别确定各项固定资产的成本。

企业购入的固定资产如不需安装，直接以购入固定资产时实际支付的价款作为依据，借记“固定资产”“应交税费”等科目，贷记“银行存款”科目。如购入的固定资产需要安装，从支付价款、设备运抵企业，到设备正式投入使用，尚需经过设备安装过程，并发生各种安装成本等，应先记入“在建工程”等科目，待设备安装完成后，一并由“在建工程”科目转入“固定资产”科目。

例7-1

企业购入一台不需要安装的设备，用银行存款支付全部款项68 672元，其中，设备买价60 000元，增值税额7 800元，运输费800元，运输费增值税72元。其账务处理如下：

固定资产入账价值＝60 000＋800＝60 800(元)

增值税进项税额＝7 800＋72＝7 872(元)

借：固定资产　　60 800

　　应交税费——应交增值税（进项税额）　　7 872

　贷：银行存款　　68 672

例7-2

企业购入一台需要安装的设备，用银行存款支付购买款项57 590元，其中，设备买价50 000元，增值税额6 500元，运输费1 000元，运输费增值税90元。用银行存款支付安装费1 500元，增值税195元。其账务处理如下：

（1）设备运抵企业，等待安装。

工程物资入账价值＝50 000＋1 000＝51 000(元)

增值税进项税额＝6 500＋90＝6 590(元)

借：工程物资　　51 000

　　应交税费——应交增值税（进项税额）　　6 590

　贷：银行存款　　57 590

（2）设备投入安装。

借：在建工程　　51 000

　贷：工程物资　　51 000

（3）支付安装费。

借：在建工程　　1 500

　　应交税费——应交增值税（进项税额）　　195

　贷：银行存款　　1 695

（4）设备安装完毕投入使用。

借：固定资产　　52 500

　贷：在建工程　　52 500

特别提示

企业购入固定资产超过正常信用条件（一般为3年）延期支付价款的，如分期付款购买固定资产，实质上具有融资性质，企业应按所购固定资产购买价款的现值，借记“固定资产”或“在建工程”科目；按应支付的金额，贷记“长期应付款”科目；按其差额，借记“未确认融资费用”科目。对未确认融资费用进行摊销时，在信用期间内分两种情况处理：符合资本化条件的，计入在建工程；不符合资本化条件的，计入当期财务费用。

7.2.2 自行建造的固定资产

企业自行建造的固定资产，应按照建造该项固定资产使之达到预定可使用状态前所发生的全部支出，作为初始入账成本。自行建造的固定资产，从发生第一笔购置支出到固定资产完工交付使用，通常需要经历一段较长的建造期间。为了便于归集和计算固定资产的实际建造成本，企业应设置“在建工程”“工程物资”等科目。

自行建造的固定资产按建造方式的不同，分为自营方式和出包方式两种。

1. 以自营方式建造固定资产

以自营方式建造固定资产是指企业利用自身的生产能力进行的固定资产建造工程。由于固定资产的建造成本往往很难与产品的生产成本完全划分清楚，为了简化核算，企业通常只将固定资产建造工程中所发生的直接支出计入工程成本，主要包括消耗的工程物资、原材料、库存商品、负担的职工薪酬，辅助生产部门为工程提供的水、电及运输等劳务支出等。

在确定自营工程成本时还需要注意以下问题：

（1）自营工程购入工程物资所支付的增值税额，不应计入工程成本，应作为进项税额单独列示，从销项税额中抵扣。但若自营工程购入的工程物资用于企业集体福利设施工程，则支付的增值税额不得抵扣，而应计入工程成本。

（2）自营工程领用本企业原材料时，应按实际成本转出，计入工程成本。

（3）自营工程领用本企业库存自制半成品和库存产成品时，应按其实际成本计入工程成本。若自营工程属于企业集体福利设施工程，领用库存自制半成品和库存产成品时，应视同企业销售货物，按适用税率计算销项税额，并计入工程成本。

（4）在建工程进行负荷联合试车发生的费用，计入工程成本；试车期间形成的产品或副产品对外销售或转为库存商品时，应借记“银行存款”“库存商品”等科目，贷记“在建工程”科目。

（5）建设期间发生的工程物资盘亏、报废及毁损净损失，计入工程成本，借记“在建工程”科目，贷记“工程物资”科目；盘盈的工程物资或处置净收益作相反的会计处理。

（6）工程完工后发生的工程物资盘盈、盘亏、报废、毁损，计入当期营业外收支。

（7）在建工程完工，对于已领出的剩余物资应办理退库手续，借记“工程物资”科目，贷记“在建工程”科目。

例7-3

甲公司于2×18年自行制造一台生产用设备。1月15日至6月15日，在建工程发生下列业务：用银行存款购入工程物资74 880元，其中，价款64 000元，增值税额8 320元，工程物资验收入库；工程实际领用工程物资64 000元；工程领用库存材料一批，实际成本 5 568 元；工程领用产成品 20 件，实际成本 7 888 元；工程应负担直接人工费用 8 020 元。6 月 15 日工程完工并达到预定可使用状态。其账务处理如下：

（1）购入工程物资并验收入库。

借：工程物资　64 000
　　应交税费——应交增值税（进项税额）　8 320
　贷：银行存款　72 320

（2）领用工程物资。

借：在建工程　64 000
　贷：工程物资　64 000

（3）领用库存材料。

借：在建工程　5 568
　贷：原材料　5 568

（4）领用自产产品。

借：在建工程　7 888
　贷：库存商品　7 888

（5）结转应由工程负担的直接人工费用。

借：在建工程　8 020
　贷：应付职工薪酬　8 020

（6）6 月 15 日，计算并结转工程成本。

设备成本＝64 000＋5 568＋7 888＋8 020＝85 476(元)

借：固定资产　85 476
　贷：在建工程　85 476

2. 以出包方式建造固定资产

以出包方式建造固定资产是指企业委托建筑公司等其他单位进行的固定资产建造工程。出包工程多用于企业的房屋、建筑物的新建、改建及扩建工程等。

企业以出包方式建造固定资产，其成本由建造该项固定资产达到预定可使用状态前所发生的必要支出构成，包括发生的建筑工程支出、安装工程支出以及需分摊计入该项固定资产价值的待摊费用。对于发包企业而言，在建工程成本就是结算的工程价款。

在出包方式下，“在建工程”科目是企业与建造承包商办理工程价款结算的主要科目，企业支付给建造承包商的工程价款作为工程成本通过“在建工程”科目核算。企业应按合理估计的工程进度和合同规定的结算进度款，借记“在建工程——建筑工程（××工程）”“在建工程——安装工程（××工程）”科目，贷记“银行存款”“预付账款”等科目。工程完工时，按合同规定补付的工程款，借记“在建工程”科目，贷记“银行存款”等科目。

例7-4

某企业将新建厂房工程出包给W建筑公司，发生的相关业务及账务处理如下：

（1）根据工程出包合同规定，企业预付给W建筑公司工程款300 000元。

借：预付账款	300 000	
贷：银行存款		300 000

（2）办理厂房建造工程价款结算550 000元。

借：在建工程——建筑工程（厂房）	550 000	
贷：银行存款		250 000
预付账款		300 000

（3）厂房交付使用，结转在建工程。

借：固定资产	550 000	
贷：在建工程——建筑工程（厂房）		550 000

7.2.3 投资者投入的固定资产

对于投资者投入的固定资产，应按投资各方签订的合同或协议约定的价值和相关的税费，作为固定资产的入账价值计价入账。合同或协议约定的价值不公允的除外。转入固定资产时，借记“固定资产”科目，贷记“实收资本”或“股本”科目。

例7-5

甲公司与D股东达成投资协议，将评估确认价值作为厂房的入账价值。D股东以一座厂房作为投资投入该公司，该厂房经评估确认价值为5 600 000元，按协议可折换成每股面值为1元、数量为3 000 000股的股权。其账务处理如下：

借：固定资产	5 600 000	
贷：股本——D股东		3 000 000
资本公积——股本溢价		2 600 000

7.2.4 接受捐赠的固定资产

接受捐赠的固定资产应根据具体情况合理确定其入账价值。一般分为两种情况：

（1）捐赠方已提供有关凭据的，按凭据上标明的金额加上应支付的相关税费，作为入账价值。

（2）捐赠方未提供有关凭据的，按如下顺序确定其入账价值：

1）同类或类似固定资产存在活跃市场的，按同类或类似固定资产的市场价格估计的金额，加上应支付的相关税费，作为入账价值。

2）同类或类似固定资产不存在活跃市场的，按该接受捐赠固定资产预计未来现金流量的现值，加上应支付的相关税费，作为入账价值。

企业接受捐赠的固定资产在按照上述会计规定确定入账价值以后，按接受捐赠金额，计入营业外收入。

例7-6

某公司接受捐赠一台新设备，捐赠者提供的有关凭证上标明，价款120 000元，增值税额15 600元，受捐赠公司另支付直接相关税费3 000元。其账务处理如下：

借：固定资产	123 000	
应交税费——应交增值税（进项税额）	15 600	
贷：营业外收入——捐赠利得		135 600
银行存款		3 000

7.2.5 租入的固定资产

租赁是指在一定期间内，出租人将资产的使用权让与承租人以获取对价的合同。企业以租赁方式取得的固定资产，应确认使用权资产和租赁负债，并按照固定资产准则对使用权资产计提折旧，采用固定的周期性利率确认每期利息费用。

企业应设置“使用权资产”和“租赁负债”科目，用以记录、反映租赁资产业务。

“使用权资产”科目核算承租人持有的使用权资产的原价，可按租赁资产的类别和项目进行明细核算。

使用权资产是指承租人可在租赁期内使用租赁资产的权利。在租赁期开始日，承租人应当按照成本对使用权资产进行初始计量。该成本包括：(1) 租赁负债的初始计量金额。(2) 在租赁期开始日或之前支付的租赁付款额，存在租赁激励的，应当扣除已享受的租赁激励相关金额。(3) 承租人发生的初始直接费用。(4) 承租人为拆卸及移除租赁资产、复原租赁资产所在场地或将租赁资产恢复至租赁条约状态预计将发生的成本。

在租赁期开始日，承租人应当按成本，借记“使用权资产”科目；按尚未支付的租赁付款额的现值，贷记“租赁负债“科目；按租赁期开始日之前支付的租赁付款额（扣除已享受的租赁激励），贷记“预付款项”等科目；按发生的初始费用，贷记“银行存款”等科目；按为拆卸及移除租赁资产、复原租赁资产所在场地或将租赁资产恢复至租赁条约状态等预计将发生的成本的现值，贷记“预计负债”科目。

“租赁负债”科目核算承租人尚未支付的租赁付款额的现值，可分别设置“租赁付款额”“未确认融资费用”等进行明细核算。

在租赁期开始日，承租人应按尚未支付的租赁付款额，贷记“租赁负债——租赁付款额”科目；按尚未支付的租赁付款额的现值，借记“使用权资产”科目；按尚未支付的租赁付款额与其现值的差额，借记“租赁负债——未确认融资费用”科目。

例7-7

承租人甲公司与出租人乙公司就某栋建筑物的第三层签订了为期10年的租赁协议，并有5年的续租选择权。有关资料如下：

（1）初始租赁期内不含税租金为每年10万元，续租期间为每年11万元，所有款项应于每年年初支付。

（2）为获得该项租赁，甲公司发生的初始直接费用为4万元，其中，3万元为向该楼层前任租户支付的款项，1万元为房地产中介佣金。

（3）乙公司同意补偿甲公司佣金1万元，作为对甲公司的激励。

（4）在租赁期开始日，甲公司评估后认为，不能合理确定是否将行使续租选择权，因此，将租赁期确定为10年。

（5）甲公司无法确定租赁内含利率，其增量借款利率为每年5%，该利率反映了甲公司以类似抵押条件借入期限为10年、与使用权资产等值的同种币种的借款而必须支付的利率。

为简化处理，假设不考虑相关税费的影响。甲公司的账务处理如下：

（1）计算租赁期开始日租赁付款额的现值，并确认租赁负债和使用权资产。

在租赁期开始日，甲公司支付第一年的租金10万元，并以剩余9年租金（每年10万元）按5%年利率折现后的现值计量租赁负债。计算租赁付款额现值的过程如下：

剩余9期租赁付款额＝100 000×9＝900 000(元)

租赁负债＝剩余9期租赁付款额的现值

＝100 000×(P/A,5%,9)＝710 782(元)

未确认融资费用＝剩余9期租赁付款额－剩余9期租赁付款额的现值

＝900 000－710 782＝189 218(元)

借：使用权资产——固定资产　　810 782
　　租赁负债——未确认融资费用　　189 218
　贷：租赁负债——租赁付款额　　900 000
　　　银行存款（第一年的租赁付款额）　　100 000

或　借：使用权资产——固定资产　　710 782
　　租赁负债——未确认融资费用　　189 218
　贷：租赁负债——租赁付款额　　900 000
借：使用权资产　　100 000
　贷：银行存款（第一年的租赁付款额）　　100 000

（2）将初始直接费用计入使用权资产的初始成本。

借：使用权资产——固定资产　　40 000
　贷：银行存款　　40 000

（3）将已收的租赁激励相关金额从使用权资产入账价值中扣除。

借：银行存款　　10 000
　贷：使用权资产——固定资产　　10 000

综上，甲公司使用权资产的初始成本为：

810 782＋40 000－10 000＝840 782(元)

特别提示

承租人在确认租赁期内各个期间的利息时，应当借记“财务费用——利息费用”“在建工程”等科目，贷记“租赁负债——未确认融资费用”科目。

承租人支付租赁付款额时，应当借记“租赁负债——租赁付款额”等科目，贷记“银行存款”等科目。

在租赁期开始日后，承租人应当采用成本模式对使用权资产进行后续计量，即以成本减累计折旧及累计减值损失计量使用权资产。

7.2.6 取得存在弃置义务的固定资产

对于特殊行业的特定固定资产，确定其初始入账成本时，还应考虑弃置费用。弃置费用通常是指根据国家法律和行政法规、国际公约等规定，企业承担环境保护和生态恢复等义务所确定的支出，如核电站核设施等的弃置和恢复环境义务。弃置费用的金额与其现值比较，通常相差较大，需要考虑货币时间价值，对于这些特殊行业的特定固定资产，企业应当按照现值计算确定应计入固定资产成本的金额和相应的预计负债。在固定资产的使用寿命内按照预计负债的摊余成本和实际利率计算确定的利息费用应计入财务费用。一般工商企业的固定资产发生的报废清理费用不属于弃置费用，应当在发生时作为固定资产处置费用处理。

特别提示

盘盈的固定资产按以下规定确定其入账价值：同类或类似固定资产存在活跃市场的，应按同类或类似固定资产的市场价格，减去按该项固定资产新旧程度估计价值损耗后的余额，作为入账价值；同类或类似固定资产不存在活跃市场的，应按盘盈固定资产的预计未来现金流量的现值入账。盘盈的固定资产应作为前期差错记入“以前年度损益调整”账户进行追溯重述，不得计入当期损益。企业接受债务人以非现金资产抵偿债务方式取得的固定资产，按照应收债权的公允价值加上应支付的相关税费作为入账价值，公允价值与账面价值之差计入当期损益；以非货币性资产交换取得的固定资产，符合条件的，按照换出资产的公允价值加上应支付的相关税费，作为换入资产的入账价值，公允价值与账面价值之差计入当期损益。

7.3 固定资产的后续计量

7.3.1 固定资产折旧

1. 固定资产折旧的性质

折旧是指在固定资产使用寿命期内，按照确定的方法对应计折旧额进行合理、系统的分摊。固定资产对于企业的经济价值具有潜在的服务能量，企业取得固定资产可以看成是取得了固定资产在预计使用年限中的服务潜力，这种潜力会给企业提供长期经济效益，但这种服务潜力是有限的，它会随着固定资产的使用而损耗。固定资产发生损耗的因素分为物质因素和功能因素两种。物质因素是指由于固定资产受自然力的影响而引起的使用价值和价值的减损。功能因素亦称经济因素，指由于技术进步等原因引起的使用价值和价值的减损，这种减损的特点是固定资产在物质形成上仍具有一定的服务潜力，但企业若继续使用已无经济价值。物质因素决定了固定资产的最大使用年限，功能因素则决定了固定资产的实际使用年限。会计上认为，无论是物质因素引起的减损，还是功能因素引起的减损，都应当在固定资产的使用年限内进行分摊，形成折旧费用，计入产品成本或期间费用。因此，会计中的折旧不是一个计价过程，而被认为是固定资产成本的分配过程。

2. 影响固定资产折旧的主要因素

由于折旧是将固定资产的成本分摊计入产品成本或期间费用，并从销售收入中得以补偿，因此影响每期折旧额的因素主要有以下三个：

（1）固定资产原价。计算固定资产折旧的基数一般为取得固定资产的原始成本，即固定资产初始确认的账面价值。企业对于已入账的固定资产价值，除发生下列情况外，不得任意变动：根据国家规定对固定资产进行重估价；增加补充设备或改良设备；将固定资产的一部分拆除；根据实际价值调整原来的暂估价值；发现原记固定资产价值有错误。在会计核算中，以固定资产原价作为计提折旧的基数，可以使折旧额的计算建立在客观的基础上，不受主观因素的影响。

（2）固定资产预计净残值。固定资产预计净残值是指固定资产报废时，预计可以收回的残余价值扣除预计清理费用后的数额。其中，可以收回的残余价值是指固定资产报废清理时预计可收回的器材、材料等残料价值收入；预计清理费用是指固定资产报废清理时预计发生的拆卸、整理、搬运等费用。

固定资产账面原价减去预计净残值后的余额即固定资产应计折旧额。如果固定资产已经计提了减值准备，还应扣除减值准备累计金额。

（3）固定资产的预计使用年限。固定资产预计使用年限是指固定资产预计经济使用年限，即折旧年限，它通常比固定资产的实物年限要短。以经济使用年限作为固定资产的折旧年限是因为企业在计算折旧时，不仅需要考虑固定资产因物质因素引起的减损，还要考虑固定资产因功能因素引起的减损。

固定资产折旧年限的长短，直接影响各期应计折旧额的计算，但折旧年限是很难确切估计的。为了避免人为地延长或缩短折旧年限，合理计算固定资产的转移价值，企业应根据国家有关规定，结合本企业的具体情况合理地确定折旧年限，作为计提折旧的依据。

3. 固定资产折旧的范围

按我国现行企业会计准则的规定，除下列情况外，企业应对所有固定资产计提折旧：已提足折旧仍继续使用的固定资产；按规定单独作价作为固定资产入账的土地。

在会计实务中，企业一般都是按月计提固定资产折旧的，为了简化核算，月份内开始使用的固定资产，当月不计提折旧，从下月起计提折旧；月份内减少的固定资产，当月仍计提折旧，从下月起停止计提折旧。此外，固定资产提足折旧后，不管能否继续使用，均不再提取折旧；提前报废的固定资产也不再补提折旧。提足折旧是指已经提足该项固定资产的应计折旧额。

特别提示

已达到预定可使用状态但尚未办理竣工决算的固定资产，应当按照估计价值确定其成本，并计提折旧；待办理竣工决算后再按实际成本调整原来的暂估价值，但不需要调整原已计提的折旧额。

4. 固定资产折旧的方法

固定资产折旧方法的选用直接影响企业成本、费用的计算，也影响企业的收入和纳税，从而影响国家的财政收入，因此，企业应在会计准则规定的范围内选择折旧方法。企业可选用的折旧方法包括年限平均法、工作量法、双倍余额递减法和年数总和法。

（1）年限平均法。年限平均法又称直线法，是指将固定资产的应计折旧额均衡地分摊到固定资产预计使用寿命期内的一种方法。采用这种方法计算的每期折旧额均相等。其计算公式如下：

年折旧额＝(固定资产原始成本－预计净残值)÷预计使用年限

月折旧额＝年折旧额÷12

在实务中，固定资产折旧额一般应根据固定资产原始成本乘以折旧率计算。折旧率是指折旧额占原始成本的比重。用公式表示如下：

年折旧率＝(1－预计净残值率)÷预计使用年限

月折旧率＝年折旧率÷12

月折旧额＝固定资产原始成本×月折旧率

例 7－8

某企业的一栋厂房原值为 2 400 000 元，预计使用年限为 20 年，预计净残值率为 4%。其折旧率和月折旧额计算如下：

该项固定资产年折旧率＝(1－4%)÷20＝4.8%

该项固定资产月折旧率＝4.8%÷12＝0.4%

该项固定资产月折旧额＝2 400 000×0.4%＝9 600(元)

按年限平均法计提折旧简便易行，容易理解，因而是会计实务中经常使用的一种方法。但这种方法会使固定资产在整个使用期间的使用成本分配不均衡，同时也忽视了各期的使用情况。

（2）工作量法。工作量法是以固定资产预计可完成的工作量为分摊标准，根据各期实际完成的工作量计算折旧额的一种方法。采用这种方法计提折旧，各期固定资产的折旧额与工作量呈正相关关系。其计算公式如下：

单位工作量折旧额＝固定资产原始成本×(1－预计净残值率)÷预计总工作量

某项固定资产月折旧额＝该项固定资产当月工作量×单位工作量折旧额

例7-9

某企业有运输货车一辆，原值300 000元，预计净残值率为5%，预计总行驶里程600 000公里，当月行驶4 000公里，该项固定资产的月折旧额如下：

该项固定资产每公里折旧额＝300 000×(1－5%)÷600 000＝0.475(元/公里)

该项固定资产本月折旧额＝4 000×0.475＝1 900(元)

采用工作量法计提折旧简单实用，而且应提的折旧额与资产的使用呈正相关关系，使资产的使用效益与成本较为合理地配比起来。但这种方法未考虑固定资产因功能因素引起的减损，更何况资产在预计使用年限内究竟能完成多少工作量也是很难测定的，因此，工作量法适用于大型专业设备和运输设备的折旧计提。

（3）双倍余额递减法。双倍余额递减法是指按年初固定资产账面净值（固定资产原始成本减去累计折旧后的金额）和双倍直线折旧率计算固定资产折旧的一种方法。其计算公式如下：

年折旧率＝2÷预计使用年限×100%

月折旧率＝年折旧率÷12

月折旧额＝(固定资产原始成本－累计折旧额)×月折旧率

特别提示

应用双倍余额递减法计算折旧额时，由于年初固定资产净值没有扣除预计净残值，为了保证在采用双倍余额递减法下各期计提折旧额的合计数等于应计折旧总额，企业在固定资产使用后期，当发现某年按双倍余额递减法计算的折旧额小于该年剩余年限按年限平均法计提的折旧额时，应改用年限平均法计提折旧。我国会计实务中，为方便会计人员操作，在计算固定资产折旧额时，应在其折旧年限到期前两年内，将固定资产净值扣除预计净残值后的余额平均摊销。

例7-10

某企业的一台设备原始成本为640 000元，预计使用年限为5年，预计净残值为

20 000 元，采用双倍余额递减法计提折旧。年折旧率及各年折旧额的计算见表 7-1。

表 7-1　折旧计算表（双倍余额递减法）

单位：元

年次	年折旧率	折旧计算	年折旧额	累计折旧额	期末账面净值
第 0 年					640 000
第 1 年	40%	640 000×40%	256 000	256 000	384 000
第 2 年	40%	384 000×40%	153 600	409 600	230 400
第 3 年	40%	230 400×40%	92 160	501 760	138 240
第 4 年	—	(138 240−20 000)÷2	59 120	560 880	79 120
第 5 年	—	(138 240−20 000)÷2	59 120	620 000	20 000

（4）年数总和法。年数总和法是将固定资产的原始成本减去预计净残值后的余额乘以一个逐年递减的分数，计算其每年的折旧额的一种方法。分数的分子代表固定资产尚可使用的年数，分母代表使用年数的逐年数字总和。其计算公式如下：

年折旧率＝该项固定资产尚可使用年数÷各年预计尚可使用年数总和

年折旧额＝应计折旧额×年折旧率

例 7-11

某企业的一台设备原始成本为 640 000 元，预计使用年限为 5 年，预计净残值为 20 000 元，采用年数总和法计提折旧。年折旧率及各年折旧额的计算见表 7-2。

表 7-2　折旧计算表（年数总和法）

单位：元

年次	年折旧率	折旧计算	年折旧额	累计折旧额	期末账面净值
第 0 年					640 000
第 1 年	5/15	(640 000−20 000)×5/15	206 667	206 667	433 333
第 2 年	4/15	(640 000−20 000)×4/15	165 333	372 000	268 000
第 3 年	3/15	(640 000−20 000)×3/15	124 000	496 000	144 000
第 4 年	2/15	(640 000−20 000)×2/15	82 667	578 667	61 333
第 5 年	1/15	(640 000−20 000)×1/15	41 333	620 000	20 000

5. 固定资产折旧的账务处理

企业固定资产应当按月计提折旧，并根据其用途计入相关成本或者当期损益。为了简化核算，企业可在上月计提折旧额的基础上，调整上月增减的固定资产在本月应增加或减少的折旧额，以计算本月的折旧额。

企业按月计提折旧时，应根据固定资产的受益对象分配计入成本或费用中。例如，生产部门使用的固定资产计提的折旧额，应计入制造费用；企业管理部门使用的固定资产计提的折旧额，计入管理费用；专设销售机构使用的固定资产计提的折旧额，计入销售费用；经营出租的固定资产计提的折旧额，计入其他业务成本；自行建造固定资产过程中使用的固定资产计提的折旧额，计入在建工程成本等。

特别提示

企业至少应当于每年年度终了，对固定资产的使用寿命和预计净残值进行复核。如有确凿证据表明固定资产的使用寿命及预计净残值与原先估计数有差异，应当调整其使用寿命和预计净残值。

固定资产使用过程中所处的各种环境的变化也可能使与固定资产有关的经济利益的预期实现方式发生重大改变，企业应相应改变固定资产折旧的计提方法。固定资产使用寿命、预计净残值和折旧方法的改变应作为会计估计变更，按相关准则的规定处理。

7.3.2 固定资产后续支出

1. 后续支出的处理原则

固定资产的后续支出是指固定资产使用过程中发生的更新改造支出、修理费用等。其中，更新改造支出是指固定资产的改扩建、更新等支出；修理费用是指固定资产改良、日常维护修理等支出。

固定资产后续支出的处理原则为：符合固定资产确认条件的，应当计入固定资产成本，同时将被替换部分的账面价值扣除；不符合固定资产确认条件的，应当计入当期损益。

2. 后续支出的账务处理

对于固定资产使用过程中发生的更新改造支出，首先要将固定资产账面价值转入在建工程，即注销固定资产的原价、累计折旧和减值准备，同时停止计提折旧；更新改造发生的支出和变价收入分别增加和减少在建工程成本；在建工程完工，将“在建工程”科目余额转入“固定资产”科目。

例7-12

某企业将一厂房交付扩建。该厂房原价1 980 000元，累计折旧680 000元。在扩建过程中，用银行存款支付扩建支出344 000元，厂房拆除部分的残料作为辅助材料入库，作价16 000元。其账务处理如下：

（1）将厂房交付扩建。

借：在建工程	1 300 000	
累计折旧	680 000	
贷：固定资产		1 980 000

（2）支付扩建支出。

借：在建工程	344 000	
贷：银行存款		344 000

（3）残料作为辅助材料入库。

借：原材料 16 000

　贷：在建工程 16 000

（4）扩建工程完工，转入固定资产。

借：固定资产 1 628 000

　贷：在建工程 1 628 000

例 7-13

某企业专用设备的电机由于意外原因而烧毁，需要用新的电机替换。该专用设备原价 432 000 元，已计提折旧 144 000 元。烧毁电机的成本为 16 800 元，企业已购买新的电机将其替换，新电机的成本为 17 440 元，允许抵扣的增值税进项税额为 2 720 元。其账务处理如下：

（1）注销专用设备。

借：在建工程 288 000

　　累计折旧 144 000

　贷：固定资产 432 000

（2）购买新电机。

借：工程物资 17 440

　　应交税费——应交增值税（进项税额） 2 720

　贷：银行存款 20 160

（3）安装新电机。

借：在建工程 17 440

　贷：工程物资 17 440

（4）终止确认旧电机。

烧毁电机的累计折旧＝16 800÷432 000×144 000＝5 600(元)

烧毁电机的账面净值＝16 800－5 600＝11 200(元)

借：营业外支出 11 200

　贷：在建工程 11 200

（5）专用设备达到预定可使用状态。

专用设备入账价值＝288 000＋17 440－11 200＝294 240(元)

借：固定资产 294 240

　贷：在建工程 294 240

特别提示

固定资产经过更新改造后，内在质量及使用性能与以前相比都发生了很大的变化，因此更新改造后的固定资产应重新确定使用寿命、预计净残值等，并将确定的固定资产的价值作为原始成本，计提折旧。

对于固定资产有关的修理费用等后续支出，应在费用发生时直接计入当期损益。企业生产车间和行政管理部门等发生的固定资产修理费用等后续支出计入管理费用；企业专设销售机构的，发生的与专设销售机构相关的固定资产修理费用等后续支出计入销售费用。固定资产更新改造支出不满足固定资产确认条件的，在发生时也要计入当期损益。

7.4 固定资产的处置

7.4.1 固定资产处置的业务内容

固定资产处置是指企业由于各种原因使固定资产退出生产经营过程，导致固定资产减少的业务处理。固定资产处置的业务内容包括固定资产出售、转让、报废、毁损、对外投资、非货币性资产交换、债务重组等。

固定资产的处置导致固定资产减少，会涉及固定资产终止确认问题。按照现行企业会计准则的规定，满足下列条件之一的，固定资产应当予以终止确认：第一，该固定资产处于处置状态；第二，该固定资产预期通过使用或处置不能产生经济利益。

7.4.2 固定资产处置的账务处理

企业因固定资产处置而减少的固定资产，一般应通过“固定资产清理”账户归集固定资产的处置损益。需要处置的固定资产账面价值、发生的清理费用及应交税费等，记入该账户的借方；取得的固定资产出售价款、残料变价收入、保险及过失人赔款等收入，记入该账户的贷方；借方与贷方的差额即固定资产处置净损益。

企业出售、转让固定资产时，通过“固定资产清理”科目归集所发生的损益，产生的收益或损失转入“资产处置损益”科目，计入当期损益；固定资产因报废、毁损等原因终止确认的，通过“固定资产清理”科目归集所发生的净损失计入营业外支出。

企业处置固定资产时，其账务处理一般经过以下几个步骤：

（1）固定资产转入清理时，按其账面价值，借记“固定资产清理”科目，按已计提的累计折旧，借记“累计折旧”科目，按已计提的减值准备，借记“固定资产减值准备”科目，按固定资产账面余额，贷记“固定资产”科目。

（2）固定资产清理过程中发生或应支付的相关税费，借记“固定资产清理”科目，贷记“银行存款”“应交税费”等科目。

（3）企业出售固定资产的价款、残料价值和变价收入等，应冲减清理支出。按实收出售价款以及残料变价收入等，借记“银行存款”“原材料”等科目，贷记“固定资产清理”“应交税费——应交增值税（销项税额）”等科目。

（4）企业应由保险公司或过失人赔偿的损失，应冲减清理支出，借记“其他应收款”“银行存款”等科目，贷记“固定资产清理”科目。

（5）清理净损益的处理。固定资产清理完成后的净损益，属于正常出售、转让所产生的收益或损失，借记或贷记“资产处置损益”科目，贷记或借记“固定资产清理”科目；属于已丧失正常使用功能所产生的净损失，借记“营业外支出——非流动资产报废”科目，贷记“固定资产清理”科目；属于自然灾害等非正常原因造成的净损失，借记“营业外支出——非常损失”科目，贷记“固定资产清理”科目。

特别提示

资产处置损益属于营业利润的组成部分。企业出售固定资产视为日常经营活动，因此其净损益计入资产处置损益。对于已丧失正常使用功能及自然灾害等原因转入报废清理的固定资产，不会产生利得，其净损失计入营业外支出。

例7-14

甲公司于2×18年6月出售一台大型设备，出售价款为400万元，适用的增值税税率为13%，应交增值税52万元，开具增值税专用发票。出售设备的原始价值为424万元，累计折旧为32万元，发生清理费用1万元。其账务处理如下：

（1）注销固定资产原价及累计折旧。

借：固定资产清理	3 920 000	
累计折旧	320 000	
贷：固定资产		4 240 000

（2）支付清理费用。

借：固定资产清理	10 000	
贷：银行存款		10 000

（3）收到出售设备全部款项。

借：银行存款	4 520 000	
贷：固定资产清理		4 000 000
应交税费——应交增值税（销项税额）		520 000

（4）结转清理净收益。

净收益＝4 000 000－3 920 000－10 000＝70 000(元)

借：固定资产清理	70 000	
贷：资产处置损益		70 000

例7-15

甲公司于2×18年7月出售一栋自建的销售门市房，门市房原始价值为390万元，已计提折旧180万元，出售价款为269.775万元（含税），适用的增值税税率为9%，发生清理费用0.5万元，款项已收到并存入银行。其账务处理如下：

（1）注销固定资产原价及累计折旧。

借：固定资产清理	2 100 000	
累计折旧	1 800 000	
贷：固定资产		3 900 000

（2）支付清理费用。

借：固定资产清理	5 000	
贷：银行存款		5 000

（3）收到出售门市房款项。

应交增值税＝2 697 750÷(1＋9%)×9%＝222 750(元)

借：银行存款	2 697 750	
贷：固定资产清理		2 475 000
应交税费——应交增值税（销项税额）		222 750

（4）结转清理净收益。

净收益＝2 475 000－2 100 000－5 000＝370 000(元)

借：固定资产清理	370 000	
贷：资产处置损益		370 000

例7-16

企业有旧厂房一栋，因火灾烧毁。该厂房的原值为360 000元，已提折旧348 000元。在清理过程中，以银行存款支付清理费用10 160元，收回残料入库，残料作价17 440元。其账务处理如下：

（1）固定资产转入处置。

借：固定资产清理	12 000	
累计折旧	348 000	
贷：固定资产		360 000

（2）支付清理费用。

借：固定资产清理	10 160	
贷：银行存款		10 160

（3）材料入库。

借：原材料	17 440	
贷：固定资产清理		17 440

（4）结转固定资产清理净损益。

借：营业外支出——非常损失	4 720	
贷：固定资产清理		4 720

例 7 - 17

某企业的一辆运输卡车在一次交通事故中报废。该卡车原价 240 000 元，已提折旧 80 000 元，收到过失人赔偿款 136 000 元，残料变价收入 8 000 元。其账务处理如下：

（1）将报废卡车注销。

借：固定资产清理	160 000	
累计折旧	80 000	
贷：固定资产		240 000

（2）收到过失人赔偿款及变价收入。

借：银行存款	144 000	
贷：固定资产清理		144 000

（3）结转净损失。

借：营业外支出——非流动资产报废	16 000	
贷：固定资产清理		16 000

特别提示

固定资产的出售、报废和毁损都会造成固定资产在量上的减少。其中，出售和报废是企业主动地对固定资产进行处置。毁损虽不带有主动的意味，但企业一般会及时地发现和确认，然而有时企业固定资产的减少却不容易及时发现，所以企业需要定期与不定期地对固定资产进行清查。

企业在财产清查中盘盈盘亏的固定资产，通过“待处理财产损溢——待处理固定资产损溢”科目核算。盘亏造成的损失，通过“营业外支出——盘亏损失”科目核算，应当计入当期损益。企业在财产清查中盘盈的固定资产，作为前期差错处理。盘盈的固定资产通过“以前年度损益调整”科目核算。

7.4.3 持有待售的固定资产

1. 非流动资产划分为持有待售的条件

同时满足下列条件的非流动资产应当划分为持有待售：一是企业已经就处置该非流动资产作出决议；二是企业已经与受让方签订了不可撤销的转让协议；三是该项转让将在一年内完成。持有待售的非流动资产包括单项资产和处置组，处置组是指一项交易中作为整体通过出售或其他方式一并处置的一组资产组、一个资产组或某个资产组中的一部分。

2. 账面价值的调整

企业的固定资产被划分为持有待售时，如果分类前账面价值高于公允价值减去出售费用后的净额，应当将账面价值减记至公允价值减去出售费用后的净额，减记的金额确认为资产减值损失，计入当期损益，同时计提持有待售资产减值准备；如果分类前账面价值低于公允价值减去出售费用后的净额，则不需要对账面价值进行调整。

例 7-18

甲公司为增值税一般纳税人，适用的增值税税率为 13%。2×17 年 12 月 31 日，甲公司与乙公司签订了不可撤销合同，将一台 2×17 年初购买的生产设备以 500 万元的价格出售，预计处置费用为 10 万元，该固定资产原值为 700 万元，已提折旧 100 万元，未计提减值准备。2×18 年 2 月 20 日办理完毕所有权转移手续。实际支付清理费用 10 万元，全部设备价款已收到。甲公司对持有待售的生产设备会计处理如下：

(1) 2×17 年 12 月 31 日，调整账面价值。

2×17 年 12 月 31 日该固定资产的账面价值＝700－100＝600(万元)
公允价值减去处置费用后的净额＝500－10＝490(万元)

借：持有待售资产	6 000 000	
累计折旧	1 000 000	
贷：固定资产		7 000 000

由于该固定资产为持有待售资产，原账面价值高于调整后预计净残值的差额，应作为资产减值损失计入当期损益，即 600－490＝110 万元。

借：资产减值损失	1 100 000	
贷：持有待售资产减值准备		1 100 000

(2) 2×18 年 2 月 20 日，所有权转移。

借：银行存款	4 900 000	
持有待售资产减值准备	1 100 000	
资产处置损益	650 000	
贷：持有待售资产		6 000 000
应交税费——应交增值税（销项税额）		650 000

特别提示

某项资产或处置组被划归为持有待售，但后来不再满足持有待售的固定资产的确认条件，企业应当停止将其划归为持有待售，并按照下列两项金额中较低者计量：(1) 该资产或处置组被划归为持有待售之前的账面价值，按照其假定在没有被划归为持有待售的情况下原应确认的折旧、摊销或减值进行调整后的金额；(2) 决定不再出售之日的再收回金额。

7.5　固定资产的期末计量

固定资产的期末计量是指固定资产列报于资产负债表中的价值。如果固定资产没有发生减值，则按其期末固定资产账面价值列报；如果固定资产已发生减值，还要进行减值测试，确认其可收回金额，按可收回金额列报。

7.5.1　固定资产减值的认定

固定资产减值是指固定资产的可收回金额低于其账面价值。这里的可收回金额是指固定资产的公允价值减去处置费用后的净额与该资产预计未来现金流量的现值两者之中的较高者。企业应当在期末或者至少在每年年度终了，对固定资产逐项进行检查，以判定固定资产是否发生减值。企业在期末对固定资产进行检查时，如发现下列情况，则应当计算固定资产的可收回金额，以确定固定资产是否已经发生减值：

固定资产市价大幅下跌，跌幅大大高于因时间推移或正常使用而预计的下跌，并且预计在近期内不可能恢复；企业所处的经营环境，如技术、市场、经济或法律环境，或者产品营销市场在当期发生或在近期发生重大变化，并对企业产生负面影响；同期市场利率等大幅提高，很可能影响企业计算固定资产可收回金额的折现率，并导致固定资产可收回金额大幅降低；固定资产陈旧过时或发生实体损坏等；固定资产预计使用方式发生重大不利变化，如企业计划终止或重组该资产所属的经营业务、提前处置资产等情形，从而对企业产生负面影响；其他有可能表明资产已发生减值的情况。

上述情形出现后，经过计算的固定资产的可收回金额如果低于其账面价值，企业应当按可收回金额低于账面价值的差额计提固定资产减值准备，并计入当期损益。

特别提示

对已计提减值准备的固定资产，应当按照该固定资产的账面价值以及尚可使用寿命重新计算并确定折旧率和折旧额；因固定资产减值准备而调整固定资产折旧额时，对此前已计提的累计折旧不作调整。

7.5.2　固定资产减值的账务处理

企业对固定资产进行减值测试并计算了资产可收回金额后，如果固定资产的可收回金额低于其账面价值，应当将固定资产的账面价值减记至可收回金额，减记的金额确认为固定资产减值损失，计入当期损益，同时计提相应的资产减值准备。这样，企业当期确认的减值损失应当反映在利润表中，而计提的资产减值准备应当作为相关资产的备抵项目，反映在资产负债表中，从而夯实企业资产价值，避免利润虚增，最终如实反映企业的财务状况和经营成果。

固定资产减值损失确认后，减值固定资产的折旧应当在未来期间作相应调整，即固定资产计提了减值准备后，固定资产账面价值将根据计提的减值准备进行相应抵减，在未来计提折旧时，应当以新的固定资产账面价值为基础计提每期折旧。

考虑到固定资产发生减值后，一方面价值回升的可能性比较小，通常属于永久性减值；另一方面从会计信息的谨慎性要求考虑，为了避免确认资产重估增值和操纵利润，资产减值准则规定，固定资产减值损失一经确认，在以后会计期间不得转回。以前期间计提的资产减值准备，只有在固定资产处置、出售、对外投资、以非货币性资产交换方式换出、在债务重组中抵偿债务等情况下，才可予以转出。

例 7-19

某企业有一台设备，由于陈旧过时，预计可能会发生减值。2×18 年末，账面价值 464 000 元，经专业评估师的评估，该项固定资产预计可收回金额 424 000 元。由于该项固定资产预计可收回金额低于其账面价值，因此该项固定资产实际上发生了减值，应该计提减值准备。其账务处理如下：

借：资产减值损失　　40 000
　贷：固定资产减值准备　　40 000

例 7-20

2×16 年 12 月 16 日，甲公司购进一台不需要安装的管理用设备，确认其入账价值为 411 万元。该设备于当日投入使用，预计使用年限为 10 年，预计净残值为 15 万元，采用年限平均法计提折旧。2×17 年 12 月 31 日，甲公司对该设备进行检查时发现其已经发生减值，预计可收回金额为 321 万元，确认减值后预计使用年限、预计净残值及折旧方法均未改变。其账务处理如下：

2×17 年度该设备计提的折旧额＝(411－15)÷10＝39.6(万元)

借：管理费用　　396 000
　贷：累计折旧　　396 000

2×17 年 12 月 31 日该设备计提的减值准备＝411－39.6－321＝50.4(万元)

借：资产减值损失　　504 000
　贷：固定资产减值准备　　504 000

2×18 年度该设备计提的折旧额＝(321－15)÷9＝34(万元)

借：管理费用　　340 000
　贷：累计折旧　　340 000

特别提示

在资产负债表中，“固定资产”项目反映全部固定资产的账面价值，即以原始成本扣除累计折旧和固定资产减值准备后的净额列报。同理，“在建工程”项目也是以扣除减值准备后的净额列报。

思考题

1. 固定资产有哪些特征？
2. 固定资产应如何确认？
3. 固定资产应如何分类？
4. 如何确定固定资产的原始成本？
5. 各种方式下如何进行固定资产的会计处理？
6. 我国会计实务中，固定资产计提折旧的范围是如何界定的？
7. 固定资产更新改造支出与修理支出的会计处理有何区别？

练习题

习题一

[目的]　练习固定资产折旧的计算方法。

[资料]　某企业的一台设备原始成本为 160 000 元，预计使用年限为 5 年，预计净残值率为 4%。

[要求]

(1) 根据上述资料使用年限平均法计算固定资产的年折旧率、月折旧率、年折旧额、月折旧额。

(2) 根据上述资料分别采用双倍余额递减法和年数总和法计算固定资产的年折旧率和年折旧额。

习题二

[目的]　练习固定资产初始计量的账务处理。

[资料]　某企业在 2×18 年发生的有关购置固定资产的业务如下：

(1) 购入不需安装设备一台，价款 300 万元，增值税额 39 万元，发生运杂费 2 万元，款项已支付。

(2) 购入需安装机床一台并直接投入安装，取得增值税专用发票，发票注明价款100万元，增值税额13万元，支付运输费2万元，安装时，领用安装材料3万元，应付工程人员工资5万元，该设备已安装完毕，投入使用。

（3）投资者投入设备一台，该设备的账面原价为500万元，已计提折旧400万元，该公司接受投资时，双方同意该设备按150万元的价值入账。

（4）接受外商公益性捐赠设备一台，其同类设备的市场价值为450万元，该设备八成新，支付的运杂费、安装费共计5万元。

［要求］ 根据上述经济业务编制会计分录（分录中的金额单位用万元表示）。

习题三

［目的］ 练习在建工程业务的账务处理。

［资料］ 星海公司于2×18年8月因扩大生产规模，用自有资金建造了两项固定资产（属于不动产），包括一个车间和一个专门服务于产品生产的建筑物。其中车间采用自营方式建造，从2×18年8月1日开始，当月末结束；建筑物由于技术方面的原因委托大通公司负责建造，双方在8月20日签订了建造合同，合同规定工程应于9月末交付使用。有关这两项工程成本支出的资料如下：

（1）7月15日，用银行存款购入工程物资1 582 000元（其中增值税进项税额为182 000元），工程物资验收入库。

（2）8月1日，工程开始，当日领用工程物资1 287 000元。

（3）8月12日，因工程需要领用生产产品用库存材料一批，其实际成本为80 000元。

（4）8月18日，因工程需要领用库存商品100件，实际单位成本为540元。

（5）8月20日，因工程需要临时租赁吊车一辆，租赁期一天，支付租赁费900元。

（6）8月31日，经分配计算辅助生产部门为工程提供水电等劳务支出共计12 000元，工程应负担直接人工费41 040元，其中工程人员工资36 000元，职工福利费5 040元。

（7）8月31日，经现场清理，发现工程物资盘盈，其实际成本估计为2 000元。

（8）8月31日工程完工并达到预定可使用状态。工程完工后，盘盈和剩余工程物资转为原材料管理。

（9）8月20日，与大通公司签订了建造合同，合同工程款300 000元。按合同的规定预付工程款200 000元。

（10）9月30日，星海公司按合同规定，开出转账支票一张，结算剩余工程款100 000元。

（11）9月30日，大通公司如期完成工程建造并交付星海公司，该工程达到预定可使用状态。

［要求］

（1）计算自营工程成本。

（2）编制相关业务的会计分录。

第8章

无形资产与投资性房地产

学 习 目 标

通过本章的学习，了解无形资产的概念、特征与分类；了解投资性房地产的概念、性质与范围；理解企业从各种不同的来源渠道取得无形资产，无形资产的摊销、出售、报废等业务；掌握无形资产初始计量及后续计量的会计规定；掌握无形资产各项业务的账务处理方法；掌握投资性房地产的确认条件以及外购、自行建造投资性房地产的账务处理；掌握投资性房地产后续支出的账务处理。

8.1 无形资产

8.1.1 无形资产概述

1. 无形资产的含义与特征

无形资产是指企业拥有或者控制的没有实物形态的可辨认非货币性资产。无形资产具有如下特征：

（1）不具有实物形态。无形资产不是以实物形态存在，而是以某种特有权利和技术知识形态存在，如土地使用权、非专利技术等。这个特征区别于具有实物形态的存货资产、固定资产等。企业的有形资产如固定资产虽然也能为企业带来经济利益，但其为企业带来经济利益的方式与无形资产不同，固定资产是通过实物价值的磨损和转移来为企业带来未来经济利益，而无形资产很大程度上是通过自身所具有的技术等优势为企业带来未来经济利益。

（2）具有可辨认性。可辨认的标准包括：第一，无形资产能够从企业中分离或者划分出来，并能单独或者与相关合同、资产或负债一起，用于出售、转移、授予许可、租赁或者交换。第二，无形资产的形成源自合同性权利或其他法定权利，无论这些权利是否可以从企业或其他权利和义务中转移或者分离。

（3）属于非货币性资产。非货币性资产是指企业持有的货币资金和将以固定或可确定的金额收取的资产以外的其他资产。无形资产由于没有发达的交易市场，一般不容易转化成现金，在持有过程中为企业带来未来经济利益的情况不确定，不属于以固定或可确定的金额收取的资产，属于非货币性资产。

特别提示

客户关系、人力资源等，由于企业无法控制其带来的未来经济利益，不符合无形资产的定义，不应确认为无形资产。

内部产生的品牌、报刊名、刊头、客户名单和实质上类似的项目支出，由于不能与整个业务开发成本区分开来，因此，这类项目不应确认为无形资产。

2. 无形资产的内容

（1）专利权。专利权是国家专利管理机关根据发明人的申请，经审查认为其发明创造符合法律规定，授予发明人于一定年限内拥有专用或专卖其发明创造成果的一种权利。专利权受法律保护。法律按照专利权的种类规定了其有效期：发明专利权20年，实用新型专利权10年，外观设计专利权10年。在专利权有效期内，其他企业和个人未经发明人许可不得无偿使用其专利。专利权的持有人在专利权的有效期内受益，专利权的法定有效期满则不再受法律保护。

作为企业的一项无形资产，专利权的来源主要有两个：一是企业内部自行研制开发的；二是企业向外部的科研机构、大专院校、其他企业或个人等专利持有人购买的。企业持有专利权可以在法定的保护期内独自生产和销售专利产品，因为在市场上没有相同的产品与之竞争，所以企业可获得专利产品实现的利润。需要特别注意的是，并不是所有的专利都能给企业带来经济效益。如果一项专利只有很小的经济价值和很短的经济寿命，该项专利对企业而言就失去了投资的意义。专利权只有预计能在未来相对长的时期内给企业带来较大的经济利益时，才能作为无形资产进行投资和管理，因此，专利权的成本支出或投资能否转化为企业的无形资产，与专利权的使用价值和经济寿命有着密切的关系。

（2）非专利技术。非专利技术是指发明人未申请专利，或不够申请专利的条件但是能给持有人带来未来经济利益的技术知识和技术方法。如生产管理经验、技术设计和操作上的数据、工艺诀窍等。

非专利技术具有以下特点：1）经济性。非专利技术在企业的生产经营中能够提高生产能力，从而增加企业的盈利能力。2）保密性。持有人为了长期独享非专利技术给其带来的经济利益而采用保密的手段控制其他的企业使用。3）动态性。非专利技术是经过长期研究和经验积累形成的，在使用过程中会不断得到发展和完善。

非专利技术与专利权既有共性又有区别。共性是：两者都是科学技术的成果，而且都必须转化为生产力才能实现其价值，都具有通过生产和销售给特定的企业带来经济利益的能力。区别则体现为：1）非专利技术不受法律保护，专利权受法律保护。即专利权在法定的期限内，如果有任何企业未经许可使用特定企业持有的专利权，该企业可依法追究其法律责任。2）非专利技术没有有效期，拥有非专利技术的企业只要将其保密不公开，就可独享其带来的经济利益。专利权有法定期限，超过法定期限的专利不再被持有企业唯一使用。

（3）商标权。商标权是指企业拥有的专门在某种特定的商品上使用特定的名称、图案、标记的权利。企业使用的这种特定的名称、图案、标记称为商标，它不仅是识别企业产品的标志，而且是企业间相互竞争、抢占市场份额、追逐利润的重要工具。商标可以用来将企业自己的产品与其他企业生产的产品进行区别。根据我国商标法的规定，经商标管理部门注册的商标为注册商标。只有注册商标的持有人才拥有商标权并受法律保护，也只有这样的商标权才能构成企业的无形资产。商标权具有独占使用权和禁止使用权功能，未经商标持有人允许，任何人不得使用，否则就属侵权行为。法律规定商标权的有效期为10年，但期满前可以申请延长注册有效期。企业享有的商标权可以是企业自己申请商标注册取得的，也可以是为了扩大产品的销售直接从外部购买取得的。

（4）著作权。著作权亦称版权，是国家著作权管理部门依法授予著作或者文艺作品的作者在一定期限内发表、再版、演出和出售其作品的特有权利。包括文学作品、工艺美术作品、影视剧作品、音乐舞蹈作品、商品化软件和音像制品等。一般情况下，著作权并不赋予其所有人唯一使用一项作品的权利，而只是赋予他向别人因公开发行、演出或出售其作品而取得著作收益的权利。著作权受法律保护，法律规定作品的发表权、使用权和获得报酬权的有效期为作者终生及其死亡后50年，职务创作作品的保护期为50年。企业通过向作者购买取得著作权。

（5）土地使用权。土地使用权是指企业依法获得在一定期限内使用国有土地的权利。我国土地为国家所有，任何单位和个人只能拥有土地的使用权，而不能拥有所有权，土地使用权可以通过行政划拨和有偿转让——支付土地出让金的方式取得，除国家行政划拨土地外，土地使用权可依法转让。

土地使用权是企业长期经营的先决条件和重要的无形资产。企业的土地使用权只能通过向政府土地管理部门或拥有土地使用权的其他单位及个人支付一定数额的土地出让金才能取得，并将支付的土地出让金资本化。土地使用权的有效使用年限由政府土地管理部门按土地用途不同予以确定。中外合资企业和中外合作企业的土地使用权的使用期限一般按双方约定的经营期限确定。

（6）特许权。特许权也称专营权，它是指企业获得的在一定区域、一定时期内，生产经营某种特定商品或提供劳务的专有权利。特许权分为两种：一种是政府机关授予的，准许企业在一定地区经营某种业务，例如，政府允许特定企业经营自来水、电力、邮政等公用事业；另一种是由其他企业授予的，准许企业使用其某些权利，包括专利使用权、非专利技术使用权、商标使用权等。特许权的经济价值在于它具有一定的垄断性，可以给企业带来高额利润。特许权一般是企业通过与授予方签订合同并支付一定数额的费用取得的，只有将这些支出资本化，取得的特许权才能形成企业的无形资产。

3. 无形资产的分类

（1）无形资产按其取得来源，可分为外部取得的无形资产和内部开发的无形资产。外部取得的无形资产根据取得的方式不同又可分为购入的无形资产、投资转入的无形资产、换入的无形资产、接受捐赠取得的无形资产、债务重组取得的无形资产、企业合并取得的无形资产等。内部开发的无形资产是指企业内部的科研部门开发研制的科研成果或专有技术形成的无形资产，如申请的专利权、非专利技术等。

（2）无形资产按其使用寿命是否可确定，可分为使用寿命确定的无形资产和使用寿命不确定的无形资产。使用寿命确定的无形资产是指无形资产的使用寿命是有限的，可以根据可靠的证据确定。这些无形资产在法定期限内受法律保护。法定期限届满时，如果不能请求展期或企业未请求展期，其经济价值将随之消失，如专利权、特许权、商标权、著作权、土地使用权等。使用寿命不确定的无形资产是指无形资产为企业带来经济利益的期限是无法预见的。这些无形资产使用期限的长短取决于科技发展的快慢、技术保密工作的好坏以及企业自身对其维护的程度等因素。只要其还有使用价值且企业愿意，就可以使用下去，直到其丧失经济价值为止，如非专利技术等。

4. 无形资产的确认

无形资产同时满足下列条件才能予以确认：

（1）与该无形资产有关的经济利益很可能流入企业；

（2）该无形资产的成本能够可靠地计量。

与该无形资产有关的经济利益很可能流入企业是指企业能够控制无形资产所产生的经济利益，比如，企业拥有无形资产的法定所有权，或企业与他人签订了协议，使得企业的相关权利受到法律的保护，这样可以保证无形资产的预计未来经济利益能够流入企业。该无形资产的成本能够可靠地计量是指无形资产入账价值需要根据其取得的成本确定，如果成本无法可靠地计量的话，无形资产计价入账也就没有了依据。

8.1.2 无形资产的初始计量

无形资产的初始计量是指企业从各种来源取得的无形资产入账价值的确定。企业应设置“无形资产”“累计摊销”“无形资产减值准备”“研发支出”账户进行无形资产的核算。

“无形资产”账户用来核算企业持有的无形资产的成本，包括专利权、非专利技术、商标权、著作权、土地使用权等。借方记入取得无形资产的成本，贷方结转处置无形资产的成本。该账户期末余额在借方，反映企业无形资产的成本。

“累计摊销”账户用来核算企业对使用寿命有限的无形资产计提的累计摊销额。企业按月计提无形资产的摊销额，借记“管理费用”“其他业务成本”等科目，贷记“累计摊销”科目。处置无形资产时还应同时结转累计摊销额。该账户期末余额在贷方，反映企业无形资产的累计摊销额。该账户可按无形资产项目进行明细核算，明细账户的设置与“无形资产”账户的明细账户设置保持一致。

“无形资产减值准备”账户用来核算企业无形资产的减值准备。资产负债表日，无形资产发生减值的，按应减记的金额，借记“资产减值损失”科目，贷记“无形资产减值准备”科目。处置无形资产时还应同时结转减值准备。该账户期末余额在贷方，反映企业已计提但尚未转销的无形资产减值准备。该账户可按无形资产项目进行明细核算，明细账户的设置与“无形资产”账户的明细账户设置保持一致。

1. 购入的无形资产

企业购入的无形资产应以其实际成本作为入账价值。购入无形资产的成本包括购买价款、相关税费以及直接归属于使该项资产达到预定用途所发生的其他支出。

企业应设置“无形资产”“累计摊销”“无形资产减值准备”等账户进行无形资产的核算。

例 8-1

某企业购入一项产品的专利权，用银行存款支付专利权转让款项 380 000 元，增值税 22 800 元。其账务处理如下：

借：无形资产——专利权	380 000	
应交税费——应交增值税（进项税额）	22 800	
贷：银行存款		402 800

特别提示

如果购买无形资产的价款超过正常信用条件延期支付、实质上具有融资性质，无形资产的成本以购买价款的现值为基础确定。实际支付的价款与购买价款的现值之间的差额，除按规定应予资本化的以外，应当在信用期间内计入当期损益。

2. 投资者投入的无形资产

投资者投入的无形资产，在合同或协议约定的价值公允的前提下，应按照投资合同或协议约定的价值作为入账价值。如果合同或协议约定的价值不公允，则按无形资产的公允价值入账。无形资产的入账价值与折合资本额之间的差额作为资本溢价，计入资本公积。

例 8-2

某企业一方投资者以非专利技术作价投资，投资各方协商价为 480 000 元（公允的价值），按投资协议的规定，该投资者应投入 400 000 元，全部手续已办妥。其账务处理如下：

借：无形资产——非专利技术　　480 000
　贷：实收资本　　400 000
　　资本公积——资本溢价　　80 000

3. 内部研究开发的无形资产

（1）研究阶段和开发阶段的划分。对于企业内部研究开发的无形资产，无形资产准则要求区分研究阶段与开发阶段两个部分分别进行处理。

研究阶段是指为获取新的技术和知识等进行有计划的调查阶段，其特点是具有计划性和探索性。计划性是指建立在有计划的调查基础上，即研发项目已经过董事会或者相关管理层的批准，并着手收集相关资料、进行市场调查等；探索性是指研究阶段的基本工作是探索前进，为进一步的开发活动进行资料及相关方面的准备，这一阶段不会形成实质性的成果。

开发阶段是指在进行商业性生产或使用前，将研究成果或其他知识应用于某项计划或设计，以生产出新的或具有实质性改进的材料、装置、产品等的阶段。其特点是有针对性，形成成果的可能性较大。

（2）内部研究开发支出的确认与计量。研究阶段能否在未来形成成果有很大的不确定性，企业也无法证明其研究活动一定能够形成带来未来经济利益的无形资产，因此，研究阶段的有关支出在发生时应当计入当期损益。

进入开发阶段，企业往往在很大程度上已经具备形成一项新产品或新技术的基本条件，如果企业能够证明满足无形资产的定义及相关确认条件，所发生的开发支出可资本化，就可以确认为无形资产的成本。

按我国无形资产准则的规定，开发阶段的有关支出必须同时满足下列条件才能资本化，并确认为无形资产。

1）完成该无形资产以使其能够使用或出售在技术上具有可行性。判断无形资产的开发在技术上是否具有可行性，应当以目前阶段的成果为基础，并提供相关证据和材料，证明企业进行开发所需的技术条件等已经具备，不存在技术上的障碍或其他不确定性。

2）企业具有完成该无形资产并使用或出售的意图。企业的管理层应当明确表明其持有拟开发无形资产的目的，并具有完成该项无形资产开发并使其能够使用或出售的可能性。

3）该无形资产产生经济利益的方式，包括企业能够证明运用该无形资产生产的产品存在市场或无形资产自身存在市场，无形资产将在内部使用的，应当证明其有用性。开发支出资本化作为无形资产确认，其基本条件是能够为企业带来未来经济利益。如果有关的无形资产形成以后主要是用于形成新产品或新工艺，企业应对运用该无形资产生产的产品市场情况进行估计，证明所生产的产品存在市场，可以带来经济利益的流入；如果有关的无形资产开发以后主要是用于对外出售，则企业应能够证明市场上存在对该类无形资产的需求，开发以后存在外在的市场可以出售并带来经济利益的流入；如果无形资产开发以后既不是用于生产产品，也不是用于对外出售，而是在企业内部使用，则企业应能够证明在内部使用时的有用性。

4）有足够的技术、财务资源和其他资源支持。完成该项无形资产开发具有技术上的可行性，有确凿证据证明企业继续开发该项无形资产有足够的技术支持和技术能力；企业必须能够证明，自身具备的财务和其他资源足以支持完成该项无形资产的开发。

5）归属于该无形资产开发阶段的支出能够可靠计量。企业对研究开发活动发生的支出应单独核算，如发生的研究开发人员的工资、材料费等，在企业同时从事多项研究开发活动的情况下，所发生的支出同时用于支持多项研究开发活动的，应按照一定的标准在各项研究开发活动之间进行分配，无法明确分配的，应予费用化计入当期损益，不计入开发活动的成本。

企业研究阶段的支出全部费用化，通过管理费用计入当期损益；开发阶段的支出符合条件的应予资本化，确认为无形资产，不符合资本化条件的通过管理费用计入当期损益；如果确实无法区分研究阶段的支出和开发阶段的支出，应将所发生的研发支出全部费用化，通过管理费用计入当期损益。

（3）内部研究开发支出的账务处理。企业应设置“研发支出”账户用来核算企业在研究与开发无形资产过程中发生的各项支出。借方记入企业自行开发无形资产发生的研发支出，贷方结转达到预定用途的研究开发项目已资本化的金额和期末结转本账户归集的费用化金额。该账户期末余额在借方，反映企业正在进行的无形资产研究开发项目满足资本化条件的支出。该账户可按研究开发项目，分“费用化支出”“资本化支出”进行明细核算。

例 8-3

某企业为一项新产品专利技术进行研究开发活动。2×19 年发生业务如下：1 月份为获取知识而进行的活动发生差旅费 160 000 元，以现金支付；3 月份为改进材料、设备发生费用 240 000 元，以银行存款支付；6 月份在开发过程中发生材料费 320 000 元、人工工资 240 000 元以及其他费用 240 000 元，合计 800 000 元，其中，符合资本化条件的支出为 640 000 元；7 月份该专利技术已经达到预定用途，并交付生产车间用于产品生产。不考虑增值税因素，其账务处理如下：

（1）1 月份发生研究阶段支出。

借：研发支出——费用化支出　　160 000

　　贷：库存现金　　160 000

1 月末研究阶段支出转入管理费用。

借：管理费用　　160 000

　　贷：研发支出——费用化支出　　160 000

（2）3月份发生研究阶段支出。

借：研发支出——费用化支出	240 000	
贷：银行存款		240 000

3月末研究阶段支出转入管理费用。

借：管理费用	240 000	
贷：研发支出——费用化支出		240 000

（3）6月份发生开发阶段支出。

借：研发支出——费用化支出	160 000	
——资本化支出	640 000	
贷：原材料		320 000
应付职工薪酬		240 000
银行存款		240 000

6月末费用化支出转入管理费用。

借：管理费用	160 000	
贷：研发支出——费用化支出		160 000

（4）7月份达到预定用途，转入无形资产。

借：无形资产	640 000	
贷：研发支出——资本化支出		640 000

8.1.3 无形资产的后续计量

无形资产的后续计量是指在使用该项无形资产期间内，用初始计量成本减去累计摊销额和累计减值损失后的余额计量。具体而言，需要估计无形资产的使用寿命；确定无形资产在使用过程中的累计摊销额；对于使用寿命不确定的无形资产，每年要进行减值测试等。

1. 无形资产使用寿命的确定与复核

企业应当于取得无形资产时分析并判断其使用寿命。如果无形资产的使用寿命是有限的，则应当估计该使用寿命的年限或者构成使用寿命的产量等类似计量单位的数量；如果无法预见无形资产为企业带来未来经济利益的期限，则应当视为使用寿命不确定的无形资产。

确定无形资产使用寿命时，源自合同性权利或其他法定权利取得的无形资产，其使用寿命不应超过合同性权利或其他法定权利的期限。对于没有明确的合同或法律规定的无形资产，企业应当综合各方面情况，如聘请相关专家进行论证或与同行业的情况进行比较以及借鉴企业的历史经验等，来确定无形资产为企业带来未来经济利益的期限。如果经过这些努力确实无法合理确定无形资产为企业带来经济利益的期限，则将其作为使用寿命不确定的无形资产。

企业至少应当于每年年度终了，对无形资产的使用寿命进行复核，如果有证据表明无形资产的使用寿命不同于以往的估计，应按会计估计变更处理。

2. 无形资产的摊销

企业拥有使用寿命有限的无形资产，应在其预计的使用寿命内采用系统合理的方法对应摊销金额进行摊销。其中应摊销金额是指无形资产的成本扣除残值后的金额。

无形资产摊销的方法有年限平均法、工作量法等。对某项无形资产摊销所使用的方法，应依据从资产中获取的预期未来经济利益的预计消耗方式来选择，并一致地运用于不同会计期间。如果企业无法确定预计消耗方式，应当采用年限平均法摊销。

例 8-4

某企业本月从外单位购入一项专利权，价款 480 000 元，增值税 28 800 元。购买时该项专利权的使用寿命为 5 年，残值为 0，本月开始摊销。其账务处理如下：

（1）购买专利权时。

借：无形资产——专利权　　480 000
　　应交税费——应交增值税（进项税额）　　28 800
　贷：银行存款　　508 800

（2）本月摊销时。

该项专利权本月摊销额＝480 000÷5÷12＝8 000(元)

借：管理费用　　8 000
　贷：累计摊销　　8 000

特别提示

如果无形资产计提了减值准备，则无形资产减值准备金额要从应摊销金额中扣除，以后每年的摊销金额都要重新调整计算。无形资产的残值一般为零，除非有第三方承诺在无形资产使用寿命结束时愿意以一定的价格购买该项无形资产，或者存在活跃的市场，并且在无形资产使用寿命结束时该市场还可能存在，可以预计无形资产的残值。对于使用寿命不确定的无形资产，在其持有期间内不需要摊销，但需要在每年年末进行减值测试。

8.1.4 无形资产的出租

无形资产出租是指根据合同或协议，企业允许他人使用本企业无形资产并收取使用费，即租金。企业出租无形资产所取得的租金收入，借记“银行存款”等科目，贷记“其他业务收入”等科目；对出租的无形资产进行摊销时，借记“其他业务成本”科目，贷记“累计摊销”科目。

例8-5

甲企业和乙企业生产同一种产品，根据双方协议的规定，甲企业将持有的商标权出租给乙企业5年，每年收取租金1 080 000元，乙企业按月支付。该商标权的月摊销额为18 000元。适用的增值税税率为6%。其账务处理如下：

（1）按月收取租金时。

借：银行存款	95 400	
贷：其他业务收入		90 000
应交税费——应交增值税（销项税额）		5 400

（2）按月摊销时。

借：其他业务成本	18 000	
贷：累计摊销		18 000

特别提示

无形资产出租，即企业转让无形资产使用权时，除了符合法律规定的免征增值税项目外，应计算缴纳增值税，增值税税率为6%。

8.1.5 无形资产的处置

1. 无形资产的出售

企业将无形资产出售，表明放弃无形资产的所有权。企业出售无形资产时，应将所取得的价款与该项无形资产账面价值的差额作为资产处置利得或损失，计入当期损益。

出售无形资产时，应按实际收到的金额，借记“银行存款”等科目；按已摊销的累计摊销额，借记“累计摊销”科目；原已计提减值准备的，借记“无形资产减值准备”科目；按应支付的相关税费，贷记“应交税费”等科目；按其账面余额，贷记“无形资产”科目；按其差额，贷记或借记“资产处置损益”科目。

例8-6

某企业出售持有的一项产品类商标，该产品类商标的账面余额为300 000元，累计摊销额为120 000元，已提减值准备4 000元。增值税专用发票注明价格240 000元，增值税14 400元，收到款项254 400元并存入银行。其账务处理如下：

借：银行存款	254 400	
累计摊销	120 000	
无形资产减值准备	4 000	
贷：无形资产		300 000
应交税费——应交增值税（销项税额）		14 400
资产处置损益		64 000

特别提示

企业出售无形资产应计算缴纳增值税，增值税税率为 6%，其中土地使用权出售时增值税税率为 9%。

2. 无形资产的报废

如果无形资产预期不能为企业带来未来经济利益，则不再符合无形资产的定义，应将其转销。应按已摊销的累计摊销额，借记“累计摊销”科目；原已计提减值准备的，借记“无形资产减值准备”科目；按其账面余额，贷记“无形资产”科目；按其差额，借记“营业外支出”科目。

例 8-7

某企业预计 A 专利已无法给企业带来经济利益，按规定作报废处理。该专利权作报废处理时账面余额为 1 728 000 元，累计摊销额为 1 480 000 元。其账务处理如下：

报废损失＝1 728 000－1 480 000＝248 000(元)

借：累计摊销	1 480 000
营业外支出——非流动资产报废	248 000
贷：无形资产	1 728 000

特别提示

在资产负债表中，“无形资产”项目反映全部无形资产的账面价值，即以无形资产的原始成本扣除累计摊销额和无形资产减值准备后的金额列示。无形资产减值测试及其账务处理方法与固定资产相同。

8.2 投资性房地产

8.2.1 投资性房地产概述

1. 投资性房地产的含义及性质

投资性房地产是指为赚取租金或资本增值，或者两者兼有而持有的房地产。投资性房地产的主要形式是出租建筑物和土地使用权，其实质是让渡资产使用权，所获得的租金属于让渡资产使用权取得的使用费收入；投资性房地产的另一种形式是持有并准备增值后转让的土地使用权。无论何种形式都是企业为完成其经营目标所从事的经常性活动以及与之相关的其他活动形成的经济利益总流入，因此，投资性房地产业务所获得的经济利益总流入构成企业的收入。

某些企业的投资性房地产业务是该企业从事的经常性活动，取得的租金收入或转让增值收益构成企业的主营业务收入；但对大部分企业而言，投资性房地产业务属于与经常性活动相关的其他活动，取得的租金收入或转让增值收益构成企业的其他业务收入。为了清晰地反映企业所持有房地产的构成情况和盈利能力，需要将投资性房地产与企业自用的房地产以及作为存货的房地产区别开来，单独作为一个资产项目予以核算和反映。

2. 投资性房地产的确认

投资性房地产只有在符合定义并同时满足下列条件时才能予以确认：

（1）与该投资性房地产有关的经济利益很可能流入企业；

（2）该投资性房地产的成本能够可靠地计量。

对于已出租的土地使用权和已出租的建筑物，确认为投资性房地产的时点一般为租赁期开始日。对于持有并准备增值后转让的土地使用权，确认为投资性房地产的时点是企业停止自用土地使用权，准备增值后转让的日期。

3. 投资性房地产的范围

投资性房地产的范围限于已出租的土地使用权、持有并准备增值后转让的土地使用权以及已出租的建筑物。

（1）已出租的土地使用权。已出租的土地使用权是指企业通过出让或转让方式取得的、以经营租赁方式出租的土地使用权。企业取得的土地使用权既包括在一级市场上以缴纳土地出让金的方式取得的土地使用权，也包括在二级市场上接受其他单位转让取得的土地使用权。企业以经营租赁方式租入的土地使用权再转租给其他单位的，不能确认为投资性房地产。

（2）持有并准备增值后转让的土地使用权。持有并准备增值后转让的土地使用权，是指企业取得的准备增值后转让的土地使用权。按照国家有关规定认定的闲置土地，不属于持有并准备增值后转让的土地使用权，因此不属于投资性房地产。

（3）已出租的建筑物。已出租的建筑物是指企业拥有产权的、以经营租赁方式出租的建筑物，包括自行建造或开发活动完成后用于出租的建筑物，以及正在建造或开发过程中将来用于出租的建筑物。

特别提示

企业自用的房地产以及作为存货的房地产，不属于投资性房地产。其中，自用房地产是指企业为生产产品、提供劳务或者经营管理而持有的房地产。自用房地产的特征是服务于企业自身的生产经营活动。企业出租给本企业职工居住的宿舍虽然也收取租金，但间接为企业的生产经营服务，也属于自用房地产。作为存货的房地产，通常是指房地产开发企业在正常经营过程中销售的或为销售而正在开发的商品房和土地。这部分房地产属于房地产开发企业的存货，不属于投资性房地产。

4. **投资性房地产的后续计量模式**

投资性房地产的后续计量模式有成本模式和公允价值模式两种。企业通常应当采用成本模式对投资性房地产进行后续计量，有确凿证据表明投资性房地产的公允价值能够持续可靠地取得的，也可以采用公允价值模式对投资性房地产进行后续计量。同一个企业只能采用一种后续计量模式。

8.2.2　投资性房地产的初始计量

1. **采用成本模式的初始计量**

取得投资性房地产时，应当按照成本进行初始计量。成本包括从取得投资性房地产直至使该项投资性房地产达到预定可使用状态前实际发生的各项必要的、合理的支出。投资性房地产的取得渠道不同，其成本的具体构成内容就会有所不同，账务处理与固定资产相同。以外购投资性房地产为例说明如下。

企业外购房地产的成本包括购买价款、相关税费和可直接归属于该资产的其他支出。

例8-8

某企业购入写字楼用于对外出租，实际支付购买价款1 920万元。根据租赁合同，租赁期开始日为购买当日。不考虑增值税，其账务处理如下：

借：投资性房地产——写字楼　　19 200 000
　贷：银行存款　　19 200 000

2. **采用公允价值模式的初始计量**

采用公允价值模式计量的企业，应当在“投资性房地产”科目下设置“成本”和“公允价值变动”两个明细科目，分别核算投资性房地产的取得成本和持有期间累计公允价值变动金额。

例8-9

沿用例8-8的资料。假定该企业采用公允价值模式进行后续计量。其账务处理如下：

借：投资性房地产——成本（写字楼）　　19 200 000
　贷：银行存款　　19 200 000

8.2.3　投资性房地产的后续计量与后续支出

1. **采用成本模式的后续计量**

采用成本模式进行后续计量的企业，按照固定资产的有关规定按月计提折旧，或者按照无形资产的有关规定按月摊销成本，计提的折旧或摊销的成本计入其他业务成本。

投资性房地产存在减值迹象，经减值测试后确定发生减值的，应当计提减值准备；已经计提减值准备的投资性房地产，其减值损失在以后的会计期间不得转回。

例8-10

某企业于某年3月31日购入写字楼，实际支付价款1 920万元（假定不考虑相关税费）。预计该写字楼的使用寿命为20年，预计净残值为零，采用年限平均法计提折旧。该年4月1日，该企业将其外购的写字楼出租给B企业使用，租赁合同约定，写字楼租赁期为5年，年租金为110.4万元（假定不考虑相关税费），B企业于每年3月31日之前预付下一租赁年度的租金。该企业对投资性房地产采用成本模式进行后续计量。其账务处理如下：

（1）3月31日，预收租金。

借：银行存款　　1 104 000

　贷：预收账款——B企业　　1 104 000

（2）4月30日，计提折旧。

月折旧额＝1 920÷(20×12)＝8(万元)

借：其他业务成本　　80 000

　贷：投资性房地产累计折旧　　80 000

（3）4月30日，确认租金收入。

月租金收入＝110.4÷12＝9.2(万元)

借：预收账款——B企业　　92 000

　贷：其他业务收入　　92 000

2. 采用公允价值模式的后续计量

投资性房地产采用公允价值模式进行后续计量，应当同时满足以下两个条件：（1）投资性房地产所在地有活跃的房地产交易市场；（2）企业能够从活跃的房地产交易市场上取得同类或类似房地产的市场价格及其他相关信息，从而对投资性房地产的公允价值作出合理的估计。投资性房地产采用公允价值模式计量的，不计提折旧或摊销，应当以资产负债表日的公允价值计量。资产负债表日，投资性房地产的公允价值高于其账面余额的差额，借记“投资性房地产——公允价值变动”科目，贷记“公允价值变动损益”科目；公允价值低于其账面余额的差额作相反的会计分录。

例8-11

某房地产开发公司于某年4月18日与A公司签订租赁协议，约定将房地产开发公司自行开发的一栋写字楼于开发完成后租赁给A公司使用，租赁期为8年。该房地产开发公司对投资性房地产采用公允价值模式进行后续计量。该年5月1日，写字楼开发完成，实际造价为6 000万元，根据租赁协议，当日即租赁期开始日。该年12月31日，该写字楼的公允价值为6 400万元。其账务处理如下：

（1）5月1日，写字楼开发完成并出租。

借：投资性房地产——成本（写字楼）　　60 000 000

贷：开发成本（或生产成本）　　60 000 000

（2）12月31日，确认公允价值变动损益。

借：投资性房地产——公允价值变动（写字楼）　　4 000 000

贷：公允价值变动损益　　4 000 000

特别提示

投资性房地产的计量模式一经确定，不得随意变更。采用成本模式进行后续计量的，在满足采用公允价值模式计量的条件的情况下，可以从成本模式转为公允价值模式。已采用公允价值模式计量的，不得从公允价值模式转为成本模式。

成本模式转为公允价值模式，应当作为会计政策变更处理，按计量模式变更时投资性房地产的公允价值与账面价值的差额，调整期初留存收益。

3. 投资性房地产的后续支出

（1）投资性房地产后续支出的处理原则。投资性房地产的后续支出，是指投资性房地产在持有期间发生的与投资性房地产使用效能直接相关的各种支出，如改建扩建支出、装修装潢支出、日常维修支出等。

企业为了使投资性房地产更加坚固耐用而对其进行改建扩建所发生的支出，以及为了提高投资性房地产使用效能而对其进行装修装潢所发生的支出，一般可以满足投资性房地产的确认条件，应当将其资本化，计入投资性房地产的成本。

企业为了保持投资性房地产的正常使用效能而对其进行日常维护和修理所发生的支出，不满足投资性房地产的确认条件，应当将其费用化，计入当期损益。

（2）资本化的后续支出。企业对某项投资性房地产进行改建扩建等再开发，如果再开发活动完成后仍作为投资性房地产，再开发期间应继续将其作为投资性房地产，再开发期间不计提折旧或摊销。

例 8－12

甲公司对投资性房地产采用成本模式进行后续计量。该公司与乙公司签订的一份厂房租赁合同将于2×17年12月31日到期，该厂房原价为3 330万元，租赁合同到期日累计已提折旧666万元。为了提高厂房的租金收入，甲公司决定在租赁期届满后对厂房进行改建，并与丙公司签订了租赁合同，约定自改建完工之日起将厂房出租给丙公司使用。2×17年12月31日，与乙公司的租赁合同到期，厂房随即转入改建工程，在改建过程中，用银行存款支付改建支出288万元。2×18年7月31日，厂房改建工程完工，即日按照租赁合同将厂房出租给丙公司。甲公司的账务处理如下：

1）2×17年12月31日，将厂房转入改建工程。

借：投资性房地产——厂房（在建）　　26 640 000

投资性房地产累计折旧　　6 660 000

贷：投资性房地产——厂房 33 300 000

2）2×18年1月1日至7月31日，发生改建支出。

借：投资性房地产——厂房（在建） 2 880 000

贷：银行存款 2 880 000

3）2×18年7月31日，改建工程完工。

建后厂房价值＝2 664＋288＝2 952(万元)

借：投资性房地产——厂房 29 520 000

贷：投资性房地产——厂房（在建） 29 520 000

例8-13

沿用例8-12的资料。假定甲公司对投资性房地产采用公允价值模式进行后续计量，2×17年12月31日，厂房账面余额为3 870万元，其中，成本为3 330万元，累计公允价值变动金额为540万元，其他条件不变。甲公司有关厂房改建的账务处理如下：

1）2×17年12月31日，将厂房转入改建工程。

借：投资性房地产——厂房（在建） 38 700 000

贷：投资性房地产——成本（厂房） 33 300 000

——公允价值变动（厂房） 5 400 000

2）2×18年1月1日至7月31日，发生改建支出。

借：投资性房地产——厂房（在建） 2 880 000

贷：银行存款 2 880 000

3）2×18年7月31日，改建工程完工。

扩建后厂房价值＝3 870＋288＝4 158(万元)

借：投资性房地产——成本（厂房） 41 580 000

贷：投资性房地产——厂房（在建） 41 580 000

（3）费用化的后续支出。与投资性房地产有关的后续支出，不能满足投资性房地产确认条件的，应当作为费用化的后续支出，于发生时计入当期损益，借记“其他业务成本”等科目，贷记“银行存款”等科目。

例8-14

甲公司某月对其投资性房地产进行日常维修，以银行存款支付维修费3.6万元。其账务处理如下：

借：其他业务成本 36 000

贷：银行存款 36 000

8.2.4 投资性房地产的转换

1. 房地产的转换形式

房地产的转换，是因房地产用途发生改变而对房地产进行的重新分类。企业必须有确凿证据表明房地产用途发生改变，才能将投资性房地产转换为非投资性房地产或者将非投资性房地产转换为投资性房地产。这里的确凿证据包括两个方面：一是企业董事会或类似机构应当就改变房地产用途形成正式的书面决议；二是房地产因用途改变而发生实际状态上的改变，从自用状态改为出租状态。对于一般企业而言，房地产的转换形式主要包括以下两种：

（1）自用房地产转换为投资性房地产，如自用建筑物停止自用改为出租，相应地由固定资产转换为投资性房地产。

（2）投资性房地产转换为自用房地产，如将用于出租的建筑物收回改为自用，相应地由投资性房地产转换为固定资产。

对于房地产开发企业而言，房地产的转换形式是指作为存货的房地产转换为投资性房地产，或投资性房地产转换为存货。作为存货的房地产转换为投资性房地产，通常指房地产开发企业将其持有的开发产品以经营租赁的方式出租，存货相应地转换为投资性房地产。

2. 投资性房地产转换日的确定

转换日是指房地产用途发生改变、状态相应改变的日期。转换日的确定很重要，因为它关系到资产确认的时点和入账价值。

投资性房地产转换为自用房地产，转换日为房地产达到自用状态，企业开始将房地产用于生产商品、提供劳务或者经营管理的日期。

自用房地产转换为投资性房地产，通常将租赁期开始日作为转换日，并将相应的固定资产或无形资产转换为投资性房地产。

房地产开发企业将作为存货的房地产转换为投资性房地产时，转换日通常为房地产的租赁期开始日。租赁期开始日是指承租人有权行使其使用租赁资产权利的日期。

投资性房地产转换为作为存货的房地产时，转换日为租赁期届满、企业董事会或类似机构作出书面决议明确表明将其重新开发用于对外销售的日期。

3. 投资性房地产转换的账务处理

（1）自用房地产转换为投资性房地产。企业将自用建筑物或土地使用权转换为以成本模式计量的投资性房地产时，应当将该项建筑物或土地使用权在转换日的原价、累计折旧（或摊销）、减值准备等，分别转入“投资性房地产”“投资性房地产累计折旧（或摊销）”“投资性房地产减值准备”科目。

例 8-15

某年 5 月 20 日，甲企业与 A 企业签订租赁协议，将厂房出租给 A 企业使用，租赁期开始日为该年 6 月 10 日，租赁期为 5 年。该年 6 月 10 日，厂房账面原价 960 万元，累计已提折旧 240 万元。甲企业对投资性房地产采用成本模式计量。其账务处理如下：

借：投资性房地产——厂房	9 600 000
累计折旧	2 400 000

贷：固定资产——厂房　　9 600 000

投资性房地产累计折旧　　2 400 000

企业将自用建筑物或土地使用权转换为以公允价值模式计量的投资性房地产时，应当以该项建筑物或土地使用权在转换日的公允价值作为投资性房地产的入账价值，公允价值小于原账面价值的差额，计入当期损益；公允价值大于原账面价值的差额，计入其他综合收益。待处置该项投资性房地产时，因转换而计入其他综合收益的金额应转入处置当期损益。

例 8-16

某企业与D公司签订了租赁协议，将原办公楼出租给D公司使用，租赁期开始日为某年1月1日，租赁期为3年。该办公楼原价为20 000万元，累计已提折旧6 000万元。该企业对投资性房地产采用公允价值模式计量。其账务处理如下：

1）假定办公楼1月1日的公允价值为13 600万元。

借：投资性房地产——成本（办公楼）　　136 000 000

公允价值变动损益　　4 000 000

累计折旧　　60 000 000

贷：固定资产——办公楼　　200 000 000

2）假定办公楼1月1日的公允价值为14 400万元。

借：投资性房地产——成本（办公楼）　　144 000 000

累计折旧　　60 000 000

贷：固定资产——办公楼　　200 000 000

其他综合收益　　4 000 000

特别提示

房地产开发企业将作为存货的房地产转换为采用成本模式计量的投资性房地产时，应以该项房地产在转换日的账面价值作为投资性房地产的入账价值。如果将作为存货的房地产转换为采用公允价值模式计量的投资性房地产，应当以该项房地产在转换日的公允价值作为投资性房地产的入账价值。公允价值小于原账面价值的差额，计入当期损益；公允价值大于原账面价值的差额，计入其他综合收益，待该项投资性房地产处置时，转入处置当期损益。

（2）投资性房地产转换为自用房地产。企业将采用成本模式计量的投资性房地产转换为自用房地产时，应当将该项投资性房地产在转换日的账面余额、累计折旧（摊销）、减值准备等，分别转入“固定资产”或“无形资产”，“累计折旧”或“累计摊销”，“固定资产减值准备”或“无形资产减值准备”科目。

例 8-17

某企业于某年4月1日将出租的厂房收回自用。厂房在转换前采用成本模式计量，账面原价为 1 600 万元，累计已提折旧 360 万元。其账务处理如下：

借：固定资产——厂房	16 000 000	
投资性房地产累计折旧	3 600 000	
贷：投资性房地产——厂房		16 000 000
累计折旧		3 600 000

企业将采用公允价值模式计量的投资性房地产转换为自用房地产时，应当以转换日的公允价值作为自用房地产的账面价值，公允价值与原账面价值的差额，计入当期损益。

例 8－18

某企业于某年 6 月 1 日因租赁期届满将对外出租的写字楼收回自用。写字楼在转换前采用公允价值模式计量，原账面价值为 6 800 万元，其中，成本为 6 400 万元，公允价值变动（截至本年年末）为 400 万元。6 月 1 日，写字楼开始自用，当日的公允价值为 6 880 万元。其账务处理如下：

借：固定资产——写字楼	68 800 000	
贷：投资性房地产——成本（写字楼）		64 000 000
——公允价值变动（写字楼）		4 000 000
公允价值变动损益		800 000

特别提示

房地产开发企业将采用成本模式计量的投资性房地产转换为存货时，应当以该项投资性房地产在转换日的账面价值作为存货的入账价值。如果将采用公允价值模式计量的投资性房地产转换为存货，应当以转换日的公允价值作为存货的入账价值，公允价值与原账面价值的差额计入当期损益。

8.2.5　投资性房地产的处置

投资性房地产的处置是指投资性房地产由于出售、报废和毁损等原因转出投资性房地产的情况。投资性房地产在处置时会发生处置损益，处置损益是指取得的处置收入扣除投资性房地产账面价值和相关税费后的金额。

处置采用成本模式计量的投资性房地产时，应当按实际收到的金额，借记“银行存款”等科目，贷记“其他业务收入”等科目。按该项投资性房地产的账面价值，借记“其他业务成本”科目；按其账面余额，贷记“投资性房地产”科目。按照已计提的折旧或摊销，借记“投资性房地产累计折旧（或摊销）”科目；原已计提减值准备的，借记“投资性房地产减值准备”科目。

例 8－19

甲企业将其一栋写字楼用于对外出租，采用成本模式计量。租赁期届满后，甲公司将该写字楼出售给A企业，A企业用银行存款7 500万元付清全部价款。出售时，该写字楼的成本为6 600万元，累计已提折旧792万元。假定不考虑相关税费。其账务处理如下：

借：银行存款　　75 000 000
　贷：其他业务收入　　75 000 000
借：其他业务成本　　58 080 000
　　投资性房地产累计折旧　　7 920 000
　贷：投资性房地产——写字楼　　66 000 000

处置采用公允价值模式计量的投资性房地产时，应当按实际收到的金额，借记“银行存款”等科目，贷记“其他业务收入”科目。按该项投资性房地产的账面余额，借记“其他业务成本”科目；按其成本，贷记“投资性房地产——成本”科目；按其累计公允价值变动，贷记或借记“投资性房地产——公允价值变动”科目。同时结转投资性房地产累计公允价值变动。若存在原转换日计入其他综合收益的金额，也一并结转。

例8-20

2×16年8月23日，甲公司与乙公司签订租赁协议，将其一栋写字楼出租给乙公司使用，租赁期开始日为2×16年9月1日，租期为2年，采用公允价值模式计量。写字楼的实际建造成本为3 680万元，截至2×16年8月30日，累计已提折旧460万元。2×16年9月1日，写字楼的公允价值为3 360万元；2×16年12月31日，写字楼的公允价值仍为3 360万元；2×17年12月31日，写字楼的公允价值为3 520万元。2×18年8月30日，租赁期届满，甲公司收回写字楼，并以3 600万元出售，价款已收存银行。其账务处理如下：

（1）2×16年9月1日，自用房地产转换为投资性房地产。

借：投资性房地产——成本（写字楼）　　33 600 000
　　累计折旧　　4 600 000
　贷：固定资产——写字楼　　36 800 000
　　　其他综合收益　　1 400 000

（2）2×17年12月31日，确认公允价值变动。

借：投资性房地产——公允价值变动（写字楼）　　1 600 000
　贷：公允价值变动损益　　1 600 000

（3）2×18年8月30日，出售投资性房地产。

借：银行存款　　36 000 000
　贷：其他业务收入　　36 000 000
借：其他业务成本　　35 200 000
　贷：投资性房地产——成本（写字楼）　　33 600 000
　　　　　　　　——公允价值变动（写字楼）　　1 600 000

借：公允价值变动损益 1 600 000
　贷：其他业务成本 1 600 000
借：其他综合收益 1 400 000
　贷：其他业务成本 1 400 000

特别提示

企业的非流动资产均属于长期资产，除了前述涉及的长期资产外，企业的长期待摊费用也属于长期资产。

长期待摊费用是指企业已经发生但应由本期和以后各期负担的分摊期限在一年以上（不含一年）的各项费用，如创业期间除应作为资产成本入账外所发生的费用等。

长期待摊费用应当单独核算，在费用项目的受益期内分期平均摊销。例如，租入固定资产的改良支出，应当在租赁期限与预计可使用年限两者中较短的期限内平均摊销；创业期间所发生的费用先归集在“长期待摊费用”账户中，自企业开始生产经营的当月起一次计入当月损益。

如果长期待摊费用项目不能使以后会计期间受益，应当将尚未摊销的余额全部转入当期损益。

思考题

1. 什么是无形资产？无形资产有哪些特征？其与固定资产相比有何不同？
2. 无形资产的成本是否应摊销？应如何摊销？
3. 如何确定无形资产的入账价值？
4. 如何进行无形资产取得、摊销以及出租、出售的会计处理？
5. 内部研究开发费用的确认和计量原则是什么？
6. 如何确定无形资产的摊销期限？如何选择摊销方法？
7. 什么是投资性房地产？它包括哪些项目？
8. 投资性房地产有哪些后续计量模式？
9. 投资性房地产后续计量模式的变更是如何规定的？
10. 在不同后续计量模式下，投资性房地产转换的会计处理有何不同？

练习题

习题一

[目的] 练习内部研发支出业务的账务处理。

［资料］ 甲公司为一项新产品专利技术进行研究开发活动，于某年发生如下业务：

（1）1月，为获取技术知识进行的活动发生差旅费20万元，以现金支付。

（2）3月，为改进材料、设备发生费用30万元，以银行存款支付。

（3）6月，在研发过程中发生材料费40万元、人工工资30万元以及其他费用30万元，合计100万元，其中，符合资本化条件的支出为80万元。

（4）7月，该专利技术已经达到预定用途，并交付生产车间用于生产产品，预计使用年限为5年，采用年限平均法摊销。

［要求］ 编制有关研发支出业务以及无形资产摊销业务的会计分录（分录中的金额单位用万元表示，并假定按年摊销）。

习题二

［目的］ 练习无形资产业务的账务处理。

［资料］ 甲公司2×18年12月发生的无形资产业务如下：

（1）10日，购入一项专利权，用银行存款支付专利权转让费及有关手续费，共计284 400元。

（2）12日，为开发市场购入A公司商标使用权，用银行存款一次性支付款项3 240 000元。

（3）16日，D公司以土地使用权作价向甲公司投资。经专业评估师评估，土地使用权的价值为6 880 000元，折换成公司每股面值为1元的普通股股票3 000 000股。

（4）23日，公司出售一项专利权的所有权。增值税专用发票上注明价格187 000元，增值税11 220元，出售时无形资产的账面余额为120 000元，已摊销金额28 000元，已计提减值准备2 400元。

（5）25日，公司将其拥有的一项专利权出租给B公司使用。合同规定，B公司每年支付使用费19 200元，出租期限为5年。该项无形资产每年摊销额7 680元。

（6）31日，公司一项专利权发生减值，预计可收回金额128 000元，初始入账金额176 000元，累计摊销额35 000元。

［要求］ 根据上述资料编制会计分录。

习题三

［目的］ 练习自用房地产转换为投资性房地产的账务处理。

［资料］ 某企业将自用的临街平房转为对外出租，并于2×14年12月22日签订了租赁合同，租赁期开始日为2×15年1月1日。用于出租的平房原价1 280万元，预计净残值为32万元，预计可使用30年，采用年限平均法计提折旧（假定按年计提折旧）。转换为投资性房地产之前，该平房已使用了9年，累计折旧374.4万元。

［要求］ 对该企业下列有关该项投资性房地产的业务进行账务处理：

1. 假定采用成本模式进行后续计量

(1) 2×15 年 1 月 1 日，将自用房地产转为投资性房地产。

(2) 2×15 年 12 月 31 日，计算平房的年折旧额并计提折旧。

(3) 2×17 年 1 月 1 日，将成本模式转为公允价值模式，平房的公允价值为 1 248 万元。

(4) 2×17 年 12 月 31 日，平房的公允价值为 1 256 万元。

2. 假定采用公允价值模式进行后续计量

(1) 2×15 年 1 月 1 日，将自用房地产转为投资性房地产，平房的公允价值为 1 200 万元。

(2) 2×15 年 12 月 31 日，平房的公允价值为 1 192 万元。

(3) 2×16 年 12 月 31 日，平房的公允价值为 1 248 万元。

(4) 2×17 年 12 月 31 日，平房的公允价值为 1 256 万元。

(5) 2×18 年 1 月 1 日，租赁期届满，平房转为自用办公房。

(6) 2×18 年 12 月 31 日，计算平房的年折旧额并计提折旧。

习题四

[目的] 练习采用成本模式进行后续计量时投资性房地产业务的账务处理。

[资料] 2×15 年 12 月 18 日，甲公司以 1 800 万元的价款购入一处房屋，公司董事会已作出书面决议，将该房屋用于对外出租。2×15 年 12 月 26 日，甲公司与 D 公司签订了租赁合同，将所购房屋出租给 D 公司使用，租期为 5 年，租赁期开始日为 2×16 年 1 月 1 日。房屋预计可使用 20 年，预计净残值为 60 万元，采用年限平均法计提折旧（假定按年计提折旧）。2×17 年 12 月 31 日，甲公司对该房屋进行减值测试，确定其可收回金额为 1 500 万元，预计净残值和预计使用寿命未发生变动。甲公司对投资性房地产采用成本模式进行后续计量。

[要求] 编制下列有关该项投资性房地产业务的会计分录：

(1) 2×15 年 12 月 18 日，购入房屋。

(2) 2×16 年 12 月 31 日，计提折旧。

(3) 2×17 年 12 月 31 日，计提折旧。

(4) 2×17 年 12 月 31 日，计提减值准备。

(5) 2×18 年 12 月 31 日，计提折旧。

习题五

[目的] 练习采用公允价值模式进行后续计量时投资性房地产业务的账务处理。

[资料] 甲公司对投资性房地产采用公允价值模式进行后续计量。该公司与乙公司签订的一份厂房租赁合同将于 2×17 年 6 月 30 日到期，租赁合同到期日，该厂房账面价值 2 500 万元，其中，成本为 2 150 万元，公允价值变动（借方）为 350 万

元。为了提高厂房的租金收入，甲公司决定在租赁期届满后对厂房进行改建，并与丙公司签订了租赁合同，约定自改建完工之日起将厂房出租给丙公司使用。2×17年6月30日，与乙公司的租赁合同到期，厂房随即转入改建工程，在改建过程中，用银行存款支付改建支出1 000万元，厂房拆除部分的残料作价10万元出售，款项存入银行。2×18年3月31日，厂房改建工程完工，即日按照租赁合同将厂房出租给丙公司使用。2×18年12月31日，厂房的公允价值为3 600万元。

［要求］ 编制下列有关该项投资性房地产业务的会计分录：

（1）2×17年6月30日，将厂房转入改建工程。

（2）用银行存款支付改建支出。

（3）拆除部分的残料作价出售。

（4）2×18年3月31日，改建工程完工。

（5）2×18年12月31日，确认公允价值变动损益。

第9章

负　　债

学　习　目　标

通过本章的学习，了解负债的含义、特征及分类方法；掌握各种流动负债的内容及账务处理；掌握或有事项的分类及相关确认与计量方法；掌握借款费用的资本化原则规定及资本化金额的计量方法及账务处理。

9.1　负债概述

9.1.1　负债的性质

负债是指企业过去的交易或事项形成的、预期会导致经济利益流出企业的现时义务。现时义务是指企业在现行条件下承担的义务，未来发生的交易或者事项形成的义务不属于现时义务，不应当确认为负债。

负债一般具有以下基本特征：

第一，负债是基于过去的交易或者事项而产生的。负债是由于过去或现在已经完成的经济业务而形成的经济负担。比如，企业从银行借入资金，就应对银行承担还本付息的义务；从供应单位赊购存货，就负有偿还货款的义务。企业将在未来发生的承诺、经营亏损或签订合同等交易或者事项，均不构成企业的负债。

第二，负债是企业承担的现时义务，该义务的金额能够可靠地计量。负债通常是可以确定的偿还金额，或虽没有确定的金额，但可以合理地加以判断或估计。如企业购买商品形成的应付账款、取得银行贷款形成的借款本金和利息、按照税法规定应缴纳的税金、应支付的职工薪酬等，可以确定负债金额；企业在对已售出产品计提质量保证金时，虽然无法确定计提数，但可以根据以前的经验合理估计。

第三，负债的清偿预期会导致经济利益流出企业。企业在履行现时义务时，会导致经济利益流出企业，即企业需要在将来以资产或劳务偿付经济责任。企业履行经济义务清偿负债的方式包括给付现金、实物资产或提供劳务等。如果企业在履行义务时不会导致经济利益的流出，比如选择发行普通股来履行义务，就不属于一项负债。

由于负债是指企业过去的交易或事项形成的、预期会导致经济利益流出企业的现时义务，因此负债的确认除了要符合负债的定义之外，还应当同时满足以下两个条件：

（1）与该义务有关的经济利益很可能流出企业；

（2）未来流出的经济利益的金额能够可靠地计量。

9.1.2 负债的分类

负债按流动性分类，其实质是按负债偿还期限的长短分类，通常分为流动负债和非流动负债。这是负债最基本的分类。

满足下列条件之一的负债应当归为流动负债：

（1）预计在一个正常营业周期中清偿；

（2）主要为交易目的而持有；

（3）自资产负债表日起一年内到期应予以清偿；

（4）企业无权自主地将清偿推迟至资产负债表日后一年以上。

流动负债主要包括：短期借款、应付账款、应付职工薪酬、应交税费等。

这样分类是为了便于分析企业的财务状况和偿债能力。例如，企业的流动资产和流动负债的相对比例，可以大致反映企业的短期偿债能力。

流动负债以外的负债应当归为非流动负债。非流动负债主要包括：长期借款、应付债券、长期应付款等。

特别提示

负债除了按流动性分类外，还有其他的分类标准，如按负债是否因金融工具形成，可以分为金融负债和非金融负债；按负债的偿还方式可以分为货币性负债和非货币性负债；按偿付的金额目前是否确定可以分为金额确定的负债和金额需要估计的负债；等等。本章采用的是负债最基本的分类，即按负债的流动性分类，分为流动负债和非流动负债。

9.2 流动负债

9.2.1 流动负债的分类与计量

1. 流动负债的分类

流动负债按形成的原因可以分为：企业在正常的生产经营活动中，以权责发生制为基础而产生的债务，如应付职工薪酬、应交税费等；企业在与外部有关单位进行结算时所产生的债务，如企业赊购存货而产生的应付账款或应付票据等；企业从银行或其他金融机构筹集资金而产生的债务，如短期借款等。

在实务中流动负债通常按应付金额是否确定分类，包括：

（1）金额确定的流动负债。这类流动负债是指根据合同、协议或法律的规定具有确切的金额、债权人和付款日期，并且到期必须归还的负债。如短期借款、应付票据、应付账款、应付职工薪酬等。

（2）金额视经营结果而定的流动负债。这类流动负债须待企业在一定的经营期末才能确定金额，在该经营期末之前负债金额不能以货币计量。如应交税费、应付股利等。

（3）金额需估计的流动负债。这类流动负债的金额、偿还期或债权人在编制资产负债表日仍难以确定，只能按以往的经验或依据有关资料予以估计。如产品质量担保预计负债等。

2. 流动负债的计量

流动负债的计量是指各项流动负债确认入账的负债金额。从理论上说，负债计量以现值入账比较准确，由于流动负债的期限较短，其到期值或面值与现值之间的差异不会很大。基于重要性原则和谨慎性原则，在我国会计实务中，流动负债均按未来应付金额或面值来计量并列示于资产负债表中。

9.2.2 短期借款

短期借款是企业向银行或其他金融机构等借入的期限在一年以内（含一年）的各种借款。短期借款一般是企业为维持正常的生产经营而借入的款项或者为抵偿某项债务而借入的款项。

企业短期借款的借入与偿还应通过“短期借款”账户进行核算，并按债权人户名和借款种类设置明细账。“短期借款”账户只记本金数，应付利息作为一项财务费用直接计入当期损益，企业的应计利息通过“应付利息”账户进行核算。

例 9-1

某企业某年4月1日从银行取得短期借款400 000元，年利率6%，期限6个月，到期一次还本付息，每月末计提利息。其账务处理如下：

（1）4月1日，借入款项时。

借：银行存款　　400 000

　贷：短期借款　　400 000

（2）4月30日，计提利息时。

每月利息费用＝400 000×6%÷12＝2 000（元）

借：财务费用　　2 000

　贷：应付利息　　2 000

以后每月计提利息时与上述会计分录相同。

(3) 到期归还借款本息时。

借：短期借款	400 000	
应付利息	12 000	
贷：银行存款		412 000

9.2.3 以公允价值计量且其变动计入当期损益的金融负债

以公允价值计量且其变动计入当期损益的金融负债，包括交易性金融负债和直接指定为以公允价值计量且其变动计入当期损益的金融负债。其中，满足下列条件之一的应当划分为交易性金融负债：(1) 承担该金融负债的目的主要是近期内出售或回购；(2) 属于进行集中管理的可辨认金融工具组合的一部分，且有客观证据表明企业近期采用短期获利方式对该组合进行管理；(3) 属于衍生工具。

直接指定为以公允价值计量且其变动计入当期损益的金融负债，是指未满足交易性金融负债条件的金融负债。该指定可以消除或明显减少由于该金融负债的计量基础不同而导致的相关利得或损失在确认和计量方面不一致的情况。指定的目的在于通过直接指定为以公允价值计量，并将其变动计入当期损益，从而消除会计上可能存在的不配比现象。

企业初始确认以公允价值计量且其变动计入当期损益的金融负债时，应当按照公允价值计量，相关交易费用应当直接计入当期损益。

企业对于以公允价值计量且其变动计入当期损益的金融负债，应当设置“交易性金融负债”科目进行核算，相关的会计处理原则与交易性金融资产一致。初始确认时按公允价值计量（即按照实际交易价格确认初始入账价值），发生的相关交易费用计入当期损益（投资收益）；按照公允价值进行后续计量，变动计入当期损益（公允价值变动损益）。

9.2.4 应付票据

应付票据是指企业签发的允诺在票据上规定的不超过一年的期限内支付一定金额给持票人的一种书面证明。应付票据的种类很多，在我国会计实务中应付票据仅指应付商业汇票。

商业汇票按承兑人的不同分为商业承兑汇票和银行承兑汇票。商业承兑汇票的承兑人为付款人；银行承兑汇票的承兑人为银行，银行作为承兑人只是为收款方按期收回债权提供了可靠的信用保证，不会由于银行的承兑而使企业的这项负债消失。我国有关法规规定，商业汇票的最长付款期限为6个月。

与应收票据一样，应付票据有不带息票据和带息票据之分。

企业应设置“应付票据”账户，用以核算各种签发、承兑的商业汇票。出具票据时，带息票据和不带息票据都须按票面金额记录负债。

企业在购买材料、商品或者接受劳务开出商业汇票时，应当按照商业汇票的票面金额，借记“原材料”“应交税费——应交增值税（进项税额）”等科目，贷记“应付票据”科目。企业申请并签发银行承兑汇票而应支付给银行的手续费，应当直接计入当期损益。

企业应于到期日按照商业汇票的票面金额偿还应付票据。对于带息的商业汇票，还应当根据票面金额和票面利率计算并支付相应的利息，借记“应付票据”“财务费用”等科目，贷记“银行存款”科目。

例 9-2

某企业赊购一批材料，不含税价格 50 000 元，增值税税率为 13%，企业开出一张等值的 5 个月期限的不带息商业承兑汇票，材料到达企业并已验收入库，材料按实际成本核算。其账务处理如下：

(1) 购货时。

借：原材料	50 000	
应交税费——应交增值税（进项税额）	6 500	
贷：应付票据		56 500

(2) 到期承兑付款时。

借：应付票据	56 500	
贷：银行存款		56 500

如果企业在商业汇票到期时无法支付票据的款项，应按承兑人的不同分别进行处理。如为商业承兑汇票，企业应将应付的票据金额转至“应付账款”科目；如为银行承兑汇票，应由银行先行支付，并作为对企业的短期借款。

例 9-3

沿用例 9-2 的资料。假定出现企业无法偿还票据到期款项的情况。其账务处理如下：

(1) 假定该票据为商业承兑汇票，企业无法偿还票据到期款项时。

借：应付票据	56 500	
贷：应付账款		56 500

(2) 假定该票据为银行承兑汇票，企业无法偿还票据到期款项时。

借：应付票据	56 500	
贷：短期借款		56 500

9.2.5 应付账款

应付账款是指企业在生产经营过程中因购买材料、商品或接受劳务等应支付的款项。

在会计实务中，应付账款的入账时间一般为企业收到发票账单的时间。如果货物已到或劳务已经接受但发票账单等凭证尚未到达，对于企业而言负债已经成立，应于月末估价入账以客观反映企业承担的债务。

例9-4

某企业购买一批原材料并已验收入库，但到月末尚未收到发票账单。企业于月末按暂估价50 000元入账。其账务处理如下：

（1）月末按暂估价入账。

借：原材料	50 000	
贷：应付账款——暂估材料款		50 000

（2）下月1日用红字冲回。

借：原材料	50 000	
贷：应付账款——暂估材料款		50 000

如果销货方在赊销商品时为了尽快回笼资金给购货方开出现金折扣条件，购货方选择总价法时，将不考虑现金折扣的价款总额确认应付账款的金额。若在折扣期内付款，获得的现金折扣作为购货价格的扣减，调减购货成本。

例9-5

某企业于某年4月1日赊购一批原材料，不含税价格16万元，增值税税率为13%。假定购货的现金折扣条件为“3/10，n/30”，按不含税价格折扣。选择总价法时其账务处理如下：

（1）赊购时。

借：原材料	160 000	
应交税费——应交增值税（进项税额）	20 800	
贷：应付账款		180 800

（2）若该企业10天之内付款。

借：应付账款	180 800	
贷：银行存款		176 000
原材料		4 800

（3）若该企业超过10天而在30天之内付款。

借：应付账款	180 800	
贷：银行存款		180 800

9.2.6 预收账款

预收账款是指企业根据购销合同的规定，向购货方预先收取的款项。企业在收到款项后，应在合同规定的期限内给购货单位发出货物或提供劳务，否则，必须如数退还预收的款项。

企业应设置“预收账款”账户核算预收账款业务。企业收到预收货款时，借记“银行存款”等科目，贷记“预收账款”科目；待企业以商品或劳务偿还时，借记“预收账款”科目，贷记“主营业务收入”“应交税费——应交增值税（销项税额）”等科目。

企业销售商品或提供劳务后，如果预收账款的金额不足以支付全部价款和相关税费，则应当在收到剩余补付款金额时，借记“银行存款”科目，贷记“预收账款”科目。

例9-6

2×18年2月15日，甲企业收到乙企业的预付货款75 000元。2月25日，甲企业按合同规定向乙企业发出商品，并开出增值税专用发票，注明的货款为160 000元，增值税额为20 800元。该批商品的实际成本为128 000元。3月5日，甲企业收到乙企业支付的剩余价款，金额为110 600元。其账务处理如下：

（1）2月15日，甲企业收到预收账款时。

借：银行存款　　75 000
　贷：预收账款　　75 000

（2）2月25日，甲企业发货并确认收入时。

借：预收账款　　180 800
　贷：主营业务收入　　160 000
　　　应交税费——应交增值税（销项税额）　　20 800
借：主营业务成本　　128 000
　贷：库存商品　　128 000

（3）3月5日，甲企业收到剩余货款时。

借：银行存款　　105 800
　贷：预收账款　　105 800

9.2.7 应付职工薪酬

1. 职工薪酬的含义与内容

职工薪酬是指企业为获得职工提供的服务或解除劳动关系而给予的各种形式的报酬或补偿。企业提供给职工配偶、子女、受赡养人、已故员工遗属及其他受益人等的福利，也属于职工薪酬。其中，职工包括与企业订立劳动合同的所有人员，含全职、兼职和临时职工，也包括虽未与企业订立劳动合同但由企业正式任命的人员。未与企业订立劳动合同或未由其正式任命，但向企业所提供服务与职工所提供服务类似的人员，也属于职工的范畴，包括通过企业与劳务中介公司签订用工合同而向企业提供服务的人员。

职工薪酬包括短期薪酬、离职后福利、辞退福利和其他长期职工福利四类内容。

（1）短期薪酬。短期薪酬是指企业在职工提供相关服务的年度报告期间结束后12个月内需要全部予以支付的职工薪酬，因解除与职工的劳动关系而给予的补偿除外。短期薪酬具体包括：职工工资、奖金、津贴和补贴，职工福利费，医疗保险费、工伤保险费和生育保险费等社会保险费，住房公积金，工会经费和职工教育经费，短期带薪缺勤，短期利润分享计划，非货币性福利以及其他短期薪酬。

职工工资、奖金、津贴和补贴，是指按照国家统计局的规定构成职工薪酬总额的计时工资、计件工资、超额劳动报酬和增收节支而支付的奖金、为补偿职工特殊贡献或额外劳动而支付的津贴，以及为了保证职工工资水平不受物价变动的影响而支付给职工的物价补贴等。

职工福利费，是指给职工提供的福利，如职工生活困难补助等。

社会保险费，是指企业按照国家规定的基准和比例计算，向社会保险经办机构缴纳的医疗保险费、工伤保险费和生育保险费等。

住房公积金，是指企业按照国家有关规定的基准和比例计算，并向住房公积金管理机构缴存的公积金。

工会经费和职工教育经费，是指为改善职工文化生活、提高职工业务素质，根据国家规定，从成本费用中提取的金额。

带薪缺勤，是指企业支付工资或提供补偿的职工缺勤，包括年休假、病假、短期伤残、婚假、产假、丧假、探亲假等。

利润分享计划，是指因职工提供服务而与职工达成的基于利润或其他经营成果而提供薪酬的协议。

非货币性福利，是指企业以自产产品或外购商品发放给职工作为福利，将自己拥有的资产或租赁的资产无偿提供给职工使用，如为职工无偿提供医疗保健服务，或者向职工提供由企业支付一定补贴的商品或服务等。

（2）离职后福利。离职后福利是指企业为获得职工提供的服务而在职工退休或与企业解除劳动关系后，提供的各种形式的报酬和福利，短期薪酬和辞退福利除外。

（3）辞退福利。辞退福利是指企业在职工劳动合同到期之前解除与职工的劳动关系，或者为鼓励职工自愿接受裁减而给予职工的补偿。

（4）其他长期职工福利。其他长期职工福利是指除短期薪酬、离职后福利、辞退福利之外所有的职工薪酬，包括长期带薪缺勤、长期残疾福利、长期利润分享计划等。

2. 应付短期薪酬的确认与计量

企业应当在职工为其提供服务的会计期间，将实际发生的短期薪酬确认为负债，并计入当期损益，其他会计准则要求或允许计入资产成本的除外。

（1）以货币形式支付短期薪酬。企业以货币形式支付给职工各项短期薪酬时，应当在职工为其提供服务的会计期间，将应付职工短期薪酬确认为负债，并根据职工提供服务的受益对象，分以下情况处理：

应由生产产品、提供劳务负担的职工短期薪酬，计入产品成本或劳务成本；应由在建工程、无形资产开发成本负担的职工短期薪酬，计入建造固定资产的成本或无形资产的开发成本；除上述之外的其他职工短期薪酬计入当期损益。

企业应当根据应计入职工薪酬的工资总额，按照受益对象计入相关资产的成本或当期费用，借记“生产成本”“管理费用”等科目，贷记“应付职工薪酬”科目。

企业在实际支付货币性职工薪酬时，应当按照实际应支付给职工的金额，借记“应付职工薪酬”科目；按照实际支付的总额，贷记“银行存款”科目；将应由职工个人负担由企业代扣代缴的职工个人所得税，贷记“应交税费——应交个人所得税”科目；将应由职工个人负担由企业代扣代缴的医疗保险费、住房公积金等，贷记“其他应付款”科目。

特别提示

财政部修订印发并于2014年7月1日起施行的《企业会计准则第9号——职工薪酬》，将原来的医疗保险、养老保险、失业保险、工伤保险、生育保险和住房公积金中的养老保险和失业保险调整至离职后福利中。对于医疗保险费、工伤保险费和生育保险费，企业应按规定的标准计提；对于工会经费和职工教育经费，分别按照职工工资总额的2%和1.5%计提；从业人员技术要求高、培训任务重、经济效益好的企业，可以按照职工工资总额的2.5%计提职工教育经费。

例9-7

甲公司根据劳动工资部门提供的资料确认本期应付职工短期薪酬。在职职工应付工资总额1 600万元，其中：生产车间工人工资800万元；车间管理人员工资160万元；固定资产在建工程人员工资176万元；无形资产研发部门人员工资96万元；公司行政管理部门人员工资288万元；专设销售机构人员工资80万元。假定甲公司分别按工资总额的10%，12%，2%和1.5%提取医疗保险费、住房公积金、工会经费和职工教育经费。甲公司当月发放职工工资1 600万元，其中，应由公司代扣代缴的个人所得税为240万元，应由职工个人负担由公司代扣代缴的各种社会保险费和住房公积金为117万元，实发工资部分已经通过银行转账支付。其账务处理如下：

1）分配工资费用时。

借：生产成本　　8 000 000
　　制造费用　　1 600 000
　　在建工程　　1 760 000
　　研发支出　　960 000
　　管理费用　　2 880 000
　　销售费用　　800 000
　贷：应付职工薪酬——工资　　16 000 000

2）提取医疗保险费等其他费用时。

借：生产成本　　2 040 000
　　制造费用　　408 000
　　在建工程　　448 800
　　研发支出　　244 800

管理费用	734 400	
销售费用	204 000	
贷：应付职工薪酬——社会保险费		1 600 000
——住房公积金		1 920 000
——工会经费		320 000
——职工教育经费		240 000

3）发放职工工资时。

借：应付职工薪酬——工资	16 000 000	
贷：银行存款		12 430 000
应交税费——应交个人所得税		2 400 000
其他应付款		1 170 000

4）实际缴纳由企业负担的社会保险费和住房公积金时。

借：应付职工薪酬——社会保险费	1 600 000	
——住房公积金	1 920 000	
贷：银行存款		3 520 000

特别提示

企业用银行存款缴纳由企业负担的医疗保险费及住房公积金时，应借记“应付职工薪酬”科目，贷记“银行存款”科目。

（2）非货币性福利薪酬。非货币性福利薪酬是指企业将自己的产品或外购商品作为福利发放给职工，企业将自己拥有的资产提供给职工无偿使用或租赁资产供职工无偿使用，比如给企业高级管理人员提供住房，免费为职工提供诸如医疗保健等服务，或向职工提供企业支付了一定补贴的商品或服务等。

企业向职工提供的非货币性福利薪酬，应当分以下情况处理：

1）企业以自产产品或外购商品作为非货币性福利提供给职工的，应当作为正常产品（商品）销售处理，按产品或商品的公允价值和相关税费进行计量，并在产品发出时确认销售收入，并结转产品成本。

2）企业将拥有的住房等固定资产无偿提供给职工作为非货币性福利时，应当按照企业对该固定资产每期计提的折旧来计量应付职工薪酬，同时根据职工提供服务的受益对象计入相关资产成本或当期损益。企业将租赁的住房等固定资产无偿提供给职工作为非货币性福利时，应当按照企业每期支付的租金来计量应付职工薪酬，同时根据职工提供服务的受益对象计入相关资产成本或当期损益。

特别提示

企业提供给职工的非货币性福利在进行账务处理时，应当先通过“应付职工薪酬”科目归集当期应计入成本费用的非货币性福利薪酬金额，以确定完整准确的企业人工成本金额。

例9-8

甲公司决定将自产的毛巾作为福利发放给车间生产工人，其成本为21 600元，不含税的销售价格为25 200元，增值税额为3 276元。其账务处理如下：

1）甲公司向车间生产工人实际发放毛巾。

借：应付职工薪酬——非货币性福利	28 476	
贷：主营业务收入		25 200
应交税费——应交增值税（销项税额）		3 276

同时结转产品成本。

借：主营业务成本	21 600	
贷：库存商品		21 600

2）按用途对发生的非货币性福利进行分配。

借：生产成本	28 476	
贷：应付职工薪酬——非货币性福利		28 476

例9-9

乙公司计提为管理人员无偿提供的住房的折旧费用35 000元，并于月末按用途对发生的非货币性福利进行分配。其账务处理如下：

借：应付职工薪酬——非货币性福利	35 000	
贷：累计折旧		35 000
借：管理费用	35 000	
贷：应付职工薪酬——非货币性福利		35 000

（3）其他形式的短期薪酬。除上述情况外，实务中，企业还存在如下形式的职工短期薪酬：

1）带薪缺勤。带薪缺勤是指企业在职工因病假、休假等原因缺勤期间支付的薪酬。带薪缺勤可以分为累积带薪缺勤和非累积带薪缺勤两种形式。

累积带薪缺勤，是指带薪缺勤权利可以结转下期的带薪缺勤，本期尚未用完的带薪缺勤权利可以在未来期间使用。企业应当在职工提供服务从而增加其未来享有的带薪缺勤权利时，确认与累积带薪缺勤相关的职工薪酬，并以累积未行使权利而增加的预期支付金额进行计量。

非累积带薪缺勤，是指带薪缺勤权利不能结转下期的带薪缺勤，本期尚未用完的带薪缺勤权利将予以取消，并且职工离开企业时也无权获得现金支付。我国企业职工可享有的婚假、产假、丧假、探亲假、病假期间的工资通常都属于非累积带薪缺勤。对于非累积带薪缺勤，由于职工本期未使用的缺勤天数不会产生一种权利，因而企业不会增加额外的义务。

例9-10

王某是甲公司中层财务人员，每个工作日工资为400元。甲公司从2×18年开始实行累积带薪缺勤制度。制度规定：王某每年有15天带薪休假。其当年未使用的休假可以无限期向后结转，并且在职工离开公司时以现金结算。2×18年，王某实际休假7天。

在本例中，由于甲公司实行累积带薪缺勤制度而且休假可以无限期向后结转，因而甲公司应当于期末确认与该职工有关的未使用的累积带薪缺勤。

王某未使用的累积带薪缺勤＝(15－7)×400＝3 200(元)

2×18年12月31日，甲公司确认王某累积带薪缺勤时的账务处理如下：

借：管理费用　　3 200

　贷：应付职工薪酬——累积带薪缺勤　　3 200

2）离职后福利。离职后福利是指企业为获得职工提供的服务而在职工退休或与企业解除劳动关系后提供的各种形式的报酬和福利。离职后福利计划包括设定提存计划和设定受益计划。

设定提存计划，是指向独立的基金缴存固定费用后，企业不再承担进一步支付义务的离职后福利计划。企业应当在职工为其提供服务的会计期间，将根据设定提存计划确定的应缴存金额确认为负债，并计入当期损益或相关资产成本。

设定受益计划，是指除设定提存计划以外的离职后福利计划。企业应当采用预期累计福利单位法和适当的精算假设，确认和计量设定受益计划所产生的义务。

3）辞退福利。辞退福利包括以下两方面的内容：①职工没有选择权的辞退福利。这是指在职工劳动合同尚未到期前，不论职工本人是否愿意，企业都决定解除与职工的劳动关系而给予的补偿。②职工有选择权的辞退福利。这是指在职工劳动合同尚未到期前，企业为鼓励职工自愿接受裁减而给予的补偿，职工有权选择继续在职或接受补偿离职。

辞退福利的确认原则同其他职工薪酬基本相同，企业应当在同时满足以下两个条件时将辞退福利确认为一项应付职工薪酬：①企业已制定正式的解除劳动关系计划或提出自愿裁减建议，并即将实施。正式的辞退福利计划或建议，应当经过董事会或类似权力机构的批准。②企业不能单方面撤回解除劳动关系计划或自愿裁减建议。

与其他形式的职工薪酬不同的是，由于被辞退的职工不再为企业提供服务，因此不论辞退的职工原先在哪个部门，企业都应将本期确认的辞退福利全部计入当期管理费用，而不能计入资产成本。

辞退福利的计量因职工是否有选择权而有所不同：①对于职工没有选择权的辞退计划，企业应当根据辞退计划规定的拟辞退的职工数量、每一职位的辞退补偿计提应付职工薪酬（辞退福利）。②对于自愿接受裁减的辞退建议，企业应当按照或有事项准则的规定预计将接受裁减建议的职工数量，并根据预计自愿辞退职工数量和每一职位的辞退补偿等计提应付职工薪酬（辞退福利）。

特别提示

企业的职工薪酬除短期薪酬、离职后福利、辞退福利之外，还包括长期带薪缺勤、长期残疾福利、长期利润分享计划等其他长期职工福利。企业向职工提供的其他长期职工福利，符合设定提存计划条件的，应当根据设定提存计划的有关规定进行处理。如果企业适用设定受益计划，应按相关规定确认计量其他长期职工福利净负债或净资产。

9.2.8 应交税费

企业在一定时期内取得的营业收入和实现的利润或发生特定的经营行为，要按照规定向国家缴纳各种税费。这些应缴的税金在尚未缴纳之前，应按权责发生制的原则确认，形成企业的一项负债。企业按照规定应缴纳的税费主要包括：增值税、消费税、城市维护建设税、资源税、所得税、土地增值税、房产税、车船税、土地使用税、教育费附加、矿产资源补偿费等。其中，增值税、消费税是企业缴纳的两个主要税种。

1. 增值税

（1）增值税的含义、性质及税率。增值税是对在境内销售货物、无形资产或者不动产，提供服务，以及进口货物的单位和个人的增值额征收的一种流转税。按照增值税有关规定，企业购入商品支付的增值税（即进项税额），可以从销售商品按规定收取的增值税（即销项税额）中抵扣。增值税的纳税人分为一般纳税人和小规模纳税人，年应税销售额超过财政部和国家税务总局规定标准的纳税人为一般纳税人，未超过规定标准的纳税人为小规模纳税人。

一般纳税人的税率具体规定如下：

1）销售或者进口除基本生活必需品之外的货物，提供加工、修理修配或有形资产租赁服务，适用的增值税税率为13%。

2）销售或者进口保证基本生活的必需品，包括农产品（含粮食）、食用植物油、自来水、天然气、书刊、农药、化肥、电子出版物、音像制品、食用盐等商品，适用的增值税税率为9%。

3）提供交通运输、邮政、基础电信、建筑、不动产租赁服务，销售不动产，转让土地使用权，适用的增值税税率为9%。

4）提供金融服务、研发和技术服务、信息技术服务、文化创意服务、物流辅助服务、鉴证咨询服务等，适用的增值税税率为6%。

5）零税率，即税率为零，仅适用于法律不限制或不禁止的报关出口货物，以及输往保税区、保税工厂、保税仓库的货物。零税率不但不需要缴税，还可以退还以前纳税环节所缴纳的增值税，因而零税率意味着退税。

（2）一般纳税人增值税核算的账户设置。我国增值税的计算采用购进抵扣法，以商品的销售额为计税依据，按照税法规定的税率计算出商品应负担的销项税额，同时扣除企业为生产货物或提供劳务外购原材料等物资在以前购买环节已交的进项税额，抵扣后的余额即实际应交的增值税，用公式表示如下：

应交增值税＝销项税额－进项税额

增值税一般纳税人应当在“应交税费”科目下设置“应交增值税”“未交增值税”“预交增值税”等明细科目。

1）增值税一般纳税人应在“应交增值税”明细账内设置“进项税额”“销项税额抵减”“已交税金”“转出未交增值税”“销项税额”“出口退税”“进项税额转出”“转出多交增值税”等专栏。其中：

①“进项税额”专栏，记录一般纳税人购进货物、加工修理修配劳务、服务、无形资产或不动产而支付或负担的，准予从当期销项税额中抵扣的增值税额；

②“销项税额抵减”专栏，记录一般纳税人按照现行增值税制度规定因扣减销售额而减少的销项税额；

③“已交税金”专栏，记录一般纳税人当月已缴纳的应交增值税额；

④“转出未交增值税”和“转出多交增值税”专栏，分别记录一般纳税人月度终了转出当月应交未交或多交的增值税额；

⑤“销项税额”专栏，记录一般纳税人销售货物、加工修理修配劳务、服务、无形资产或不动产应收取的增值税额；

⑥“出口退税”专栏，记录一般纳税人出口货物、加工修理修配劳务、服务、无形资产按规定退回的增值税额；

⑦“进项税额转出”专栏，记录一般纳税人购进货物、加工修理修配劳务、服务、无形资产或不动产等发生非正常损失以及其他原因而不应从销项税额中抵扣，按规定转出的进项税额。

2）“未交增值税”明细科目，核算一般纳税人月度终了从“应交增值税”或“预交增值税”明细科目转入当月应交未交、多交或预缴的增值税额，以及当月缴纳以前期间未交的增值税额。

3）“预交增值税”明细科目，核算一般纳税人转让不动产、提供不动产经营租赁服务、提供建筑服务、采用预收款方式销售自行开发的房地产项目等，以及其他按现行增值税制度规定应预缴的增值税额。

（3）一般纳税人一般购销业务的账务处理。我国增值税实行的是价外税，价外税是指企业销售（购买）货物或提供（接受）劳务的价款为不含税价款，并按不含税价款乘以增值税税率收取（支付）销项或进项税额。

根据上述内容，一般纳税人企业在账务处理上的特点主要有两个：一是在购进阶段，账务处理时实行价与税的分离，价与税分离的依据为增值税专用发票上注明的增值税额和价款，属于价款的部分，计入购入货物的成本，属于增值税额的部分，计入进项税额；二是在销售阶段，销售价格中不再含税，如果定价时含税，应还原为不含税价格作为销售收入，向购买方收取的增值税作为销项税额。将含税销售额换算成不含税销售额的公式如下：

不含税销售额＝含税销售额÷(1＋增值税税率)

具体的账务处理为：一般纳税人购进货物、加工修理修配劳务、服务、无形资产或不动产，按应计入相关成本费用或资产的金额，借记“在途物资”或“原材料”“库存商品”“生产成本”“无形资产”“固定资产”“管理费用”等科目，按当月已认证的可抵扣增值税额，借记“应交税费——应交增值税（进项税额)”科目，按应付或实际支付的金额，贷记“应付账款”“应付票据”“银行存款”等科目。发生退货的，如原增值税专用发票已做认证，应根据税务机关开具的红字增值税专用发票作相反的会计分录；如原增值税专用发票未做认证，应将发票退回并作相反的会计分录。

例9－11

某企业为增值税一般纳税人，本月购进一批原材料，增值税专用发票上注明的原材料价款为200万元，增值税额为26万元。货款已经支付，材料已经验收入库。同时，该企业当期销售产品收入为300万元（不含应向购买方收取的增值税），货款已经收到。假定该产品的增值税税率为13％。其账务处理如下：

1）购进存货时。

借：原材料　2 000 000
　　应交税费——应交增值税（进项税额）　260 000
　贷：银行存款　2 260 000

2）销售产品时。

销项税额＝300×13％＝39(万元)

借：银行存款　3 390 000
　贷：主营业务收入　3 000 000
　　　应交税费——应交增值税（销项税额）　390 000

例9－12

甲会计师事务所于2×19年3月1日和乙企业签订合同，为乙企业提供咨询服务，期限为3个月，总价为636 000元（含税），适用的增值税税率为6％。甲会计师事务所于2×19年5月31日按时完成该咨询服务，款项尚未收到。

本例中的合同价款636 000元为含税价格，首先应当计算不含税的服务价格，在此基础上计算应交增值税的销项税额。

不含税的收入金额＝636 000÷(1＋6％)＝600 000(元)
应交增值税销项税额＝600 000×6％＝36 000(元)

甲会计师事务所于2×19年5月31日确认服务收入时应编制的会计分录为：

借：应收账款 636 000

　贷：主营业务收入 600 000

　　应交税费——应交增值税（销项税额） 36 000

（4）视同销售业务的账务处理。会计上销售收入的确认以发生交易为前提，并要符合会计准则规定的条件。增值税应税销售额的认定主要考虑进入消费前能按税率足额征税，某些经济业务虽不构成交易，但税务上认定其“视同销售”。

企业的某些行为虽然没有取得销售收入，也视同发生应税行为，应当缴纳增值税。常见的视同销售行为包括：企业将自产、委托加工或购买的货物分配给股东，将自产、委托加工的货物用于集体福利或个人消费，无偿转让无形资产或者不动产等，但用于公益事业或者以社会公众为对象的除外。

例9-13

甲公司将自产的一批产品分配给股东。该批产品的成本为40 000元，一般售价（不含税）为48 000元，适用的增值税税率为13%。其账务处理如下：

借：利润分配 46 240

　贷：库存商品 40 000

　　应交税费——应交增值税（销项税额） 6 240

例9-14

甲企业将某产品的商标权无偿转让给乙公司。该批产品的成本为40万元，市场售价（计税价格）为48万元，适用的增值税税率为13%。

该业务属于视同销售业务，甲企业应当按照产品的计税价格和适用税率计算增值税的销项税额。

销项税额＝480 000×13%＝62 400(元)

其账务处理如下：

借：营业外支出 462 400

　贷：无形资产 400 000

　　应交税费——应交增值税（销项税额） 62 400

例9-15

甲企业用一批产品对乙企业投资，投资各方协商按公允价值作价。该批产品的成本为192万元，计税价格和公允价值均为240万元。该批产品的增值税税率为13%。其账务处理如下：

1）甲企业的账务处理。

对外投资转出产品的销项税额＝240×13%＝31.2(万元)

借：长期股权投资 2 712 000

　贷：主营业务收入 2 400 000

应交税费——应交增值税（销项税额） 312 000

借：主营业务成本 1 920 000

贷：库存商品 1 920 000

2）乙企业的账务处理。

收到投资时，视同购进处理。

借：原材料 2 400 000

应交税费——应交增值税（进项税额） 312 000

贷：实收资本 2 712 000

（5）进项税额不予抵扣的账务处理。在某些情况下，税法规定，企业发生的进项税额不得从销项税额中抵扣，主要情形包括：

1）用于简易计税方法计税项目、免征增值税项目、集体福利或者个人消费的购进货物、加工修理修配劳务、服务、无形资产和不动产。

2）非正常损失的购进货物，以及相关的加工修理修配劳务和交通运输服务。

3）非正常损失的在产品、产成品所耗用的购进货物（不包括固定资产）、加工修理修配劳务和交通运输服务。

4）非正常损失的不动产，以及该不动产所耗用的购进货物、设计服务和建筑服务。

5）非正常损失的不动产在建工程所耗用的购进货物、设计服务和建筑服务。

6）购进的旅客运输服务、贷款服务、餐饮服务、居民日常服务和娱乐服务。

在上述情形下，已经发生的增值税进项税额应当予以转出，贷记“应交税费——应交增值税（进项税额转出）”科目，不得从当期销项税额中抵扣。

例9-16

甲企业为增值税一般纳税人，本期购入一批材料，增值税专用发票上注明的增值税额为31.2万元，材料价款为240万元。材料已入库，货款已通过银行转账支付，企业的存货采用实际成本进行核算。材料入库后，甲企业将该批材料全部用于发放职工福利。其账务处理如下：

1）购入材料并入库。

借：原材料 2 400 000

应交税费——应交增值税（进项税额） 312 000

贷：银行存款 2 712 000

2）用于发放职工福利时。

借：应付职工薪酬 2 712 000

贷：原材料 2 400 000

应交税费——应交增值税（进项税额转出） 312 000

例9-17

甲企业本月购进的一批原材料因管理不善发生霉烂，损失的材料成本为24 000

元，其进项税额为3 120元。甲企业查明原因并经过批准，由责任人赔偿损失20 000元，其余部分为净损失。其账务处理如下：

本例中的原材料发生非正常损失，进项税额不允许从销项税额中抵扣，应当予以转出。

1）发生材料损失时。

借：待处理财产损溢　　27 120
　贷：原材料　　24 000
　　　应交税费——应交增值税（进项税额转出）　　3 120

2）查明原因后批准处理时。

借：其他应收款　　20 000
　　管理费用　　7 120
　贷：待处理财产损溢　　27 120

（6）转出多交增值税、未交增值税及缴纳增值税的账务处理。为了分别反映一般纳税人欠交增值税和待抵扣增值税的情况，确保企业及时足额上交增值税，避免出现企业用以前月份欠交的增值税抵扣以后月份未抵扣的增值税的情况，企业应当在“应交税费”科目下设“未交增值税”科目。

月度终了，企业应当将当月应交未交或多交的增值税自“应交增值税”明细科目转入“未交增值税”明细科目。对于当月应交未交的增值税，借记“应交税费——应交增值税（转出未交增值税）”科目，贷记“应交税费——未交增值税”科目；对于当月多交的增值税，借记“应交税费——未交增值税”科目，贷记“应交税费——应交增值税（转出多交增值税）”科目。

缴纳当月应交增值税时应分不同情况处理：

1）企业缴纳当月应交的增值税，借记“应交税费——应交增值税（已交税金）”科目（小规模纳税人应借记“应交税费——应交增值税”科目），贷记“银行存款”科目。

2）企业缴纳以前期间未交的增值税，借记“应交税费——未交增值税”科目，贷记“银行存款”科目。

3）企业预缴增值税时，借记“应交税费——预交增值税”科目，贷记“银行存款”科目。月末，企业应将“预交增值税”明细科目余额转入“未交增值税”明细科目，借记“应交税费——未交增值税”科目，贷记“应交税费——预交增值税”科目。房地产开发企业等在预缴增值税后，直至纳税义务发生时方可从“应交税费——预交增值税”科目结转至“应交税费——未交增值税”科目。

例9-18

甲房地产开发企业为增值税一般纳税人，2×17年8月预售房地产项目收取的总价款为1 128万元，预计2×18年12月交房，企业按照5%的预征率在不动产所在地预缴税款。当月，该企业向购房者交付其认购的另一房地产项目，项目总价款为

1 812万元（其中，销项税额为132万元，已预缴90.6万元），购房者于2×16年7月预交了房款且该企业预缴了增值税。其账务处理如下：

1）预售房地产项目时。

借：银行存款	11 280 000	
贷：预收账款		11 280 000
借：应交税费——预交增值税	564 000	
贷：银行存款		564 000

2）交付另一房地产项目时。

借：预收账款	18 120 000	
贷：主营业务收入		16 800 000
应交税费——应交增值税（销项税额）		1 320 000
借：应交税费——未交增值税	906 000	
贷：应交税费——预交增值税		906 000

特别提示

按照增值税相关规定，企业从依照3%的征收率计算缴纳增值税的小规模纳税人处取得农产品增值税专用发票的，以增值税专用发票上注明的金额和9%的税率计算进项税额。如果企业购进的货物为免税农产品，由于销售方无须缴纳增值税，因而无法取得增值税专用发票。但按照增值税相关规定，企业可以根据农产品销售发票或收购发票，以免税农产品买价的9%作为进项税额抵扣。

例9-19

甲公司从小规模纳税人处购入一批农产品作为原材料入库，增值税专用发票上注明的买价为167 200元，增值税额为5 016元，用银行存款支付，经税务机关认证增值税可以抵扣。甲公司的账务处理如下：

进项税额＝167 200×9%＝15 048(元)

原材料成本＝167 200＋5 016－15 048＝157 168(元)

借：原材料	157 168	
应交税费——应交增值税（进项税额）	15 048	
贷：银行存款		172 216

（7）小规模纳税人增值税的账务处理。小规模纳税人是指应纳增值税销售额在规定的标准以下，并且会计核算不健全的纳税人。小规模纳税人增值税的主要特点有：购买货物或接受劳务时，按照所应支付的全部价款计入存货入账价值，不论是否取得增值税专用发票，支付的增值税额均不确认为进项税额；销售货物或者提供应税劳务时，销售额通常含增值税；应纳增值税额按照不含税销售额和征收率（3%）计算确定。应纳增值税额的计算公式如下：

销售额＝含税销售额÷(1＋3%)

应纳增值税额＝不含税销售额×3%

例9－20

某企业为小规模纳税人，某年7月购买一批材料，收到的增值税专用发票上注明的材料价款为80 000元，增值税额为10 400元，另外负担运杂费2 200元，全部价款已用银行存款支付。材料收到并已验收入库。其账务处理如下：

借：原材料	92 600	
贷：银行存款		92 600

例9－21

某企业为小规模纳税人，某年7月销售一批产品，开出的普通发票上注明的产品价款（含税）为24 720元，货款尚未收到。该批产品的成本为20 800元。适用的增值税征收率为3%。其账务处理如下：

不含税销售额＝24 720÷(1＋3%)＝24 000(元)

应交增值税＝24 000×3%＝720(元)

借：应收账款	24 720	
贷：主营业务收入		24 000
应交税费——应交增值税		720

同时结转商品成本。

借：主营业务成本	20 800	
贷：库存商品		20 800

2. 消费税

（1）消费税的含义及应纳税额的计算。消费税是以特定消费品的流转额为计税依据而征收的一种商品税。消费税的征收采取从价定率和从量定额两种基本方法。实行从价定率方法计算的应纳税额的税基为销售额，包括价款及价外费用，如价外收取的包装费、运输装卸费、代垫款项等。实行从量定额办法计算的应纳税额的销售数量是指应税消费品的数量。

消费税的计算公式如下：

实行从价定率征收时，应纳税额计算公式如下：

应纳税额＝销售额×消费税税率

实行从量定额征收时，应纳税额计算公式如下：

应纳税额＝销售数量×单位税额

（2）消费税的账务处理。企业生产的应税消费品直接对外销售的，按其应交的消费税，借记“税金及附加”科目，贷记“应交税费——应交消费税”科目。

例 9－22

甲公司某年 8 月销售 20 件应税消费品，每件销售价格 12 000 元（不含应向购买方收取的增值税额），货款尚未收到，每件成本 5 800 元。该产品适用的增值税税率为 13%、消费税税率为 10%。甲公司的账务处理如下：

应向购买方收取的增值税额＝12 000×20×13%＝31 200(元)

应交的消费税＝12 000×20×10%＝24 000(元)

借：应收账款	271 200	
贷：主营业务收入		240 000
应交税费——应交增值税（销项税额）		31 200
借：税金及附加	24 000	
贷：应交税费——应交消费税		24 000
借：主营业务成本	116 000	
贷：库存商品		116 000

企业将应税消费品对外投资或用于在建工程等方面，按规定应交的消费税计入有关成本。

例 9－23

甲公司将一批自产的应税消费品用于一项集体福利房屋建造工程。该批产品的生产成本为 480 000 元，售价为 640 000 元。该产品适用的增值税税率为 13%、消费税税率为 10%。甲公司的账务处理如下：

增值税＝640 000×13%＝83 200(元)

消费税＝640 000×10%＝64 000(元)

借：在建工程	627 200	
贷：库存商品		480 000
应交税费——应交增值税（销项税额）		83 200
——应交消费税		64 000

按照税法规定，企业如有委托加工的应税消费品，应由受托方在向委托方交货时代收代缴消费税。委托方收回应税消费品后，若用于连续生产应税消费品，所纳税款准予按规定抵扣。委托方可将已代扣代缴的消费税，借记“应交税费——应交消费税”科目，贷记“应付账款”“银行存款”等科目，待用委托加工的应税消费品生产出应纳消费税的产品销售时，再缴纳消费税；如果委托方收回应税消费品后直接用于销售，委托方可将代扣代缴的消费税计入委托加工的应税消费品成本，借记“委托加工物资”“生产成本”等科目，贷记“应付账款”“银行存款”等科目，委托加工应税消费品销售时，不需要再缴纳消费税。

例 9 - 24

甲公司委托外单位加工应税消费品，甲公司提供成本为16 000元的原材料，支付加工费用5 600元，应支付的增值税进项税额为728元，应支付的消费税为2 400元，全部价款已用银行存款支付。若甲公司收回委托加工材料后用于连续生产应税消费品，代缴的消费税按规定可以抵扣。甲公司的账务处理如下：

1）发出材料时。

	借方	贷方
借：委托加工物资	16 000	
贷：原材料		16 000

2）支付加工费及税费时。

	借方	贷方
借：委托加工物资	5 600	
应交税费——应交增值税（进项税额）	728	
——应交消费税	2 400	
贷：银行存款		8 728

3）收回委托加工材料并验收入库时。

	借方	贷方
借：原材料	21 600	
贷：委托加工物资		21 600

例 9 - 25

沿用例9-24资料。若甲公司收回委托加工材料后直接用于销售，代缴的消费税不得抵扣，直接计入成本。甲公司的账务处理如下：

1）发出材料时。

	借方	贷方
借：委托加工物资	16 000	
贷：原材料		16 000

2）支付加工费及税费时。

	借方	贷方
借：委托加工物资	8 000	
应交税费——应交增值税（进项税额）	728	
贷：银行存款		8 728

3）收回委托加工材料并验收入库时。

	借方	贷方
借：原材料	24 000	
贷：委托加工物资		24 000

3. 其他应交税费

（1）资源税。资源税是对我国境内开采矿产品或者生产盐的单位和个人征收的税种。资源税应当按照应税产品的课税数量和规定的单位税额计算。

企业销售产品或自产自用产品按规定应交的资源税，借记“税金及附加”“生产成本”“制造费用”等科目，贷记“应交税费——应交资源税”科目。企业实际缴纳资源税时，借记“应交税费——应交资源税”科目，贷记“银行存款”科目。

（2）土地增值税。土地增值税是对转让国有土地使用权、地上建筑物及其附着物并取得收入的单位和个人，按照转让房地产所取得的增值额和规定的税率计算征收的税种。

企业计算应缴纳的土地增值税，借记“固定资产清理”“在建工程”等科目，贷记“应交税费——应交土地增值税”科目。企业实际缴纳土地增值税时，借记“应交税费——应交土地增值税”科目，贷记“银行存款”科目。

(3) 房产税、土地使用税和车船税。房产税是国家对在城市、县城、建制镇和工矿区的房产征收的税种，房产税由产权所有人缴纳。土地使用税是国家为了合理利用城镇土地，调解土地级差收入，提高土地使用效益，加强土地管理而开征的税种，以纳税人实际占用的土地面积为计税依据。车船税指对在我国境内应依法到公安、交通、农业、渔业、军事等管理部门办理登记的车辆、船舶，根据其种类，按照规定的计税依据和年税额标准计算征收的一种财产税，从 2007 年 7 月 1 日开始，我国境内的单位和个人在投保交强险时由保险公司代收代缴车船税。

企业按规定计算应交房产税、土地使用税和车船税时，借记“税金及附加”科目，贷记“应交税费——应交房产税、应交土地使用税、应交车船税”科目。企业实际缴纳房产税时，借记“应交税费——应交房产税”等科目，贷记“银行存款”科目。

(4) 印花税。印花税是对书立、领受购销合同等凭证行为征收的税种，实行由纳税人根据规定自行计算应纳税额，购买并以此贴足印花税票的缴纳方法。企业应当根据应纳税凭证的性质，分别按比例税率或者按件定额计算应纳税额。由于企业缴纳的印花税不会发生应付未付税款的情况，也不需要预计应纳税金额，不存在与税务机关结算或清算的问题，因此不需要通过“应交税费”科目核算，而应当于购买印花税票时，借记“税金及附加”科目，贷记“银行存款”科目。

(5) 城市维护建设税。城市维护建设税（简称城建税）是我国为了加强城市的维护建设，扩大和稳定城市维护建设资金的来源而开征的税种。缴纳增值税、消费税的单位和个人应当以本期实际缴纳的增值税、消费税税额为计税依据计算本期应交城市维护建设税的金额。

企业按规定计算应交城市维护建设税时，借记“税金及附加”科目，贷记“应交税费——应交城市维护建设税”科目。企业实际缴纳城市维护建设税时，借记“应交税费——应交城市维护建设税”科目，贷记“银行存款”科目。

(6) 所得税。所得税是按照企业当期应纳税所得额和适用税率计算征收的税种。企业期末按规定计算本期应交所得税时，借记“所得税费用”科目，贷记“应交税费——应交所得税”科目。企业实际缴纳所得税时，借记“应交税费——应交所得税”科目，贷记“银行存款”科目。具体会计处理见本书第 11 章。

(7) 耕地占用税。耕地占用税是国家为了合理利用土地资源，加强土地管理，保护农用耕地而征收的税种。耕地占用税根据实际占用的耕地面积和适用税率计算。企业缴纳的耕地占用税不需要通过“应交税费”科目核算，按规定计算缴纳耕地占用税时，借记“在建工程”科目，贷记“银行存款”科目。

（8）教育费附加。教育费附加是为了加快发展地方教育事业，扩大地方教育经费的资金来源而征收的一种附加费。缴纳增值税、消费税的单位和个人应当以本期实际缴纳的增值税、消费税税额为计税依据计算本期应交教育费附加的金额。

企业按规定计算应交教育费附加时，借记“税金及附加”科目，贷记“应交税费——应交教育费附加”科目。企业实际缴纳教育费附加时，借记“应交税费——应交教育费附加”科目，贷记“银行存款”科目。

（9）矿产资源补偿费。矿产资源补偿费是指国家作为矿产资源所有者，依法向开采矿产资源的单位和个人收取的费用。企业按规定计算应交矿产资源补偿费时，借记“税金及附加”科目，贷记“应交税费——应交矿产资源补偿费”科目。企业实际缴纳矿产资源补偿费时，借记“应交税费——应交矿产资源补偿费”科目，贷记“银行存款”科目。

9.2.9 其他应付款

企业除了应付票据、应付账款、预收账款、应付职工薪酬等以外，还会发生一些应付、暂收其他单位或个人的款项，如应付租入包装物的租金、存入保证金、企业代职工缴纳的社会保险费和住房公积金等。这些应付、暂收款项构成了企业的流动负债，在我国会计核算中，设置“其他应付款”账户进行核算。企业发生的各种应付、暂收款项，借记“管理费用”等科目，贷记“其他应付款”科目；实际支付其他各种应付、暂收款项时，借记“其他应付款”科目，贷记“银行存款”科目。

9.3 非流动负债

非流动负债是指除流动负债以外的债务，通常是指偿还期在一年以上的债务。与流动负债相比，非流动负债具有债务金额较大、偿还期限较长的特点。非流动负债主要包括长期借款、应付债券、长期应付款等。

9.3.1 长期借款

长期借款是指企业向银行或其他金融机构借入的偿还期在一年以上（不含一年）的各种借款。长期借款的还本付息方式有：到期一次还本付息；分期付息、到期还本。

企业应当设置“长期借款”账户核算长期借款的取得和归还，以及利息确认等业务，并设置“本金”和“利息调整”两个明细账户，分别核算长期借款的本金和因实际利率与合同利率不同产生的利息调整额。

企业应当在资产负债表日确认长期借款当期的利息费用，按照长期借款的摊余成本和实际利率计算确定的利息费用，符合资本化条件的部分，借记“在建工程”等科目，不符合资本化条件的部分，借记“财务费用”科目；依据按照借款本金和合同利率计算确定的应支付的利息，贷记“应付利息”科目；按照二者的差额，贷记“长期借款——利息调整”科目。

企业在付息日实际支付利息时，按照本期应支付的利息金额，借记“应付利息”科目，贷记“银行存款”科目。

企业到期偿还长期借款时，按照偿还的长期借款本金金额，借记“长期借款——本金”科目，贷记“银行存款”科目。

例9-26

甲公司于某年1月1日从中国农业银行借入人民币200万元，期限3年，用于建造厂房。年利率8%，该公司与银行约定本息的偿还方式为分期付息、到期还本，即每年年末归还借款利息，3年后一次还清本金，按单利计算。厂房在第二年年末达到预定可使用状态。假定该借款的利息在建造工程达到预定可使用状态前符合资本化条件。甲公司的账务处理如下：

（1）取得借款存入银行。

借：银行存款　　2 000 000

　贷：长期借款——本金　　2 000 000

（2）第一年计算年利息并偿还时。

应计利息＝200×8%×1＝16（万元）

借：在建工程　　160 000

　贷：应付利息　　160 000

借：应付利息　　160 000

　贷：银行存款　　160 000

（3）第二年计算年利息并偿还时。

账务处理与第一年相同。

（4）第三年计算年利息并偿还时。

借：财务费用　　160 000

　贷：应付利息　　160 000

第三年年末偿还利息时。

借：应付利息　　160 000

　贷：银行存款　　160 000

（5）第三年年末偿还本金时。

借：长期借款——本金　　2 000 000

　贷：银行存款　　2 000 000

9.3.2 应付债券

1. 债券的性质

债券是企业为筹集长期资金而发行的约定于一定日期支付一定的本金，以及定期支付一定的利息给持有者的一种书面凭证。发行债券是企业筹集长期资金的重要方式之一，是公司取得长期筹资的主要形式。与银行借款相比，债券具有金额较大、期限较长的优点。债券根据发行主体的不同，可以分为政府债券和公司债券。

债券的发行要严格规定债券的票面金额、票面利率、偿还期限、利息支付方式等。债券面值也称债券的到期值，即债券到期应偿还的本金。债券利率也称名义利率或票面利率，是相对于债券发行时的市场利率而言的，债券利率一般用年利率表示。到期日是指偿还债券本金的日期，取决于债券的偿还期限。利息支付方式是指债券利息每半年支付一次或每年支付一次，支付的利息额等于债券面值乘以票面利率。

2. 债券发行价格的确定与发行方式

债券的发行价格从理论上讲应该等于债券的票面价值，但实际上债券的发行价格与其票面价值并不一定相同。原因有两个：第一，债券的发行需要经过很长的准备过程，即使预先确定的票面利率与市场利率相同，但随着时间的推移，市场利率随时会发生变化，导致债券的票面利率和发行债券时的市场利率不一致。第二，债券是在若干年后按照债券面值偿还本金的，由于资金具有不同的时间价值，同样数量的资金在不同时间具有不同的价值也会导致债券的票面利率和发行债券时的市场利率不一致。而债券的票面价值、票面利率等是事先确定的，即使票面利率和市场利率出现不一致，也只能调整债券的售价，即债券的发行价格。

债券的发行价格由债券发行期间的现金流量的现值来确定，包括债券本金的现金流量现值和债券利息的现金流量现值两部分。一般情况下，债券本金于债券到期日一次性支付，因而其现金流量的现值表现为复利现值；而债券利息通常定期支付，如每年支付一次或者每半年支付一次，因而其现金流量的现值表现为年金现值。债券发行价格的计算公式如下：

债券发行价格＝债券面值的现值＋应计利息的现值

由于债券发行价格是由发行时的市场利率决定的，因此，如果票面利率高于市场利率，则债券溢价发行，溢价作为发行人对将来按票面利率计算比按市场利率计算多付出利息的资金来源；如果票面利率等于市场利率，则债券平价发行，即按面值发行；如果票面利率低于市场利率，则债券折价发行，折价意味着发行人对将来按票面利率计算比按市场利率计算少付利息而提前预付的利息。

显而易见，债券的发行价格与市场利率呈反方向变动，当市场利率上升时，债券的价格下跌；当市场利率下降时，债券的价格则上涨。

例9-27

某年1月1日，甲公司经批准发行面值为5 000 000元的公司债券。该债券的票面利率为5%，期限为5年，每年6月30日和12月31日各付息一次，债券发行时的市场利率为6%。

本例中由于债券的票面利率低于市场利率，债券应折价发行，发行价格计算如下：

$$债券本金的现值=5\,000\,000\times(P/F,3\%,10)=5\,000\,000\times0.744\,1=3\,720\,500(元)$$

$$债券利息的现值=5\,000\,000\times5\%\times6/12\times(P/A,3\%,10)=125\,000\times8.530\,2=1\,066\,275(元)$$

$$债券的发行价格=3\,720\,500+1\,066\,275=4\,786\,775(元)$$

3. 债券发行的账务处理

企业应设置“应付债券”账户，用来核算企业发行债券的本金和利息，并设置“面值”“利息调整”“应计利息”三个明细账户。

例9-28

某年1月1日，甲公司经批准发行面值为5 000 000元的公司债券。该债券的票面利率为8%，期限为3年，每年6月30日和12月31日各付息一次，债券发行时的市场利率为8%。甲公司发行债券的账务处理如下：

借：银行存款　　5 000 000
　贷：应付债券——面值　　5 000 000

例9-29

沿用例9-28的资料。假定甲公司发行债券的票面利率为10%，其他条件不变。债券发行价格的计算及账务处理如下：

$$债券的发行价格=5\,000\,000\times0.790\,3+5\,000\,000\times10\%\times1/2\times5.242\,1=5\,262\,025(元)$$

借：银行存款　　5 262 025
　贷：应付债券——面值　　5 000 000
　　　　　　——利息调整　　262 025

例9-30

沿用例9-28的资料。假定甲公司发行债券的票面利率为6%，其他条件不变。债券发行价格的计算及账务处理如下：

$$债券的发行价格=5\,000\,000\times0.790\,3+5\,000\,000\times6\%\times1/2\times5.242\,1=4\,737\,815(元)$$

借：银行存款　　4 737 815
　　应付债券——利息调整　　262 185
　贷：应付债券——面值　　5 000 000

特别提示

发行债券通常会发生发行费用，如印刷费、律师费、手续费、广告费以及经纪人承销佣金等，这些费用统称为债券的发行费用。我国现行企业会计准则要求将债券的发行费用计入债券的初始确认金额，并按照借款费用的原则予以资本化或费用化。

4. 债券摊余成本和利息费用的确定

债券的摊余成本是指应付债券的初始确认金额（债券的发行价格）经过下列调整后的结果：扣除已偿还的本金；加上或减去采用实际利率法将该初始确认金额与到期日金额之间的差额进行摊销形成的累计摊销额。

在举债期间，企业实际负担的各期利息费用，除每期支付的利息外，还应包括债券溢价或折价的摊销，即将债券溢价逐期在利息费用中扣除，将债券折价逐期转为利息费用。因此，发行债券企业每期的利息费用可用公式表示如下：

利息费用＝支付的利息－溢价摊销

或　　＝支付的利息＋折价摊销

我国现行企业会计准则规定，应当采用实际利率法摊销债券的溢价或折价。实际利率法是以债券发行时的实际利率乘以每期期初债券的摊余成本，求得每期利息费用的一种方法。利息费用与实际支付利息的差额即该期利息调整（溢价或折价）的摊销。其中，实际利率是指将应付债券在债券存续期间的未来现金流量折现为该债券当前账面价值所使用的利率，即债券发行时的市场利率。实际利率一旦确定，在整个债券的存续期间内保持不变。

在实际利率法下，每期的利息调整（溢价或折价）的摊销额可按下列公式计算：

溢价摊销额＝应支付的利息－实际利息费用

折价摊销额＝实际利息费用－应支付的利息

其中，

实际利息费用＝债券该期期初摊余成本×实际利率

（1）债券存续期间按面值发行的账务处理。企业以面值发行债券时，应在债券存续期内按期计提利息，每期计提利息时，按应计利息借记“财务费用”科目或“在建工程”科目，贷记“应付利息”科目（分期付息）或“应付债券——应计利息”科目（到期付息）。

例 9－31

沿用例 9－28 的资料。甲公司每半年应计提并支付的利息金额为 200 000 元（5 000 000×8%×1/2）。其账务处理如下：

借：在建工程或财务费用	200 000	
贷：应付利息		200 000
借：应付利息	200 000	
贷：银行存款		200 000

（2）债券存续期间溢价或折价发行的账务处理。企业溢价或折价发行债券时，应在债券存续期内按期计提利息并摊销溢价或折价金额。每期计提利息并摊销溢价或折价金额时，应按实际利息，借记“财务费用”或“在建工程”科目，按溢价或折价金额的摊销额，借记或贷记“应付债券——利息调整”科目，按应计利息，贷记“应付债券——应计利息”科目。若为分期付息债券，通过“应付利息”科目核算。

例9-32

某年1月1日，甲公司经批准发行面值为5 000 000元的公司债券。该债券的票面利率为10%，期限为3年，每年6月30日和12月31日各付息一次。发行时的市场利率为8%，发行收入5 262 025元已存入银行。按实际利率法编制的债券溢价摊销表见表9-1。

表9-1 甲公司债券溢价摊销表（实际利率法） 单位：元

付息期次（半年）	实付利息 (1)=面值×5%	利息费用 (2)=上期(4)×4%	利息调整 (3)=(1)-(2)	摊余成本 (4)=上期(4)-(3)
第0期				5 262 025
第1期	250 000	210 481	39 519	5 222 506
第2期	250 000	208 900	41 100	5 181 406
第3期	250 000	207 256	42 744	5 138 662
第4期	250 000	205 546	44 454	5 094 208
第5期	250 000	203 768	46 232	5 047 976
第6期	250 000	202 024*	47 976	5 000 000
合计	1 500 000	1 237 975	262 025	—

*含尾差调整。

甲公司第1期期末的账务处理如下。

借：在建工程或财务费用 210 481

应付债券——利息调整 39 519

贷：应付利息 250 000

实际支付利息时。

借：应付利息 250 000

贷：银行存款 250 000

以后各期的账务处理略。

例9-33

某年1月1日，甲公司经批准发行面值为5 000 000元的公司债券。该债券的票面利率为6%，期限为3年，每年6月30日和12月31日各付息一次。发行时的市场利率为8%，发行收入4 737 815元已存入银行。按实际利率法编制的债券折价摊销表见表9-2。

表 9-2　甲公司债券折价摊销表（实际利率法）　　单位：元

付息期次（半年）	实付利息 (1)＝面值×3%	利息费用 (2)＝上期(4)×4%	利息调整 (3)＝(2)－(1)	摊余成本 (4)＝上期(4)＋(3)
第 0 期				4 737 815
第 1 期	150 000	189 513	39 513	4 777 328
第 2 期	150 000	191 093	41 093	4 818 421
第 3 期	150 000	192 737	42 737	4 861 158
第 4 期	150 000	194 446	44 446	4 905 604
第 5 期	150 000	196 224	46 224	4 951 828
第 6 期	150 000	198 172*	48 172	5 000 000
合计	900 000	1 162 185	262 185	—

*含尾差调整。

甲公司第1期期末的账务处理如下。

借：财务费用　　189 513

　贷：应付债券——利息调整　　39 513

　　　应付利息　　150 000

实际支付利息时。

借：应付利息　　150 000

　贷：银行存款　　150 000

以后各期的账务处理略。

特别提示

采用实际利率法对利息调整进行摊销时，若债券溢价发行，随着每期溢价的摊销，债券的账面价值逐期递减，每期的利息费用也逐期递减，而每期实付利息相等，所以每期摊销的溢价是递增的。若债券折价发行，债券的账面价值逐期递增，每期的利息费用也逐期递增，而每期实付利息相等，所以每期摊销的折价也是递增的。

9.3.3　长期应付款

长期应付款是指企业除长期借款和应付债券以外的其他各种长期应付款项，包括以分期付款方式购入固定资产、无形资产或存货等发生的应付款项等。

企业在购买固定资产、无形资产或存货过程中，延期支付的购买价款超过正常信用条件，实质上具有融资性质的，应当按照未来分期付款的现值，借记“固定资产”“无形资产”“原材料”等科目；按照未来分期付款的总额，贷记“长期应付款”科目；按照差额，借记“未确认融资费用”科目。企业在按照合同约定的付款日分期支付价款时，借记“长期应付款”科目，贷记“银行存款”等科目。

9.4 或有事项

9.4.1 或有事项的含义与特征

或有事项是指过去的交易或者事项形成的，其结果须由某些未来事项的发生或不发生才能决定的不确定事项。或有事项主要包括：未决诉讼或未决仲裁、债务担保、产品质量保证（含产品安全保证）、亏损合同等。或有事项具有以下特征：

（1）或有事项是由过去的交易或者事项形成的一种状况。或有事项作为一种状况，是企业过去的交易或事项引起的。比如，产品质量保证是企业对已售出商品或已提供劳务的质量提供的保证，不是为尚未出售商品或尚未提供劳务的质量提供的保证。未决诉讼虽是正在进行中的诉讼，但它是企业因过去的经济行为起诉其他单位或被其他单位起诉引起的，是现存的一种状况，不是将要存在的某种状况。或有事项是现存的状况，说明或有事项是资产负债表日的一种客观存在。它的结果对企业产生有利影响还是不利影响，或虽已知是有利影响或不利影响，但影响有多大，只能由未来发生的交易或事项来确定，现在尚不能完全肯定。

由于或有事项是由过去的交易或事项形成的，因此，未来可能发生的自然灾害、未来可能发生的交通事故、未来可能发生的经营亏损等事项不构成或有事项。

（2）或有事项的结果具有不确定性。或有事项的结果具有不确定性，是指或有事项的结果是否发生具有不确定性或者或有事项的结果预计将会发生，但发生的具体时间或金额具有不确定性。比如为单位提供债务担保，如果被担保方到期无力还款，那么担保方将负连带责任。对于担保方而言，担保事项构成其或有事项，但最后它是否会履行连带责任，在担保协议达成时是不能确定的。又如，某企业因生产排污治理不力并对周围环境造成污染而被起诉，如无特殊情况，该企业很可能败诉。但是，在诉讼成立时，该企业因败诉将支出多少金额，或者何时将发生这些支出，可能是难以确定的。或有事项的这种不确定性，是其区别于其他不确定性会计事项的重要特征。

（3）或有事项的结果须由未来事项决定。或有事项的结果在或有事项发生时是难以证实的。这种不确定性的消失，需要由未来不确定事项的发生或不发生来证实。比如未决诉讼，其最终结果只能随案件的发展，由判决结果来确定。又如企业为其他单位提供债务担保，如果被担保单位不能在债务到期时偿还债务，则企业需要履行偿还债务的连带责任。但该担保事项是否真的要求企业履行偿还债务的连带责任，只能看被担保单位的未来经营情况和偿债能力。如果被担保单位的经营情况和财务状况良好，且有较好的信用，那么企业将不需要履行该连带责任。或有事项的结果只能由未来发生的事项来证实，说明或有事项具有时效性。

也就是说，随着影响或有事项结果的因素发生变化，或有事项最终会转化为确定事项。

或有事项与不确定性联系在一起，但会计处理过程中存在的不确定性并不都形成或有事项准则所规范的或有事项，企业应当按照或有事项的定义和特征进行判断。例如，折旧的提取虽然涉及对固定资产净残值和使用寿命的估计，具有一定的不确定性，但固定资产原值是确定的，其价值最终会转移到成本或费用中也是确定的，因此折旧不是或有事项。

9.4.2 或有事项的分类

由于或有事项的结果可能会产生预计负债、或有负债和或有资产，其中，预计负债属于负债的范畴，因此，或有事项可以分为确认为负债的或有事项、或有负债和或有资产三类，随着某些未来事项的发生或者不发生，或有负债可能转化为企业的预计负债，或者消失；或有资产也有可能形成企业的资产或者消失。

1. 确认为负债的或有事项

确认为负债的或有事项即预计负债，按我国现行企业会计准则的规定，与或有事项相关的义务同时满足下列条件的，应当确认为预计负债。

（1）该义务是企业承担的现时义务。该义务是企业承担的现时义务，是指与或有事项相关的义务是企业在当前条件下承担的义务，企业没有其他选择，只能履行该现时义务。如某企业一名司机因违反交通规则造成严重交通事故，为此，该企业将承担保险以外的赔偿义务，即承担的是一项现时义务。又如甲公司与乙公司发生经济纠纷，调解无效，甲公司遂向法院提起诉讼。至该年年末法院尚未判决，但法庭调查表明，乙公司的行为违反了国家的有关经济法规，对乙公司而言，一项现时义务已经产生。

上述的义务包括法定义务和推定义务。其中，法定义务是指因合同、法规或其他司法解释等产生的义务，通常是企业在经济管理和经济协调中，依照经济法律、法规的规定必须履行的责任。比如，企业与其他企业签订购货合同产生的义务，就属于法定义务。

推定义务是指因企业的特定行为而产生的义务。企业的特定行为泛指企业以往的习惯做法、公开的承诺或公开宣布的经营政策。例如，甲公司是一家化工企业，因扩大经营规模，到 A 国创办了一家分公司。假定 A 国尚未针对甲公司这类企业的生产经营可能产生的环境污染制定相关法律，因而甲公司的分公司对在 A 国生产经营可能产生的环境污染不承担法定义务。但是，甲公司为在 A 国树立良好的形象，自行向社会公告，宣称将对生产经营可能产生的环境污染进行治理。甲公司的分公司为此承担的义务就属于推定义务。

（2）履行该义务很可能导致经济利益流出企业。履行该义务很可能导致经济利益流出企业，是指履行与或有事项相关的现时义务时，导致经济利益流出企业的可能性超过50%但小于或等于95%。

企业因或有事项承担了现时义务，并不说明该现时义务很可能导致经济利益流出企业。例如，某年9月1日，丙企业与丁企业签订协议，承诺为丁企业的两年期银行借款提供全额担保。对于丙企业而言，由于担保事项而承担了一项现时义务。这项义务的履行是否很可能导致经济利益流出企业，需依据丁企业的经营情况和财务状况等因素来确定。假定该年年末丁企业财务状况良好，那么丁企业不会违约，从而丙企业履行承担的现时义务不是很可能导致经济利益流出；如果丁企业的财务状况恶化，且没有迹象表明其财务状况可能发生好转，那么丁企业很可能违约，从而丙企业履行承担的现时义务很可能导致经济利益流出企业。

（3）该义务的金额能够可靠地计量。该义务的金额能够可靠地计量，是指与或有事项相关的现时义务的金额能够合理地估计。由于或有事项具有不确定性，因此或有事项产生的现时义务的金额也具有不确定性，需要估计。将或有事项确认为一项预计负债，相关现时义务的金额应当能够可靠估计。如甲企业涉及一桩诉讼案，根据以往的审判案例推断，甲企业很可能败诉，相关的赔偿金额也可以估算出一个范围。这种情况下，可以认为甲企业因未决诉讼承担的现时义务的金额能够可靠地估计，从而应将未决诉讼确认为一项负债。

2. 或有负债

或有负债是指过去的交易或者事项形成的潜在义务，其存在须通过未来不确定事项的发生或不发生予以证实；或过去的交易或者事项形成的现时义务，履行该义务不是很可能导致经济利益流出企业或该义务的金额不能可靠地计量。

潜在义务是指或有负债最终是否转变为现时义务，由某些未来不确定事项的发生或不发生予以决定。

现时义务是指该义务的履行不是很可能导致经济利益流出企业，或者该现时义务的金额不能可靠地计量。其中，不是很可能导致经济利益流出企业，是指该现时义务导致经济利益流出企业的可能性不超过50%（含50%）。金额不能可靠地计量，是指该现时义务导致经济利益流出企业的金额难以合理预计，现时义务履行的结果具有较大的不确定性。

3. 或有资产

或有资产是指过去的交易或者事项形成的潜在资产，其存在须通过未来不确定事项的发生或不发生予以证实。

或有资产作为一种潜在资产，其结果具有较大的不确定性，只有随着经济情况的变化，通过某些未来不确定事项的发生或不发生才能证实其是否会形成企业真正的资产。例如，甲企业向法院起诉乙企业侵犯了其专利权。法院尚未对该案件进行公开审理，甲企业是否胜诉尚难判断。对于甲企业而言，将来可能胜诉而获得的赔偿属于一项或有资产，但这项或有资产是否会转化为真正的资产，要由法院的判决结果来决定。

特别提示

或有负债和或有资产不符合负债或资产的定义和确认条件，企业不应当确认为负债和资产，但需要按规定进行相应的披露。

随着时间的推移和事态的进展，或有负债对应的潜在义务可能转化为现时义务，并且现时义务的金额能够可靠地计量。在这种情况下，或有负债就转化为企业的预计负债并予以确认。对于或有资产，只有企业基本确定（95%以上的可能性）能够收到并且金额能够可靠地计量时，才将其确认为企业的资产。

9.4.3 或有事项的计量

或有事项的计量是指对确认为负债的或有事项的计量，也就是对预计负债的计量。或有事项的计量要解决两个问题：一是因或有事项而确认负债金额的最佳估计数；二是预期可获得补偿的处理。

1. 最佳估计数的确定

（1）所需支出存在一个连续范围，且该范围内各种结果发生的可能性相同，则最佳估计数应当按照该范围内上下限金额的平均数确定。例如，甲企业于某年11月因合同违约而涉及一桩诉讼案。根据企业法律顾问的判断，最终的判决很可能对甲企业不利。该年年末甲企业尚未接到法院的判决，因诉讼须承担的赔偿金额也无法准确地确定。据专业人士估计，赔偿金额可能介于200万～240万元之间。因此，甲企业在该年年末资产负债表中确认一项金额为220万元的负债。

（2）所需支出不存在一个连续范围，或者虽然存在一个连续范围但该范围内各种结果发生的可能性不相同。在这种情况下，最佳估计数按照如下方法确定：

1）或有事项涉及单个项目时，最佳估计数按最可能发生的金额确定。涉及单个项目，是指或有事项涉及的项目只有一个，比如一项未决诉讼、一项未决仲裁或一项债务担保等。比如，甲公司涉及一起诉讼，根据类似案件的经验以及公司所聘律师的意见判断，甲公司在该起诉讼中胜诉的可能性有40%，败诉的可能性有60%；如果败诉，将要赔偿100万元。在这种情况下，甲公司应确认的负债金额（最佳估计数）应为最可能发生金额100万元。

2）或有事项涉及多个项目时，最佳估计数按各种可能发生额及其发生概率计算确定。涉及多个项目，是指或有事项涉及的项目不止一个，比如产品质量保证。在产品质量保证中，提出产品保修要求的可能有许多客户。相应地，企业对这些客户负有保修义务。

比如，甲企业某年销售D产品的收入共计500万元。该企业根据惯例为D产品提供一年的质量保证。质量保证条款规定，D产品出售后一年内，如果发生质量问题，该企业负责免费修理。根据以往的销售经验，如果产品发生较小的质量问题，发生的修理费用为销售额的 1%；如果发生较大的质量问题，发生的修理费用为销售额的 3%。该企业预测本年销售的 D 产品中有 90%不会发生质量问题，有 8%将发生较小的质量问题，有 2%将发生较大的质量问题。

产品质量保证的最佳估计数＝5 000 000×(1%×8%＋3%×2%)＝7 000(元)

2. 预期可获得的补偿

预期可获得的补偿是指企业清偿预计负债所需支出全部或部分预期由第三方补偿的金额。补偿金额只有在基本确定能够收到时才能作为资产单独确认，确认的补偿金额不应当超过预计负债的账面价值。

补偿金额的确认涉及两个问题：一是确认时间，补偿只有在基本确定能够收到时予以确认；二是确认金额，确认的金额是基本确定能够收到的金额，而且不能超过相关预计负债的账面价值。例如，甲企业因或有事项确认了一项预计负债 100 万元，同时，因该或有事项，甲企业还可从乙企业获得 45 万元的赔偿，且这项金额基本确定能收到。在这种情况下，甲企业应分别确认一项预计负债 100 万元和一项资产 45 万元。

9.4.4 确认为负债的或有事项的账务处理

为反映因或有事项确认的预计负债，企业单独设置“预计负债”账户进行核算。企业按规定的预计项目和预计金额确认的预计负债，借记“管理费用”“销售费用”“营业外支出”等科目，贷记“预计负债”科目。如果能从第三方或其他方获得补偿，则借记“其他应收款”科目，贷记有关科目。

例 9-34

甲公司于某年 11 月因合同违约而被乙公司起诉。截至该年 12 月 31 日，法院尚未对该项诉讼进行审理。根据律师的意见，甲公司很可能败诉，赔偿的金额根据相关法律规定估计在 80 万～100 万元之间，其中包括甲公司应承担的诉讼费用 3 万元。甲公司的账务处理如下：

借：管理费用——诉讼费	30 000	
营业外支出	870 000	
贷：预计负债——未决诉讼		900 000

例 9-35

甲公司于某年 2 月与乙公司签订了债务担保协议，为乙公司的一项银行贷款提供担保。该年 8 月乙公司由于到期无法偿还该项贷款被银行控告，甲公司因债务担保协议成为该项诉讼的第二被告。截至该年 12 月 31 日，该项诉讼尚未判决。根据律师的估计，由于乙公司经营困难，甲公司很可能要承担连带责任，承担还款责任 150 万元的可能性为 80%，承担还款责任 80 万元的可能性为 40%。甲公司的账务处理如下：

借：营业外支出　　1 500 000
　贷：预计负债——未决诉讼　　1 500 000

9.4.5 亏损合同

亏损合同是指履行合同义务不可避免会发生的成本超过预期经济利益的合同。企业与其他单位签订的商品销售合同、劳务合同、租赁合同等均可能变为亏损合同。

亏损合同产生的义务满足预计负债确认条件的，应当确认为预计负债。预计负债的计量应当反映退出该合同的最低净成本，即履行该合同的成本与未能履行该合同而发生的补偿或处罚两者中的较低者。

例9-36

乙公司于某年1月1日与丙公司签订了一批D产品的销售合同。双方约定乙公司在该年7月1日向丙公司销售100件D产品，合同单价为1 280元。乙公司签订合同时，估计D产品的单位成本为960元。合同规定如果乙公司该年7月1日未能按期交货，须向丙公司支付未按期交货部分合同价款20%的违约金。

由于乙公司在组织生产D产品时原材料价格大幅上涨，预计生产D产品的单位成本会上升至1 360元。

本例中，原材料价格上涨导致生产D产品的成本超过合同单价，因此乙公司与丙公司签订的销售合同变为亏损合同，如果乙公司执行合同，销售每件D产品亏损80元，总亏损金额为8 000元（80×100）。如果乙公司不能按期交货，应支付的违约金为25 600元（100×1 280×20%）。因而乙公司应确认预计负债的金额为二者中的较低者8 000元。有关账务处理如下：

（1）确认亏损合同产生的预计负债。

借：营业外支出　　8 000
　贷：预计负债——亏损合同　　8 000

（2）产品生产完成后，将已确认的预计负债冲减产品成本。

借：预计负债　　8 000
　贷：库存商品　　8 000

特别提示

亏损合同存在标的资产的，应当对标的资产进行减值测试并按规定确认减值损失，如果预计亏损超过该减值损失，应将超过部分确认为预计负债；亏损合同不存在标的资产的，合同相关义务满足预计负债确认条件时，应当确认为预计负债。

9.5 借款费用

9.5.1 借款费用的含义与内容

借款费用是指企业因借款而发生的利息及其他相关成本，即企业因借入资金而付出的代价。借款费用包括的内容有：

（1）因借款而发生的利息。因借款而发生的利息，包括企业向银行或其他金融机构等借入资金发生的利息、发行债券发生的利息，以及承担带息债务应计的利息等。

（2）因借款而发生的折价或溢价的摊销。因借款而发生的折价或溢价主要是发行债券发生的折价或溢价。折价或溢价的摊销实质上是对借款利息的调整，因而构成借款费用的组成部分。

（3）因借款而发生的辅助费用。因借款而发生的辅助费用，是指企业在借款过程中发生的手续费、佣金、印刷费、承诺费等费用。由于这些费用是因安排借款而发生的，是借入资金的一部分代价，因而也是借款费用的构成内容。

（4）因外币借款而发生的汇兑差额。因外币借款而发生的汇兑差额，是指由于汇率变动而对外币借款本金及其利息的记账本位币金额产生影响的金额。由于这部分汇兑差额是与外币借款直接联系的，因而也是借款费用的构成内容。

9.5.2 借款费用的确认

1. 借款费用确认的基本原则

借款费用确认解决的主要问题，是将每期发生的借款费用资本化并计入相关资产的成本还是费用化计入当期损益。根据我国借款费用准则的规定，借款费用确认的基本原则是：企业发生的借款费用，可直接归属于符合资本化条件的资产购建或者生产的，应当予以资本化，计入相关资产成本；其他借款费用，应当在发生时根据其发生额确认为费用，计入当期损益。

2. 借款费用资本化的资产范围

借款费用资本化的资产必须是符合资本化条件的资产，具体是指需要经过相当长时间的购建或者生产活动才能达到预定可使用或者可销售状态的固定资产、投资性房地产和存货等资产。其中，相当长时间是指资产的购建或者生产所需时间在一年以上（含一年）；存货主要包括房地产开发企业开发的用于对外出售的房地产开发产品、企业制造的用于对外出售的大型机械设备等，这类存货通常需要经过一年或一年以上时间的建造或者生产，才能达到预定可销售状态。

3. 借款费用资本化的借款范围

借款费用资本化的借款包括专门借款和一般借款两类。专门借款是指为购建或者生产符合资本化条件的资产而专门借入的款项。专门借款通常应当有明确的用途，即为购建或者生产某项符合资本化条件的资产而专门借入，并具有标明该用途的借款合同。一般借款是指除专门借款之外的借款。一般借款在借入时，通常没有特指其用于符合资本化条件的资产的购建或者生产。可见，无论是专门借款还是一般借款，在满足一定条件的情况下，都可能予以资本化。

9.5.3 借款费用资本化的条件

借款费用资本化的前提是确定资本化期间。借款费用资本化期间是指从借款费用开始资本化的时点到停止资本化时点的期间，但不包括借款费用暂停资本化的期间。所以借款费用资本化的条件分为开始资本化的时点、暂停资本化的期间和停止资本化的时点。

1. 开始资本化的时点

我国企业会计准则规定，借款费用允许开始资本化必须同时满足三个条件，即资产支出已经发生、借款费用已经发生、为使资产达到预定可使用或者可销售状态所必要的购建或者生产活动已经开始。

（1）资产支出已经发生，是指企业为购建或者生产符合资本化条件的资产，已经用现金、转移非现金资产或承担带息债务的形式支付实际发生的各项支出。

例如，某企业用货币资金购买为建造或者生产符合资本化条件的资产所需用的材料，支付有关职工薪酬等；某企业将自己生产的水泥、钢材等用于符合资本化条件的资产的建造或者生产；某企业用自己生产的产品向其他企业换取用于符合资本化条件的资产的建造或者生产所需用的工程物资等；某企业购入一批工程物资，开出一张20万元带息银行承兑汇票，期限为6个月，票面年利率为7%，用于符合资本化条件的资产的建造或者生产；等等，均属于资产支出。

特别提示

企业以赊购方式购买上述物资所产生的债务可能带息，也可能不带息。如果赊购物资承担的是带息债务，则企业要为这笔债务付出代价——支付利息，与企业向银行借入款项用于资产支出在性质上是一致的。所以企业为购建或者生产符合资本化条件的资产而承担的带息债务应当作为资产支出，当该带息债务发生时，视同资产支出已经发生。

（2）借款费用已经发生，是指企业已经发生了因购建或者生产符合资本化条件的资产而专门借入款项的借款费用或者所占用的一般借款的借款费用。例如，某企业于某年1月1日为建造一生产车间，从银行专门借入款项4 000万元，当日开始计息，则该年1月1日即确认借款费用已经发生。

（3）为使资产达到预定可使用或者可销售状态所必要的购建或者生产活动已经

开始，是指符合资本化条件的资产的实体建造或者生产工作已经开始，如厂房的开工建造等。

企业只有在上述三个条件同时满足的情况下，有关借款费用才可开始资本化，只要其中有一个条件没有满足，借款费用就不能开始资本化。

2. 暂停资本化的期间

我国现行企业会计准则规定：符合资本化条件的资产在购建或者生产过程中发生非正常中断，且中断时间连续超过 3 个月的，应当暂停借款费用的资本化。在中断期间发生的借款费用应当确认为费用，计入当期损益，直至资产的购建或者生产活动重新开始。如果中断是使所购建或者生产的符合资本化条件的资产达到预定可使用或者可销售状态所必要的程序，则借款费用的资本化应当继续进行。

非正常中断是指由于企业管理决策上的原因或者其他不可预见的原因等所导致的中断。比如，企业因与施工方发生质量纠纷，或者资金周转困难导致工程用料没有及时供应，或者生产发生安全事故，或者发生与资产购建、生产有关的劳动纠纷等原因导致的中断，均属于非正常中断。例如，某企业于某年 1 月 1 日利用专门借款开工兴建一个成品仓库，并具备自当日起开始资本化的条件。工程预计于该年年底完工。该年 4 月 1 日，工程施工发生安全事故，导致工程中断，直到 8 月 1 日才复工，该中断就属于非正常中断。因此，上述专门借款在 4 月 1 日至 8 月 1 日所发生的借款费用不应予以资本化，而应作为财务费用计入当期损益。

非正常中断与正常中断明显不同。正常中断通常仅限于购建或者生产符合资本化条件的资产达到预定可使用或者可销售状态所必要的程序，或者事先可预见的不可抗力因素导致的中断。例如，某企业在北方某地建造某工程期间遇上冰冻季节，工程无法施工导致中断，待冰冻季节过后方能继续施工。由此导致的施工中断是可预见的不可抗力因素导致的，属于正常中断。在正常中断期间所发生的借款费用可以继续资本化，计入相关资产的成本。

3. 停止资本化的时点

当所购建或者生产符合资本化条件的资产达到预定可使用或者可销售状态，应当停止其借款费用的资本化，以后发生的借款费用计入当期损益。达到预定可使用或者可销售状态，是指资产已经达到购买方、建造方或者生产方预先设想的可以使用或者可以销售的状态。可以从以下几个方面来加以判断：

(1) 符合资本化条件的资产的实体建造（包括安装）工作已经全部完成或者实质上已经完成。

(2) 所购建或者生产的符合资本化条件的资产与设计要求、合同规定或者生产要求相符或基本相符，即使有极个别与设计要求、合同规定或者生产要求不相符的地方，也不会影响其正常使用或者销售。

(3) 继续发生在所购建或者生产的符合资本化条件的资产上的支出金额很少或几乎不再发生。

特别提示

对于分别完工的资产，企业应区别以下不同情况界定停止资本化的时点：（1）其任何一部分在其他部分继续建造期间可供使用或者可对外销售，且为使该部分资产达到预定可使用或者可销售状态所必要的购建或者生产活动实质上已经完成的，应当停止与该部分资产相关的借款费用的资本化。（2）其任何一个部分都必须在符合资本化条件的资产总体完成后才能投入使用或者销售的，即使资产的各部分已经分别完工，也应在该资产整体完工时才停止借款费用的资本化。已经完工部分的借款费用仍应继续资本化。

9.5.4 借款费用的计量

借款费用计量的关键是如何确定每期应予以资本化的借款费用金额。不能资本化的借款费用应当计入当期损益。

借款利息（含溢价或折价摊销）、辅助费用和汇兑差额在资本化确认条件方面有所不同，现分别说明如下。

1. 借款利息资本化金额的确定

（1）专门借款利息资本化金额的确定。企业在确定专门借款利息（含溢价或折价摊销）资本化金额时，应当以专门借款当期实际发生的利息费用，减去尚未动用的借款资金存入银行取得的利息收入或进行暂时性投资取得的投资收益后的金额，作为资本化的利息金额。

例9-37

2×17年7月1日，甲企业为建造厂房从银行取得3年期借款1 200万元，年利率为6%，按单利计算，到期一次归还本息。借入款项存入银行，工程于2×17年年底达到预定可使用状态。2×17年10月1日，用银行存款支付工程价款600万元并开始厂房的建造，该项专门借款在2×17年第三季度的利息收入为12万元，第四季度的利息收入为6万元。甲企业2×17年借款费用的资本化金额计算如下：

该项专门借款资本化时点为2×17年10月1日，资本化期间为2×17年10月1日至2×17年年底。

$$2\times17\text{年借款费用的资本化金额}=1\,200\times6\%\times3\div12-6=12(\text{万元})$$

（2）一般借款利息资本化金额的确定。企业为购建或者生产符合资本化条件的资产而占用一般借款的，应当根据累计资产支出超过专门借款部分的资产支出加权平均数乘以所占用一般借款的资本化率，计算确定一般借款应予以资本化的利息金额。资本化率应当根据一般借款加权平均利率计算确定。

例 9-38

甲企业 2×18 年发生的业务及其相关资料如下：

1）1 月 1 日，取得专门借款 1 600 万元用于建造厂房（采用出包方式），借款期限为 3 年，年利率为 8%，利息按年支付，并于同日向施工方支付工程进度款 1 200 万元。

2）7 月 1 日，取得专门借款 2 400 万元，借款期限为 5 年，年利率为 10%，利息按年支付，并于同日向施工方支付工程进度款 3 200 万元。

3）10 月 1 日向施工方支付工程进度款 2 000 万元。厂房于 12 月 31 日完工，达到预定可使用状态。

4）闲置的专门借款资金均用于固定收益债券短期投资，假定该短期投资月收益率为 0.5%，投资收益到该年年末为止尚未收到。

5）甲企业为建造该厂房还占用了两笔一般借款：2×17 年 3 月 1 日发行期限为 5 年、年利率为 8%的公司债券 8 000 万元，利息按年支付。2×17 年 5 月 1 日向银行借入期限为 6 年、年利率为 6%的长期借款 4 000 万元，利息按年支付。

本例中，资本化期间为 2×18 年 1 月 1 日至 2×18 年 12 月 31 日。

专门借款利息的资本化金额计算如下：

专门借款 2×18 年应付利息＝1 600×8%＋2 400×10%×6÷12
＝248(万元)

专门借款闲置期间的投资收益＝400×0.5%×6＝12(万元)

专门借款利息的资本化金额＝248－12＝236(万元)

一般借款利息的资本化金额计算如下：

一般借款 2×18 年应付利息＝4 000×6%＋8 000×8%＝880(万元)

累计资产支出超过专门借款部分的资产支出(占用一般借款)＝(1 200＋3 200＋2 000)－(1 200＋2 800)
＝6 400－4 000＝2 400(万元)

占用一般借款部分的资产支出加权平均数＝400×6÷12＋2 000×3÷12＝700(万元)

一般借款资本化率＝(4 000×6%＋8 000×8%)÷(4 000＋8 000)≈7.33%

一般借款利息的资本化金额＝700×7.33%＝51.31(万元)

甲企业 2×18 年年末的账务处理如下：

借：在建工程	2 873 100	
财务费用	8 286 900	
应收利息	120 000	
贷：应付利息		11 280 000

特别提示

在资本化期间，每一会计期间的利息资本化金额不应当超过当期相关借款实际发生的利息金额。

2. 汇兑差额资本化金额的确定

企业为购建或者生产符合资本化条件的资产而借入外币专门借款时，由于企业取得外币借款日、使用外币借款日和会计结算日往往并不一致，外币借款会产生汇兑差额。出于简化核算的考虑，我国借款费用准则规定，在资本化期间，外币专门借款本金及其利息的汇兑差额应当予以资本化，计入符合资本化条件的资产的成本。除外币专门借款之外的其他外币借款本金及其利息所产生的汇兑差额应当作为财务费用，计入当期损益。

特别提示

专门借款发生的辅助费用，在所购建或生产的符合资本化条件的资产资本化期间发生的应予以资本化。一般借款发生的辅助费用也应当比照上述原则进行处理。

思考题

1. 什么是负债？负债有何特征？
2. 带息票据与不带息票据在会计处理上有何异同？
3. 如何运用应付账款核算的总价法进行账务处理？
4. 应交税费主要包括哪些项目？分别举例说明其账务处理方法。
5. 职工薪酬包括哪些内容？应如何确认与计量？
6. 何谓未确认融资费用？如何对其进行摊销？
7. 什么是或有事项？或有事项有哪些特征？
8. 或有事项确认与计量的条件是什么？应如何对或有事项进行账务处理？
9. 如何界定借款费用的范围？其处理方法有哪些？
10. 分别说明借款费用开始资本化、暂停资本化、停止资本化的条件。

练习题

习题一

［目的］ 练习赊购材料采用总价法的账务处理。

[资料] 甲公司某年发生如下经济业务：

(1) 4月2日，购入A材料，价款为40 000元，增值税额为5 200元，付款条件为“2/10，n/30”。

(2) 4月27日，购入B材料，价款为10 000元，增值税额为1 300元，付款条件为“1/10，n/30”。

(3) 5月3日，用银行存款支付购入A材料的款项。

(4) 5月5日，用银行存款支付购入B材料的款项。

[要求] 采用总价法编制有关会计分录。

习题二

[目的] 练习增值税的账务处理。

[资料] 甲企业某月用银行存款购入一批材料，不含税价款为80 000元，增值税额为10 400元；当年累计销售产品的不含税金额为14 000元，增值税额为18 200元；甲企业月初尚有未抵扣的增值税进项税额4 700元；当月共缴纳了增值税2 600元。

[要求] 对甲企业该月有关增值税的业务进行账务处理。

习题三

[目的] 练习预计负债的计量方法。

[资料]

(1) 2×18年12月10日，甲公司因合同违约而涉及一桩诉讼案。企业的法律顾问判断，最终的判决很可能对甲公司不利。2×18年12月31日，甲公司尚未接到法院的判决，因诉讼须承担的赔偿金额也无法准确地确定。不过，据专业人士估计，赔偿金额可能为72万～80万元之间的某一金额（不含甲公司将承担的诉讼费2万元）。

(2) 乙公司于2×18年10月25日接到银行通知，向该银行的借款已逾期，银行已向法院起诉，要求归还本息200万元，另支付逾期罚息16万元。至2×18年12月31日法院尚未作出判决。对于此诉讼，甲公司预计除需偿还全部本息外，还有70%的可能性需支付罚息8万～12万元，有95%的可能性需支付诉讼费2.4万元。

[要求] 根据上述资料（1）和（2），分别确认2×18年12月31日甲公司和乙公司预计负债的金额。

习题四

[目的] 练习与或有事项有关业务的账务处理。

[资料] 甲企业2×18年9月发生以下与或有事项有关的交易和事项：

(1) 9月1日，由甲企业提供贷款担保的乙企业因陷入严重财务困境无法支付到期贷款本息1 600万元，被贷款银行提起诉讼。9月20日，法院一审判决甲企业承担连带偿还责任，甲企业不服判决并决定上诉。9月30日，甲企业律师认为，甲企业很可能需要为乙企业所欠贷款本息承担全额连带偿还责任。甲企业在2×18年9月1日之前未确认过与该贷款担保相关的负债。

（2）9月10日，甲企业收到丙企业提供的相关证据，表明2×17年12月销售给丙企业的A产品出现了质量问题，丙企业根据合同规定要求甲企业赔偿40万元。甲企业确认很可能发生赔偿支出，估计赔偿金额为40万元。鉴于甲企业已就A产品在保险公司投了产品质量保险，9月30日，甲企业基本确定可从保险公司获得理赔24万元。甲企业尚未向丙企业支付赔偿款。

（3）9月15日，甲企业与丁企业签订了不可撤销的产品销售合同。合同约定：甲企业为丁企业生产B产品1万件，售价为每件800元，4个月后交货，若无法如期交货，应按合同总价款的30%向丁公司支付违约金。但9月下旬原油等能源价格上涨，导致生产成本上升，甲企业预计B产品生产成本变为每件880元。至9月30日，甲企业无库存B产品所需原材料，企业计划10月上旬调试有关生产设备并采购原材料，开始生产B产品。

假定不考虑所得税和其他相关税费。

[要求] 对甲企业2×18年9月30日与上述或有事项有关的业务进行账务处理（金额单位用万元表示）。

习题五

[目的] 练习借款费用的资本化金额的计量方法。

[资料]

（1）甲企业于2×17年10月1日从银行取得一笔专门借款600万元用于固定资产的建造，年利率为8%，2年期。至2×18年1月1日该固定资产建造已发生资产支出600万元。该企业于2×18年1月1日从银行取得1年期一般借款300万元，年利率为6%。借入款项存入银行，工程于2×18年年底达到预定可使用状态。2×18年2月1日用银行存款支付工程价款150万元，2×18年10月1日用银行存款支付工程价款150万元。工程项目于2×18年3月31日至2×18年7月31日发生非正常中断。

（2）2×17年7月1日乙企业为建造厂房从银行取得3年期借款300万元，年利率为6%，按单利计算，到期一次归还本息。借入款项存入银行，工程于2×18年年底达到预定可使用状态。2×17年10月1日用银行存款支付工程价款150万元并开始厂房的建造，2×18年4月1日用银行存款支付工程价款150万元。该项专门借款在2×17年第三季度的利息收入为3万元，第四季度的利息收入为1.5万元。

[要求]

（1）计算甲企业2×18年借款费用的资本化金额；

（2）计算乙企业2×17年借款费用的资本化金额。

第10章

所有者权益

学习目标

通过本章的学习，了解企业的组织形式；理解所有者权益的含义及构成、股票分割的含义及性质；理解注册资本的主要法律规定；掌握实收资本、其他权益工具、资本公积、其他综合收益及留存收益业务的账务处理。

10.1 所有者权益概述

10.1.1 企业的组织形式

我国实行的市场经济体制已形成多种经济成分并存的格局。在市场经济条件下，企业是主体。虽然企业所有制的性质不同，但与所有者权益会计密切相关的不是企业所有制的性质，而是企业的组织形式。所有者权益会计要解决不同企业所有者对企业应承担的风险及其享有的利益的问题。国际通行的做法是按企业资产经营的法律责任，把企业划分为非公司型企业和公司型企业。

1. 非公司型企业

（1）独资型企业。独资型企业也称私人独资企业。它是企业最简单、最原始的组织形式。企业的全部资产归出资者一人所有，企业的经营也由出资者个人承担，因此，企业的所有权与经营权是统一的。独资企业不具有法人资格，企业的所有者对企业的债务负有无限的清偿责任。这种类型的企业一般规模比较小，资金来源有限。这种组织形式适合生产条件和生产过程比较简单、经营规模比较小的生产经营活动，具有较大的局限性。

（2）合伙型企业。合伙型企业是两个或两个以上的合伙人按照协议共同出资，共同承担企业经营风险，并且对企业债务承担连带责任的企业。其最大的特点是，合伙人对债务承担无限连带责任，一旦发生债务，债权人可以向任何一个合伙人请求清偿全部债务。企业的事务通常由合伙人共同决定，然后委托一个或部分合伙人去执行。合伙企业由于吸收了其他私人的投资，为扩大企业生产经营规模提供了一定的条件，因而是一种比私人独资企业更先进的企业组织形式。但是，合伙企业也有很大的局限性，主要是权力分散，决策缓慢，筹资比较困难，由于合伙企业不具有法人资格，合伙人对企业的债务要负无限责任，风险比较大。

2. 公司型企业

公司是依据一定的法律程序申请登记设立，并以营利为目的的具有法人资格的经济组织。它有自己独立的财产，独立地承担经济责任，同时享有相应的民事权利。公司具有法人资格，这是区别于非法人企业（如独资企业和合伙企业）的一个重要标志。法人是具有民事权利能力和民事行为能力，依法独立享有民事权利和承担民事义务的组织。因此，它必须具有独立的法人财产，自主经营、自负盈亏。公司是随着资本主义制度的发展，伴随着资本集中的过程而兴起的，这种组织形式适合规模比较大的生产经营企业。

《中华人民共和国公司法》（以下简称《公司法》）规定："公司是指依照本法在中国境内设立的有限责任公司和股份有限公司。"可见，公司是以责任形式设立的，而不是以所有制或以行政隶属关系来建立的；公司包含多种经济成分，容纳多种来源的投资，不同的所有者都可以采用公司形式。我国《公司法》将公司分为有限责任公司和股份有限公司。

（1）有限责任公司。有限责任公司是指由一定数量的股东共同出资组成，股东仅就自己的出资额对公司的债务承担有限责任的公司。有限责任公司的股东不限于自然人，也可以是法人和政府。但股东的数量有上限，有限责任公司的股东应在50个以下。有限责任公司对公司的资本不分为等额股份，不对外公开募集股份，不能发行股票。股东以其出资比例享受公司权利，承担公司义务。公司股东以其出资额承担有限责任，并享受相应的权益。公司股份的转让有严格的限制，如需转让，应在其他股东同意的条件下方可进行。

按我国《公司法》的规定，可以设立一人有限责任公司。一人有限责任公司是指只有一个自然人股东或者一个法人股东的有限责任公司。一个自然人只能投资设立一个一人有限责任公司，该一人有限责任公司不能投资设立新的一人有限责任公司。一人有限责任公司应当在公司登记中注明自然人独资或者法人独资，并在公司营业执照中载明。一人有限责任公司的股东不能证明公司财产独立于股东自己的财产的，应当对公司债务承担连带责任。

按我国《公司法》的规定，可以设立国有独资公司。国有独资公司是指国家单独出资、由国务院或者地方人民政府授权本级人民政府国有资产监督管理机构履行出资人职责的有限责任公司。国有独资公司不设股东会，由国有资产监督管理机构行使股东会职权。应设董事会，董事每届任期不得超过三年，董事会成员中应当有公司职工代表；应设监事会并且成员不得少于五人，其中职工代表的比例不得低于三分之一，具体比例由公司章程规定。

（2）股份有限公司。股份有限公司是指由一定数量的股东共同出资组成，股东仅就自己的出资额对公司的债务承担有限责任的公司。它与有限责任公司的重要区别就是，公司的资本总额平分为金额相等的股份，并通过公开发行股票向社会筹集资金。同时，公司的股份可以自由转让，股票可以在社会上公开交易、转让，但不能退股。股份有限公司彻底实现了所有权与经营权的分离，因此，具有筹资便利、风险分散、资本流动性好等优点。股份有限公司由于资本雄厚，实力强大，因此在发达国家的整个国民经济中占统治地位。这种组织形式适合从事较大规模的生产经营活动。

不同的企业组织形式对资产和负债的账务处理并无重大影响，但涉及所有者权益方面的账务处理却不大一样。公司组织，尤其是股份有限公司，已是当今世界上最广泛采用的企业组织形式。它具有独资企业和合伙企业所不具备的生命力和优越性，在资本结构和筹资方式上更具灵活性。因此，我们选择股份有限公司的股东权益作为重点来论述。

10.1.2　所有者权益的含义及构成

1. 所有者权益的含义

关于所有者权益的含义，虽有各种不同的说法，但共识要多于分歧。国际会计准则委员会在其发布的《关于编报财务报表的框架》中，将所有者权益表述为："所有者权益是指企业的资产中扣除企业全部负债后的剩余权益。"美国财务会计准则委员会在其发布的《财务报表要素》中，将所有者权益表述为："所有者权益（或净资产）是某个主体的资产减去负债后的剩余权益。"这两种表述侧重于从定量方面对所有者权益进行界定，说明了所有者权益的量化办法，即：所有者权益＝资产总计－负债总计。

我国《企业会计准则——基本准则》规定，"所有者权益是指企业资产扣除负债后，由所有者享有的剩余权益"。股份有限公司的所有者权益又称股东权益。所有者权益是所有者对企业资产的剩余索取权，它是企业资产中扣除债权人权益后应由所有者享有的部分，既可反映所有者投入资本的保值增值情况，又体现了保护债权人权益的理念。

所有者对企业的经营活动承担最终的风险，与此同时，也享有最终的权益。如果企业在经营中获利，所有者权益将随之增加；反之，所有者权益将随之缩减。任何企业的所有者权益都是由企业投资者的投入资本及其增值构成的。

所有者权益与负债虽然都是权益，共同构成企业的资金来源，但两者有很大的不同。具体表现在：（1）所有者权益是投资者享有的对投入资本及其运用所产生盈余（或亏损）的权利；负债是在经营或其他活动中发生的债务，是债权人要求企业清偿的权利。（2）所有者享有参与收益分配、参与经营管理等多项权利，但对企业资产的要求权在顺序上处于债权人之后，即只享有对剩余资产的要求权；债权人享有到期收回本金及利息的权利，在企业清算时，有优先获取资产赔偿的要求权，但没有经营决策参与权和收益分配权。（3）在企业持续经营的情况下，所有者权益一般不存在抽回的问题，即不存在约定的偿还日期，因而是企业的一项可以长期使用的资金，只有在企业清算时才予以退还；负债必须于一定时点偿还。为了保证债权人的利益不受侵害，法律规定债权人对企业资产的要求权优先于投资者，因此债权又称为第一要求权。投资者具有对剩余财产的要求权，故又称剩余权益。

所有者能够获得多少收益，需视企业的盈利水平及经营政策而定，风险较大；债权人获取的利息一般按一定利率计算，并且是预先可以确定的固定数额，无论经营状况如何，企业都要按期付息，风险相对较小。

2. 所有者权益的来源构成

我国企业会计准则规定，基于公司制的特点，所有者权益的来源通常由实收资本（或股本）、其他权益工具、资本公积、其他综合收益和留存收益（盈余公积和未分配利润）构成。

实收资本，是指所有者在企业注册资本的范围内实际投入的资本。注册资本是指企业在设立时向工商行政管理部门登记的资本总额，也是全部出资者设定的出资额之和。注册资本是企业的法定资本，是企业承担民事责任的财力保证。

其他权益工具，是指企业发行的除普通股以外的归类于权益工具的各种金融工具，主要包括归类于权益工具的优先股、永续债（如长期限含权中期票据）、认股权、可转换公司债券等金融工具。

资本公积，是指企业收到投资者的超过其在企业注册资本（或股本）中所占份额的投资，以及直接计入所有者权益的利得和损失等。资本公积包括资本溢价（或股本溢价）和其他资本公积。

其他综合收益，是指在企业经营活动中形成的未计入当期损益但归所有者共有的利得或损失，主要包括以公允价值计量且其变动计入其他综合收益的金融资产公允价值变动、权益法下被投资单位所有者权益其他变动等。

留存收益，是指归所有者共有的、企业历年实现的净利润留存于企业的部分，主要包括法定盈余公积、任意盈余公积和未分配利润。

从会计上说，界定所有者权益来源构成的目的之一，是让股东和债权人知道，公司付给股东的款项是利润的分配还是投入资本的返还。只有当期的税后利润和前期的未分配利润才可用于股利分配。企业的利润分配有限度，既是法律的约束，也反映了公司持续经营的愿望。这样分类的另一个目的在于让股东用累计利润来判断管理人员的称职程度。许多股东一般不直接参与公司的经营管理，将公司管理人员视为投入资本的经营管理责任者，只要将累计利润与投入资本相比较即可评价其经营管理的绩效。

3. **所有者权益的确认**

所有者权益体现的是所有者在企业中的剩余权益，因此，所有者权益的确认主要依赖于其他会计要素，尤其是资产和负债的确认；所有者权益金额的确定也主要取决于资产和负债的计量。例如，企业接受投资者投入的资产，当该资产符合企业资产确认条件时，就相应地符合了所有者权益的确认条件；当该资产的价值能够可靠计量时，所有者权益的金额也就可以确定。

10.2　实收资本与其他权益工具

10.2.1　实收资本

1. **实收资本的性质**

实收资本（或股本）是所有者投入资本形成法定资本的价值。所有者向企业投入的资本，在一般情况下无须偿还，可供企业长期周转使用。实收资本（或股本）的构成比例，通常是确定所有者在企业所有者权益中所占的份额和参与企业财务经营决策的基础，也是企业进行利润分配或股利分配的依据，同时还是企业清算时确定所有者对净资产要求权的依据。《公司法》规定，公司注册资本应为在工商行政管理机关登记的实收资本总额。根据这一规定，公司的实收资本（或股本）即注册资本。

2. **关于注册资本的主要法律规定**

（1）有限责任公司的注册资本为在公司登记机关登记的全体股东认缴的出资额。股东可以用货币出资，也可以用实物、知识产权、土地使用权等可以用货币估价并可以依法转让的非货币财产作价出资，但法律、行政法规规定不得作为出资的财产除外。对作为出资的非货币财产应当评估作价、核实财产，不得高估或者低估作价。股东应当按期足额缴纳公司章程中规定的各自所认缴的出资额。股东以货币出资的，应当将货币出资足额存入有限责任公司在银行开设的账户；以非货币财产出资的，应当依法办理其财产权的转移手续；股东不按照前款规定缴纳出资的，除应当向公司足额缴纳外，还应当向已按期足额缴纳出资的股东承担违约责任。

（2）股份有限公司采取发起设立方式设立的，注册资本为在公司登记机关登记的全体发起人认购的股本总额。在发起人认购的股份缴足前，不得向他人募集股份。发起人应当书面认足公司章程规定其认购的股份，并按照公司章程规定缴纳出资。以非货币财产出资的，应当依法办理其财产权的转移手续；发起人不依照前款规定缴纳出资的，应当按照发起人协议承担违约责任；发起人认足公司章程规定的出资后，应当选举董事会和监事会，由董事会向公司登记机关报送公司章程以及法律、行政法规规定的其他文件，申请设立登记。

股份有限公司采取募集方式设立的，注册资本为在公司登记机关登记的实收股本总额。法律、行政法规以及国务院决定对股份有限公司注册资本实缴、注册资本最低限额另有规定的，从其规定。发起人认购的股份不得少于公司股份总数的35%；若法律、行政法规另有规定的，从其规定。

特别提示

股份有限公司可以采取发起设立或者募集设立的方式。发起设立，是指由发起人认购公司应发行的全部股份而设立公司。募集设立，是指由发起人认购公司应发行股份的一部分，其余股份向社会公开募集或者向特定对象募集而设立公司。

3. 实收资本的账务处理

（1）一般企业的实收资本。一般企业是指除股份有限公司以外的企业，如国有企业、有限责任公司等。投资者投入资本的形式可以有多种，如投资者可以用现金投资，可以用实物资产投资，也可以用无形资产投资。一般企业投入资本通过“实收资本”账户进行账务处理。

企业收到投资时，一般应作如下账务处理：收到投资人投入的现金，应当以实际收到或存入企业开户银行的金额，借记“库存现金”“银行存款”科目；以实物资产投资的，应在办理实物产权转移手续时，借记有关资产科目；以无形资产投资的，应在按合同、协议或公司章程规定移交有关凭证时，借记“无形资产”科目；当企业接受股东或国家的股权投资时，以其投资额为股权的评估价值，借记“长期股权投资”“交易性金融资产”“其他权益工具投资”等科目，贷记“实收资本”科目。

例10-1

企业接受某股东以银行存款投资100万元，其账务处理如下：

借：银行存款　　1 000 000
　贷：实收资本　　1 000 000

例10-2

甲公司接受A企业以其拥有的专利权作为出资，双方协议价值（公允价值）为320万元，已办妥相关手续。其账务处理如下：

借：无形资产　　3 200 000
　贷：实收资本　　3 200 000

（2）股份有限公司的股本。股份有限公司与一般企业相比，其显著特点在于将公司资本划分为等额股份，并通过发行股票的方式来筹集资本。股份有限公司发行的普通股的会计核算主要通过“股本”账户进行，仅核算公司发行股票的面值部分。

企业在“股本”账户下，按股票种类及股东名称设置明细账。

股票的发行价格受发行时资本市场的需求和投资人对公司获利能力的估计的影响，公司发行股票的价格往往与股票的面值不一致。按照《公司法》的规定，同次发行的股票，每股的发行条件和价格应当相同，任何单位或者个人所认购的股份，每股应当支付相同金额。股票的发行价格，可以按票面金额，也可以超过票面金额，但不得低于票面金额。我国目前仅允许股票溢价、平价发行，不允许折价发行。

企业在发行普通股时，按照股票的票面金额，记入“股本”科目；超过部分作为股票溢价，记入“资本公积——股本溢价”科目。

例 10-3

甲公司发行普通股 1 000 万股，每股面值 1 元。假定均按面值发行（未考虑手续费）。收到股款时，其账务处理如下：

借：银行存款	10 000 000	
贷：股本		10 000 000

例 10-4

沿用例 10-3 的资料。假定上述普通股按每股 1.2 元的价格溢价发行（未考虑手续费）。收到股款时，其账务处理如下：

借：银行存款	12 000 000	
贷：股本		10 000 000
资本公积——股本溢价		2 000 000

特别提示

除了所有者投入形成实收资本或股本外，企业将资本公积转为实收资本或股本以及将盈余公积转为实收资本或股本、股份有限公司发放股票股利、可转换公司债券持有人行使转换权利等，都会使实收资本或股本增加；企业资本过剩或发生重大亏损，会使实收资本或股本减少。

10.2.2 其他权益工具

其他权益工具是指企业发行的除普通股以外的归类为权益工具的各种金融工具，如企业发行的分类为权益工具的优先股等。

如果企业有其他权益工具，则需要在所有者权益类科目中增设“其他权益工具——优先股”科目核算该类业务。企业发行优先股收到的价款登记在该科目的贷方，可转换优先股转换为普通股的账面价值登记在该科目的借方，贷方余额反映发行在外的优先股账面价值。

例 10-5

某公司发行归类于权益工具的可转换优先股180万股，实际收到价款252万元。其账务处理如下：

借：银行存款　　2 520 000

　贷：其他权益工具——优先股　　2 520 000

例 10-6

沿用例10-5的资料。可转换优先股全部转换为普通股36万股，每股面值1元。

借：其他权益工具——优先股　　2 520 000

　贷：股本　　360 000

　　资本公积——股本溢价　　2 160 000

10.3 资本公积和其他综合收益

10.3.1 资本公积

资本公积是指企业收到的投资者超出其在企业注册资本（或股本）中所占份额的投资，以及直接计入所有者权益的利得和损失。资本公积包括资本溢价（或股本溢价）和其他资本公积。企业应设置“资本公积”账户核算该类业务。

1. 资本溢价

有限责任公司的出资者依其出资份额对企业经营决策享有表决权，依其所认缴的出资额对企业承担有限责任。在企业创立时，出资者认缴的出资额全部记入“实收资本”科目。在企业重组并有新的投资者加入时，为了维护原有投资者的权益，新加入的投资者的出资额并不一定全部作为实收资本处理。

这是因为，在企业正常经营过程中投入的资金即使与企业创立时投入的资金在数量上一致，其获利能力也不一致。企业创立时，要经过筹建、试生产经营、为产品寻找市场、开拓市场等过程，从投入资金到取得投资回报需要较长时间，并且这种投资具有风险性，在这个过程中资本利润率很低。而企业进入正常生产经营阶段后，资本利润率要高于企业初创阶段。这种高于初创阶段的资本利润率是由初创时必要的垫支资本带来的，企业创办者为此付出了代价。

因此，相同数量的投资，由于出资时间不同，对企业的影响程度不同，由此带给投资者的权利也不同，前者往往大于后者。因此新加入的投资者要付出大于原投资者的出资额，才能取得与原投资者相同的投资比例。另外，原投资者的原有投资不仅在质量上发生了变化，在数量上也可能发生变化，这是因为企业经营过程中所实现利润的一部分留在企业形成留存收益，而留存收益也属于投资者权益，但未转入实收资本。新加入的投资者如与原投资者共享这部分留存收益，也要求其付出大于原投资者的出资额，才能取得与原投资者相同的投资比例。投资者投入的资本中按其投资比例计算的出资额部分，应记入“实收资本”科目，大于部分应记入“资本公积——资本溢价”科目。

例 10－7

某公司原来由三个投资者组成，每个投资者各投资 100 万元，实收资本共计 300 万元。经营一年后，另一投资者欲加入该公司并希望占有 25%的股份，经协商该公司将注册资本增加到 400 万元。但该投资者不能仅投资 100 万元就占 25%的股份，假定其投入 140 万元。在这种情况下，只能将 100 万元作为实收资本入账，超过部分作为资本溢价，记入“资本公积”科目。其账务处理如下：

借：银行存款　　1 400 000

　贷：实收资本　　1 000 000

　　资本公积——资本溢价　　400 000

2. 股本溢价

股份有限公司以发行股票的方式筹集股本，股票是企业签发的证明股东按其所持股份享有权利和承担义务的书面证明。由于股东按其所持的企业股份享有权利和承担义务，为了反映和便于计算各股东所持股份占企业全部股本的比例，企业的股本总额应按股票的面值与股份总数的乘积计算。

我国规定，实收股本总额应与注册资本相等。因此，为提供企业股本总额及其构成，以及注册资本等信息，在采用与股票面值相同的价格发行股票的情况下，企业发行股票取得的收入应全部记入“股本”科目；在采用溢价发行股票的情况下，企业发行股票取得的收入，相当于股票面值的部分记入“股本”科目，超出股票面值的溢价收入记入“资本公积——股本溢价”科目。这里要注意，委托证券商代理发行股票而支付的手续费、佣金等，应从溢价发行收入中扣除，企业应按扣除手续费、佣金后的数额，记入“资本公积——股本溢价”科目。

3. 其他资本公积

其他资本公积是指除资本溢价（或股本溢价）以外所形成的资本公积，包括以权益结算的股份支付及采用权益法核算的长期股权投资涉及的业务。

企业以权益结算的股份支付换取职工或其他方提供服务的，应按照确定的金额，记入“管理费用”科目，同时增加资本公积（其他资本公积）。在行权日，应按根据实际行权的权益工具数量计算确定的金额，借记“资本公积——其他资本公积”科目，按计入实收资本或股本的金额，贷记“实收资本”或“股本”科目，并将其差额记入“资本公积——资本溢价”或“资本公积——股本溢价”科目。

企业长期股权投资采用权益法核算的，被投资单位除净损益、其他综合收益和利润分配以外所有者权益的其他变动，投资企业按持股比例计算应享有的份额，应当增加或减少长期股权投资的账面价值，同时增加或减少资本公积（其他资本公积）。

10.3.2 其他综合收益

其他综合收益是指在企业经营活动中形成的未计入当期损益但归所有者共有的利得或损失，主要包括以公允价值计量且其变动计入其他综合收益的金融资产公允价值变动、权益法下被投资单位所有者权益其他变动等。

以公允价值计量且其变动计入其他综合收益的金融资产的公允价值高于其账面余额的差额，应计入其他综合收益；反之，应冲减其他综合收益。由于其他综合收益的内容在前面章节已经讲述，这里不再重复。

10.4 留存收益

10.4.1 留存收益的性质及构成

1. 留存收益的性质

留存收益是股东权益的一个重要项目，是公司历年剩余的净收益累积而成的资本，因此留存收益也可称为累积收益。留存收益与投资者投入的资本属性一致，均为股东权益。两者的不同之处在于：投入资本是由所有者从外部投入公司的，构成公司股东权益的基本部分；留存收益不是由投资者从外部投入的，而是依靠公司经营所得的盈利累积形成的。

留存收益既然是股东权益，股东便有权决定如何使用。按照公司章程或其他有关规定，公司可将留存收益在股东间进行分配，作为公司股东的投资所得；也可以为了某些特殊用途和目的，将其中一部分留在公司不予分配。可见，留存收益会因经营获取收益而增加，又会因分给投资者而减少。留存收益的反面为亏损，公司经营如果入不敷出，就意味着亏损。发生经营亏损将减少留存收益。

对留存收益有较大影响的是股利分配。公司会因分配股利而大幅减少留存收益，因此，公司必须有足够的留存收益才能分配股利，但这并不意味着只要有留存收益就能进行股利分配。公司往往会因特殊目的或法令规定而限制留存收益，不作股利分配，对留存收益的这种限制一般称为“拨定”。在我国，为了约束企业过量分配，有关法规均规定企业必须留有一定积累（如提取盈余公积），以利于企业持续经营、维护债权人利益。留存收益可分为两部分：已拨定的留存收益与未拨定的留存收益。

2. 留存收益的构成

留存收益由盈余公积和未分配利润构成。盈余公积包括法定盈余公积、任意盈余公积，它们属于已拨定的留存收益；未分配利润则属于未拨定的留存收益。

（1）盈余公积。

1）法定盈余公积。法定盈余公积是指企业按规定从净利润中提取的积累资金。

法定，意味着提取时由国家法规强制规定。企业必须提取法定盈余公积，目的是确保企业不断积累资本，固本培元，壮大实力。《公司法》规定，公司制企业的法定盈余公积按照税后利润的10%提取，法定盈余公积累计额达注册资本的50%时，可以不再提取。

2）任意盈余公积。任意盈余公积是公司出于实际需要或采取审慎经营策略，从税后利润中提取的一部分留存利润。任意是出于自愿，而非外力强制，但也非随心所欲。如果公司有优先股，必须在支付了优先股股利之后，才可提取任意盈余公积。由于任意盈余公积是企业自愿拨定的留存收益，因此其数额视实际情况而定。

企业提取任意盈余公积的原因多种多样，可能是需要偿还一笔长期负债，也可能是为了控制本期股利的分派水平不至于过高等。可见，任意盈余公积一经拨定用途就不能再供本期发放股利之用，所以，提取任意盈余公积就是压低当年股利分配水平的一种手段，是企业管理层对发放股利施加的限制。

法定盈余公积和任意盈余公积的区别在于各自计提的依据不同。前者以国家的法律或行政规章为依据提取；后者则由企业自行决定提取。

（2）未分配利润。未分配利润是企业留待以后年度进行分配的结存利润，也是企业股东权益的组成部分。相对于股东权益的其他部分来说，企业对于未分配利润的使用和分配有较大的自主权。从数量上来说，未分配利润是期初未分配利润加上本期实现的税后利润、减去提取的各种盈余公积和分配利润后的余额。未分配利润有两层含义：一是留待以后年度处理的利润；二是未指定特定用途的利润。

10.4.2 留存收益的账务处理

1. 盈余公积的账务处理

为了反映盈余公积的形成及使用情况，企业应设置“盈余公积”账户，并按其种类设置明细账，分别进行明细核算。

企业提取盈余公积时，借记“利润分配”科目，贷记“盈余公积”（法定盈余公积、任意盈余公积）科目。企业用提取的盈余公积转增资本，应当按照批准的转增资本的数额，借记“盈余公积”科目，贷记“股本”科目。企业将盈余公积转增股本时，应当按照转增股本前的股本结构比例，将盈余公积转增股本的数额记入“股本”科目下各股东的明细科目，相应增加各股东对企业的股权投资。

例10-8

甲公司2×17年实现净利润4 000 000元。公司董事会于2×18年3月31日提出公司当年利润分配方案，拟对当年实现的净利润进行分配。董事会提请批准的利润分配方案见表10-1。

表 10-1 利润分配方案 单位：元

项目	提请批准的方案
提取法定盈余公积	400 000
提取任意盈余公积	600 000
分配现金股利	2 400 000
合计	3 400 000

甲公司应根据董事会提出的利润分配方案进行如下账务处理：

借：利润分配——提取法定盈余公积 400 000
　　　　　　——提取任意盈余公积 600 000
　贷：盈余公积——法定盈余公积 400 000
　　　　　　　——任意盈余公积 600 000

特别提示

按规定，对于董事会或类似机构通过的利润分配方案中拟分配的现金股利或利润，企业不作账务处理，但应在财务报表附注中披露。只有在董事会或类似机构通过的利润分配方案获得股东大会或类似机构审议通过后，企业方可按应支付的现金股利或利润，借记“利润分配”科目，贷记“应付股利”科目。实际支付现金股利或利润时，借记“应付股利”科目，贷记“银行存款”等科目。

2. 未分配利润的账务处理

企业未分配利润的核算是通过“利润分配——未分配利润”账户进行的，具体来说，是通过“利润分配”账户下的“未分配利润”明细账户进行的。企业在生产经营过程中取得的收入和发生的成本费用，最终通过“本年利润”科目进行归集，计算出当年盈利，然后转入“利润分配——未分配利润”科目进行分配。

其结存于“利润分配——未分配利润”科目的贷方余额为未分配利润；如为借方余额，则为未弥补亏损。年度终了，再将“利润分配”科目下的其他明细科目（提取法定盈余公积、提取任意盈余公积、应付现金股利或利润、转作股本的股利、盈余公积补亏）的余额转入“未分配利润”明细科目。结转后，“未分配利润”明细科目的贷方余额就是未分配利润；如出现借方余额，则表示未弥补亏损。

3. 弥补亏损的账务处理

企业在生产经营过程中既可能发生盈利，也有可能出现亏损。企业在当年发生亏损的情况下，与实现利润的情况相同，应当将当年发生的亏损自“本年利润”科目转入“利润分配——未分配利润”科目，借记“利润分配——未分配利润”科目，贷记“本年利润”科目，结转后“利润分配”科目的借方余额即未弥补亏损。然后通过“利润分配”账户核算有关亏损的弥补情况。

企业发生的亏损可以以次年实现的税前利润弥补。在以次年实现的税前利润弥补以前年度亏损的情况下，企业当年实现的利润自“本年利润”科目转入“利润分配——未分配利润”科目，借记“本年利润”科目，贷记“利润分配——未分配利润”科目，贷方发生额与“利润分配——未分配利润”科目的借方余额自然抵补。因此，以当年实现的净利润弥补以前年度结转的未弥补亏损时，不需要进行专门的账务处理。

由于未弥补亏损形成的时间长短不同等原因，以前年度未弥补亏损有的可以以当年实现的税前利润弥补，有的则须用税后利润弥补。无论是以税前利润还是以税后利润弥补亏损，其账务处理方法都相同，所不同的只是两者计算缴纳所得税时的处理。在以税前利润弥补亏损的情况下，弥补的数额可以抵减当期企业应纳税所得额，而以税后利润弥补的数额不能作为纳税所得的扣除处理。

例 10－9

甲公司 2×12 年发生亏损 96 万元，适用的所得税税率为 25%，不考虑由未弥补亏损确认的递延所得税资产。在年度终了时，企业应当结转本年发生的亏损。其账务处理如下：

借：利润分配——未分配利润　　960 000
　贷：本年利润　　960 000

假设 2×13 年至 2×17 年，甲公司每年均实现利润 16 万元。按照现行规定，企业在发生亏损以后的 5 年内可以以税前利润弥补亏损。甲公司在 2×13 年至 2×17 年均可在税前弥补亏损。2×13 年至 2×17 年每年终了时，甲公司的账务处理如下：

借：本年利润　　160 000
　贷：利润分配——未分配利润　　160 000

2×13 年至 2×17 年各年度终了时，按照上述账务处理的结果，2×17 年“利润分配——未分配利润”账户期末余额为借方余额 16 万元，即 2×18 年年初有未弥补亏损 16 万元。假设甲公司 2×18 年实现税前利润 32 万元，按现行规定，该公司只能用税后利润弥补以前年度亏损。在 2×18 年度终了时，甲公司首先应当按照当年实现的税前利润计算缴纳当年应负担的所得税，然后将当期扣除计算缴纳的所得税后的净利润转入“利润分配”科目。甲公司在 2×18 年度计算缴纳所得税时，其应纳税所得额为 32 万元，当年应缴纳的所得税为 8 万元（32×25%）。该公司的账务处理如下：

（1）计算缴纳所得税。

借：所得税费用　　80 000
　贷：应交税费——应交所得税　　80 000
借：本年利润　　80 000
　贷：所得税费用　　80 000

（2）结转本年利润，弥补以前年度未弥补亏损。

借：本年利润　　240 000

贷：利润分配——未分配利润 240 000

（3）上述处理的结果，该企业2×18年“利润分配——未分配利润”科目的期末贷方余额为8万元（－16＋24）。

特别提示

上例如考虑由未弥补亏损确认的递延所得税资产，应当以很可能获得用来抵扣可抵扣亏损和税款抵减的未来应纳税所得额为限，确认相应的递延所得税资产。

10.4.3 股利分派

公司（企业）的股东享有股利分配权。股利是指公司依据公司章程的规定发放给股东的投资报酬，其实质是公司财富中股东投资报酬的一部分。一个公司只有在经营获利并有留存收益余额时才可分派股利。《公司法》规定，从税后利润中提取了法定盈余公积之后，余下部分应先发放优先股股利，然后依董事会决定提取任意盈余公积，再余下的部分可向普通股股东分派普通股股利。在未付清优先股股利之前，公司不得发放普通股股利。

1. 股利分派的限制

股利是否发放，以何种形式发放，虽然公司管理层可以作出决定，但在实务中还必须考虑有关限制。这些限制通常有：

（1）法律上的制约。任何公司（企业）总是在一定的法律环境下从事经营活动的，通常情况下，法律会直接制约公司的股利分配政策。这种制约表现为：不弥补亏损、不提取法定盈余公积、无偿债能力等均不得分派股利。这就要求公司不能因支付股利而减少资本总额，要维护法定资本的完整。按照这一要求，股利一般依据公司本期的净收益来分派。然而，如果公司本期经营亏损，出于维护公司形象的考虑，公司可以用以前年度的留存收益分派股利，但必须先弥补完亏损再进行股利分配，而且仍要保留一定数额的留存收益，特别是不能因发放股利而使股东权益降到核定的股本金额以下，如果这样，债权人的利益便失去了应有的保障。

（2）现金支付能力的制约。留存收益通常以各种实物资产的形式存在，而不是以现金的形式存在。公司若要发放现金股利，就会受其现金支付能力的制约。一般来说，公司现金越多，资产流动性越好，它支付股利的能力也就越强。事实上，大部分公司由于将大量的资金用于购置固定资产，扩大企业经营规模，普遍存在资产流动性较差的现象。这类公司为了保持应对各种意外情况的能力，往往采取少发现金股利的策略，这必然使得股利分配受到限制。

（3）与优先股股东的契约。有时在发行优先股股票的条款中规定，公司要定期或不定期地收回优先股股票，并且在派发普通股股利时规定了若干限制，以便有必要的资金用于收回优先股股票。这类限制的用意在于防止削弱营运资本，以保护优先股股东和债权人的利益。

（4）董事会自行限制。公司董事会为保证股利发放的连续性和稳定性，也可能出于为潜在损失做事先准备等种种原因，自行作出限制发放股利的决定。

（5）股东要求与税收政策的制约。公司股东投资公司的目的是获取经济利益。而这种经济利益可以来自公司的股利，也可来自出售股票的收益。高税率的股东可能希望少发股利而多留一些利润在公司，以便股票的价值提高进而市价上升，低税率的股东可能希望有较高的股利支付率。这时，这类公司的股利政策可能是高低两者折中的产物。

此外，国家的税收政策会影响股东的收益，从而引起股东对公司股利分配政策的选择。通常国家按照不同的产业结构政策，或者鼓励企业扩大留存收益用于再投资，或者抑制企业的留存收益，促使企业扩大现金股利分配。相应的税收政策便是对分给股东个人的股利征收个人所得税，留于企业的留存收益则免于征税。但对留存收益过大的企业，可能征收不合理留利税，以防止少数股东通过操纵股利分配达到逃避个人所得税的目的。

2. 股利分派的有关日期

（1）宣告日。宣告日是指董事会宣告分派股利的日期。它表明向股东支付股利的义务在这一天成立，也是公司在会计上登记有关股利负债的日期。

（2）股权登记日。股权登记日是指公司宣告分配股利后所定下的在该日截止过户登记的日期，也称为停止过户日，其含义是，只有在该日公司股东名册上记载的股东才有权获取股利，而在该日以后取得股票的股东则无权获取股利。因此，这一日又可称为除息日。在该日以后取得的股票由于不能获取股利，称为除息股；反之，在该日之前取得的股票由于可以分配股利，称为含息股。

（3）分派日。分派日也称付息日，是指实际支付股利的日期。通常是在股权登记截止后的若干天开始支付股利。

3. 股利的种类

（1）现金股利。现金股利是指以现金方式分配给股东的股利。通常情况下，公司在决定是否分配现金股利时应考虑以下因素：是否有足够的现金；是否有董事会的决定。派发现金股利，一方面会减少留存收益，另一方面会减少现金。派发股利后，会减少股东权益总额。由于现金股利一经宣布就成为公司对股东的偿付责任，因此要即时通过“应付股利”科目反映。

例 10－10

甲公司某年度经股东大会审议，通过向全体股东每股派发 0.6 元的现金股利分配方案。甲公司总股本为 4 000 万股。其账务处理如下：

宣告派发现金股利时：

借：利润分配——应付现金股利	24 000 000	
贷：应付股利		24 000 000

（2）股票股利。股票股利是指公司用增发股票的方式发放的股利，俗称“红股”。公司宣告和分发股票股利，既不影响公司的资产和负债，也不影响股东权益总额。它只是股东权益内部各项目之间发生的增减变动，即减少留存收益项目，增加股本项目。至于获取股票股利的股东，其所持股票数量虽有所增加，但在公司中所占股东权益的份额不会发生任何变化。

公司发放股票股利的原因可能有以下几个方面：1）当公司需要现金以扩展业务时，为了保留现金，发放股票股利，这样既不减少公司现金，又能使股东分享收益。2）发放股票股利有利于股票流通。3）为了避免股东被征收所得税。股票股利在大多数国家并不被视为一种所得，因此股东可免缴个人所得税。

分配股票股利对股东是否有利，取决于公司的投资机会及经营效率。如果公司将留存收益用于再投资，其投资报酬率低于股东以现金股利用于其他投资所得的报酬率，则公司分配股票股利对股东较为不利；反之，若公司的投资报酬率较股东自行投资的报酬率高，则股票股利较现金股利对股东更有利。

股票股利账务处理的主要问题是如何计量，即决定将多少金额转作股本，是按面值转还是按市价转。有人主张按面值转，因为应遵循历史成本计量属性；有人主张按市价转，因为股票可以流通，随时可以抛售变现。股票股利在股东看来就好比无偿配股，基于这种考虑，在会计实务中一般都按其面值从留存收益转入股本。

例10－11

甲公司经股东大会审议，通过向股东每10股派发3股股票股利的分配方案。甲公司总股本4 000万股，每股面值1元。按股票面值将留存收益转入“股本”账户。其账务处理如下：

1）宣告发放股票股利时。

派发的股票股利总数＝4 000×3/10＝1 200(万股)

用于派发股票股利的留存收益＝1 200×1＝1 200(万元)

借：利润分配——转作股本的股利　　12 000 000

　贷：应付股利——应付股票股利　　12 000 000

2）实际派发股票股利时。

借：应付股利——应付股票股利　　12 000 000

　贷：股本　　12 000 000

在我国的会计实务中，实际派发股票股利时，可直接按股票面值借记“利润分配——转作股本的股利”科目，贷记“股本”科目。

例10－12

沿用例10－11的资料。宣告派发股票股利当日每股市价2.8元，按股票市价将留存收益转入“股本”和“资本公积”科目。其账务处理如下：

1）宣告发放股票股利时。

派发的股票股利总数＝4 000×3/10＝1 200（万股）

用于派发股票股利的留存收益＝1 200×2.8＝3 360（万元）

借：利润分配——转作股本的股利　　33 600 000

　贷：应付股利——应付股票股利　　12 000 000

　　　资本公积　　21 600 000

2）实际派发股票股利时。

借：应付股利——应付股票股利　　12 000 000

　贷：股本　　12 000 000

特别提示

企业在无留存收益的情况下，以现金或其他资产形式分配股利，称为清算股利。清算股利不是真正的股利，其实质是资本的返还。从股东的角度看，如果公司所分配的股利大于其投资后公司所获取的收益，超过部分也可归属于清算股利。

10.4.4 股票分割

1. 股票分割的含义及性质

股票分割是指公司（企业）征得董事会和股东的同意后，将一张较大面值的股票拆成几张较小面值的股票，因此股票分割又称股票拆细。当股票的价格达到相当高的水平时，往往会影响流通。例如，每股面值为 100 元的股票市价 1 800 元，购买 1 000 股股票就需要 1 800 000 元，这样的股票因转手困难，交易呆滞，自然不受投资者欢迎，会抑制小额投资者的投资热情。在此前提下，公司为降低其股票市价，将股票加以分割，降低其面值，增加股数，以刺激小额投资者的入市欲望。

我国采用无票流通方式，股票分割不需要办理任何法律手续，只要董事会作出决定即可。通常是证券公司接到公司通知后，在各股东账号上进行分割，表明其分割后的股数，然后股东就可按新的股数进行交易。

股票分割时，虽然股票股数增加、面值变小，但股本的面值总额及其他股东权益并不因之而发生任何增减变化，故不必作任何会计处理。

2. 股票分割与股票股利的比较

股票分割与股票股利都不会使股东权益总额发生任何变动，变动的仅仅是股份总数，但两者还是存在明显的差别。其区别表现在：股票分割不影响公司的留存收益及股本总额，仅使每股面值减少；而股票股利将使股本总额扩大，公司留存收益减少，但每股面值不变。从两者对市场的影响来看，股票分割导致股票的市价下跌是必然的，而股票股利的发放不一定使股票市价下跌。因为大额的股票股利会使股票市价大幅下跌，但小额的股票股利对股票市价影响较小。

此外，因前期损益调整项目而调整留存收益时，这类项目不列入利润表，而是直接调整留存收益期初余额。公司除分派股利外，还可能存在引起前期损益调整的情况。按规定，企业年度财务报表报出后，如果因以前年度记账差错等原因导致多计或少计利润，但以前年度的账目已经结清，不能再调整以前年度的利润的，会计核算时不再调整以前年度的账目，而是通过“以前年度损益调整”科目归集所有需要调整以前年度损益的事项，以及相关所得税的调整，并将其余额转入“利润分配——未分配利润”科目；也不再调整以前年度财务报表，仅调整本年度财务报表相关项目的年初数。前期损益调整的具体方法可参见本教材第 12 章。

思考题

1. 简述企业的组织形式及特征。
2. 简述关于注册资本的主要法律规定。
3. 简述股票发行的账务处理。
4. 何谓资本公积？其构成内容包括哪些？
5. 试述留存收益的构成内容。
6. 简述股利的分配形式及特征。
7. 何谓股票分割？股票分割的意义何在？
8. 企业实收资本减少的原因是什么？

练习题

习题一

［目的］ 练习利润分配基本业务的账务处理。

［资料］ 甲股份有限公司（以下简称甲公司）2×16 年至 2×18 年度有关业务资料如下：

(1) 2×16 年 1 月 1 日，甲公司股东权益总额为 46 500 万元（其中，股本总额为 10 000 万股，每股面值为 1 元；资本公积为 30 000 万元；盈余公积为 6 000 万元；未分配利润为 500 万元）。2×16 年度实现净利润 400 万元，股本与资本公积项目未发生变化。

(2) 2×17 年 3 月 1 日，甲公司董事会提出如下预案：

1）按 2×16 年度实现净利润的 10%提取法定盈余公积。

2）以 2×16 年 12 月 31 日的股本总额为基数，以资本公积（股本溢价）转增股本，每 10 股转增 4 股，计 4 000 万股。

2×17年5月5日，甲公司召开股东大会，审议批准了董事会提出的预案，同时决定分派现金股利300万元。2×17年6月10日，甲公司办妥了上述资本公积转增股本的有关手续。2×17年度，甲公司发生净亏损3 142万元。

(3) 2×18年5月9日，甲公司股东大会决定以法定盈余公积弥补账面累计未弥补亏损200万元。

[要求]

(1) 编制甲公司2×17年3月提取法定盈余公积的会计分录。

(2) 编制甲公司2×17年5月宣告分派现金股利的会计分录。

(3) 编制甲公司2×17年6月资本公积转增股本的会计分录。

(4) 编制甲公司2×17年度结转当年净亏损的会计分录。

(5) 编制甲公司2×18年5月以法定盈余公积弥补亏损的会计分录。

(“利润分配”“盈余公积”科目要求写出明细科目；答案中的金额单位用万元表示。)

习题二

[目的] 练习盈余公积与未分配利润基本业务的账务处理。

[资料] 甲公司2×18年度的有关资料如下：

(1) 年初未分配利润为100万元，本年利润总额为390万元，适用的企业所得税税率为25%。按税法规定，本年度准予扣除的业务招待费为20万元，实际发生业务招待费30万元。除此之外，不存在其他纳税调整因素。

(2) 按税后利润的10%提取法定盈余公积。

(3) 提取任意盈余公积10万元。

(4) 向投资者宣告分配现金股利40万元。

[要求]

(1) 计算甲公司本期所得税费用，并编制相应的会计分录。

(2) 编制甲公司提取法定盈余公积的会计分录。

(3) 编制甲公司提取任意盈余公积的会计分录。

(4) 编制甲公司向投资者宣告分配现金股利的会计分录。

(5) 计算年末未分配利润。

(结转未分配利润的分录可省略；答案中的金额单位用万元表示。)

第11章

收入、费用和利润

学 习 目 标

通过本章的学习，了解收入的含义与分类及费用的概念和分类；理解营业外收入与营业外支出的主要内容、利润的构成、期间费用的内容；理解让渡资产使用权收入的确认与计量；理解本年利润的计算与结转；理解净利润的分配程序与账务处理方法；掌握商品销售收入的确认与计量；掌握商品销售收入的确认条件及其运用；掌握销售折扣、折让与退回的账务处理；掌握所得税费用的账务处理。

11.1 收 入

11.1.1 收入的含义与分类

1. 收入的含义

收入是指企业在日常活动中形成的、会导致所有者权益增加的、与所有者投入资本无关的经济利益的总流入。其中日常活动是指企业为完成其经营目标所从事的经常性活动以及与之相关的其他活动。例如，制造企业生产并销售产品、商业企业销售商品、咨询公司提供咨询等，均属于经常性活动；企业转让无形资产使用权、出售原材料等，均属于与经常性活动相关的其他活动。无论是经常性活动还是与之相关的其他活动，由此产生的经济利益的总流入均构成收入。

特别提示

收入有广义与狭义之分，广义的收入包括营业收入、投资收益、公允价值变动收益、资产处置收益、其他收益和营业外收入等。营业收入是指企业销售商品、提供各项劳务等取得的收入，是企业主要的、经常性的业务收入；投资收益是企业从事对外投资取得的利得净收入；公允价值变动收益是指以公允价值计量且其变动计入当期损益的金融资产公允价值变动形成的收益；资产处置收益主要是指处置固定资产等非流动资产产生的收益；其他收益主要是指计入营业利润的政府补助等；营业外收入是指企业取得的与日常活动没有直接关系的各项利得。

狭义的收入仅指营业收入。我国《企业会计准则第 14 号——收入》(2017) 所界定的收入是狭义概念上的收入，即营业收入。本章所讲的收入仅指营业收入。

特别提示

《企业会计准则第 14 号——收入》(2006) 和《企业会计准则第 15 号——建造合同》(2006) 合并为《企业会计准则第 14 号——收入》(2017)，其中建造合同收入视为企业提供服务所取得的收入。

2. 收入的分类

(1) 收入按其在经营业务中的重要性，可分为主营业务收入和其他业务收入。主营业务收入是指企业主要经营活动取得的收入。例如，制造企业的主营业务是制造和销售产成品及半成品；商业企业的主营业务是销售商品；咨询公司的主营业务是提供咨询服务等。其他业务收入是指企业除主营业务以外的其他经营活动实现的收入。例如，企业出租固定资产、出租无形资产、销售不需用的原材料等取得的收入。

(2) 收入按其确认期间可分为跨期收入和非跨期收入。跨期收入是指在多个会计期间分期确认的收入；非跨期收入是指在一个会计期间确认的一次性收入。

11.1.2　营业收入的确认与计量

1. 营业收入的确认条件和时间

(1) 营业收入的确认条件。《企业会计准则第 14 号——收入》(2017) 规定，当企业与客户之间的合同同时满足下列条件时，企业应当在客户取得相关商品控制权时确认收入：

1) 合同各方已批准该合同并承诺将履行各自义务；

2) 该合同明确了合同各方与所转让商品或提供劳务相关的权利和义务；

3) 该合同有明确的与所转让商品相关的支付条款；

4) 该合同具有商业实质，即履行该合同将改变企业未来现金流量的风险、时间分布或金额；

5) 企业因向客户转让商品而有权取得的对价很可能收回。

同时满足上述条件，说明企业取得了内容完整、合法有效的具有商业实质的合同，且很可能收到相关价款，企业应当在履行了合同中的履约义务，即在客户取得相关商品控制权时确认营业收入。

特别提示

履约义务是指合同中企业向客户销售商品、提供劳务等的承诺，既包括合同中明确的承诺，也包括企业以公开宣布的政策、特定声明或以往习惯做法等导致订立合同时客户合理预期企业将履行的承诺。企业为履行合同而应开展的初始活动通常不构成履约义务，除非该活动向客户转让了承诺的商品。

大多数企业均需要与客户签订销售合同，但商品零售企业等在客户付款后直接发货，不需要签订合同，在这种情况下，按照实质重于形式的要求，可以视为企业履行了合同中的履约义务，可以直接确认营业收入。

（2）营业收入的确认时间。

1）在某一时点确认营业收入。企业应当在履行了合同中的履约义务，即在客户取得相关商品控制权时确认收入。在判断客户是否已取得商品控制权时，企业应当考虑下列迹象：①企业就该商品享有现时收款权利，即客户就该商品负有现时付款义务；②企业已将该商品的法定所有权转移给客户，即客户已拥有该商品的法定所有权；③企业已将该商品实物转移给客户，即客户已实物占有该商品；④企业已将该商品所有权上的主要风险和报酬转移给客户，即客户已取得该商品所有权上的主要风险和报酬；⑤客户已接受该商品；⑥其他表明客户已取得商品控制权的迹象。

2）在某一时段内分期确认营业收入。对于在某一时段内履行的履约义务，企业应当在该段时间内按照履约进度确认收入，履约进度不能合理确定的除外。企业应当考虑商品的性质，采用产出法或投入法确定恰当的履约进度。其中，产出法是根据已转移给客户的商品对于客户的价值确定履约进度；投入法是根据企业为履行履约义务的投入确定履约进度。对于类似情况下的类似履约义务，企业应当采用相同的方法确定履约进度。

当履约进度不能合理确定时，企业已经发生的成本预计能够得到补偿的，应当按照已经发生的成本金额确认收入，直到履约进度能够合理确定为止。

2. 营业收入的计量

营业收入的金额反映企业预计因交付这些商品或服务而有权获取的对价。企业应当按照分摊至各单项履约义务的交易价格计量收入。交易价格是指企业因向客户转让商品而预期有权收取的对价金额。企业代第三方收取的款项以及企业预期将退还给客户的款项，应当作为负债进行会计处理，不计入交易价格。

企业应当根据合同条款，并结合其以往的习惯做法确定交易价格。在确定交易价格时，企业应当考虑可变对价、合同中存在的重大融资成分、非现金对价、应付客户对价等因素的影响。

（1）可变对价。可变对价是指企业与客户的合同中约定的金额可能会因折扣、价格折让、返利、退款、奖励积分、激励措施、业绩奖金、索赔等因素而变化的对价。合同中存在可变对价的，企业应当对计入交易价格的可变对价进行估计。

企业应当按照期望值或最可能发生金额确定可变对价的最佳估计数。每一资产负债表日，企业应当重新估计应计入交易价格的可变对价金额。可变对价金额发生变动的，对于已履行的履约义务，后续变动额应调整变动当期的营业收入。

例如，甲公司于某年 4 月 25 日采用赊销方式销售商品，赊销期为 90 天，不含增值税的价款为 1 000 万元，折扣条件为“2/30，1/60，n/90”，赊销当日甲公司已履行承诺的履约义务。甲公司判断客户可能在 30 天内付款，则该项业务的交易价格为 980 万元（1 000－1 000×2%），确认营业收入 980 万元；5 月 31 日该客户尚未付款，估计客户将于 60 天内付款，则甲公司将交易价格调整为 990 万元（1 000－1 000×1%），甲公司当期调增营业收入 10 万元。反之，甲公司在赊销日根据经验等判断客户很可能不会提前付款，则该项业务的交易价格为 1 000 万元，确认营业收入 1 000 万元；5 月 20 日，如果该客户支付货款，取得现金折扣 20 万元，则甲公司的交易价格调整为 980 万元，甲公司当期调减营业收入 20 万元。

（2）合同中存在的重大融资成分。重大融资成分是指销售商品或提供劳务等收款期较长导致分期收款的总对价高于其现销价格的差额。合同中存在重大融资成分的，企业应当按照假定客户在取得商品控制权时即以现金支付的应付金额确定交易价格。该交易价格与合同对价之间的差额，应当在合同期间内采用实际利率法摊销。例如，企业与客户签订一份分期收款商品销售合同，不含增值税的总对价为 600 万元，收款期为 5 年，每年年末收取 120 万元；该商品的现销价格为 516 万元，则该合同存在重大融资成分，其交易价格不应按照分期收款总对价 600 万元确定，而应按照现销价格 516 万元确定。

为简化实务操作，如果合同开始日，企业预计客户取得商品控制权与客户支付价款间隔不超过一年，可以不考虑合同中存在的重大融资成分。

（3）非现金对价。非现金对价包括实物资产、无形资产、股权、客户提供的广告服务等。客户支付非现金对价的，企业应当按照非现金对价的公允价值确定交易价格。非现金对价的公允价值不能合理估计的，企业应当参照其承诺向客户转让商品的单独售价间接确定交易价格。非现金对价的公允价值因对价形式以外的原因而发生变动的，应当作为可变对价进行会计处理。

（4）应付客户对价。应付客户对价是指企业销售商品明确承诺给予客户的优惠等。企业签订的合同含有应付客户对价的，应当将该应付对价冲减交易价格，并在确认相关收入与支付客户对价二者孰晚的时点冲减当期收入。例如，某商场规定，客户在本商场购买总价超过 1 000 元，可以随机抽取现金奖券；30 天之内客户在本商场购买任何商品，该现金奖券可以直接抵扣商品价款。4 月 10 日，某客户在该商场购买商品的总价为 1 200 元，抽取 40 元现金奖券；5 月 8 日该客户又在该商场购买商品 200 元，现金奖券抵扣 40 元，该客户实际付款 160 元。该商场 4 月份确认的商品交易价格为1 200元，确认营业收入1 200元；5月份确认营业收入200元，同时由于客户使用现金奖券抵扣40元，冲减营业收入40元。

3. 营业收入确认与计量的步骤

营业收入确认与计量大致分为五步：第一步，识别与客户签订的合同；第二步，识别合同中的单项履约义务；第三步，确定交易价格；第四步，将交易价格分摊至各单项履约义务；第五步，履行各单项履约义务时确认收入。其中，第一步、第二步和第五步与营业收入的确认有关，第三步和第四步与营业收入的计量有关。

（1）识别与客户签订的合同。合同是指双方或多方之间订立有法律约束力的权利义务的协议。合同有书面形式、口头形式以及其他形式。识别客户合同，是指识别合同各方是否已批准该合同并承诺将履行各自的协议。在同一客户与企业签订多份合同且合同内容基本相同的情况下，企业可以将多份合同合并并将其作为单个合同进行会计处理。

（2）识别合同中的单项履约义务。合同中包括向客户转让商品或服务的承诺。如果该商品或服务可明确区分，则对应的承诺即单项履约义务。合同开始日，企业应当对合同进行评估，识别该合同所包含的各单项履约义务，并确定各单项履约义务是在某一时点履行，还是在某一时段内履行，然后在履行各单项履约义务时分别确认营业收入。

（3）确定交易价格。交易价格是企业因向客户转让商品而预期有权收取的对价金额。交易价格一般是固定的对价金额，有时也可能包含可变对价、重大融资成分、非现金对价及应付客户对价等，企业应考虑这些因素，最终确定交易价格。

（4）将交易价格分摊至各单项履约义务。如果交易价格为多项履约义务的对价之和，则分摊标准一般为各单项履约义务的市场价格；如果无法取得各单项履约义务的市场价格，也可以将各单项履约义务的预计成本作为分摊标准。

（5）履行各单项履约义务时确认收入。企业应在履行了向客户转让已承诺的商品或服务的履约义务时确认营业收入，营业收入的计量金额为分摊至已履行的履约义务的金额。

特别提示

上述步骤主要是针对企业复杂的销售业务营业收入的确认和计量。在实务中，企业大部分是相对简单的业务，有些步骤不一定存在，因此不需要完全按照上述步骤进行营业收入的确认与计量。例如，商品零售企业销售商品不需要签订合同，因此不需要识别客户合同和识别合同中的履约义务；如果客户合同中不包括可变对价、重大融资成分、非现金对价及应付客户对价等，则合同规定的交易价格即最终交易价格；若客户合同中的商品为单件商品，则不需要单独识别合同中的履约义务及分摊交易价格。

11.1.3 营业收入的账务处理

1. 销售商品通常情况下的账务处理

(1) 销售商品一般性业务的账务处理。企业发生的一般性销售商品业务，应在符合销售商品收入的确认条件时确认收入，并结转销售成本。企业应根据具体情况，借记“银行存款”“应收账款”“应收票据”等科目；根据不含增值税的价款，贷记“主营业务收入”或“其他业务收入”科目。

特别提示

根据收入配比原则，与同一销售业务有关的收入和成本，应在同一会计期间予以确认。所以，销售商品收入的账务处理也包括结转销售商品成本的账务处理。

例11-1

甲企业于某年1月15日销售一批D产品。D产品的销售价格为120 000元，增值税销项税额为15 600元，成本为96 000元。甲企业开出发票账单并按合同约定的品种和质量发出D产品，购货方收到D产品并验收入库。根据合同约定，购货方须于20天内付款。

在这项交易中，甲企业未与客户签订商品销售合同，不需要识别合同及履约义务。该项交易内容单一且价格固定，最终交易价格即收到的货款，且不需要分摊。该客户收到商品并取得该商品的控制权。甲企业收到货款并根据专用发票等确认营业收入。甲企业的账务处理如下：

借：银行存款	135 600	
贷：主营业务收入		120 000
应交税费——应交增值税（销项税额）		15 600

同时结转成本。

借：主营业务成本	96 000	
贷：库存商品		96 000

例11-2

甲企业于某年6月15日以托收承付方式向乙企业销售一批商品，增值税发票上注明售价300 000元、增值税额39 000元，用银行存款代垫运杂费1 200元，该批产品的成本为130 000元，已向银行办妥托收手续。甲企业履行了合同规定的履约义务，按惯例视为客户得到该商品的控制权，甲企业确认营业收入。甲企业的账务处理如下：

借：应收账款——乙企业	340 200	
贷：主营业务收入		300 000
应交税费——应交增值税（销项税额）		39 000
银行存款		1 200

同时结转成本。

借：主营业务成本　　130 000

　贷：库存商品　　130 000

月末收到货款时。

借：银行存款　　340 200

　贷：应收账款——乙企业　　340 200

（2）销售商品涉及折扣与折让情况下的账务处理。销售商品的销售折扣，是指企业在销售商品时，为鼓励购货方多购买商品或尽早付款而给予的价款折扣，包括商业折扣和现金折扣。

商业折扣是指企业为促进商品销售而在商品标价上给予的价格扣除。商业折扣的目的是鼓励购货方多购商品，商品标价扣除商业折扣后的金额，为双方的实际交易价格，即发票价格。由于会计记录是以实际交易价格为基础的，而商业折扣是在交易成立之前予以扣除的折扣，它只是购销双方确定交易价格的一种方式，因此，并不影响销售的会计处理结果。

例11-3

甲公司D商品的标价为每件120元。A公司一次购买D商品1 000件，根据规定的折扣条件，可得到10%的商业折扣，增值税税率为13%。甲企业履行了合同规定的履约义务，客户得到该商品的控制权，甲企业确认营业收入。甲企业的账务处理如下：

发票价格＝120×1 000×(1－10%)＝108 000(元)

销项税额＝108 000×13%＝14 040(元)

借：应收账款——A公司　　122 040

　贷：主营业务收入　　108 000

　　应交税费——应交增值税（销项税额）　　14 040

现金折扣是指企业为鼓励购货方在规定的折扣期内付款而给予购货方的价格扣除。现金折扣的目的是鼓励购货方尽早付款，如果购货方能够取得现金折扣，则发票金额扣除现金折扣后的余额为购货方实际付款金额。在附有现金折扣条件的情况下，交易价格实际上属于可变对价，企业的会计处理面临两种选择：一是按发票价格对应收账款及营业收入计价入账，这种方法称为总价法；二是按发票价格扣除现金折扣后的净额对应收账款及营业收入计价入账，这种方法称为净价法。企业选择总价法还是净价法进行会计处理，取决于对可变对价最佳估计数的判断。在总价法下，如果购货方能够在折扣期内付款，企业应按购货方取得的现金折扣金额调减营业收入（或调增财务费用）；在净价法下，如果购货方未能在折扣期内付款，企业应按购货方丧失的现金折扣金额调增营业收入（或调减财务费用）。

例 11 - 4

甲公司向 A 公司赊销一批产品，合同约定的销售价格为 18 000 元，增值税销项税额为 2 340 元。根据合同约定，产品赊销期限为 30 天，现金折扣条件为“2/10，1/20，n/30”。甲公司履行了合同规定的履约义务，A 公司得到该商品的控制权，甲公司确认营业收入。假设折扣时不考虑增值税，甲公司采用净价法的账务处理如下：

1）赊销产品且符合收入确认条件。

借：应收账款——A 公司	19 980	
贷：主营业务收入		17 640
应交税费——应交增值税（销项税额）		2 340

2）假定 A 公司在 10 天内付款。

现金折扣＝18 000×2%＝360(元)

借：银行存款	19 980	
贷：应收账款——A 公司		19 980

3）假定 A 公司超过 10 天但在 20 天内付款。

现金折扣＝18 000×1%＝180(元)

借：银行存款	20 160	
贷：应收账款——A 公司		19 980
主营业务收入		180

4）假定 A 公司超过 30 天付款。

借：银行存款	20 340	
贷：应收账款——A 公司		19 980
主营业务收入		360

销售折让是指企业因售出商品的质量不合格等而给予购货方的价格减让。销售折让可能发生在销货方确认收入之前，也可能发生在销货方确认收入之后。如果销售折让发生在销货方确认收入之前，销货方应将直接从原定的销售价格中扣除给予购货方的销售折让后的金额作为实际销售价格，并据以确认收入；如果销售折让发生在销货方确认收入之后，销货方应按实际给予购货方的销售折让，冲减当期营业收入。

例 11 - 5

2×18 年 12 月 10 日，甲公司向 A 公司销售一批产品，产品生产成本为 42 000 元，合同约定的销售价格为 56 000 元，增值税销项税额为 7 280 元。合同约定验货付款，甲公司在 A 公司验货并付款后向其开具发票账单。2×18 年 12 月 18 日，A 公司在验货时发现产品质量存在问题，要求甲公司给予 15%的价格折让，甲公司同意给予折让，A 公司按折让后的金额支付货款。

由于约定验货付款，甲公司发出产品时不能确认销售收入，发出的产品应从

“库存商品”科目转入“发出商品”科目核算；待A公司验货付款后并得到该商品的控制权，甲公司履行了合同规定的履约义务，确认营业收入。甲公司按扣除销售折让后的实际交易价格给A公司开具发票账单，并据以确认销售收入。甲公司的账务处理如下：

1）2×18年12月10日，发出产品时。

借：发出商品　　42 000

　贷：库存商品　　42 000

2）2×18年12月18日，A公司按折让后的价格付款时。

实际销售价格＝56 000×(1－15％)＝47 600(元)

增值税销项税额＝7 280×(1－15％)＝6 188(元)

借：银行存款　　53 788

　贷：主营业务收入　　47 600

　　应交税费——应交增值税（销项税额）　　6 188

借：主营业务成本　　42 000

　贷：发出商品　　42 000

例 11－6

乙企业销售一批商品，增值税发票上注明的售价为48 000元，增值税额为6 240元，乙企业确认了收入。到货后，购货方发现商品质量有问题，经双方协商，乙企业在价格上给予购货方5％的折让。乙企业的账务处理如下：

1）确认销售收入时。

借：应收账款　　54 240

　贷：主营业务收入　　48 000

　　应交税费——应交增值税（销项税额）　　6 240

2）发生销售折让时。

销售价格折让＝48 000×5％＝2 400(元)

增值税额折让＝6 240×5％＝312(元)

借：主营业务收入　　2 400

　应交税费——应交增值税（销项税额）　　312

　贷：应收账款　　2 712

3）实际收到货款时。

借：银行存款　　51 528

　贷：应收账款　　51 528

特别提示

如果企业已确认收入的销售折让发生在年度资产负债表日至财务会计报告批准

报出日之间，则属于资产负债表日后事项，应当按照资产负债表日后事项的相关规定进行处理。

（3）销售商品涉及退回情况下的账务处理。这种销货业务的退回没有任何附加条件，企业已经销售的商品可能会由于质量、品种不符合购货合同的要求而被客户退回，客户在退货的同时，应退回企业原开具的增值税专用发票。收到退回的商品及销售退回证明单时，应开具红字增值税专用发票，退还货款或冲减应收账款，并冲减主营业务收入和增值税销项税额，借记“主营业务收入”“应交税费——应交增值税（销项税额）”等科目，贷记“银行存款”“应收账款”“应收票据”等科目，应由企业负担的发货及退货运杂费，计入销售费用。

未确认收入的售出商品发生销售退回的，企业应按已记入“发出商品”科目的商品成本金额，借记“库存商品”科目，贷记“发出商品”科目。

例 11－7

2×18 年 12 月 16 日，甲公司向 A 公司销售一批产品，产品生产成本为 72 万元，销售价格为 90 万元，增值税销项税额为 11.7 万元。合同约定 A 公司对产品验收无误后再付款，甲公司于 A 公司验货并付款后开出增值税专用发票。2×18 年 12 月 26 日，A 公司验货时发现产品质量存在问题，要求退货，甲公司同意退货，并于当日为 A 公司办理了退货。

由于合同约定 A 公司对产品验收无误后付款，甲公司在 A 公司验货并付款后开具增值税专用发票，A 公司未取得该产品的控制权，甲公司不能确认销售收入，甲公司发出的产品应从“库存商品”科目转入“发出商品”科目核算。甲公司的账务处理如下：

1）2×18 年 12 月 16 日，发出产品时。

借：发出商品	720 000	
贷：库存商品		720 000

2）2×18 年 12 月 26 日，为 A 公司办理退货时。

借：库存商品	720 000	
贷：发出商品		720 000

例 11－8

2×18 年 12 月 5 日，甲公司向乙公司销售一批商品，开出的增值税专用发票上注明的销售价格为 40 000 元，增值税额为 5 200 元，该批商品成本为 20 800 元。2×18 年 12 月 15 日，乙公司支付货款。2×18 年 12 月 15 日，该批商品因质量问题被乙公司退回，甲公司当日支付有关款项。甲公司的账务处理如下：

1）2×18 年 12 月 5 日，销售实现时，按销售总价确认收入并结转成本。

借：应收账款	45 200	
贷：主营业务收入		40 000
应交税费——应交增值税（销项税额）		5 200

借：主营业务成本　　20 800

　贷：库存商品　　20 800

2）2×18年12月15日，收到货款时。

借：银行存款　　45 200

　贷：应收账款　　45 200

3）2×18年12月15日，发生销售退回时。

借：主营业务收入　　40 000

　　应交税费——应交增值税（销项税额）　　5 200

　贷：银行存款　　45 200

借：库存商品　　20 800

　贷：主营业务成本　　20 800

特别提示

已确认收入的售出商品发生的销售退回属于资产负债表日后事项的，应当按照资产负债表日后事项的相关规定进行账务处理。

（4）委托代销情况下的账务处理。委托代销是指委托方根据协议，委托受托方代销商品的一种销售方式。具体可分为视同买断和支付手续费两种方式。

1）视同买断方式。视同买断方式是指委托方和受托方签订合同或协议，委托方按合同或协议价格收取代销商品的货款，实际售价可由受托方自行确定，实际售价与合同或协议价之间的差额归受托方所有的销售方式。

在视同买断方式下，如果委托方和受托方之间的协议明确标明，受托方在取得代销商品后，无论是否能够卖出、是否获利，均与委托方无关，那么委托方和受托方之间的代销商品交易，与委托方直接销售商品给受托方没有实质区别，委托方应于发出商品时确认相关销售商品收入，受托方对取得的代销商品应作为购进商品处理。

例11-9

甲公司采用视同买断方式委托A公司代销一批商品。该批商品的成本为33 600元，协议价为44 800元，增值税额为5 824元。A公司在取得代销商品后，无论是否能够卖出、是否获利，均与甲公司无关，代销商品的实际售价由A公司自定。A公司将该批商品按56 000元的价格售出，收取增值税7 280元，A公司开来代销清单、结清协议价款。

委托方甲公司的账务处理如下：

①发出委托代销商品时，甲公司履行了履约义务，A公司即取得该商品的控制权。

借：应收账款——A公司　　50 624

贷：主营业务收入　　44 800

　　应交税费——应交增值税（销项税额）　　5 824

借：主营业务成本　　33 600

贷：库存商品　　33 600

②收到 A 公司开来的代销清单并汇入货款时。

借：银行存款　　50 624

贷：应收账款——A 公司　　50 624

受托方 A 公司的账务处理如下：

①收到受托代销的商品时。

借：库存商品　　44 800

　　应交税费——应交增值税（进项税额）　　5 824

贷：应付账款——甲公司　　50 624

②售出代销商品时。

借：银行存款　　63 280

贷：主营业务收入　　56 000

　　应交税费——应交增值税（销项税额）　　7 280

借：主营业务成本　　44 800

贷：库存商品　　44 800

③将货款汇给甲公司时。

借：应付账款——甲公司　　50 624

贷：银行存款　　50 624

特别提示

如果委托方和受托方之间的协议明确标明，将来受托方没有将商品售出时可以将商品退回给委托方，或受托方因代销商品出现亏损时可以要求委托方补偿，那么委托方在发出商品时不确认收入，发出的商品通过“发出商品”科目核算，也可以单独设置“委托代销商品”科目核算；受托方在收到商品时也不作为商品购进处理，收到的代销商品通过“受托代销商品”科目核算。随后期间，受托方将受托代销的商品售出后，按实际售价确认销售收入，并向委托方开具代销清单；委托方收到代销清单时，根据代销清单所列的已销商品确认销售收入。

2）支付手续费方式。支付手续费方式是指委托方和受托方签订合同或协议，委托方根据代销商品的数量向受托方支付手续费的一种代销方式。与视同买断方式相比，支付手续费方式的主要特点是受托方一般应按照委托方规定的价格销售商品，不得自行改变售价。在支付手续费方式下，委托方向受托方交付代销商品时，该代销商品的控制权并没有转移给受托方，因此，委托方不能在发出商品时确认收入，应将发出的代销商品转入“发出商品”或“委托代销商品”科目核算；受托方对收到的代销商品也不能作为商品购进处理，应设置“受托代销商品”科目单独核算。受托方将受托代销的商品售出后，应根据代销商品的数量和合同约定的收费方式，计算应向委托方收取的手续费，一般作为劳务收入确认入账；委托方收到受托方开来的代销清单时，根据代销清单所列的已销商品金额确认收入，支付的代销手续费计入当期销售费用。

例11-10

甲公司采用支付手续费方式委托B公司代销一批商品，商品成本42 000元。根据代销协议，商品售价为56 000元，增值税额为7 280元，B公司按销售价款（含增值税）的5%收取手续费。B公司将该批商品售出后，给甲公司开来了代销清单，甲公司根据代销清单所列的已销商品金额给B公司开具了增值税专用发票。

委托方甲公司的账务处理如下：

①发出委托代销商品时。

借：发出商品	42 000	
贷：库存商品		42 000

②收到B公司开来的代销清单时。

借：应收账款——B公司	63 280	
贷：主营业务收入		56 000
应交税费——应交增值税（销项税额）		7 280
借：主营业务成本	42 000	
贷：发出商品		42 000

③确认应付的代销手续费时。

代销手续费＝63 280×5%＝3 164(元)

借：销售费用	3 164	
贷：应收账款——B公司		3 164

④收到B公司汇来的货款。

借：银行存款	60 116	
贷：应收账款——B公司		60 116

受托方B公司的账务处理如下：

①收到受托代销商品时。

借：受托代销商品	56 000	
贷：受托代销商品款		56 000

②售出受托代销商品时。

借：银行存款	63 280	
贷：应付账款——甲公司		56 000
应交税费——应交增值税（销项税额）		7 280

③收到增值税专用发票时。

借：应交税费——应交增值税（进项税额）　7 280

　贷：应付账款——甲公司　7 280

④转销受托代销商品以及受托代销商品款时。

借：受托代销商品款　56 000

　贷：受托代销商品　56 000

⑤计算代销手续费并结清代销商品款时。

借：应付账款——甲公司　63 280

　贷：银行存款　60 116

　　其他业务收入　3 164

2. 销售商品特殊交易的账务处理

（1）附有销售退回条件的销售。附有销售退回条件的销售，是指购买方依照有关合同有权退货的销售方式。对于附有销售退回条件的销售，企业应当在客户取得相关商品控制权时，按照因向客户转让商品而预期有权收取的对价金额（不包含预期因销售退回将退还的金额）确认收入，按照预期因销售退回将退还的金额确认负债；同时，按照预期将退回商品转让时的账面价值，扣除收回该商品转让时预计发生的成本。

例 11 - 11

2×18 年 2 月 15 日，甲公司销售 300 件 A 商品给乙公司，该批产品的价款为 300 000 元，增值税销项税额为 39 000 元，总成本为 240 000 元，规定 20 天内可以无条件退货，已开具增值税专用发票并收取全部价款。客户已取得 A 商品的控制权。甲公司根据以往的经验，估计退货率为 5%。2×18 年 3 月 2 日，乙公司退回 A 商品 12 件，其余商品未退货，甲公司开出红字增值税专用发票，退回价款 12 000 元、增值税 1 560 元。甲公司的账务处理如下：

1）2×18 年 2 月 15 日，估计退货部分不确认收入。

确认营业收入＝300 000×95%＝285 000(元)

确认预计负债＝300 000×5%＝15 000(元)

借：银行存款　339 000

　贷：主营业务收入　285 000

　　预计负债　15 000

　　应交税费——应交增值税（销项税额）　39 000

确认主营业务成本和发出商品成本：

确认主营业务成本＝240 000×95%＝228 000(元)

确认发出商品成本＝240 000×5%＝12 000(元)

借：主营业务成本　228 000

　　发出商品　12 000

　贷：库存商品　240 000

2）2×18年3月2日，支付退货款13 560元，未退货部分确认收入。

确认主营业务收入＝15 000－12 000＝3 000(元)

借：预计负债　15 000

　　应交税费——应交增值税（销项税额）　1 560

　贷：主营业务收入　3 000

　　　银行存款　13 560

转回库存商品＝12 000×(240 000÷300 000)＝9 600(元)

确认主营业务成本＝12 000－9 600＝2 400(元)

借：主营业务成本　2 400

　　库存商品　9 600

　贷：发出商品　12 000

（2）分期收款销售商品情况下的账务处理。分期收款销售是指商品已经交付，但货款分期收回的一种销售方式。分期收款销售分为短期分期收款销售和长期分期收款销售两种方式。

企业采用短期分期收款销售方式销售商品时，因收款期较短，在满足收入确认条件的情况下，不需要考虑分期收款总额中的融资成分，应全额确认收入并结转成本。按照增值税相关规定，在合同规定的日期确认应交增值税，因此，在发出商品时不需要缴纳增值税，但应确认待转销项税额。在合同规定的收款日期，不论是否收到价款，都应确认应交增值税。

例11－12

2×18年4月1日，甲公司采用分期收款方式向D公司销售一批产品，产品生产成本420 000元。根据合同约定，该批产品按照正常的销售价格504 000元进行结算，增值税销项税额为65 520元。公司收到产品时首次支付20%的货款（包括相应的增值税销项税额），其余货款于每季季末等额支付，分3次付清。甲公司的有关账务处理如下：

1）2×18年4月1日，销售商品并收到D公司首付的20%货款。

已收合同价款＝504 000×20%＝100 800(元)

已收增值税销项税额＝65 520×20%＝13 104(元)

待转销项税额＝65 520－13 104＝52 416(元)

应收合同价款＝504 000－100 800＝403 200(元)

借：银行存款（100 800＋13 104）　　113 904
　　应收账款——D 公司　　455 616
　贷：主营业务收入　　504 000
　　　应交税费——应交增值税（销项税额）　　13 104
　　　　　　　——待转销项税额　　52 416
借：主营业务成本　　420 000
　贷：库存商品　　420 000

2）2×18 年 6 月 30 日，收到 D 公司支付的货款。

$$每期应收合同价款=\frac{403\ 200}{3}=134\ 400(元)$$

$$每期待转销项税额=134\ 400\times 13\%=17\ 472(元)$$

借：银行存款（134 400＋17 472）　　151 872
　贷：应收账款——D 公司　　151 872
借：应交税费——待转销项税额　　17 472
　贷：应交税费——应交增值税（销项税额）　　17 472

3）2×18 年 9 月 30 日，收到 D 公司支付的货款。

借：银行存款　　151 872
　贷：应收账款——D 公司　　151 872
借：应交税费——待转销项税额　　17 472
　贷：应交税费——应交增值税（销项税额）　　17 472

4）2×18 年 12 月 31 日，收到 D 公司支付的货款。

借：银行存款　　151 872
　贷：应收账款——D 公司　　151 872
借：应交税费——待转销项税额　　17 472
　贷：应交税费——应交增值税（销项税额）　　17 472

企业采用长期分期收款销售方式销售商品时，因收款期较长（一般为三年以上），说明该项销售业务具有融资性质，在满足收入确认条件的情况下，应按照商品的现销价格确认收入。如果销售的商品不存在现销价格，则按照不含增值税的分期收款总额的现值确认收入，不含增值税的分期收款总额与确认收入额的差额作为未实现融资收益。

例 11 - 13

2×15 年 12 月 31 日，甲公司采用分期收款方式销售 B 商品 10 件，不含增值税的价款为 900 万元，适用的增值税税率为 13%。该批商品的现销价格为 801.9 万元，实际利率为 6%，合同规定分 3 期收款，收款日期为 2×16 年 12 月 31 日、2×17 年 12 月 31 日和 2×18 年 12 月 31 日。该批商品的总成本为 630 万元。甲公司在各收款日均收取货款 339 万元，并开具增值税专用发票。甲公司的账务处理如下：

1）2×15年12月31日，销售B商品时。

待转销项税额＝9 000 000×13％＝1 170 000(元)

长期应收款总额＝9 000 000＋1 170 000＝10 170 000(元)

借：长期应收款　10 170 000

　贷：应交税费——待转销项税额　1 170 000

　　　主营业务收入　8 019 000

　　　未实现融资收益　981 000

借：主营业务成本　6 300 000

　贷：库存商品　6 300 000

不含增值税的长期应收款账面价值＝10 170 000－1 170 000－981 000
＝8 019 000(元)

2）2×16年12月31日，收取货款时。

借：银行存款　3 390 000

　贷：长期应收款　3 390 000

待转销项税额转为销项税额＝1 170 000÷3＝390 000(元)

借：应交税费——待转销项税额　390 000

　贷：应交税费——应交增值税（销项税额）　390 000

未实现融资收益的摊销额＝8 019 000×6％＝481 140(元)

借：未实现融资收益　481 140

　贷：财务费用　481 140

“长期应收款”科目的借方余额＝10 170 000－3 390 000＝6 780 000(元)

“应交税费——待转销项税额”科目的贷方余额＝1 170 000－390 000
＝780 000(元)

“未实现融资收益”科目的贷方余额＝981 000－481 140＝499 860(元)

不含增值税的长期应收款账面价值＝6 780 000－780 000－499 860
＝5 500 140(元)

3）2×17年12月31日，收取货款时。

借：银行存款　3 390 000

　贷：长期应收款　3 390 000

借：应交税费——待转销项税额　390 000

　贷：应交税费——应交增值税（销项税额）　390 000

未实现融资收益的摊销额＝5 500 140×6％＝330 008.4(元)

借：未实现融资收益　330 008.40

　贷：财务费用　330 008.40

“长期应收款”科目的借方余额＝6 780 000－3 390 000＝3 390 000(元)

“应交税费——待转销项税额”科目的贷方余额＝780 000－390 000
＝390 000(元)

“未实现融资收益”科目的贷方余额＝499 860－330 008.4
＝169 851.6(元)

不含增值税的长期应收款账面价值＝3 390 000－390 000－169 851.6
＝2 830 148.4(元)

4) 2×18 年 12 月 31 日，收取货款时。

借：银行存款　　3 390 000
　贷：长期应收款　　3 390 000
借：应交税费——待转销项税额　　390 000
　贷：应交税费——应交增值税（销项税额）　　390 000

未实现融资收益的摊销额＝981 000－(481 140＋ 330 008.4)＝169 851.6(元)

借：未实现融资收益　　169 851.60
　贷：财务费用　　169 851.60

“长期应收款”科目的借方余额＝3 390 000－3 390 000＝0

“应交税费——待转销项税额”科目的贷方余额＝390 000－390 000＝0

“未实现融资收益”科目的贷方余额＝169 851.6－169 851.6＝0

不含增值税的长期应收款账面价值＝0

(3) 以旧换新的商品销售的账务处理。企业在销售商品的同时收购旧商品，则收购的旧商品确认为存货。企业收购旧商品的价值可以直接抵减新商品价款。

如果收购旧商品的价值为其公允价值，则收购旧商品支付的价款不得冲减收入，应当计入存货成本。如果旧商品的价款超过其公允价值，差额抵减新商品的收入。

例 11－14

2×18 年 5 月 18 日，甲公司销售 A 商品 70 件，价款为 45 000 元，增值税销项税额为 5 850 元，总成本为 31 500 元。甲公司开具增值税专用发票，并收取全部价款。甲公司在销售旧商品的同时，收购旧商品 70 件，收购价款为其公允价值 2 250 元，直接抵扣新商品的价款。甲公司实际收到价款 48 600 元，收到的旧商品作为原材料验收入库。其账务处理如下：

甲公司销售 A 商品时。

借：银行存款　　48 600
　　原材料　　2 250
　贷：主营业务收入　　45 000
　　　应交税费——应交增值税（销项税额）　　5 850

借：主营业务成本　　31 500
　贷：库存商品　　31 500

例 11－15

沿用例 11－14 的资料。如果甲公司收购旧商品的公允价值为 1 500 元，而收购旧商品的价款为 2 250 元，则旧商品的价款高于其公允价值的差额 750 元（2 250－1 500）应冲减收入。其账务处理如下：

借：银行存款　　48 600
　　原材料　　1 500
　贷：主营业务收入　　44 250
　　　应交税费——应交增值税（销项税额）　　5 850
借：主营业务成本　　31 500
　贷：库存商品　　31 500

（4）合同包括多项履约义务及可变对价的账务处理。如果企业与客户签订的合同中包含多项履约义务，交易价格的确定存在可变对价等因素，企业要按照前述营业收入确认与计量的步骤进行分析，分别进行账务处理。

例 11－16

2×17 年 1 月 8 日，乙公司与某客户签订一款 W 商品（技术软件）销售及后续技术服务的合同，并经双方批准。该合同规定：乙公司应于 2×17 年 6 月 30 日交付 W 商品，并于 2×17 年 7 月 1 日至 2×18 年 6 月 30 日提供与该 W 商品相关的技术服务（这期间客户不能完全控制该商品）。W 商品及技术服务不含增值税的总价为 750 万元，增值税税率为 13%。该项交易属于混合行为，客户应在收到 W 商品且能正常使用时一次付清款项。如果该客户于 2×17 年 3 月 31 日预付全部价款，则不含增值税的总价款为 720 万元。增值税专用发票于支付全部价款时开具。乙公司单独销售该商品不含增值税的价款为 612 万元，单独提供一年技术服务不含增值税的价款为 153 万元，总价款为 765 万元。

营业收入确认与计量分析如下：

1）识别与客户订立的合同：该合同已经双方批准生效。

2）识别合同中的履约义务：该合同包含的履约义务为多项履约义务，一项是 W 商品，另一项是提供一年的技术服务。

3）确定交易价格：客户于 2×17 年 6 月 30 日收到 W 商品且能够正常使用时支付全部价款，不含增值税的总价为 750 万元；如果该客户于 2×17 年 3 月 31 日预付全部价款，则不含增值税的交易价款总额为 720 万元。

4）将交易价格分摊至各单项履约义务：按照单独销售 W 商品和提供服务价款的比例分配不含增值税的总价款 750 万元，则

W 商品的交易价格＝750×(612÷765)＝600(万元)

一年技术服务的交易价格＝750×(153÷765)＝150(万元)

如果按照单独销售 W 商品和提供服务价款的比例分配不含增值税的总价款 720 万元，则

W 商品的交易价格＝720×(612÷765)＝576(万元)

一年技术服务的交易价格＝720×(153÷765)＝144(万元)

5）履行各单项履约义务时确认收入：在客户收到 W 商品且能够正常使用时确认收入；在 2×17 年 7 月 1 日至 2×18 年 6 月 30 日各月末提供技术服务后分期确认营业收入。

金额单位以万元表示，乙公司的账务处理如下：

①2×17 年 3 月 31 日，乙公司收到客户预付的全部价款 835.2 万元，其中不含增值税的交易价款总额为 720 万元，增值税额 93.6 万元，已开具增值税专用发票。

借：银行存款	813.60	
贷：应交税费——应交增值税（销项税额）		93.60
预收账款		720.00

②2×17 年 6 月 30 日，乙公司交付 W 商品且客户可以正常使用，W 商品的成本为 450 万元。

借：预收账款	576	
贷：主营业务收入		576
借：主营业务成本	450	
贷：库存商品		450

③2×17 年 7 月 31 日，确认当月技术服务收入 12 万元（144÷12），提供该项技术服务的成本为 7.5 万元。

借：预收账款	12	
贷：主营业务收入		12
借：主营业务成本	7.50	
贷：库存商品		7.50

④2×17 年 7 月 1 日至 2×17 年 12 月 31 日，累计确认技术服务收入 72 万元。

企业销售商品的特殊交易除了上述类型外，还可能存在销售的商品需要安装调试和售后回购等交易类型。

企业销售的商品如果需要安装调试，且安装调试的结果经购货单位检验合格后才能生效，则企业在安装调试完成后，客户接受该商品控制权时再确认收入。

售后回购是指在销售商品的同时，销售方同意日后再将同样或类似商品购回的销售方式。在售后回购方式下，销售方应根据合同或协议条款判断购货方是否具有控制该商品的权利，以确定是否确认销售商品收入。通常情况下，售后回购交易属于融资交易，所售商品的控制权没有从销售方转移到购货方，因而销售方不应确认收入；有确凿证据表明售后回购交易满足销售商品收入确认条件的，销售的商品按

售价确认收入，回购的商品作为购买商品处理。

特别提示

按照企业会计准则的规定，企业应根据本企业履行履约义务与客户付款之间的关系，确认合同资产或合同负债。

合同资产是指企业已向客户转让商品而有权收取对价的权利，且该权利取决于时间流逝之外的其他因素。例如，企业向客户销售两件可明确区分的商品，企业已交付其中一件商品而有权收取款项，但收取该款项还取决于企业交付另一件商品的情况，企业应当将该收款权利确认为合同资产。由于实务中较少发生，故本教材未涉及。

合同负债是指企业已收客户对价而应向客户转让商品的义务，如企业在转让承诺的商品之前已收取的款项。由于合同负债的核算内容与预收账款相同，因此用“预收账款”科目处理该类业务。

3. 提供服务的账务处理

提供服务是指企业对外提供旅游服务、运输服务、饮食服务、广告策划与制作服务、管理咨询服务、代理业务服务、培训业务服务、安装服务、软件设计服务、特许权服务，建筑企业提供建造服务等。企业提供的服务如果属于某一时点履约的义务，应采用与前述商品销售相同的办法确认营业收入；如果属于在某一段期间履行的义务，则应考虑服务的性质，采用产出法或投入法确定恰当的履约进度，分期确认收入。

产出法主要是根据已转移给客户的商品对于客户的价值确定履约进度，主要包括按照实际测量的完工进度、已实现的结果、已达到的里程碑、时间进度、已完工或交付的产品等确定履约进度。例如，丙公司与丁公司签订一份服务合同，合同总收入为450万元，合同总成本为300万元，期限为3年，采用产出法确定履约进度。报告期末，经专业测量师认定，该项服务的累计履约进度为20%，丁公司接受该项测量结果，则丙公司应确认营业收入90万元（450×20%）。

投入法主要是根据企业履行履约义务的投入确定履约进度，主要包括以投入材料的数量、花费的人工工时或机器工时、发生的成本和时间进度确定履约进度。例如，丙公司与丁公司签订一份服务合同，合同总收入为450万元，合同总成本为300万元，期限为3年，采用投入法确定履约进度。报告期末，该项服务的累计服务成本为75万元，则累计履约进度为25%（75÷300），丙公司应确认营业收入112.5万元（450×25%）。

确认营业收入及结转营业成本的计算公式如下：

各期确认的营业收入＝预计总收入×履约进度
－以前期间累计已确认的营业收入

各期结转的营业成本＝预计总成本×履约进度
　　　　　　　　　　－以前期间已累计结转的营业成本

特别提示

当履约进度不能合理确定时，企业已经发生的成本预计能够得到补偿的，应当按照已经发生的成本金额确认营业收入，直到履约进度能够合理确定为止；如果已经发生的成本预计不能全部得到补偿，应当按照预计能够得到补偿的部分确认营业收入。

例11－7

2×17年11月1日，甲公司与乙公司签订一份服务合同，不含增值税的总收入为480万元，适用的增值税税率为6%，完工日为2×18年4月30日，采用产出法确认营业收入。合同签订日预收127.2万元（含增值税）保证金，分别于2×17年12月31日、2×18年2月28日、2×18年4月30日各收取127.2万元（含增值税）服务款。甲公司预计该项服务的总成本为375万元。2×17年11月1日，甲公司收取保证金127.2万元；2×17年11月，甲公司实际发生服务成本42万元（假定全部为职工薪酬），月末专业测量师测算的履约进度为10%；2×17年12月，甲公司实际发生服务成本78万元（假定全部为职工薪酬），月末专业测量师测算的履约进度为30%。2×17年12月31日，收取服务款127.2万元。金额单位以万元表示，甲公司的账务处理如下：

（1）2×17年11月1日，收取保证金时。

借：银行存款　　127.20
　贷：预收账款　　127.20

（2）2×17年11月末的账务处理。

1）确认实际发生的服务成本时。

借：生产成本　　42
　贷：应付职工薪酬　　42

2）确认服务收入时。

确认服务收入＝480×10%＝48(万元)
收取增值税＝48×6%＝2.88(万元)

借：预收账款　　50.88
　贷：主营业务收入　　48.00
　　　应交税费——应交增值税（销项税额）　　2.88

3）结转服务成本时。

确认服务成本＝375×10%＝37.5(万元)

借：主营业务成本　　37.50

　贷：生产成本　　37.50

“生产成本”科目余额＝42－37.5＝4.5(万元)

“预收账款”科目余额＝127.2－50.88＝76.32(万元)

(3) 2×17年12月末的账务处理。

1）确认实际发生的服务成本时。

借：生产成本　　78

　贷：应付职工薪酬　　78

2）确认服务收入时。

确认服务收入＝480×30%－48＝96(万元)

收取增值税＝96×6%＝5.76(万元)

借：预收账款　　101.76

　贷：主营业务收入　　96.00

　　　应交税费——应交增值税（销项税额）　　5.76

3）结转服务成本时。

确认服务成本＝375×30%－37.5＝75(万元)

借：主营业务成本　　75

　贷：生产成本　　75

4）收取服务款时。

借：银行存款　　127.20

　贷：预收账款　　127.20

“生产成本”科目余额＝4.5＋78－75＝7.5(万元)

“预收账款”科目余额＝76.32－101.76＋127.2＝101.76(万元)

以后月份类推。

例 11 - 18

沿用例11 - 17的资料。如果甲公司采用投入法确定履约进度，则账务处理如下：

(1) 2×17年11月1日，收取保证金时。

借：银行存款　　127.20

　贷：预收账款　　127.20

(2) 2×17年11月末的账务处理。

1）确认实际发生的服务成本时。

借：生产成本　　42

　贷：应付职工薪酬　　42

2）确认服务收入时。

履约进度＝42÷375×100%＝11.2%

确认服务收入＝480×11.2%＝53.76(万元)

收取增值税＝53.76×6%＝3.225 6(万元)

借：预收账款　　56.985 6

　贷：主营业务收入　　53.760 0

　　　应交税费——应交增值税（销项税额）　　3.225 6

3）结转服务成本时。

确认服务成本＝375×11.2%＝42(万元)

借：主营业务成本　　42

　贷：生产成本　　42

"生产成本"科目余额＝42－42＝0

"预收账款"科目余额＝127.2－56.985 6＝70.214 4(万元)

（3）2×17年12月末的账务处理。

1）确认实际发生的服务成本时。

借：生产成本　　78

　贷：应付职工薪酬　　78

2）确认服务收入时。

履约进度＝(42＋78)÷375×100%＝32%

确认服务收入＝480×32%－53.76＝99.84(万元)

收取增值税＝99.84×6%＝5.990 4(万元)

借：预收账款　　105.830 4

　贷：主营业务收入　　99.840 0

　　　应交税费——应交增值税（销项税额）　　5.990 4

3）结转服务成本时。

确认服务成本＝375×32%－42＝78(万元)

借：主营业务成本　　78

　贷：生产成本　　78

4）收取服务款时。

借：银行存款　　127.20

　贷：预收账款　　127.20

"生产成本"科目余额＝78－78＝0

"预收账款"科目余额＝70.214 4－105.830 4＋127.2＝91.584(万元)

以后月份类推。

11.2 费用

11.2.1 费用的含义及分类

费用有广义和狭义之分，广义的费用是指所有能导致企业经济利益流出的总额，狭义的费用仅指企业在销售商品、提供服务等日常活动中所发生的经济利益的流出。我国会计准则所定义的费用是狭义的概念，即费用是指企业在日常活动中发生的、会导致所有者权益减少的、与向所有者分配利润无关的经济利益的总流出。由于费用会导致经济利益流出企业，因此，费用最终会使企业所有者权益减少。

狭义的费用包括营业费用和资产减值损失。其中营业费用包括营业成本、税金及附加和期间费用。

广义的费用除了包括狭义的费用，还包括公允价值变动损失、投资损失、资产处置损失、营业外支出和所得税费用。其中，公允价值变动损失是指以公允价值计量且其变动计入当期损益的金融资产、以公允价值计量的投资性房地产等公允价值变动形成的损失；投资损失是指企业从事各项对外投资活动发生的净损失；资产处置损失主要是指处置固定资产、无形资产等过程中发生的净损失；营业外支出是指除经营业务以外的支出；所得税费用是指从税前利润中扣除的费用。

特别提示

将费用分为广义的费用和狭义的费用有利于从财务会计角度界定费用。从成本会计的角度讲，费用的分类标准有多种，例如，按照费用的经济内容分类形成各要素费用；按照费用的经济用途分类形成成本项目等。

11.2.2 费用确认与计量的基本要求

费用的确认一般以权责发生制和配比原则为基础。对于与收入存在因果关系的费用应直接确认。如在确认产品销售收入时，同时确认产品销售成本和销售费用等。

对于间接费用，如车间固定资产折旧费等，一般采用系统合理的分配方法，分配计入直接费用，具体分配方法参阅成本会计教材。对于期间费用，应在发生的当期直接计入当期损益，如销售费用、管理费用、财务费用。对于所得税费用，应按资产负债表债务法确认，计入当期损益。

特别提示

除期间费用和所得税费用外，营业成本的账务处理参阅11.1节的相关内容；税金及附加、资产减值损失、公允价值变动损失、投资损失、资产处置损失等可参见相关章节的内容。本节重点讲述期间费用和所得税费用的确认、计量及账务处理。

11.2.3　期间费用

期间费用是指企业当期发生的，但不能直接归属于某个特定产品成本的费用。期间费用主要包括销售费用、管理费用、财务费用。

1. 销售费用

销售费用是指企业在销售商品过程中发生的各项费用以及专设销售机构的各项费用。销售费用包括应由本企业负担的包装费、运输费、装卸费、保险费、展览费、广告费、经营租赁费、销售服务费、销售部门职工薪酬、办公费、折旧费、差旅费等。

企业发生的销售费用在“销售费用”账户中核算，并按费用项目设置明细账进行明细核算。

例 11 - 19

甲公司某年 12 月发生的销售费用如下：以银行存款支付广告费 40 000 元，本月分配销售部门职工薪酬 32 000 元，月末将全部销售费用结转。其账务处理如下：

（1）支付广告费。

借：销售费用——广告费	40 000	
贷：银行存款		40 000

（2）分配销售部门职工薪酬。

借：销售费用	32 000	
贷：应付职工薪酬		32 000

（3）月末结转销售费用。

借：本年利润	72 000	
贷：销售费用		72 000

2. 管理费用

管理费用是指企业行政管理部门发生的各项费用，包括公司经费、工会经费、职工教育经费、社会保险费、差旅费、办公费、折旧费、修理费、业务招待费及其他管理费用等。

企业应设置“管理费用”账户。企业发生的管理费用在“管理费用”账户中核算，并按费用项目设置明细账进行明细核算。期末，将账户借方归集的管理费用全部由该账户的贷方转入“本年利润”账户的借方，计入当期损益。

例 11 - 20

甲公司某年 12 月发生以下管理费用：以银行存款支付业务招待费 15 000 元，计提管理部门使用的固定资产折旧费6 400元，分配管理人员薪酬工资150 000元，月末结转管理费用。甲公司的账务处理如下：

（1）支付业务招待费。

借：管理费用——业务招待费　　15 000

　贷：银行存款　　15 000

（2）计提固定资产折旧费。

借：管理费用——折旧费　　6 400

　贷：累计折旧　　6 400

（3）分配管理人员薪酬工资。

借：管理费用——工资及福利费　　150 000

　贷：应付职工薪酬　　150 000

（4）月末结转管理费用。

借：本年利润　　171 400

　贷：管理费用　　171 400

3. 财务费用

财务费用是指企业为筹集生产经营所需资金而发生的各项费用，具体包括的项目有：利息净支出、金融机构手续费及其他财务费用等。

企业发生的财务费用在“财务费用”账户中核算，并按费用项目设置明细账进行明细核算。期末，将账户借方归集的财务费用全部由该账户的贷方转入“本年利润”账户的借方，计入当期损益。

例11-21

甲公司某年12月发生如下业务：接到银行通知，已划拨本月银行借款利息40 000元；银行转来存款利息16 000元。月末结转财务费用。甲公司的账务处理如下：

（1）划拨本月银行借款利息。

借：财务费用——利息支出　　40 000

　贷：银行存款　　40 000

（2）银行转来存款利息。

借：银行存款　　16 000

　贷：财务费用——利息收入　　16 000

（3）月末结转财务费用。

借：本年利润　　24 000

　贷：财务费用　　24 000

11.2.4 所得税费用

所得税费用是指在会计税前利润（或利润总额）中扣除的所得税费用，其构成内容及确认方法取决于所得税的会计处理方法。按我国企业会计准则的规定，企业所得税的会计处理应采用资产负债表债务法。在资产负债表债务法下，所得税费用的构成内容包括当期所得税费用和递延所得税费用两部分。

1. 资产负债表债务法概述

（1）资产负债表债务法的含义与程序。资产负债表债务法，是指企业应当根据资产、负债的账面价值与资产、负债的计税基础的差异，将可抵扣暂时性差异对所得税的影响确认为递延所得税资产，将应纳税暂时性差异对所得税的影响确认为递延所得税负债，并在此基础上倒推出各期所得税费用的一种方法。资产负债表债务法的程序通常如下：

1）确定资产和负债的账面价值；

2）确定资产和负债的计税基础；

3）比较资产、负债的账面价值和计税基础之间的差异，该差异即暂时性差异；

4）将暂时性差异乘以适用的税率，即资产负债表上递延所得税资产或递延所得税负债的金额；

5）确定利润表中的所得税费用，包括当期所得税和递延所得税两部分。

（2）资产的计税基础。资产的计税基础，是指企业收回资产账面价值的过程中，计算应纳税所得额时按照税法规定可以自应税经济利益中抵扣的金额，即某项资产在未来期间计税时按照税法规定可予税前扣除的金额。

例 11 - 22

甲公司于 2×17 年 12 月 31 日购入一台设备，原价为 640 万元，预计使用年限为 8 年，不考虑净残值。会计上采用年限平均法计提折旧；税法上采用双倍余额递减法计提折旧。

2×17 年 12 月 31 日该设备的账面价值为 640 万元，将来在应税经济利益中抵扣的金额也是 640 万元，即没发生暂时性差异。

但是到了 2×18 年 12 月 31 日，该设备的账面价值为 560 万元（640－640÷8），而该设备的计税基础为 480 万元（640－640×25%），两者有 80 万元的暂时性差异，这一差异称为应纳税暂时性差异，该差额将于未来期间增加企业的应纳税所得额，导致产生应税金额，即递延所得税负债。

如果会计上对该设备采用双倍余额递减法计提折旧，税法上采用年限平均法计提折旧，则 2×18 年 12 月 31 日就会产生一项可抵扣暂时性差异，该差额将于未来期间减少企业的应纳税所得额，导致产生可抵扣应税金额，即递延所得税资产。

（3）负债的计税基础。负债的计税基础，是指负债的账面价值减去未来期间计算应纳税所得额时按照税法规定可予抵扣的金额。用公式表示如下：

$$\begin{matrix}\text{负债的}\\\text{计税基础}\end{matrix}=\begin{matrix}\text{负债的}\\\text{账面价值}\end{matrix}-\begin{matrix}\text{未来期间按照税法规定}\\\text{可予税前扣除的金额}\end{matrix}$$

通常情况下，负债的确认与偿还不会影响企业的损益，也不会影响企业的应纳税所得额，未来期间计算应纳税所得额时按照税法规定可予税前扣除的金额为零，因此，负债的计税基础一般等于账面价值。但是，在某些情况下，负债的确认可能会影响企业的损益，进而影响不同期间的应纳税所得额，导致其计税基础与账面价值之间产生差额，如按照会计准则规定确认的某些预计负债等。

例 11－23

甲公司与乙公司签订了债务担保协议，截至 2×18 年 12 月 31 日，甲公司估计最有可能承担的还款金额为 800 万元，为此，甲公司确认了 800 万元的预计负债。但税法规定，企业对外提供与本企业生产经营活动无关的担保，其担保损失不得在所得税前扣除。

甲公司这笔负债的账面价值为 800 万元，计税基础为账面价值减去将来发生时可予抵扣的金额，本例中，由于计入当期营业外支出的担保损失不允许税前扣除，并且在以后期间也不得从税前扣除，因此该项预计负债的计税基础为 800 万元（800－0），两者相等，即没发生暂时性差异。

例 11－24

甲公司 2×18 年 12 月 31 日的资产负债表中，列示的因提供产品售后服务而确认的预计负债金额为 160 万元。税法规定，与产品售后服务相关的费用在实际发生时允许税前扣除。

预计负债的账面价值为 160 万元，这笔预计负债在预计时税法不允许税前扣除，因此，存在 160 万元的暂时性差异。但预计负债在实际发生时税法允许税前扣除，因此负债的计税基础为 160 万元减去未来发生时税法允许抵扣的金额 160 万元，即负债的计税基础为 0（160－160），账面价值与计税基础之间产生了 160 万元的差额，即暂时性差异。该差额将于未来期间减少企业的应纳税所得额，即可抵扣暂时性差异，将来发生支出时可作为费用扣减。

2. 当期所得税费用的确认与计量

当期所得税费用是指按当期应缴纳的所得税额确认的费用。企业在确定当期应交所得税时，对于会计处理与纳税处理不同的交易或事项，应在会计利润的基础上，按照适用的税法规定进行调整，计算出当期应纳税所得额，按照应纳税所得额与适用的所得税税率计算确定当期应交所得税。一般情况下，应纳税所得额可在会计利润的基础上，考虑会计处理与纳税处理之间的差异，按照下列公式计算确定：

应纳税所得额＝会计利润±纳税调整事项

式中，会计利润就是利润表中的利润总额，也称税前利润。纳税调整事项包括：计入利润表但不允许税前扣除的费用，如超过税法规定的业务招待标准的支出等；计入利润表的费用与可予税前抵扣的费用之间的差额，如会计折旧与税法折旧的差额；计入利润表但不计入应纳税所得额的收入，如国债利息收入等。经过调整后，当期应交所得税（即会计上确认的当期所得税费用）可按下列公式计算：

当期应交所得税＝应纳税所得额×适用的所得税税率

例 11－25

甲公司 2×18 年度利润表中的利润总额为 6 000 万元，该公司适用的所得税税率为 25%。发生下列会计业务与纳税处理存在差别的交易和事项：

（1）国债利息收入 160 万元。

（2）非公益性捐赠支出 500 万元，按照税法规定不允许税前扣除。

（3）当期实际支付产品保修费用 100 万元。

（4）违反环保法有关规定支付罚款 560 万元。

（5）期末计提存货跌价准备 300 万元。

甲公司的账务处理如下（会计分录的金额单位为万元）：

应纳税所得额＝6 000－160＋500－100＋560＋300＝7 100(万元)

应交所得税＝7 100×25%＝1 775(万元)

借：所得税费用——当期所得税费用　　1 775

　贷：应交税费——应交所得税　　1 775

3. 递延所得税费用的确认与计量

递延所得税费用是指由于暂时性差异的发生或转回而确认的所得税费用，即当期确认的递延所得税负债与当期确认的递延所得税资产的差额。当期确认的递延所得税负债大于当期确认的递延所得税资产的差额，为当期确认的递延所得税费用；当期确认的递延所得税负债小于当期确认的递延所得税资产的差额，为当期确认的递延所得税收益，递延所得税收益应当抵减当期所得税费用。

特别提示

由于递延所得税指的是应当计入当期利润表的递延所得税费用（或收益），因此，在计算递延所得税时，不应当包括直接计入所有者权益的交易或事项产生的递延所得税负债和递延所得税资产，以及企业合并中产生的递延所得税负债和递延所得税资产。

例 11－26

甲公司某年度按照税法规定计算的应交所得税为 1 800 万元，适用的所得税税率为 25%。年末，比较资产、负债的账面价值与其计税基础，确定应纳税暂时性差异为 3 000 万元，可抵扣暂时性差异为 2 250 万元。假定甲公司递延所得税资产和递延所得税负债均无期初余额。甲公司有关所得税的账务处理如下（会计分录的金额单位为万元）：

当期确认的递延所得税负债＝3 000×25%＝750(万元)

当期确认的递延所得税资产＝2 250×25%＝562.5(万元)

递延所得税费用＝750－562.5＝187.5(万元)

当期确认的所得税费用＝1 800＋187.5＝1 987.5(万元)

借：所得税费用——当期所得税费用	1 800	
贷：应交税费——应交所得税		1 800
借：所得税费用——递延所得税费用	187.50	
递延所得税资产	562.50	
贷：递延所得税负债		750.00

11.3 利　润

11.3.1 利润的含义及构成

1. 利润的含义

利润是指企业在一定会计期间的经营成果，包括收入减去费用后的净额、直接计入当期利润的利得和损失等。其中，收入减去费用后的净额反映的是企业日常活动的业绩；直接计入当期利润的利得和损失，是指直接计入当期损益的、最终会引起所有者权益发生增减变动的、与所有者投入资本或者向所有者分配利润无关的利得或者损失，反映的是企业非日常活动的业绩。

利润的确认主要依赖于收入和费用以及直接计入当期利润的利得和损失的确认，利润金额的计量主要取决于收入和费用以及直接计入当期利润的利得和损失金额的计量。

2. 利润的构成

企业经营范围不同，利润的构成也会不同。根据我国企业会计准则的规定，企业的利润一般包括营业利润、利润总额和净利润三部分。

（1）营业利润。营业利润是指企业一定期间的日常活动取得的利润。其构成内容可用公式表示如下：

营业利润＝营业收入－营业成本－税金及附加－销售费用－管理费用
－研发费用－财务费用－资产减值损失－信用减值损失
＋其他收益＋投资收益(或－投资损失)＋公允价值变动收益
(或－公允价值变动损失)＋资产处置收益(或－资产处置损失)

式中，营业收入是指企业经营业务所实现的收入总额，包括主营业务收入和其他业务收入；营业成本是指企业经营业务所发生的实际成本总额，包括主营业务成本和其他业务成本；税金及附加是指企业经营业务应负担的税金及附加费用，如消费税、城市维护建设税、资源税、土地增值税、教育费附加等；资产减值损失反映企业各项资产发生的减值损失；投资收益是指企业以各种方式对外投资所取得的收益；公允价值变动收益是指企业以公允价值计量且其变动计入当期损益的金融资产及采用公允价值模式计量的投资性房地产等公允价值变动形成的应计入当期损益的利得或损失。

（2）利润总额。利润总额是指企业在缴纳所得税之前的利润，也称税前利润。其构成内容可用公式表示如下：

利润总额＝营业利润＋营业外收入－营业外支出

式中，营业外收入是指企业发生的与日常活动无直接关系的、直接计入当期损益的各项利得。包括的主要项目如下：

1）非流动资产毁损报废利得。非流动资产毁损报废利得是指因自然灾害等发生毁损、已丧失实用功能而报废的非流动资产所产生的清理净收益。

2）债务重组利得。债务重组利得是指企业在进行债务重组时，债务人重组债务的账面价值高于用于偿债的现金及非现金资产公允价值、债权人放弃债权而享有股份的公允价值、重组后债务的入账价值的差额所形成的利得。

3）非货币性资产交换利得。非货币性资产交换利得是指在非货币性资产交换以公允价值为基础计量的情况下，换出固定资产或无形资产的公允价值高于其账面价值的差额，扣除相关费用后的净收益。

4）盘盈利得。盘盈利得是指企业在财产清查中发现的库存现金实存数额超过账面数额而获得的资产溢余利得。

5）政府补助利得。政府补助利得是指与企业日常活动无关的、从政府无偿取得货币性资产或非货币性资产形成的利得。

6）捐赠利得。捐赠利得是指企业接受外部现金和非现金资产捐赠而获得的利得。

营业外支出是指企业发生的与日常活动无直接关系的、直接计入当期损益的各项损失。包括的主要项目如下：

1）非流动资产毁损报废损失。非流动资产毁损报废损失是指因自然灾害等发生毁损、已丧失实用功能而报废的非流动资产所产生的清理净损失。

2）债务重组损失。债务重组损失是指企业在进行债务重组时，债务人重组债务的账面价值低于用于偿债的现金及非现金资产公允价值、债权人放弃债权而享有股份的公允价值、重组后债务的入账价值的差额所形成的损失。

3）公益性捐赠支出。公益性捐赠支出是指企业对外进行公益性捐赠发生的损失。

4）非常损失。非常损失是指企业由于自然灾害等客观原因造成的财产损失，在扣除保险公司赔款和残料价值后，应计入当期损益的净损失。

5）盘亏损失。盘亏损失是指企业在财产清查中发现的固定资产实存数量少于账面数量而发生的资产短缺损失。

特别提示

营业外收入和营业外支出所包括的收支项目互不相关，不存在配比关系，因此，不得以营业外支出直接冲减营业外收入，也不得以营业外收入抵补营业外支出，二者的发生金额应当分别核算。

（3）净利润。净利润是指企业一定期间的利润总额减去所得税费用后的净额，也称税后利润，其构成内容可用公式表示如下：

净利润＝利润总额－所得税费用

式中，所得税费用是指企业按照会计准则的规定确认的当期所得税费用和递延所得税费用。

例 11－27

甲公司于2×18年度取得主营业务收入4 000万元，其他业务收入1 440万元，投资净收益560万元，营业外收入200万元；发生主营业务成本2 800万元，其他业务成本1 120万元，税金及附加48万元，销售费用304万元，管理费用272万元，财务费用96万元，资产减值损失120万元，公允价值变动净损失80万元，营业外支出160万元；本年度确认的所得税费用为416万元。甲公司确认的2×18年度营业利润、利润总额和净利润的金额计算如下：

营业利润＝4 000＋1 440－2 800－1 120－48－304－272－96－120－80＋560
＝1 160(万元)

利润总额＝1 160＋200－160＝1 200(万元)

净利润＝1 200－416＝784(万元)

11.3.2 净利润的结转与分配

1. 净利润的结转

企业应设置“本年利润”账户核算企业当期实现的净利润或发生的净亏损，企业净利润的结转方式有账结法和表结法两种。

（1）账结法。账结法是指在月末将所有损益类账户的余额转入“本年利润”账户。结转时，借记所有收入类账户，贷记“本年利润”账户；借记“本年利润”账户，贷记所有费用类账户。结转后各损益类账户月末没有余额，“本年利润”账户的贷方余额表示年度内累计实现的净利润，借方余额表示年度内累计发生的净亏损。这种方法的优点是，账面上可以反映各月末累计实现的净利润或累计发生的净亏损，其缺点是每月结转的工作量较大。

（2）表结法。表结法是指各月月末不结转本年利润，只在年末时将所有损益类账户的余额转入“本年利润”账户。各损益类账户的月末余额表示累计的收入或费用，1—11 月份“本年利润”账户不作任何记录。年末时，企业将各损益类账户的余额转入“本年利润”账户，结平各损益类账户。年末结转后，“本年利润”账户如为贷方余额，反映年初至本期末累计实现的净利润；如为借方余额，反映年初至本期末累计发生的净亏损。表结法的优点是简化了平时结转的工作量，缺点是各月末不能在账面上反映各月末的累计净利润或累计净亏损。

特别提示

年度终了，企业应将收入和支出相抵后结出的本年实现的净利润转入“利润分配——未分配利润”账户的贷方；如果为净亏损，则转入“利润分配——未分配利润”账户的借方。结转后，“本年利润”账户应无余额。

例 11-28

沿用例 11-27 的资料，甲公司于 2×18 年年末结转净利润的账务处理如下（金额单位为万元）：

(1) 2×18 年 12 月 31 日，结转本年损益类科目余额。

借：主营业务收入	4 000	
其他业务收入	1 440	
投资收益	560	
营业外收入	200	
贷：本年利润		6 200
借：本年利润	5 416	
贷：主营业务成本		2 800
其他业务成本		1 120
税金及附加		48
销售费用		304
管理费用		272
财务费用		96
资产减值损失		120
公允价值变动损益		80
营业外支出		160
所得税费用		416

甲公司结转本年利润后，“本年利润”账户的贷方发生额为 6 200 万元，借方发生额为 5 416 万元，贷方余额为 784 万元，即甲公司 2×18 年度的本年净利润为 784 万元。

(2) 2×18 年 12 月 31 日，结转本年净利润。

借：本年利润　　784

贷：利润分配——未分配利润 784

2. 净利润的分配

企业应当设置“利润分配”账户，核算利润的分配（或亏损的弥补）情况，以及历年积存的未分配利润（或未弥补亏损），还应当分别设置“提取法定盈余公积”“提取任意盈余公积”“应付现金股利（或利润）”“转作股本的股利”“盈余公积补亏”“未分配利润”等明细账户进行明细核算。年度终了，企业应将“利润分配”账户所属其他明细账户的余额转入“未分配利润”明细账户。结转后，除“未分配利润”明细账户外，其他明细账户应无余额。

特别提示

企业净利润的分配主要包括弥补以前年度亏损、提取盈余公积及向投资者分配利润等。弥补以前年度亏损业务的账务处理可参阅本书第10章。

例11-29

甲公司2×18年度实现净利润784万元，按净利润的10%提取法定盈余公积，按净利润的15%提取任意盈余公积，向股东分派现金股利280万元，同时分派每股面值1元的股票股利200万股。甲公司净利润分配的账务处理如下（金额单位为万元）：

(1) 提取盈余公积。

借：利润分配——提取法定盈余公积 78.40
——提取任意盈余公积 117.60
贷：盈余公积——法定盈余公积 78.40
——任意盈余公积 117.60

(2) 分配现金股利。

借：利润分配——应付现金股利 280
贷：应付股利 280

(3) 分配股票股利，已办妥增资手续。

借：利润分配——转作股本的股利 200
贷：股本 200

(4) 结转“利润分配”科目所属其他明细科目余额。

借：利润分配——未分配利润 676.00
贷：利润分配——提取法定盈余公积 78.40
——提取任意盈余公积 117.60
——应付现金股利 280.00
——转作股本的股利 200.00

思考题

1. 什么是收入？收入应如何分类？
2. 销售商品收入的确认应同时满足哪些条件？
3. 如何对具有融资性质的分期收款销售进行会计处理？
4. 什么是现金折扣？对现金折扣应如何进行会计处理？
5. 销售折让与销售退回的会计处理有何不同？
6. 如何确认提供服务的收入？
7. 费用的确认原则有哪些？
8. 期间费用通常包括哪些内容？
9. 什么是资产或负债的计税基础？什么是暂时性差异？
10. 什么是所得税费用？如何确认所得税费用？
11. 什么是营业利润？营业利润由哪些项目构成？
12. 营业外收入和营业外支出包括哪些主要内容？
13. 会计利润与应纳税所得额的主要区别是什么？

练习题

习题一

［目的］ 练习销售折让的账务处理。

［资料］ 甲公司于某年 4 月 27 日向 A 公司销售一批商品。商品成本 33 600 元，销售价格 40 000 元，增值税额 5 200 元。商品已发出，货款也已收妥，符合收入确认条件。5 月 4 日，A 公司在验收商品时发现存在质量问题，要求给予 20%的价格折让，甲公司同意给予折让。

［要求］ 编制甲公司下列有关销售折让业务的会计分录：

(1) 发出商品，并收取货款。

(2) 同意给予价格折让，并退回多收货款。

习题二

［目的］ 练习销售退回的账务处理。

［资料］ 乙公司于某年 5 月 23 日向 B 公司赊销一批商品，商品成本 18 000 元，销售价格 24 000 元，增值税额 3 120 元，赊销期为 30 天，商品已发出。6 月 1 日，B 公司在验收商品时发现存在质量问题，要求退货，乙公司同意退货。

［要求］ 编制乙公司下列有关销售退回业务的会计分录：

（1）发出商品。

（2）办理退货。

习题三

［目的］ 练习利润结转与分配的账务处理。

［资料］ 丙公司2×18年度取得主营业务收入7 800万元，其他业务收入1 950万元，投资收益2 340万元，营业外收入390万元；发生主营业务成本5 200万元，其他业务成本1 300万元，税金及附加260万元，销售费用1 235万元，管理费用845万元，财务费用390万元，营业外支出1 170万元，所得税费用676万元。丙公司按净利润的10%提取法定盈余公积，2×18年度向股东分配现金股利390万元。

［要求］ 作出丙公司下列有关利润结转与分配业务的账务处理（金额单位用万元表示）：

（1）结转损益类账户余额。

（2）结转净利润。

（3）提取法定盈余公积。

（4）分配现金股利。

（5）计算利润表中下列项目的金额：营业利润、利润总额、净利润。

习题四

［目的］ 练习所得税费用的账务处理。

［资料］ 丁公司本期购入一项交易性金融资产，入账成本为31 500元，期末公允价值为42 000元。丁公司本期因产品售后服务确认了14 000元的预计负债。除上述项目外，丁公司其他资产和负债的账面价值与其计税基础之间不存在差异。丁公司本期按税法规定计算的应纳税所得额为112 000元，适用的所得税税率为25%。本期确认所得税费用之前，递延所得税资产和递延所得税负债均无余额。

［要求］ 作出丁公司下列有关确认所得税费用业务的账务处理：

（1）计算下列项目金额：当期所得税、应纳税暂时性差异、可抵扣暂时性差异、递延所得税负债、递延所得税资产、递延所得税、所得税费用。

（2）编制确认所得税费用的会计分录。

习题五

［目的］ 练习收入的确认。

［资料］ A公司系增值税一般纳税人，适用的增值税税率为13%。A公司2×18年度发生的有关事项及其会计处理如下：

（1）2×18年11月30日，A公司接受一项产品安装服务任务，安装期为4个月，合同总收入为40万元，合同预计总成本为32万元。至2×17年年底已经预收款项 24 万元，实际发生成本 20 万元。

2×18 年度，A 公司在财务报表中将 24 万元全部确认为服务收入，并结转 20 万元的成本。

(2) 2×18 年 12 月 1 日，A 公司向 C 公司销售商品一批，价值 100 万元，成本为 60 万元，商品已经发出，对方已预付货款。C 公司当天收到商品后，发现商品质量未达到合同规定的要求，立即根据合同有关价格折让和退货的条款与 A 公司协商，要求 A 公司在价格上给予一定的折让，否则予以退货。至该年年底，双方尚未就此达成一致，A 公司也未采取任何补救措施。

A 公司 2×18 年确认了收入并结转了已售商品的成本。

(3) 2×18 年 6 月 1 日，A 公司与 D 公司签订销售合同。合同规定，A 公司向 D 公司销售生产线一条，总价款为 250 万元。A 公司负责该生产线的安装调试工作，且安装调试工作是销售合同的重要组成部分。12 月 5 日，A 公司向 D 公司发出生产线。12 月 8 日，D 公司收到生产线并向 A 公司支付 250 万元货款。12 月 20 日，A 公司向 D 公司派出生产线安装工程技术人员，进行生产线的安装调试。至 12 月 31 日，该生产线尚未安装完工。

A 公司 2×18 年确认了销售收入。

(4) 2×18 年 12 月 1 日，A 公司与 E 公司签订协议，向 E 公司销售一台大型设备，总价款为 1 500 万元。但是，A 公司需要委托 F 企业来完成设备的一个主要部件的制造任务。根据 A 公司与 F 企业之间的协议，F 企业生产该部件发生成本的 110%即 A 公司应支付给 F 企业的劳务款。12 月 25 日，A 公司负责的部件制造任务以及 F 企业负责的部件制造任务均已完成，A 公司组装后将设备运往 E 公司。E 公司根据协议已向 A 公司支付有关货款。但是，F 企业的相关制造成本详细资料尚未交给 A 公司。A 公司在该大型设备的制造过程中发生的成本为 1 300 万元。

A 公司于 2×18 年确认了收入。

[要求] 分析判断 A 公司上述有关收入确认业务的会计处理是否正确，并说明理由。

第 12 章

财务报告

学 习 目 标

通过本章的学习，了解财务报表的种类及编制的基本要求；理解各种财务报表的作用；掌握资产负债表、利润表、现金流量表及所有者权益变动表的编制原理和基本的编制方法；掌握资产负债表主要项目的填列、利润表及其附表的数字来源、经营活动现金流量各项目的填列方法等。

12.1 财务报告概述

12.1.1 财务报告的内容

财务报告是企业正式对外揭示或表述财务信息的总结性书面文件。财务报告亦称财务会计报告，我国《企业会计准则——基本准则》将其定义为“财务会计报告是指企业对外提供的反映企业某一特定日期的财务状况和某一会计期间的经营成果、现金流量等会计信息的文件”。在市场经济条件下，由于所有权与经营权分离，企业必须面向市场进行筹资、投资和经营活动，这在客观上要求企业向市场披露信息，以便帮助现在的和潜在的投资者、债权人和其他会计信息使用者对投资、信贷等作出正确的决策，并提供国家进行必要的宏观调控时所需的基本数据。在企业对外披露的财务信息中，有些是通过财务报表提供的，有些则是通过其他财务报告提供的。一般来说，财务报表是财务报告的核心，企业对外提供的主要财务信息都应纳入财务报表。财务报告一般应当做到以下几点：

（1）提供企业的经济资源，这些资源上的权利以及引起资源和资源权利变动的各种交易、事项的信息。

（2）提供企业在报告期内的经营绩效，即企业经营活动（包括投资活动和理财活动）中引起的资产、负债和所有者权益的变动及其结果的信息。

（3）提供企业现金流动的信息。一个企业过去、现在和未来的现金流动（尤其是净现金流动）是现代企业在经济上有无活力、在财务上有无弹性、在未来发展上有无后劲的重要标志。就财务报告的外部使用者来说，他们特别关注企业的到期利息与本金能否用现金偿还，应付股利能否用现金分派以及表明影响企业变现能力或偿债能力的其他信息。

（4）反映企业管理层（董事长、经理等）向资源提供者报告，如何利用受托使用的资源进行资源的保值增值活动及履行法律与合同规定的其他义务等有关受托责任的信息。

（5）根据社会经济的发展，逐渐丰富财务报告信息的内容，包括非财务信息和未来信息，如企业未来经营预测和社会责任的履行情况。

12.1.2　财务报告的作用

财务报告（或财务会计报告）的目标是向财务报告使用者提供与企业财务状况、经营成果和现金流量等有关的会计信息，反映企业管理层受托责任的履行情况，有助于财务报告使用者作出经济决策。财务报告使用者包括投资者、债权人、政府及其有关部门和社会公众等。

这里所说的财务报告是通用的财务报告，它面向外部不同的使用者，所提供的应是外部集团共同关心且对其有用的信息，而不是满足某类使用者需求的特定信息。财务报告的作用表现在以下几个方面：

（1）财务报告有助于投资者和债权人等进行合理的决策。在企业外部集团中，投资者、债权人是财务报告最重要的使用者。对于投资者和债权人来说，利用企业有关经济资源和经济义务等方面的财务信息，判断企业在竞争激烈的市场环境中生存、适应、成长与扩展的能力是非常有益的。虽然财务报告提供的信息主要是对过去财务状况和经营成果的反映与总结，但反映过去是为了预测未来。由于事物的发展存在一定程度的连续性、系统性和规律性，财务报告对企业已发生的资金运动及其结果的反映，有助于投资者和债权人等预测企业未来时期的现金流入净额、流入时间和不确定性。这些因素是外部使用者进行投资、信贷等决策时必须考虑的。

（2）财务报告反映企业管理层的受托经管责任。股份有限公司的“两权分离”使股东和企业管理层之间出现委托与受托关系。股东把资金投入公司，委托管理人员进行经营管理。他们为了确保自己的切身利益，保证其投入资本的保值与增值，需要经常了解管理层对受托经济资源的经营管理情况。通过企业会计准则和其他一些法律规章的制约，财务报告能够较全面、系统、连续、综合地反映企业投入资源的渠道、性质、分布状态以及资源的运用效果，从而有助于评估企业的财务状况与经营成果以及管理层对受托资源的经营管理责任的履行情况。

（3）财务报告能够帮助企业管理层改善经营管理，协调企业与相关利益集团的关系，促进企业快速稳定地发展。在现代企业中，相关利益集团是企业各种资源的提供者，任何企业的生存与发展都必须依赖他们的贡献、配合与协作。企业管理层的主要职能就是鼓励和激发各利益集团保持或扩大对企业的贡献，协调企业与相关利益集团以及各利益集团之间的关系。为此，管理人员不但要管理并有效地利用受托管理的各种资源，而且需要定期向有关利益集团全面、系统、连续和客观地报告对受托资源的管理与利用情况，以及利用这些资源所创造的效益及其分配情况。财务报告提供的信息，在这一领域发挥了不可替代的重要作用。

（4）财务报告能够帮助国家有关部门实现其经济与社会目标，并进行必要的宏观调控，促进社会资源的有效配置。这一点在我国社会主义市场经济体制下尤为重要。由于企业是国民经济的细胞，通过对企业提供的财务报告资源进行汇总分析，国家有关部门可以考核国民经济各部门的运行情况、各种财经法律制度的执行情况，一旦发现问题即可及时采取相应措施，通过各种经济杠杆和政策倾斜，发挥政府在市场经济优化资源配置中的补充作用。

12.1.3 财务报告的披露方式

财务报告不仅包括财务报表，而且包括与会计信息系统有关的其他财务报告。在我国，严格意义上的财务报告应当包括财务报表及其附注、审计报告和企业披露的信息四部分。其中，财务报表中的基本财务报表要符合财政部会计准则的规定；财务报表的附注要符合财政部和中国证监会的规定（上市公司）；审计报告是指由具有相关从业资格的注册会计师遵循审计准则进行审计所出具的报告；企业披露的信息是指经注册会计师审阅并发表的意见。

一般意义上的财务报告由财务报表和其他财务报告组成。财务报表主要提供反映过去的财务信息；其他财务报告主要提供未来的信息，且不限于财务信息。

虽然财务报告与财务报表的目的基本相同，在实务中人们对它们也没有加以严格区分，但根据现有会计准则和惯例，有些财务信息只能通过财务报表呈报，另一些财务信息则通过财务报表附注或其他财务报告披露。

1. 财务报表

财务报表是根据企业会计准则，以表格形式概括反映企业财务状况、经营成果、现金流量情况，以及所有者权益变动的书面文件。按照《企业会计准则第30号——财务报表列报》的规定，财务报表是对企业财务状况、经营成果和现金流量的结构性表述。财务报表至少应当包括资产负债表、利润表、现金流量表、所有者权益（或股东权益）变动表和附注。其中，资产负债表、利润表、现金流量表和所有者权益（或股东权益）变动表属于基本财务报表。附注是对基本财务报表信息的进一步说明、补充或解释，以便帮助会计信息使用者理解和使用报表信息。在会计实务中，财务报表附注可采用附表和底注等形式。

财务报表格式和附注分一般企业、商业银行、保险公司、证券公司等企业类型予以规定。企业应当根据其经营活动的性质，确定本企业适用的财务报表格式和附注。

2. 其他财务报告

其他财务报告的编制基础与方式可以不受会计准则的约束，以灵活多样的形式提供各种相关的信息，包括定性信息和非会计信息。其他财务报告作为财务报表的辅助报告，提供的信息内容十分广泛。这种报告既包括货币性信息和定量信息，又包括非货币性信息和定性信息；既包括历史性信息，又包括预测性信息。根据现行国际惯例，其他财务报告的内容主要包括管理层的分析与讨论、预测报告、物价变动影响报告、社会责任报告等。

12.1.4 财务报告的分类

前已述及，一般意义上的财务报告分为财务报表和其他财务报告，而这里讲的分类是指财务报表的分类。财务报表可以按照不同的标准进行分类。

1. 按编报期间的不同分类

财务报表按编报期间的不同，可以分为中期财务报表和年度财务报表。中期财务报表是以短于一个完整会计年度的报告期间为基础编制的财务报表，包括月报、季报和半年报等。中期财务报表至少应当包括资产负债表、利润表、现金流量表和附注。其中，中期资产负债表、利润表和现金流量表应当是完整报表，其格式和内容应当与年度财务报表相一致。与年度财务报表相比，中期财务报表中的附注披露可适当从简。

2. 按编报主体的不同分类

财务报表按编报主体的不同，可以分为个别财务报表和合并财务报表。个别财务报表是由企业在自身会计核算的基础上对账簿记录进行加工而编制的财务报表，主要用以反映企业自身的财务状况、经营成果和现金流量情况。合并财务报表是以母公司和子公司组成的企业集团为会计主体，根据母公司和所属子公司的财务报表，由母公司编制的综合反映企业集团财务状况、经营成果及现金流量情况的财务报表。

12.1.5 财务报告的编制原则

财务报告的编制应遵循以下原则：

（1）报表内容真实可靠。财务报表上的数据直接涉及许多集团的利益，也是许多外部集团进行经济决策的依据。因此，真实可靠是编制财务报表的必备特征，否则财务报表的作用就无从谈起。财务报表所披露的数据和信息必须遵守公认会计原则，从这个意义上讲，要求报表内容真实可靠既有必要，也有可能。财务报表提供的信息是通用信息，是不同会计信息使用者同时得到并进行决策所需的信息。真实可靠是财务报表信息的主要质量要求，也就是说，不同的会计人员利用报表中的数据采用相同的方法能得出相同的结果。

（2）信息具有相关性。财务会计的目标是提供有助于会计信息使用者决策的信息，因此，相关性也是编制财务报表的基本要求。从财务报表的内容选择、指标体系设置到项目分类和排列顺序等都应当考虑使用者的决策需要。相关性还要求报表所反映的内容充分完整。企业应将当期发生的交易与事项全部确认并通过报表列报。报表应填列的指标，包括附注和补充资料都必须填列齐全，不得漏列，一句话，就是要充分披露（揭示）。只有这样，财务报表的使用者才能全面了解企业的财务状况及经营成果。最后，相关性还要求财务报表的编制与报送及时进行。

（3）效益大于成本。从整个社会角度看，财务报表的编制、使用是有效益的，但是必须付出一定的代价。财务报表应以最小的投入和有效的产出来编制。就是说编报并公布财务报表，从报表提供者和使用者目标一致的角度看，必须是值得的。编报财务报表、信息的加工和输出不能不付出代价，但应能达到较大的效用，即帮助会计信息使用者作出合理的经济决策，从而促进社会资源的优化配置。与财务报表相关联的成本代价包括：1）财务数据的收集、加工、传递成本；2）信息使用成本；3）信息不足、超量、错误或不公允，给会计信息使用者带来的损失或影响；4）信息披露过量给企业带来的竞争劣势或给管理人员带来的额外约束等。很显然，财务报表的成本和效益都是比较难以确切计量的。但是人们在确定财务报表内容、披露方式和披露频率等问题时，必须考虑财务报表的成本效益问题。理论上说，只有当效益超过成本，财务报表才是一种可取的信息披露手段。

12.1.6 财务报告列报的基本要求

财务报告列报主要是指财务报表的列报。财务报告列报的基本要求主要是针对财务报表提出的。

财务报表列报，是指交易和事项在报表中的列示和在附注中的披露。在财务报表的列报中，“列示”通常反映资产负债表、利润表、现金流量表和所有者权益（或股东权益，下同）变动表等报表中的信息，“披露”通常反映附注中的信息。财务报表列报的基本要求如下：

（1）以持续经营为列报基础。企业应当以持续经营为基础，根据实际发生的交易和事项，按照《企业会计准则——基本准则》和其他各项会计准则的规定进行确认和计量，在此基础上编制财务报表。企业不应以附注披露代替确认和计量，不恰当的确认和计量不能通过充分披露相关会计政策而纠正。如果按照各项会计准则规定披露的信息不足以让报表使用者了解特定交易或事项对企业财务状况和经营成果的影响，企业还应当披露其他的必要信息。

在编制财务报表的过程中，企业管理层应当利用所有可获得信息来评价企业自报告期末起至少12个月的持续经营能力。

评价时需要考虑宏观政策风险、市场经营风险，企业目前或长期的盈利能力、偿债能力、财务弹性以及企业管理层改变经营政策的意向等因素。评价结果表明对持续经营能力产生重大怀疑的，企业应当在附注中披露导致对持续经营能力产生重大怀疑的因素以及企业拟采取的改善措施。

企业如有近期获利经营的历史且有财务资源支持，通常表明以持续经营为基础编制财务报表是合理的。

企业正式决定或被迫在当期或在下一个会计期间进行清算或停止营业的，表明以持续经营为基础编制财务报表不再合理。在这种情况下，企业应当采用其他基础编制财务报表，并在附注中声明财务报表未以持续经营为基础编制的事实，披露未以持续经营为基础编制的原因和财务报表的编制基础。

（2）按重要性原则进行项目列报。财务报表是通过对大量的交易或其他事项进行处理而生成的，这些交易或其他事项按其性质或功能汇总归类而形成财务报表中的项目。关于项目在财务报表中是单独列报还是合并列报，应当依据重要性原则来判断。

在合理预期下，财务报表某项目的省略或错报会影响使用者据此作出经济决策的，该项目具有重要性。重要性应当根据企业所处的具体环境，从项目的性质和金额两方面予以判断，对各项目重要性的判断标准一经确定，不得随意变更。

判断项目性质的重要性，应当考虑该项目在性质上是否属于企业日常活动，是否显著影响企业的财务状况、经营成果和现金流量等因素；判断项目金额大小的重要性，应当考虑该项目金额占资产总额、负债总额、所有者权益总额、营业收入总额、营业成本总额、净利润、综合收益总额等直接相关项目金额的比重或所属报表单列项目金额的比重。

性质或功能不同的项目，应当在财务报表中单独列报，但不具有重要性的项目除外。性质或功能类似的项目，其所属类别具有重要性的，应当按其类别在财务报表中单独列报。某些项目的重要性程度不足以在资产负债表、利润表、现金流量表或所有者权益变动表中单独列示，但对附注却具有重要性，则应当在附注中单独披露。

财务报表中的资产项目和负债项目的金额、收入项目和费用项目的金额、直接计入当期利润的利得项目和损失项目的金额不得相互抵销，但其他会计准则另有规定的除外。一组类似交易形成的利得和损失应当以净额列示，但具有重要性的除外。资产或负债项目按扣除备抵项目后的净额列示，不属于抵销。

非日常活动产生的利得和损失，以同一交易形成的收益扣减相关费用后的净额列示更能反映交易实质的，不属于抵销。

《企业会计准则第 30 号——财务报表列报》规定在财务报表中单独列报的项目，应当单独列报。其他会计准则规定单独列报的项目，应当增加单独列报项目。

（3）可比期间的数据列报。当期财务报表的列报，至少应当提供所有列报项目上一个可比会计期间的比较数据，以及与理解当期财务报表相关的说明，但其他会计准则另有规定的除外。

财务报表的列报项目发生变更的，应当至少对可比期间的数据按照当期的列报要求进行调整，并在附注中披露调整的原因和性质，以及调整的各项目金额。对可比数据进行调整不切实可行的，应当在附注中披露不能调整的原因。不切实可行，是指企业在作出所有合理努力后仍然无法采用某项会计准则规定。

（4）财务报表表首的列报要求与报告期间。财务报表一般分为表首、正表两部分。其中，在表首部分企业应当在财务报表的显著位置至少披露下列各项：1）编报企业的名称；2）资产负债表日或财务报表涵盖的会计期间；3）人民币金额单位；4）财务报表是合并财务报表的，应当予以标明。

企业至少应当按年编制财务报表。根据《中华人民共和国会计法》的规定，会计年度自公历1月1日起至12月31日止。年度财务报表涵盖的期间短于一年的，应当披露年度财务报表的涵盖期间、短于一年的原因以及报表数据不具可比性的事实。

12.2 资产负债表

12.2.1 资产负债表概述

1. 资产负债表的概念及作用

资产负债表是反映企业在资产负债表日（或报告期末）全部资产、负债和所有者权益情况的报表。它是一张揭示企业在一定时点财务状况的静态报表。资产负债表的作用主要表现在以下方面：

（1）反映企业的经济资源及其分布情况，以及企业的资本结构。资产负债表将企业的经济资源按经济性质、用途及目的加以分类，如按其流动性划分为流动资产和非流动资产。使用者通过资产负债表，可以清楚地了解企业在某一选定时日所拥有的资产总量及其结构。企业的经济资源来自债权人及股东，债权人对企业的资产享有优先受偿的权利，股东享有剩余权益。因此，负债与股东权益相对比重的大小影响到债权人及股东的相对风险。负债比重越大，债权人风险越高。

资本结构是指在企业的资金来源中负债和所有者权益的比值。资产负债表把企业的资金来源划分为负债和所有者权益两大类，而后又进一步将负债划分为流动负债和非流动负债，将所有者权益划分为股本或实收资本、资本公积、留存收益，从而充分反映了企业的资本结构情况。

（2）可据以评价和预测企业的短期偿债能力。企业的偿债能力是指企业以其资产偿付债务的能力，分为短期偿债能力和长期偿债能力。短期偿债能力主要体现在企业资产和负债的流动性上。流动性是指资产转换成现金的速度或负债离到期清偿日的时间，也指企业资产接近现金的速度，或负债需要动用现金的期限。在资产项目中，除现金以外，资产转换成现金的时间越短，速度越快，表明流动性越强。例如，可随时上市交易的有价证券投资，其流动性一般较应收款项强；应收款项的流动性又较存货项目强，因为通常应收款项能在更短的时间内转换成现金，而存货一般转换成现金的速度较慢。负债到期日越短，其流动性越强，表明需要越早动用现金。短期债权人关注的是，企业是否有足够的资产可及时转换成现金，以清偿短期内即将到期的债务。长期债权人及企业所有者也要评价和预测企业的短期偿债能力。短期偿债能力越弱，企业越有可能破产，越没有获取投资回报的保障，越有可能收不回投资。资产负债表分门别类地列示流动资产与流动负债，虽未直接反映出短期偿债能力，但将流动资产与流动负债进行比较并借助报表，可以评价和预测企业的短期偿债能力。

(3) 可据以评价和预测企业的长期偿债能力。企业的长期偿债能力主要指企业以全部资产清偿全部负债的能力。一般认为资产越多，负债越少，长期偿债能力越强；反之，若资不抵债，则企业缺乏长期偿债能力。资不抵债往往由企业长期亏损、蚀耗资产引起，还可能是举债过多所致。所以，企业的长期偿债能力一方面取决于它的获利能力，另一方面取决于它的资本结构。资产负债表按资产、负债和所有者权益三大会计要素分类，列示了重要项目，可据以评价、预测企业的长期偿债能力，为管理部门和债权人信贷决策提供重要的依据。

(4) 有助于评价、预测企业的财务弹性。财务弹性是指企业应对各种挑战、适应各种变化的能力，包括进攻性适应能力和防御性适应能力。进攻性适应能力是指企业有能力和财力去抓住突如其来的获利机会；防御性适应能力是指企业在经营危机中生存下来的能力。财务弹性大的企业不仅能从有利可图的经营中获取大量资金，而且可以借助债权人的长期资金和所有者的追加资本获利，万一需要偿还巨额债务时不至于陷入财务困境，遇到新的获利前景和更好的投资机会时，能及时筹集所需资金，全力以赴。

财务弹性来自：资产的流动性或变现能力；由经营产生资金流入的能力；向投资者和债权人筹措资金的能力；在不影响正常经营的前提下变卖现有资产取得现金的能力。资产负债表所展示的资源分布情形及对资源的请求权，有助于评价、预测企业的财务弹性。

(5) 有助于评价、预测企业的经营绩效。企业的经营绩效主要反映在它的获利能力上，获利能力直接影响企业能否有稳定而逐步增长的盈利水平，能否按照约定向债权人还本付息，能否维持甚至逐步提高股东的投资报酬。衡量企业获利的指标主要有资产报酬率、股东权益报酬率等。

2. 资产负债表的局限性

资产负债表虽然具有上述重要作用，但因为编制方法及其内容受到会计准则及会计惯例的影响，所以有一定的局限性。资产负债表的局限性主要表现在以下几个方面：

(1) 资产项目的计价方法不统一。资产负债表中的资产项目一般应以历史成本为基础报告，但实际上资产项目的计价，由于受到会计准则的制约，所采用的方法各有不同。例如，应收账款按扣除坏账准备后的净值列示，存货按成本与可变现净值孰低列示。由于不同的资产采取不同的计价方法，因此资产负债表上得出的合计数缺乏一致的基础，影响会计信息的相关性。

此外，资产负债表中一些项目所列金额不一定是公允价值。例如，固定资产以历史成本扣减累计折旧计价，其账面价值可能与公允价值相去甚远。由于大部分资产与负债都不是按现值计价的，因此根据资产负债表进行分析，对获利能力的评估将受到歪曲，对偿债能力的评估也会出现偏差，而且资产及负债的余额也不一定代表能收到及应偿付的现金数额。

(2) 部分有价值的经济资源未能在资产负债表中报告。货币计量是会计的一大特点，会计信息主要是能用货币表述的信息，因此，资产负债表难免遗漏无法用货币计量的重要经济资源和义务的信息，如企业的人力资源（包括员工人数、知识结构和工作态度）、固定资产在全行业的先进程度、企业所承担的社会责任等。诸如此类的信息对决策均具有影响力，却无法量化或至少无法用货币计量，会计实务中由于资产负债表中仅包括能加以量化并以货币表达的经济资源，许多有价值的经济资源均被排除在外。例如，高素质的经营团队、优越的市场地位、良好的公共关系、旺盛的员工士气、超强的研究能力等，都是企业极有价值的资源，但因无法客观地以货币加以计量，所以都不能在资产负债表中列报。这些信息对于企业获利能力的评估也是很有帮助的，但是因为未在资产负债表中列报，所以使得资产负债表的功能受到限制。

(3) 资产负债表的信息包含了许多主观判断及估计数。资产负债表中部分项目的计价，需要依据主观的判断及估计，例如，应收账款坏账准备的计提，固定资产累计折旧和无形资产摊销，分别基于对坏账损失百分比、固定资产使用年限和无形资产摊销期限等因素的估计。估计的数据难免有主观性，从而影响信息的可靠性。

(4) 理解资产负债表的含义必须依靠报表阅读者的判断。资产负债表有助于评价和预测企业的长短期偿债能力和经营绩效，然而此表并不直接披露这些信息，而要靠报表用户自己判断。各家企业所采用的会计政策可能完全不同，所产生的信息当然有所区别，简单地根据报表数据评价和预测偿债能力以及经营绩效，并据以评判优劣，难免有失偏颇。所以，要理解资产负债表的含义，并作出正确的评价，不能局限于资产负债表信息本身，而要借助其他相关信息。选择哪些信息也要依靠报表用户的判断，而这并非易事。

3. 资产负债表的列报

(1) 资产负债表列报的总体要求。

1) 分类别列报。资产负债表列报最根本的目标就是如实反映企业在资产负债表日所拥有的资源、所承担的负债以及所有者所拥有的权益。因此，资产负债表应当按照资产、负债和所有者权益三大类别分类列报。

2）资产和负债按流动性列报。资产和负债应当按照流动性分流动资产和非流动资产、流动负债和非流动负债列示。流动性通常按资产的变现或耗用时间长短或者负债的偿还时间长短来确定，企业应先列报流动性强的资产或负债，再列报流动性差的资产或负债。

银行、证券、保险等金融企业由于在经营内容上不同于一般的工商企业，导致其资产和负债的构成项目也与一般工商企业有所不同，具有特殊性。金融企业在有些资产（负债）无法严格区分为流动资产（负债）和非流动资产（负债）的情况下，往往按照流动性列示，这样能够提供可靠且更相关的信息，因此金融企业可以大体按照流动性顺序列示资产和负债。

3）列报相关的合计、总计项目。资产负债表中的资产类至少应当列示流动资产和非流动资产的合计项目；负债类至少应当列示流动负债、非流动负债以及负债的合计项目；所有者权益类应当列示所有者权益的合计项目。

资产负债表遵循了“资产＝负债＋所有者权益”这一会计恒等式，把企业在特定时日所拥有的经济资源和与之相对应的企业所承担的债务及偿债以后属于所有者的权益充分反映出来。因此，资产负债表应当分别列示资产总计项目和负债与所有者权益之和的总计项目，并且二者的金额应当相等。

（2）资产的列报。资产负债表中的资产反映由过去的交易或者事项形成并由企业在某一特定日期所拥有或控制的、预期会给企业带来经济利益的资源。资产应当按照流动资产和非流动资产两大类别在资产负债表中列示，在流动资产和非流动资产类别下进一步按性质分项列示。

1）流动资产和非流动资产的划分。资产负债表中的资产应当分流动资产和非流动资产列报，因此区分流动资产和非流动资产十分重要。资产满足下列条件之一的，应当归为流动资产：①预计在一个正常营业周期中变现、出售或耗用。主要包括存货、应收账款等资产。需要指出的是，变现一般针对应收账款等资产而言，指将资产变为现金；出售一般针对产品等存货而言；耗用一般指将存货（如原材料）转变成另一种形态（如产成品）。②主要为交易目的而持有。主要是指交易性金融资产。③预计在资产负债表日起一年内（含一年）变现。④自资产负债表日起一年内，交换其他资产或清偿负债的能力不受限制的现金或现金等价物。

2）正常营业周期。判断流动资产、流动负债时所称的一个正常营业周期，是指企业从购买用于加工的资产起至获得现金或现金等价物的期间。

正常营业周期通常短于一年。因生产周期较长等导致正常营业周期长于一年的，尽管相关资产往往超过一年才变现、出售或耗用，仍应当划分为流动资产。正常营业周期不能确定的，应当以一年（12 个月）作为正常营业周期。

（3）负债的列报。资产负债表中的负债反映在某一特定日期企业所承担的、预期会导致经济利益流出企业的现时义务。负债应当按照流动负债和非流动负债在资产负债表中进行列示，在流动负债和非流动负债类别下再进一步按性质分项列示。

1）流动负债与非流动负债的划分。流动负债的判断标准与流动资产的判断标准类似。负债满足下列条件之一的，应当归为流动负债：①预计在一个正常营业周期中清偿。②主要为交易目的而持有。③自资产负债表日起一年内到期并应予以清偿。④企业无权自主地将清偿义务推迟至资产负债表日后一年以上。

值得注意的是，有些流动负债，如应付账款、应付职工薪酬等，属于企业正常营业周期中使用的营运资本的一部分。尽管这些经营性项目有时在资产负债表日后超过一年才到期清偿，但是它们仍应划归流动负债。

2）资产负债表日后事项对流动负债与非流动负债划分的影响。流动负债与非流动负债的划分是否正确，直接影响到对企业短期和长期偿债能力的判断。如果混淆了负债的类别，将歪曲企业的实际偿债能力，误导报表使用者的决策。其对资产负债表日后事项对流动负债与非流动负债划分的影响，需要特别加以考虑。

总的原则是，企业在资产负债表上对流动负债和非流动负债的划分，应当反映在资产负债表日有效的合同安排，考虑在资产负债表日起一年内企业是否必须无条件清偿。而资产负债表日之后、财务报告批准报出日前的再融资等行为，与资产负债表日判断负债的流动性状况无关。只要不属于在资产负债表日或之前所做的再融资、展期或贷款人提供宽限期等情况，都不能改变对某项负债在资产负债表日的分类，因为资产负债表日后的再融资、展期或贷款人提供宽限期等，都不能改变企业应向外部报告的在资产负债表日合同性（契约性）的义务，该项负债在资产负债表日的流动性不受资产负债表日后事项的影响。划分时还应注意以下两点：

①资产负债表日起一年内到期的负债。对于自资产负债表日起一年内到期的负债，企业预计能够自主地将清偿义务展期至资产负债表日后一年以上的，应当归为非流动负债；不能自主地将清偿义务展期的，即使在资产负债表日后、财务报告批准报出日前签订了重新安排清偿计划协议，但在资产负债表日此项负债仍应当归为流动负债。

②违约长期债务。企业在资产负债表日或之前违反了长期借款协议，导致贷款人可随时要求清偿的负债，应当归为流动负债。这是因为，在这种情况下，债务清偿的主动权并不在企业，企业只能被动地无条件归还借款，而且该事实在资产负债表日即已存在，所以该负债应当作为流动负债列报。但是，如果贷款人在资产负债表日或之前同意提供在资产负债表日后一年以上的宽限期，企业能够在此期限内改正违约行为，且贷款人不要求随时清偿，在资产负债表日此项负债就不符合流动负债的判断标准，应当归为非流动负债。

（4）所有者权益的列报。资产负债表中的所有者权益是企业资产扣除负债后的剩余权益，反映企业在某一特定日期股东或投资者拥有的净资产的总额。资产负债表中的所有者权益一般按照净资产的不同来源和特定用途进行分类，应当按照实收资本（或股本）、其他权益工具、资本公积、其他综合收益、盈余公积、未分配利润等项目分项列示。

12.2.2　资产负债表的列报格式和列报方法

1. 资产负债表的列报格式

资产负债表各项目在表中的排列方法不同，形成了各种各样的资产负债表格式。由于企业各异，资产负债表项目排列及采用的结构也会有所区别。

(1) 报告式资产负债表。报告式资产负债表对资产、负债、股东权益项目采用垂直分列的形式，分别有两种形式：1) 依照“资产＝权益”的等式。2) 依照“资产－负债＝股东权益”的等式。不同形式的报告式资产负债表见表 12－1。

表 12－1　不同形式的报告式资产负债表　　单位：元

“资产＝权益”式		“资产－负债＝股东权益”式	
资产		资产	
⋮		⋮	
资产合计	101 000	资产合计	101 000
权益			
负债		负债	
⋮		⋮	
负债合计	54 500	负债合计	54 500
股东权益			
		股东权益	
⋮		⋮	
股东权益合计	46 500	⋮	
权益合计	101 000	股东权益合计	46 500

报告式资产负债表的优点在于便于编制比较资产负债表，即在一张报表中，除列出本期的财务状况外，还可增设几个栏目，分别列示过去几期的财务状况。其缺点是资产和权益间的恒等关系并不一目了然。

(2) 账户式资产负债表。即按照 T 形账户的形式设计资产负债表，将资产列在报表左方（借方），负债及股东权益列在报表右方（贷方），左（借）右（贷）两方总额相等。示例见表 12－2。

表 12-2　账户式资产负债表

单位：元

资产		负债及股东权益	
		负债	
各项目明细		⋮	
		负债合计	54 500
		股东权益	
		⋮	
		股东权益合计	46 500
资产总计	101 000	负债及股东权益总计	101 000

账户式资产负债表的优缺点与报告式资产负债表正好相反，资产和权益间的恒等关系一目了然，但编制比较资产负债表时要做些旁注可能有点困难。

（3）我国现行资产负债表格式。根据财务报表列报准则的规定，我国现行资产负债表采用账户式的格式，即左侧列报资产，一般按资产的流动性大小排列；右侧列报负债和所有者权益，一般按要求清偿时间的先后顺序排列。账户式资产负债表中的资产各项目的合计等于负债和所有者权益各项目的合计，即资产负债表左方和右方平衡。因此，通过账户式资产负债表，可以反映资产、负债、所有者权益之间的内在关系，即"资产＝负债＋所有者权益"。

同时企业需要提供比较资产负债表，以便报表使用者通过比较不同时点资产负债表的数据，掌握企业财务状况的变动情况及发展趋势。所以，资产负债表就各项目再分为"上年年末余额"和"期末余额"两栏分别填列。

特别提示

2019年4月30日，财政部发布了《关于修订印发一般企业财务报表格式的通知》，本章报表格式适用于已执行新金融准则、新收入准则和新租赁准则的企业。

一般企业资产负债表的示例见表12-3。

表 12-3　资产负债表

会企01表

编制单位：甲公司　　2×19年12月31日　　单位：元

资产	期末余额	上年年末余额	负债和所有者权益（或股东权益）	期末余额	上年年末余额
流动资产：			流动负债：		
货币资金	326 052.4	562 520	短期借款	20 000	120 000
交易性金融资产	0	6 000	交易性金融负债	0	0
衍生金融资产	0	0	衍生金融负债	0	0
应收票据	26 400	98 400	应付票据	40 000	80 000
应收账款	239 280	119 640	应付账款	381 520	381 520

续表

资产	期末余额	上年年末余额	负债和所有者权益（或股东权益）	期末余额	上年年末余额
应收款项融资	0	0	预收款项	0	0
预付款项	40 000	40 000	合同负债	0	0
其他应收款	2 000	2 000	应付职工薪酬	72 000	44 000
存货	993 880	1 032 000	应交税费	90 692.40	14 640
合同资产	0	0	其他应付款	14 886.34	20 400
持有待售资产	0	0	持有待售负债		
一年内到期的非流动资产			一年内到期的非流动负债	0	400 000
其他流动资产	40 000	40 000	其他流动负债		
流动资产合计	1 667 612.40	1 900 560	流动负债合计	637 098.74	1 060 560
非流动资产：			非流动负债：		
债权投资	0	0	长期借款	464 000	240 000
其他债权投资	0	0	应付债券	0	0
长期应收款	0	0	其中：优先股	0	0
长期股权投资	100 000	100 000	永续债	0	0
其他权益工具投资	0	0	租赁负债	0	0
其他非流动金融资产	0	0	长期应付款	0	0
投资性房地产	0	0	预计负债	0	0
固定资产	880 400	440 000	递延收益	0	0
在建工程	291 200	600 000	递延所得税负债	0	0
生产性生物资产	0	0	其他非流动负债		
油气资产	0	0	非流动负债合计	464 000	240 000
使用权资产	0	0	负债合计	1 101 098.74	1 300 560
无形资产	216 000	240 000	所有者权益（或股东权益）：		
开发支出	0	0	实收资本（或股本）	2 000 000	2 000 000
商誉	0	0	其他权益工具	0	
长期待摊费用	0	0	其中：优先股	0	
递延所得税资产	3 000	0	永续债	0	
其他非流动资产	80 000	80 000	资本公积	—	
非流动资产合计	1 570 600	1 460 000	减：库存股		0
			其他综合收益		0
			专项储备		0
			盈余公积	49 908.16	40 000
			未分配利润	87 205.50	20 000
			所有者权益（或股东权益）合计	2 137 113.66	2 060 000
资产总计	3 238 212.40	3 360 560	负债和所有者权益（或股东权益）总计	3 238 212.40	3 360 560

2. 资产负债表的列报方法

（1）资产负债表各项目的列报说明。

1）“货币资金”项目，反映企业库存现金、银行结算户存款、外埠存款、银行汇票存款、银行本票存款、信用卡存款、信用证保证金存款等的合计数。本项目应根据“库存现金”“银行存款”“其他货币资金”科目期末余额的合计数填列。

2）“交易性金融资产”项目，反映企业资产负债表日企业分类为以公允价值计量且其变动计入当期损益的金融资产，以及企业持有的指定为以公允价值计量且其变动计入当期损益的金融资产的期末账面价值。本项目应根据“交易性金融资产”科目的相关明细科目期末余额分析填列。自资产负债表日起超过一年到期且预期持有超过一年的以公允价值计量且其变动计入当期损益的非流动金融资产的期末账面价值，在“其他非流动金融资产”项目反映。

3）“衍生金融资产”项目，反映衍生金融工具的资产价值。本项目应根据“衍生金融资产”科目的期末余额填列。

4）“应收票据”项目，反映资产负债表日以摊余成本计量、企业因销售商品或提供服务等收到的商业汇票，包括银行承兑汇票和商业承兑汇票。本项目应根据“应收票据”科目的期末余额，减去“坏账准备”科目中相关坏账准备期末余额后的金额分析填列。

5）“应收账款”项目，反映资产负债表日以摊余成本计量、企业因销售商品或提供服务等经营活动应收取的款项。本项目应根据“应收账款”科目的期末余额，减去“坏账准备”科目中相关坏账准备期末余额后的金额分析填列。

6）“应收款项融资”项目，反映资产负债表日以公允价值计量且其变动计入其他综合收益的应收票据和应收账款等。本项目应根据“应收款项融资”科目的余额分析填列。

7）“预付款项”项目，反映企业按照购货合同规定预付给供应单位的款项等。本项目应根据“预付账款”和“应付账款”科目所属各明细科目的期末借方余额合计数，减去“坏账准备”科目中有关预付款项计提的坏账准备期末余额后的金额填列。如“预付账款”科目所属各明细科目期末有贷方余额，应在资产负债表“应付账款”项目内填列。

8）“其他应收款”项目，反映企业除应收票据、应收账款、预付账款等经营活动以外的其他各种应收、暂付的款项。本项目应根据“其他应收款”“应收股利”“应收利息”科目的期末余额分析填列。

9）“存货”项目，反映企业期末在库、在途和在加工中的各种存货的成本或可变现净值。本项目应根据“材料采购”“原材料”“低值易耗品”“库存商品”“周转材料”“委托加工物资”“生产成本”等科目的期末余额合计，减去“存货跌价准备”科目期末余额后的金额填列。材料采用计划成本核算的，还应按加或减材料成本差异后的金额填列。

10)“合同资产”项目，反映企业已向客户转让商品而有权收取对价的权利（该权利取决于时间流逝之外的其他因素）的价值。本项目应根据“合同资产”科目及相关明细科目的期末余额填列。

同一合同下的合同资产和合同负债应当以净额列示，其中净额为借方余额的，应当根据其流动性在“合同资产”或“其他非流动资产”项目中填列，已计提减值准备的，还应减去“合同资产减值准备”科目中相关的期末余额。资产负债表日，“合同结算”科目的期末余额在借方的，根据其流动性在“合同资产”或“其他非流动资产”项目中填列。

11)“持有待售资产”项目，反映企业划分为持有待售的非流动资产及划分为持有待售的处置组中的资产的期末账面价值。本项目应根据单独设置的“持有待售资产”科目的期末余额填列，或根据非流动资产类科目的余额分析计算填列。

12)“一年内到期的非流动资产”项目，反映预计自资产负债表日起一年内变现的非流动资产项目金额。本项目应根据有关科目的期末余额分析填列。

13)“其他流动资产”项目，反映企业除货币资金、交易性金融资产、应收票据、应收账款、存货等流动资产以外的其他流动资产。本项目应根据有关科目的期末余额填列。

14)“债权投资”项目，反映资产负债表日企业以摊余成本计量的长期债权投资的账面价值。本项目应根据“债权投资”科目的相关明细科目期末余额，减去“债权投资减值准备”科目中相关减值准备的期末余额后的金额分析填列。

15)“其他债权投资”项目，反映资产负债表日企业分类为以公允价值计量且其变动计入其他综合收益的长期债权投资的期末账面价值。本项目应根据“其他债权投资”科目的相关明细科目期末余额分析填列。自资产负债表日起一年内到期的长期债权投资的期末账面价值，在“一年内到期的非流动资产”项目反映。企业购入的以公允价值计量且其变动计入其他综合收益的一年内到期的债权投资的期末账面价值，在“其他流动资产”项目反映。

16)“长期应收款”项目，反映企业融资租赁产生的应收款项、采用递延方式具有融资性质的销售商品和提供服务等产生的长期应收款项等。本项目应根据“长期应收款”科目的期末余额，减去相应的“未实现融资收益”和“坏账准备”科目所属相关明细科目期末余额后的金额填列。

17)“长期股权投资”项目，反映企业持有的对子公司、联营企业和合营企业的长期股权投资。本项目应根据“长期股权投资”科目的期末余额，减去“长期股权投资减值准备”科目期末余额后的金额填列。

18)“其他权益工具投资”项目，反映资产负债表日企业指定为以公允价值计量且其变动计入其他综合收益的非交易性权益工具投资的期末账面价值。本项目应根据“其他权益工具投资”科目的期末余额填列。

19)“其他非流动金融资产”项目，反映企业自资产负债表日起超过一年到期且预期持有超过一年的以公允价值计量且其变动计入当期损益的非流动金融资产的期末账面价值。本项目应根据“交易性金融资产”的发生额分析填列。

20）“投资性房地产”项目，反映企业持有的投资性房地产。企业采用成本模式计量投资性房地产的，本项目应根据“投资性房地产”科目的期末余额，减去“投资性房地产累计折旧（或摊销）”和“投资性房地产减值准备”科目期末余额后的金额填列。企业采用公允价值模式计量投资性房地产的，本项目应根据“投资性房地产”科目的期末余额填列。

21）“固定资产”项目，反映资产负债表日企业固定资产的期末账面价值和企业尚未清理完毕的资产清理净损益。本项目应根据“固定资产”科目的期末余额，减去“累计折旧”和“固定资产减值准备”科目期末余额后的金额，以及“固定资产清理”科目的期末余额填列。

22）“在建工程”项目，反映资产负债表日企业尚未达预定可使用状态的在建工程的期末账面价值和企业为在建工程准备的各种物资的期末账面价值。本项目应根据“在建工程”科目的期末余额，减去“在建工程减值准备”科目的期末余额后的金额，以及“工程物资”科目的期末余额，减去“工程物资减值准备”科目的期末余额后的金额填列。

23）“生产性生物资产”项目，反映企业持有的生产性生物资产。本项目应根据“生产性生物资产”科目的期末余额，减去“生产性生物资产累计折旧”和“生产性生物资产减值准备”科目期末余额后的金额填列。

24）“油气资产”项目，反映企业持有的矿区权益和油气井及相关设施的原价减去累计折耗和累计减值准备后的净额。本项目应根据“油气资产”科目的期末余额，减去“累计折耗”科目期末余额和相应减值准备后的金额填列。

25）“使用权资产”项目，反映资产负债表日承租人企业持有的使用权资产的期末账面价值。本项目应根据“使用权资产”科目的期末余额，减去“使用权资产累计折旧”和“使用权资产减值准备”科目的期末余额后的金额填列。

26）“无形资产”项目，反映企业持有的无形资产，包括专利权、非专利技术、商标权、著作权、土地使用权等。本项目应根据“无形资产”科目的期末余额，减去“累计摊销”和“无形资产减值准备”科目期末余额后的金额填列。

27）“开发支出”项目，反映企业开发无形资产过程中能够资本化形成无形资产成本的支出部分。本项目应根据“研发支出”科目中所属的“资本化支出”明细科目的期末余额填列。

28）“商誉”项目，反映企业合并中形成的商誉的价值。本项目应根据“商誉”科目的期末余额，减去相应减值准备后的金额填列。

29）“长期待摊费用”项目，反映企业已经发生但应由本期和以后各期负担的分摊期限在一年以上的各项费用。长期待摊费用中在一年内（含一年）摊销的部分，在资产负债表“一年内到期的非流动资产”项目填列。本项目应根据“长期待摊费用”科目的期末余额，减去将于一年内（含一年）摊销的数额后的金额填列。

30）“递延所得税资产”项目，反映企业确认的可抵扣暂时性差异产生的递延所得税资产。本项目应根据“递延所得税资产”科目的期末余额填列。

31）“其他非流动资产”项目，反映企业除长期股权投资、固定资产、在建工程、工程物资、无形资产等资产以外的其他非流动资产。本项目应根据有关科目的期末余额填列。

32）“短期借款”项目，反映企业向银行或其他金融机构等借入的期限在一年以下（含一年）的各种借款。本项目应根据“短期借款”科目的期末余额填列。

33）“交易性金融负债”项目，反映资产负债表日企业承担的交易性金融负债，以及企业持有的指定以公允价值计量且其变动计入当期损益的金融负债的期末账面价值。本项目应根据“交易性金融负债”科目的相关明细科目的期末余额填列。

34）“衍生金融负债”项目，反映衍生金融工具的负债价值。本项目根据“衍生金融负债”科目的期末余额填列。

35）“应付票据”项目，反映资产负债表日以摊余成本计量的，企业因购买材料、商品和接受服务等而开出、承兑的商业汇票，包括银行承兑汇票和商业承兑汇票。本项目应根据“应付票据”科目的期末余额填列。

36）“应付账款”项目，反映资产负债表日以摊余成本计量的，企业因购买材料、商品和接受服务等经营活动应支付的款项。本项目应根据“应付账款”和“预付账款”科目所属的相关明细科目的期末贷方余额合计数填列。

37）“预收款项”项目，反映企业按照购货合同规定预收购货方的款项。本项目应根据“预收账款”和“应收账款”科目所属各明细科目的期末贷方余额合计数填列。

38）“合同负债”项目，反映企业已收客户对价而应向客户转让商品的义务的价值。本项目应根据“合同负债”科目的期末余额及相关明细科目的期末余额填列。

同一合同下的合同资产和合同负债应当以净额列示，其中净额为贷方余额的，应当根据其流动性在“合同负债”或“其他非流动负债”项目中填列。资产负债表日，“合同结算”科目的期末余额在贷方的，根据其流动性在“合同负债”或“其他非流动负债”项目中填列。

39）“应付职工薪酬”项目，反映企业根据有关规定应付给职工的工资、职工福利、社会保险费、住房公积金、工会经费、职工教育经费、非货币性福利、辞退福利等各种薪酬。

40）“应交税费”项目，反映企业按照税法规定计算应缴纳的各种税费，包括增值税、消费税、所得税、资源税、土地增值税、城市维护建设税、房产税、城镇土地使用税、车船税、教育费附加、矿产资源补偿费等。本项目应根据“应交税费”科目的期末贷方余额填列。如“应交税费”科目期末为借方余额，应以“－”号填列。

41）“其他应付款”项目，反映企业除应付票据、应付账款、预收账款、应付职工薪酬、应交税费等经营活动以外的其他各项应付、暂收的款项。本项目应根据“其他应付款”“应付股利”“应付利息”科目的期末余额合计数填列。

42）“持有待售负债”项目，反映企业划分为持有待售的处置组中的负债。本项目应根据单独设置的“持有待售负债”科目的期末余额填列，或根据非流动负债类科目的余额分析计算填列。

43）“一年内到期的非流动负债”项目，反映企业非流动负债中将于资产负债表日后一年内到期部分的金额，如将于一年内偿还的长期借款。本项目应根据有关科目的期末余额填列。

44）“其他流动负债”项目，反映企业除短期借款、交易性金融负债、应付票据、应付账款、应付职工薪酬、应交税费等流动负债以外的其他流动负债。本项目应根据有关科目的期末余额填列。

45）“长期借款”项目，反映企业向银行或其他金融机构借入的期限在一年以上（不含一年）的各项借款。本项目应根据“长期借款”科目的期末余额填列。

46）“应付债券”项目，反映企业为筹集长期资金而发行的债券本金和利息。本项目应根据“应付债券”科目的期末余额填列。

47）“租赁负债”项目，反映资产负债表日承租人企业尚未支付的租赁付款额的期末账面价值。本项目应根据“租赁负债”科目的期末余额填列。自资产负债表日起一年内到期应予清偿的租赁负债的期末账面价值，在“一年内到期的非流动负债”项目反映。

48）“长期应付款”项目，反映资产负债表日企业除长期借款和应付债券以外的其他各种长期应付款项的期末账面价值。本项目应根据“长期应付款”科目的期末余额，减去相关的“未确认融资费用”科目期末余额后的金额以及“专项应付款”科目的期末金额填列。

49）“预计负债”项目，反映企业确认的对外提供担保、未决诉讼、产品质量保证、重组义务、亏损性合同等预计负债。本项目应根据“预计负债”科目的期末余额填列。

50）“递延收益”项目，反映企业应当在以后期间计入当期损益的政府补助。本项目应根据“递延收益”科目填列。本项目中摊销期限只剩一年或不足一年的，或预计在一年内（含一年）进行摊销的部分，不得归类为流动负债，应在该项目中填列，不转入“一年内到期的非流动负债”项目。

51）“递延所得税负债”项目，反映企业确认的应纳税暂时性差异产生的所得税负债。本项目应根据“递延所得税负债”科目的期末余额填列。

52）“其他非流动负债”项目，反映企业除长期借款、应付债券等负债以外的其他非流动负债。本项目应根据有关科目的期末余额减去将于一年内（含一年）到期偿还数后的余额填列。非流动负债各项目中将于一年内（含一年）到期的非流动负债，应在“一年内到期的非流动负债”项目内单独反映。

53）“实收资本（或股本）”项目，反映企业各投资者实际投入的资本（或股本）总额。本项目应根据“实收资本（或股本）”科目的期末余额填列。

54）“其他权益工具”项目，反映资产负债表日企业发行在外的除普通股以外分类为权益工具的金融工具的期末账面价值。对于资产负债表日企业发行的金融工具，分类为金融负债的，应在“应付债券”项目填列，对于优先股和永续债，还应在“应付债券”项目下的“优先股”和“永续债”项目分别填列；分类为权益工具的，应在“其他权益工具”项目填列，对于优先股和永续债，还应在“其他权益工具”项目下的“优先股”和“永续债”分别填列。

55）“资本公积”项目，反映企业资本公积的期末余额。本项目应根据“资本公积”科目的期末余额填列。

56）“库存股”项目，反映企业持有的尚未转让或注销的本公司股份金额。本项目应根据“库存股”科目的期末余额填列。

57）“其他综合收益”项目，是指企业根据企业会计准则规定未在当期损益中确认的各项利得和损失。本项目应根据“其他综合收益”科目的期末余额填列。

58）“专项储备”项目，反映高危行业企业按国家规定提取的安全生产费的期末账面价值。本项目应根据“专项储备”科目的期末余额填列。

59）“盈余公积”项目，反映企业盈余公积的期末余额。本项目应根据“盈余公积”科目的期末余额填列。

60）“未分配利润”项目，反映企业尚未分配的利润。本项目应根据“本年利润”和“利润分配”科目的余额计算填列。未弥补的亏损在本项目内以“－”号填列。

（2）“上年年末余额”栏的列报方法。资产负债表“上年年末余额”栏内各项数字，应根据上年年末资产负债表“期末余额”栏内所列数字填列。如果上年度资产负债表规定的各个项目的名称和内容同本年度不一致，应对上年年末资产负债表各项目的名称和数字按照本年度的规定进行调整，填入表中“上年年末余额”栏内。

（3）“期末余额”栏的列报方法。资产负债表“期末余额”栏内各项数字，一般应根据资产、负债和所有者权益类科目的期末余额填列，主要包括以下方式：

1）根据总账科目的余额填列。资产负债表中的有些项目，可直接根据有关总账科目的余额填列，如“交易性金融资产”“短期借款”“应付职工薪酬”等项目。有些项目则需根据几个总账科目的余额计算填列，如“货币资金”项目，需根据“库存现金”“银行存款”“其他货币资金”三个总账科目余额的合计数填列。

2）根据有关明细账科目的余额计算填列。如“应付账款”项目，需要根据“应付账款”“预付账款”科目所属的相关明细科目的期末贷方余额计算填列。

3）根据总账科目和明细账科目的余额分析计算填列。如“长期借款”项目，需根据“长期借款”总账科目余额扣除“长期借款”科目所属的明细科目中自资产负债表日起一年内到期，且企业不能自主地将清偿义务展期的长期借款后的金额计算填列。

4）根据有关科目余额减去其备抵科目余额后的净额填列。如资产负债表中的“长期股权投资”项目，应根据“长期股权投资”科目的期末余额减去“坏账准备”“长期股权投资减值准备”等科目余额后的净额填列。

5）综合运用上述填列方法分析填列。如资产负债表中的“存货”项目，需根据“原材料”“库存商品”“委托加工物资”“周转材料”“材料采购”“在途物资”“发出商品”“材料成本差异”等总账科目期末余额的分析汇总数，减去“存货跌价准备”科目余额后的金额填列。

12.2.3 资产负债表编制实例

例 12－1

甲公司为增值税一般纳税人，增值税税率为13%，所得税税率为25%。甲公司2×18年12月31日的资产负债表及2×19年12月31日的科目余额表分别见表12－4和表12－5。

表 12－4 资产负债表

会企01表

编制单位：甲公司　　　　2×18年12月31日　　　　单位：元

资产	期末余额	上年年末余额（略）	负债和所有者权益（或股东权益）	期末余额	上年年末余额（略）
流动资产：			流动负债：		
货币资金	562 520		短期借款	120 000	
交易性金融资产	6 000		交易性金融负债	0	
衍生金融资产	0		衍生金融负债	0	
应收票据	98 400		应付票据	80 000	
应收账款	119 640		应付账款	381 520	
预付款项	40 000		预收款项	0	
其他应收款	2 000		应付职工薪酬	44 000	
存货	1 032 000		应交税费	14 640	
持有待售资产	0		其他应付款	20 400	
一年内到期的非流动资产	0		持有待售负债	0	
其他流动资产	40 000		一年内到期的非流动负债	400 000	
流动资产合计	1 900 560		其他流动负债	0	
非流动资产：			流动负债合计	1 060 560	
债权投资	0		非流动负债：		
其他债权投资	0		长期借款	240 000	
长期应收款	0		应付债券	0	
长期股权投资	100 000		其中：优先股		
其他权益工具投资	0		永续债		
投资性房地产	0		长期应付款	0	
固定资产	440 000		预计负债	0	
在建工程	600 000		其他非流动负债	0	
生产性生物资产	0		非流动负债合计	240 000	

续表

资产	期末余额	上年年末余额（略）	负债和所有者权益（或股东权益）	期末余额	上年年末余额（略）
油气资产	0		负债合计	1 300 560	
无形资产	240 000		所有者权益（或股东权益）：		
开发支出	0		实收资本（或股本）	2 000 000	
商誉	0		其他权益工具	0	
长期待摊费用	0		其中：优先股	0	
递延所得税资产	0		永续债	0	
其他非流动资产	80 000		资本公积	0	
非流动资产合计	1 460 000		减：库存股	0	
			其他综合收益	0	
			盈余公积	40 000	
			未分配利润	20 000	
			所有者权益（或股东权益）合计	2 060 000	
资产总计	3 360 560		负债和所有者权益（或股东权益）总计	3 360 560	

表 12-5　2×19 年 12 月 31 日科目余额表　　单位：元

科目名称	借方余额	科目名称	贷方余额
库存现金	800	短期借款	20 000
银行存款	322 332.40	应付票据	40 000
其他货币资金	2 920	应付账款	381 520
交易性金融资产	0	其他应付款	14 886.34
应收票据	26 400	应付职工薪酬	72 000
应收账款	240 000	应交税费	90 692.40
坏账准备	—720	应付利息	0
预付账款	40 000	应付股利	0
其他应收款	2 000	一年内到期的长期负债	0
材料采购	110 000	长期借款	464 000
原材料	18 000	股本	2 000 000
周转材料	15 220	盈余公积	49 908.16
库存商品	848 960	未分配利润	87 205.50
材料成本差异	1 700		
其他流动资产	40 000		
长期股权投资	100 000		
固定资产	960 400		
累计折旧	—68 000		

续表

科目名称	借方余额	科目名称	贷方余额
固定资产减值准备	−12 000		
在建工程	171 200		
工程物资	120 000		
无形资产	240 000		
累计摊销	−24 000		
递延所得税资产	3 000		
其他长期资产	80 000		
合计	3 238 212.40	合计	3 238 212.40

根据上述资料，甲公司编制2×19年12月31日的资产负债表，参见表12-3。

12.3 利润表

12.3.1 利润表的概念与作用

利润表又称收益表、损益表，是反映企业在一定会计期间的经营成果的财务报表。利润表的作用表现在以下几个方面：

（1）为企业外部投资者以及信贷者作投资决策及贷款决策提供依据。通过利润表，可以计算利润的绝对值指标，也可以计算投资报酬率以及资金利润率等相对值指标，并通过前后两个时期以及同一时期不同行业或企业的同类指标的比较分析，了解该企业的获利水平、利润增长变化趋势，据此决定是否投资，是否追加投资，以及是否改变投资方向。

（2）为企业内部管理层的经营决策提供依据。利润表综合地反映营业收入、营业成本以及期间费用等，披露利润组成的各大要素，通过比较分析利润的增减变化，可以寻求其根本原因，以便在价格、品种、成本、费用及其他方面揭示矛盾，找出差距，明确今后的工作重点，以便作出正确的决策。

（3）为企业内部业绩考核提供重要的依据。企业一定时期的利润总额集中地反映了各部门工作的结果，它既是制定各部门工作计划的参考，又是考核各部门计划执行结果的重要依据，利润表内所提供的相关数据可用以评判各部门工作的业绩，以便作出正确的奖罚决策。

12.3.2 不同收益计量观的比较

对收益即利润目前比较流行的计量方法有两种：一是根据资产负债表来确定企业的利润，也称资产负债观；二是根据收益表来确定企业的收益，也称收入费用观。

（1）资产负债观。资产负债观是指通过对照前后期资产负债表的所有者权益

（净资产）来确定企业在一定期间所实现的收益；所有者权益增加为利润，减少为亏损（但在此期间由所有者追加投资和分红引起的净资产变动除外）。资产负债观的理论基础是资本保全概念，即只有在原资本得到维持或成本得到弥补之后，才能确认损益。资本保全又分为货币资本保全和实物资本保全。主张货币资本保全者强调资本是一种货币现象，认为收益等于企业资产超过投入原始资本的货币金额；主张实物资本保全者则强调资本是一种实物现象，它代表的是一种实际生产能力，企业资产超过原生产能力的部分即收益。二者在价格变动对资产、负债影响的处理方面不同，货币资本保全将影响计入收益，实物资本保全则将影响直接计入所有者权益。

（2）收入费用观。收入费用观是指通过设置收入类、费用类账户，遵循配比原则计算当期利润，它以一定期间发生的交易或其他事项所产生的收入及费用之间的差额作为当期的收益。

12.3.3 利润表的局限性

（1）由于采用货币计量，管理层的努力对公司的获利能力有重大帮助或提升，却因无法可靠地量化而无法在利润表中列示，例如，企业形象和顾客满意度的提升。

（2）由于采用历史成本计量属性计价，所耗用的资产按取得时的历史成本转销，而收入按现行价格计量，进行配比的收入与费用未建立在同一时间基础之上，因而收益的计量缺乏内在的逻辑上的统一性，成本无法真正回收，资本的完整性不能在实物形态或使用效能上得到保证。在物价上涨的情况下，无法区别企业的持有收益及营业收益，常导致出现虚盈实亏、虚利实分的现象，进而影响企业持续经营能力。

（3）许多费用的计算必须采用估计数，如坏账费用、产品售后服务成本、折旧费计算涉及的折旧年限及残值、或有损失等，可能在以后年度修正。

（4）由于企业会计准则允许采用不同的会计方法，例如，存货计价按先进先出法或加权平均法，折旧按直线法或年数总和法，因此不同企业收益的比较受到影响。

（5）目前利润表大多按功能性分类（如营业成本、销售费用、管理费用等），而非按活动水准分类（如固定费用、变动费用），不利于预测未来利润及现金流量。

12.3.4 利润表的列报格式和列报方法

1. 利润表的列报格式

目前通行的利润表格式有两种：单步式利润表和多步式利润表。

1）单步式利润表。单步式利润表将当期所有的收入列在一起，将所有的费用列在一起，两者相减得出当期净损益。单步式利润表的示例见表12-6。

表12-6 利润表

2×19年度 单位：元

项目	本期金额	上期金额（略）
一、收入		
营业收入	500 000	
其他收益	0	
投资收益	12 600	
公允价值变动收益	0	
资产处置收益	0	
营业外收入	20 000	
二、费用		
营业成本	300 000	
税金及附加	800	
销售费用	8 000	
管理费用	62 840	
研发费用	0	
财务费用	16 600	
资产减值损失	12 360	
信用减值损失	0	
营业外支出	7 880	
所得税费用	34 120	
费用合计	442 600	
三、净利润	90 000	

单步式利润表编制方式简单，收入支出归类清楚，缺点是收入、费用的性质不加区分，硬性归为一类，不利于报表分析。

2）多步式利润表。多步式利润表将不同性质的收入和费用进行对比，便于使用者理解企业经营成果的不同来源。企业可以分以下三个步骤编制利润表：

第一步，以营业收入为基础，减去营业成本、税金及附加、销售费用、管理费用、研发费用、财务费用、资产减值损失、信用减值损失，加上其他收益、投资收益（减去投资损失）、公允价值变动收益（减去公允价值变动损失）、信用减值损失（负数）、资产减值损失（负数）、资产处置收益（减去资产处置损失）等，计算出营业利润。

第二步，以营业利润为基础，加上营业外收入，减去营业外支出，计算出利润总额。

第三步，以利润总额为基础，减去所得税费用，计算出净利润（或净亏损）。

第四步，以净利润为基础，减去其他综合收益的税后净额，计算出综合收益总额。其中，其他综合收益包括以后会计期间不能重分类进损益的其他综合收益项目和以后会计期间在满足规定条件时将重分类进损益的其他综合收益项目两类。

根据我国财务报表列报准则的规定，企业需要提供比较利润表，以使报表使用者通过比较不同期间利润的实现情况，判断企业经营成果的未来发展趋势。所以，利润表还就各项目分为“本期金额”和“上期金额”两栏分别填列。

对于费用的列报，企业应当采用功能法列报，即按照费用在企业所发挥的功能分类列报，通常分为从事经营业务发生的成本、管理费用、研发费用、销售费用和财务费用等，并且将营业成本与其他费用分开披露。就企业而言，其活动通常可以划分为生产、销售、管理、筹资等，在每一种活动中发生的费用所发挥的功能并不相同，因此，按照功能法将其分开列报，有助于使用者了解费用发生的领域。例如，企业为销售产品发生了多少费用，为一般行政管理发生了多少费用，为搞研究开发发生了多少费用，为筹措资金发生了多少费用，等等。这种方法通常能向报表使用者提供具有结构性的信息，能更清楚地揭示企业经营业绩的主要来源和构成，提供的信息更为相关。

由于有关费用性质的信息有助于预测未来现金流量，企业可以在附注中披露费用按照性质分类的利润表补充资料。费用按照性质分类，是指将费用按其性质分为耗用的原材料、职工薪酬费用、折旧费、摊销费等，而不是按照费用在企业所发挥的不同功能分类。

我国利润表的示例见表 12－7。

表 12－7　利润表

会企 02 表

编制单位：甲公司　　2×19 年度　　单位：元

项目	本期金额	上期金额（略）
一、营业收入	500 000	
减：营业成本	300 000	
税金及附加	800	
销售费用	8 000	
管理费用	62 840	
研发费用	0	
财务费用	16 600	
其中：利息费用		
利息收入		
加：其他收益	0	
投资收益（损失以“－”号填列）	12 600	
其中：对联营企业和合营企业的投资收益	0	
以摊余成本计量的金融资产终止确认收益（损失以“－”号填列）	0	
净敞口套期收益（损失以“－”号填列）		
公允价值变动收益（损失以“－”号填列）		
信用减值损失	0	
资产减值损失	－12 360	
资产处置收益（损失以“－”号填列）		

续表

项目	本期金额	上期金额（略）
二、营业利润（亏损以“－”号填列）	112 000	
加：营业外收入	20 000	
减：营业外支出	7 880	
三、利润总额（亏损总额以“－”号填列）	124 120	
减：所得税费用	34 120	
四、净利润（净亏损以“－”号填列）	90 000	
（一）持续经营净利润（净亏损以“－”号填列）		
（二）终止经营净利润（净亏损以“－”号填列）		
五、其他综合收益的税后净额	0	
（一）不能重分类进损益的其他综合收益	0	
1. 重新计量设定受益计划变动额	0	
2. 权益法下不能转损益的其他综合收益	0	
3. 其他权益工具投资公允价值变动	0	
4. 企业自身信用风险公允价值变动	0	
……		
（二）将重分类进损益的其他综合收益	0	
1. 权益法下可转损益的其他综合收益	0	
2. 其他债权投资公允价值变动	0	
3. 金融资产重分类计入其他综合收益的金额	0	
4. 其他债权投资信用减值准备		
5. 现金流量套期储备	0	
6. 外币财务报表折算差额	0	
……		
六、综合收益总额	90 000	
七、每股收益	（略）	
（一）基本每股收益	（略）	
（二）稀释每股收益	（略）	

2. 利润表的列报方法

（1）利润表各项目的列报说明。

1）“营业收入”项目，反映企业经营主要业务和其他业务所确认的收入总额。本项目应根据“主营业务收入”和“其他业务收入”科目的发生额分析填列。

2）“营业成本”项目，反映企业经营主要业务和其他业务所发生的成本总额。本项目应根据“主营业务成本”和“其他业务成本”科目的发生额分析填列。

3）“税金及附加”项目，反映企业经营业务应负担的消费税、城市维护建设税、资源税、土地增值税和教育费附加等。本项目应根据“税金及附加”科目的发生额分析填列。

4）“销售费用”项目，反映企业在销售商品过程中发生的包装费、广告费等费用和为销售本企业商品而专设的销售机构的职工薪酬、业务费等经营费用。本项目应根据“销售费用”科目的发生额分析填列。

5）“管理费用”项目，反映企业为组织和管理生产经营发生的管理费用。本项目应根据“管理费用”的发生额分析填列。

6）“研发费用”项目，反映企业在研究与开发过程中发生的费用化支出，以及计入管理费用的自行开发无形资产的摊销。本项目应根据“管理费用”科目下的“研究费用”明细科目的发生额，以及“管理费用”科目下的“无形资产摊销”明细科目的发生额分析填列。

7）“财务费用”项目下的“利息费用”项目，反映企业为筹集生产经营所需资金等而发生的予以费用化的利息支出。“财务费用”项目下的“利息收入”项目，反映企业按相关会计准则确认的应冲减财务费用的利息收入。“利息费用”和“利息收入”项目，应根据“财务费用”科目的相关明细科目的发生额分析填列。两项目作为“财务费用”的其中项，均以正数填列。

8）“其他收益”项目，反映计入其他收益的政府补助以及其他与日常活动相关且计入其他收益的项目。本项目应根据“其他收益”科目的发生额分析填列。

9）“投资收益”项目，反映企业以各种方式对外投资所取得的收益。本项目应根据“投资收益”科目的发生额分析填列。如为投资损失，本项目以“－”号填列。其中“以摊余成本计量的金融资产终止确认收益”项目，反映企业因转让等情形导致终止确认以摊余成本计量的金融资产而产生的利得或损失。本项目应根据“投资收益”科目的有关明细科目的发生额分析填列；如为损失，以“－”号填列。

10）“净敞口套期收益”项目，反映净敞口套期下被套期项目累计公允价值变动转入当期损益的金额或现金流量套期储备转入当期损益的金额。本项目应根据“净敞口套期损益”科目的发生额分析填列；如为套期损失，以“－”号填列。

11）“公允价值变动收益”项目，反映企业应当计入当期损益的资产或负债的公允价值变动收益。本项目应根据“公允价值变动损益”科目的发生额分析填列；如为净损失，本项目以“－”号填列。

12）“信用减值损失”项目，反映企业按照《企业会计准则第22号——金融工具确认和计量》（2017）的要求计提的各项金融工具信用减值准备所确认的信用损失。本项目应根据“信用减值损失”科目的发生额分析填列。

13）“资产减值损失”项目，反映企业各项资产发生的减值损失。本项目应根据“资产减值损失”科目的发生额分析填列。

14）“资产处置收益”项目，反映企业出售划分为持有待售的非流动资产或处置组时确认的处置利得或损失，以及处置未划分为持有待售的固定资产、在建工程、生产性生物资产及无形资产而产生的处置利得或损失。本项目应根据“资产处置损益”科目的发生额分析填列；如为处置损失，以“－”号填列。

15）“营业利润”项目，反映企业实现的营业利润。如为亏损，本项目以“－”

号填列。

16）“营业外收入”项目，反映企业发生的除营业利润以外的收益，主要包括与企业日常活动无关的政府补助、盘盈利得、捐赠利得等。本项目应根据“营业外收入”科目的发生额分析填列。

17）“营业外支出”项目，反映企业发生的除营业利润以外的支出，主要包括公益性捐赠支出、非常损失、盘亏损失、非流动资产毁损报废损失等。本项目应根据“营业外支出”科目的发生额分析填列。非流动资产毁损报废损失通常包括因自然灾害发生毁损、已丧失使用功能等原因而报废清理产生的损失。企业在不同的交易中形成的非流动资产毁损报废利得和损失，不得相互抵销，应分别在“营业外收入”项目和“营业外支出”项目进行填列。

18）“利润总额”项目，反映企业实现的利润。如为亏损，本项目以“－”号填列。

19）“所得税费用”项目，反映企业应从当期利润总额中扣除的所得税费用。本项目应根据“所得税费用”科目的发生额分析填列。

20）“净利润”项目，反映企业实现的净利润。如为亏损，本项目以“－”号填列。其中，“持续经营净利润”和“终止经营净利润”项目，分别反映净利润中与持续经营相关的净利润和与终止营业相关的净利润；如为净亏损，以“－”号填列。这两个项目应按照《企业会计准则第42号——持有待售的非流动资产、处置组和终止经营》的相关规定分别列报。

21）“其他综合收益的税后净额”项目，反映企业根据企业会计准则规定未在当期损益中确认的各项利得和损失扣除所得税影响后的净额的合计数。其中，“其他权益工具投资公允价值变动”项目，反映企业指定为以公允价值计量且其变动计入其他综合收益的非交易性权益工具投资发生的公允价值变动。本项目应根据“其他综合收益”科目的相关明细科目的发生额分析填列。

“企业自身信用风险公允价值变动”项目，反映企业指定为以公允价值计量且其变动计入当期损益的金融负债、由企业自身信用风险变动引起的公允价值变动而计入其他综合收益的金额。本项目应根据“其他综合收益”科目的相关明细科目的发生额分析填列。

“其他债权投资公允价值变动”项目，反映企业分类为以公允价值计量且其变动计入其他综合收益的债权投资发生的公允价值变动。企业将一项以公允价值计量且其变动计入其他综合收益的金融资产重分类为以摊余成本计量的金融资产或重分类为以公允价值计量且其变动计入当期损益的金融资产时，之前计入其他综合收益的累计利得或损失从其他综合收益中转出的金额作为该项目的减项。本项目应根据“其他综合收益”科目的相关明细科目的发生额分析填列。

“金融资产重分类计入其他综合收益的金额”项目，反映企业将一项以摊余成本计量的金融资产重分类为以公允价值计量且其变动计入其他综合收益的金融资产时，计入其他综合收益的原账面价值与公允价值之间的差额。本项目应根据“其他综合收益”科目的相关明细科目的发生额分析填列。

“其他债权投资信用减值准备”项目，反映企业分类为以公允价值计量且其变动计入其他综合收益的金融资产的损失准备。本项目应根据“其他综合收益”科目下“信用减值准备”明细科目的发生额分析填列。

“现金流量套期储备”项目，反映企业套期工具产生的利得或损失中属于套期有效的部分。本项目应根据“其他综合收益”科目下“套期储备”明细科目的发生额分析填列。

22）“综合收益总额”项目，反映企业在某一期间除与所有者以其所有者身份进行的交易之外的其他交易或事项所引起的所有者权益变动。本项目反映净利润和其他综合收益税后净额的合计金额。

23）“基本每股收益”项目。基本每股收益只考虑当期实际发行在外的普通股股份，按照归属于普通股股东的当期净利润除以当期实际发行在外普通股的加权平均数计算确定。

计算基本每股收益时，分子为归属于普通股股东的当期净利润，即企业当期实现的可供普通股股东分配的净利润或应由普通股股东分担的净亏损金额。发生亏损的企业，每股收益以负数列示。

计算基本每股收益时，分母为当期发行在外普通股的算术加权平均数，即期初发行在外的普通股股数根据当期新发行或回购的普通股股数与相应时间权数的乘积进行调整后的股数。其中，作为权数的已发行时间、报告期时间和已回购时间通常按天数计算，在不影响计算结果合理性的前提下，也可以采用简化的计算方法，如按月数计算。公司库存股不属于发行在外的普通股，且无权参与利润分配，应当在计算分母时扣除。

例如，某公司 2×19 年期初发行在外的普通股为 40 000 万股；2 月 29 日新发行普通股 21 600 万股；12 月 1 日回购普通股 9 600 万股，以备将来奖励职工之用。该公司当年实现净利润 13 000 万元。2×19 年度基本每股收益计算如下：发行在外普通股加权平均数＝40 000×12÷12＋21 600×10÷12－9 600×1÷12＝57 200 万股或者 40 000×2÷12＋61 600×9÷12＋52 000×1÷12＝57 200 万股；基本每股收益＝13 000÷57 200＝0.227 元/股。

24）“稀释每股收益”项目，是以基本每股收益为基础，假设企业所有发行在外的稀释性潜在普通股均已转换为普通股，从而分别调整归属于普通股股东的当期净利润以及发行在外普通股的加权平均数计算而得的每股收益。

潜在普通股是指赋予其持有者在报告期或以后期间享有普通股权利的一种金融工具或其他合同。目前，我国企业发行的潜在普通股主要有可转换公司债券、认股权证、股份期权等。

稀释性潜在普通股是指假设当期转换为普通股会减少每股收益的潜在普通股。对于亏损企业而言，稀释性潜在普通股是指假设当期转换为普通股会增加每股亏损金额的潜在普通股。计算稀释每股收益时只考虑稀释性潜在普通股的影响，不考虑不具有稀释性的潜在普通股。

（2）“上期金额”栏的列报方法。利润表“上期金额”栏内各项数字，应根据上年该期利润表“本期金额”栏内所列数字填列。如果上年该期利润表规定的各个项目的名称和内容同本期不一致，应对上年该期利润表各项目的名称和数字按本期的规定进行调整，填入利润表“上期金额”栏内。

（3）“本期金额”栏的列报方法。利润表“本期金额”栏内各项数字一般应根据损益类科目的发生额分析填列。

12.3.5 利润表编制实例

例 12－2

甲公司 2×19 年度损益类科目的累计发生净额如表 12－8 所示。

表 12－8 甲公司 2×19 年度损益类科目的累计发生净额　　单位：元

科目名称	借方发生额	贷方发生额
主营业务收入		500 000
主营业务成本	300 000	
税金及附加	800	
销售费用	8 000	
管理费用	62 840	
财务费用	16 600	
资产减值损失	12 360	
投资收益		12 600
营业外收入		20 000
营业外支出	7 880	
所得税费用	34 120	

根据上述资料，甲公司编制 2×19 年度利润表，参见表 12－7。

12.4 现金流量表

12.4.1 现金流量表概述

1. 现金流量表的概念及作用

现金流量表是反映企业一定会计期间现金和现金等价物流入和流出的报表。编制现金流量表的主要目的，是为财务报表使用者提供企业一定会计期间内现金和现金等价物流入和流出的信息，以便财务报表使用者了解和评价企业获取现金和现金等价物的能力，并据以预测企业未来现金流量。现金流量表的作用主要体现在以下几个方面：

（1）现金流量表可以提供企业的现金流量信息，有利于对企业整体财务状况作出客观评价。在市场经济条件下，竞争异常激烈，企业要想站稳脚跟，不但要想方设法把产品销售出去，更重要的是要及时收回销货款，以便经营活动能够顺利开展。除了经营活动以外，企业所从事的投资和筹资活动同样影响着现金流量，从而影响财务状况。如果企业进行投资没能取得相应的现金回报，就会对企业的财务状况（如流动性、偿债能力）产生不良影响。根据企业的现金流量情况可以大致判断其经营周转是否顺畅。

（2）通过现金流量表可以对企业的支付能力和偿债能力，以及企业对外部资金的需求情况作出较为可靠的判断。评估企业是否具有这些能力，最直接有效的方法是分析现金流量。现金流量表披露的经营活动产生的现金流量净额本质上代表了企业自我创造现金的能力，尽管企业还可以通过对外筹资的途径取得现金，但债务本金的偿还最终取决于经营活动的净现金流入。因此，经营活动的净现金流入占现金流入总额的比例越高，企业的财务基础越稳固，支付能力和偿债能力才越强，现金流量表有助于达到这一目的。

（3）通过现金流量表不但可以了解企业当前的财务状况，还可以预测企业未来的发展情况。如果现金流量表中各部分现金流量结构合理，现金流入和流出无重大异常波动，一般来说企业的财务状况基本良好。此外，企业最常见的失败原因、症状也可在现金流量表中得到反映。比如，根据投资活动流出的现金、筹资活动流入的现金和筹资活动流出的现金，可以分析企业是否过度扩大经营规模；通过比较当期净利润与当期净现金流量，可以看出非现金流动资产吸收利润的情况，评价企业产生净现金流量的能力是否偏弱。

（4）便于报表使用者评估报告期内与现金有关和无关的投资及筹资活动。现金流量表除披露经营活动的现金流量、投资活动的现金流量及筹资活动的现金流量外，在全部资金概念下，还披露与现金无关的投资及筹资活动，这对报表使用者制定合理的投资与信贷决策、评估企业未来的现金流量同样具有重要意义。

2. 现金流量表的编制基础

现金流量表中的现金即编表基础，其含义是广义的。它是指现金及现金等价物，具体包括库存现金、银行存款、其他货币资金和现金等价物。其中，库存现金是指企业持有的可随时用于支付的现金，与“库存现金”科目的核算内容一致。银行存款是指企业存入金融机构、可以随时用于支取的存款，与“银行存款”科目核算内容基本一致，但不包括不能随时用于支付的存款。例如，不能随时支取的定期存款等不应作为现金，提前通知金融机构便可支取的定期存款则应包括在现金范围内。其他货币资金是指存放在金融机构的外埠存款、银行汇票存款、银行本票存款、信用卡存款、信用证保证金存款和存出投资款等，与“其他货币资金”科目核算内容一致。现金等价物，是指企业持有的期限短、流动性强、易于转换为已知金额现金、价值变动风险很小的投资。这里的“期限短”一般是指自购买日起 3 个月内到期，如可在证券市场上流通的3个月内到期的短期债券等。

现金等价物虽然不是现金，但其支付能力与现金差别不大，可视为现金。例如，企业为保证支付能力，手持必要的现金，为了不使现金闲置，可以购买短期债券，在需要现金时，随时可以变现。

现金等价物的定义本身包含了判断一项投资是否属于现金等价物的四个条件：(1) 期限短；(2) 流动性强；(3) 易于转换为已知金额的现金；(4) 价值变动风险很小。其中，期限短、流动性强，强调了变现能力，而易于转换为已知金额的现金、价值变动风险很小，则强调了支付能力。现金等价物通常包括3个月内到期的短期债券投资。权益性投资变现的金额通常不确定，因而不属于现金等价物。

不同企业现金及现金等价物的范围可能不同。企业应当根据经营特点等具体情况，确定现金及现金等价物的范围，一经确定不得随意变更。如果发生变更，应当按照会计政策变更处理。

3. 现金流量的分类及列示

(1) 现金流量及其影响因素。

1) 现金流量指企业现金和现金等价物的流入和流出。在现金流量表中，现金及现金等价物被视为一个整体，企业现金（含现金等价物，下同）形式的转换不会导致现金的流入和流出。例如，企业从银行提取现金是企业现金存放形式的转换，并未流出企业，不构成现金流量。同样，现金与现金等价物之间的转换也不属于现金流量，例如，企业用现金购买3个月内到期的国库券。

2) 影响现金流量的因素主要是企业的日常经营业务，但不是所有的业务都对现金流量有影响。企业的经营业务按其与现金流量的关系可以分为以下三类：

①现金各项目之间的增减变动。这类业务账务处理的借方、贷方都是现金，因而不会影响现金流量的增减变动。

②非现金各项目之间的增减变动。这类业务账务处理的借方、贷方都不是现金，当然也不会影响现金流量的增减变动。

③现金各项目与非现金各项目之间的增减变动。这类业务账务处理的借方、贷方中，一方是现金，另一方不是现金，所以，这类业务必然影响现金流量的增减变动。

现金流量表主要反映上述第三类业务即现金各项目与非现金各项目之间的增减变动对现金流量净额的影响。非现金各项目之间的增减变动如属于重要的投资和筹资活动，应在现金流量表的附注中予以披露。

(2) 现金流量的分类。在现金流量表中，应当按照企业发生经济业务活动的性质，将企业一定期间内产生的现金流量分为经营活动产生的现金流量、投资活动产生的现金流量和筹资活动产生的现金流量三类。

1) 经营活动产生的现金流量。经营活动是指企业投资活动和筹资活动以外的所有交易和事项。各类企业由于行业特点不同，对经营活动的认定存在一定差异。对于工商企业而言，经营活动主要包括销售商品、提供劳务、购买商品、接受劳务、缴纳税费等。对于商业银行而言，经营活动主要包括吸收存款、发放贷款等。对于保险公司而言，经营活动主要包括原保险业务和再保险业务等。对于证券公司而言，经营活动主要包括自营证券、代理承销证券、代理兑付证券、代理买卖证券等。与企业经营活动相关的现金流量就是经营活动现金流量。

2）投资活动产生的现金流量。投资活动是指企业长期资产的购建和不包括在现金等价物范围内的投资及其处置活动。长期资产是指固定资产、无形资产、在建工程、其他资产等持有期限在一年或一个营业周期以上的资产。这里所讲的投资活动，既包括实物资产投资，也包括金融资产投资。之所以将包括在现金等价物范围内的投资排除在外，是因为已经将包括在现金等价物范围内的投资视同现金。不同企业由于行业特点不同，对投资活动的认定也存在差异。例如，交易性金融资产所产生的现金流量，对于工商业企业而言，属于投资活动现金流量，对于证券公司而言，则属于经营活动现金流量。与企业投资活动相关的现金流量就是投资活动现金流量。

3）筹资活动产生的现金流量。筹资活动是指导致企业资本及债务规模和构成发生变化的活动。这里所说的资本，既包括实收资本（或股本），也包括资本溢价（或股本溢价）；这里所说的债务，是指对外举债，包括向银行借款、发行债券以及偿还债务等。通常情况下，应付账款、应付票据等属于经营活动，不属于筹资活动。与企业筹资活动相关的现金流量就是筹资活动现金流量。

企业日常活动之外特殊的、不经常发生的特殊项目，如自然灾害损失、保险赔款、捐赠等，应当归并到相关类别中，并单独反映。比如，自然灾害损失和保险赔款，如果能够确指属于流动资产损失，应当列入经营活动产生的现金流量；属于固定资产损失，应当列入投资活动产生的现金流量。如果不能确指，则可以列入经营活动产生的现金流量。捐赠收入和支出，可以列入经营活动。如果特殊项目的现金流量金额不大，则可以列入现金流量类别下的其他项目，不单独列示。

（3）现金流量的列示。通常情况下，现金流量应当分别按照现金流入和现金流出总额列报，从而全面揭示企业现金流量的方向、规模和结构。但是下列各项可以按照净额列报：

1）代客户收取或支付的现金以及周转快、金额大、期限短项目的现金流入和现金流出。例如，证券公司代收的客户证券买卖交割手续费、印花税等，旅游公司代游客支付的房费、餐费、交通费、文娱费、行李托运费、门票费、票务费、签证费等费用。这些项目由于周转快，在企业停留的时间短，企业加以利用的余地比较小，净额更能说明其对企业支付能力、偿债能力的影响；反之，如果以总额反映，可能会对评价企业的支付能力和偿债能力、分析企业的未来现金流量产生误导。

2）金融企业的有关项目，主要指期限较短、流动性强的项目。对于商业银行而言，主要包括短期贷款发放与收回的贷款本金、活期存款的吸收与支付、同业存款和存放同业款项的存取、向其他金融企业拆借资金等；对于保险公司而言，主要包括再保险业务收到或支付的现金净额；对于证券公司而言，主要包括自营证券和代理业务收到或支付的现金净额等。

（4）现金流量表的格式。现金流量表要求企业采用直接法表达经营活动的现金流量，同时揭示企业投资活动与筹资活动的现金流量。现金流量表附注资料要求揭示按间接法重新计算与表达经营活动现金流量以及不涉及现金的重大投资和筹资活动。现金流量表的示例见表12-9。

表12-9 现金流量表

会企03表

编制单位：甲公司　　2×19年度　　单位：元

项目	本期金额	上期金额
一、经营活动产生的现金流量：		
销售商品、提供劳务收到的现金	525 000	
收到的税费返还	0	
收到其他与经营活动有关的现金	0	
经营活动现金流入小计	525 000	
购买商品、接受劳务支付的现金	156 906.40	
支付给职工以及为职工支付的现金	120 000	
支付的各项税费	69 881.20	
支付其他与经营活动有关的现金	32 000	
经营活动现金流出小计	378 787.60	
经营活动产生的现金流量净额	146 212.40	
二、投资活动产生的现金流量：		
收回投资收到的现金	6 600	
取得投资收益收到的现金	12 000	
处置固定资产、无形资产和其他长期资产收回的现金净额	120 120	
处置子公司及其他营业单位收到的现金净额		
收到其他与投资活动有关的现金		
投资活动现金流入小计	138 720	
购建固定资产、无形资产和其他长期资产支付的现金	240 400	
投资支付的现金	0	
取得子公司及其他营业单位支付的现金净额	0	
支付其他与投资活动有关的现金	0	
投资活动现金流出小计	240 400	
投资活动产生的现金流量净额	−101 680	
三、筹资活动产生的现金流量：		
吸收投资收到的现金	0	
取得借款收到的现金	224 000	
收到其他与筹资活动有关的现金	0	
筹资活动现金流入小计	224 000	
偿还债务支付的现金	500 000	

续表

项目	本期金额	上期金额
分配股利、利润或偿付利息支付的现金	5 000	
支付其他与筹资活动有关的现金		
筹资活动现金流出小计	505 000	
筹资活动产生的现金流量净额	−281 000	
四、汇率变动对现金及现金等价物的影响	0	
五、现金及现金等价物净增加额	−236 467.60	
加：期初现金及现金等价物余额	562 520	
六、期末现金及现金等价物余额	326 052.40	

4. 现金流量表编制方法概要

（1）直接法和间接法。编制现金流量表时，列报经营活动现金流量的方法有两种：一是直接法；二是间接法。这两种方法通常也称为编制现金流量表的方法。

直接法，是指按现金收入和现金支出的主要类别直接反映企业经营活动产生的现金流量的方法。如直接列报“销售商品、提供劳务收到的现金”“购买商品、接受劳务支付的现金”等。在直接法下，一般是以利润表中的营业收入为起算点，调节与经营活动有关项目的增减变动，然后计算出经营活动产生的现金流量。

间接法，是指以净利润为起算点，调整不涉及现金的收入、费用、营业外收支等有关项目，剔除投资活动、筹资活动对现金流量的影响，据此计算出经营活动产生的现金流量。由于净利润是按照权责发生制为核算基础确定的，且包括了与投资活动和筹资活动相关的收益和费用，因此，将净利润调节为经营活动现金流量，实际上就是将以权责发生制为核算基础确定的净利润调整为现金净流入，并剔除投资活动和筹资活动对现金流量的影响。

采用直接法编报的现金流量表，便于分析企业经营活动产生的现金流量的来源和用途，预测企业现金流量的未来前景；采用间接法编报现金流量表，便于将净利润与经营活动产生的现金流量净额进行比较，了解净利润与经营活动产生的现金流量有差异的原因，从现金流量的角度分析净利润的质量。所以，我国现金流量表准则规定企业应当采用直接法编报现金流量表，同时要求在附注中提供以净利润为基础调节为经营活动现金流量的信息。

（2）工作底稿法或 T 形账户法。在具体编制现金流量表时，可以采用工作底稿法或 T 形账户法，也可以根据有关科目记录分析填列，这些方法均属于技术上的辅助方法。

1）工作底稿法。采用工作底稿法编制现金流量表，是以工作底稿为手段，以资产负债表和利润表数据为基础，对每一项目进行分析并编制调整分录，从而编制现金流量表。工作底稿法的程序是：

第一步，将资产负债表的期初数和期末数过入工作底稿的期初数栏和期末数栏。

第二步，对当期业务进行分析并编制调整分录。编制调整分录时，要以利润表项目为基础，从“营业收入”项目开始，结合资产负债表项目逐一进行分析。在调整分录中，有关现金和现金等价物的事项，并不直接借记或贷记“库存现金”科目，而是分别记入“经营活动产生的现金流量”“投资活动产生的现金流量”“筹资活动产生的现金流量”等有关项目。借记表示现金流入，贷记表示现金流出。

第三步，将调整分录过入工作底稿中的相应部分。

第四步，核对调整分录，借方、贷方合计数均已经相等，资产负债表项目期初数加减调整分录中的借贷金额以后，等于期末数。

第五步，根据工作底稿中的现金流量表项目部分编制正式的现金流量表。

现金流量表工作底稿的示例见表12－10（该表仅提供参考格式，编制过程此处从略）。

表12－10　现金流量表工作底稿　　单位：元

项目	年初数	调整分录		期末数
		借方	贷方	
一、资产负债表项目				
借方项目：				
货币资金	562 520		（25）234 222	328 298
交易性金融资产	6 000		（7）6 000	0
应收票据	98 400		（1）80 000	18 400
应收账款	218 040	（1）120 000	（11）360	239 280
预付款项	80 000		（12）40 000	40 000
其他应收款	2 000			2 000
存货	1 032 000		（2）2 120	1 029 880
长期股权投资	100 000			100 000
固定资产	440 000	（8）60 000（折旧） （9）72 000（折旧） （13）600 400（原价）	（8）160 000（原价） （9）80 000（原价） （14）40 000（折旧）	892 400
工程物资		（15）60 000		60 000
在建工程	600 000	（15）111 200 （18）80 000	（13）560 000	231 200
无形资产	240 000		（16）24 000（摊销）	216 000
长期待摊费用	80 000			80 000
项目合计	3 360 560	1 103 600	1 226 702	3 237 458
贷方项目：				
短期借款	120 000	（17）100 000		20 000
应付票据	80 000	（2）40 000		40 000
应付账款	381 520			381 520
应付职工薪酬	44 000	（18）200 000	（15）11 200 （18）200 000 （19）16 800	72 000

续表

项目	年初数	调整分录		期末数
		借方	贷方	
应交税费	14 640	（20）95 822	（1）85 000 （10）40 959.60 （15）40 000	84 777.60
其他应付款	20 400	（21）5 000	（6）8 600 （15）60 000 （24）12 886.34	96 886.34
一年内到期的非流动负债	400 000	（22）400 000		0
长期借款	240 000		（22）160 000	400 000
实收资本	2 000 000			2 000 000
盈余公积	40 000		（24）14 274.06	54 274.06
未分配利润	20 000	（24）27 160.40	（23）95 160.40	88 000
项目合计	3 360 560	867 982.40	744 880.40	3 237 458
二、利润表项目				
本期数				
营业收入			（1）500 000	500 000
营业成本		（2）300 000		300 000
税金及附加		（3）800		800
销售费用		（4）8 000		8 000
管理费用		（5）62 840		62 840
财务费用		（6）16 600		16 600
资产减值损失		（5）360		360
投资收益			（7）12 600	12 600
营业外收入			（8）20 000	20 000
营业外支出		（9）7 880		7 880
所得税费用		（10）40 959.60		40 959.60
净利润		（23）95 160.40		95 160.40
三、现金流量表项目				
（一）经营活动产生的现金流量				
销售商品、提供劳务收到的现金		（1）545 000	（6）8 000	537 000
经营活动现金流入小计				537 000
购买商品、接受劳务支付的现金		（12）36 000 （14）32 000 （18）114 000 （19）15 960	（2）337 880 （20）16 986.40	156 906.40
支付给职工以及为职工支付的现金			（18）120 000	120 000

续表

项目	年初数	调整分录		期末数
		借方	贷方	
支付的各项税费			(20) 78 835.60 (3) 800	79 635.60
支付其他与经营活动有关的现金		(1) 360 (12) 4 000 (14) 8 000 (16) 24 000 (18) 6 000 (19) 840	(4) 8 000 (5) 63 200	28 000
经营活动现金流出小计				384 542
经营活动产生的现金流量净额				152 458
(二) 投资活动产生的现金流量				
收回投资收到的现金		(7) 6 600		6 600
取得投资收益收到的现金		(7) 12 000		12 000
处置固定资产、无形资产和其他长期资产收回的现金净额		(8) 120 000 (9) 120		120 120
投资活动现金流入小计				138 720
购建固定资产、无形资产和其他长期资产支付的现金			(13) 40 400 (15) 60 000 (18) 80 000	180 400
投资活动现金流出小计				180 400
投资活动产生的现金流量净额				−41 680
(三) 筹资活动产生的现金流量				
取得借款收到的现金		(22) 160 000		160 000
筹资活动现金流入小计				160 000
偿还债务支付的现金			(17) 100 000 (22) 400 000	500 000
分配股利、利润和偿付利息支付的现金			(21) 5 000	5 000
筹资活动现金流出小计				505 000
筹资活动产生的现金流量净额				−345 000
(四) 现金及现金等价物净减少额		(25) 234 222		234 222
调整分录借贷合计	—	3 823 284.40	3 823 284.40	—

2）T形账户法。采用T形账户法编制现金流量表，是以T形账户为手段，以资产负债表和利润表数据为基础，对每一项目进行分析并编制调整分录，从而编制现金流量表。

T形账户的示例见表12-11（该表仅提供参考格式，编制过程此处从略）。

表 12－11 现金及现金等价物 单位：元

					234 222
经营活动现金收入：			经营活动现金支出：		
1. 销售商品、提供劳务收到的现金	(1)	545 000	1. 购买商品、接受劳务支付的现金	(2)	337 880
	(6)	−8 000		(12)	−36 000
小计		537 000		(14)	−32 000
				(18)	−114 000
				(19)	−15 960
				(20)	16 986.40
			小计		156 906.40
			2. 支付给职工以及为职工支付的现金	(18)	120 000
			3. 支付的各项税费	(3)	800
				(20)	78 835.60
			小计		79 635.60
			4. 支付其他与经营活动有关的现金	(4)	8 000
				(5)	63 200
				(11)	−360
				(12)	−4 000
				(14)	−8 000
				(16)	−24 000
				(18)	−6 000
				(19)	−840
			小计		28 000
投资活动现金收入：			投资活动现金支出：		
1. 收回投资收到的现金	(7)	6 600	1. 购建固定资产、无形资产和其他长期资产支付的现金	(13)	40 400
2. 取得投资收益收到的现金	(7)	12 000		(15)	60 000
3. 处置固定资产、无形资产和其他长期资产收回的现金净额	(8)	120 000		(18)	80 000
	(9)	120	小计		180 400
小计		120 120			
筹资活动现金收入：			筹资活动现金支出：		
1. 取得借款收到的现金	(22)	160 000	1. 偿还债务支付的现金	(17)	100 000
				(22)	400 000
			小计		500 000
			2. 分配股利、利润和偿付利息支付的现金	(21)	5 000
现金流入合计		835 720	现金流出合计		1 069 942
			现金流出净额		234 222

T形账户法的程序是：

第一步，为所有的非现金项目（包括资产负债表项目和利润表项目）分别开设T形账户，并将各自的期末期初变动数过入各相关账户。如果项目的期末数大于期初数，则将差额过入和项目余额相同的方向；反之，过入相反的方向。

第二步，开设一个大的“现金及现金等价物”T形账户，两边均分为经营活动、投资活动和筹资活动三个部分，左边记现金流入，右边记现金流出。与其他账户一样，过入期末期初变动数。

第三步，以利润表项目为基础，结合资产负债表分析每一个非现金项目的增减变动，并据此编制调整分录。

第四步，将调整分录过入各T形账户并进行核对，该账户借贷方相抵后的余额与原先过入的期末期初变动数应当一致。

第五步，根据大的“现金及现金等价物”T形账户编制正式的现金流量表。

12.4.2 现金流量表的编制

1. 编制依据与思路

现金流量表是按收付实现制反映企业报告期内的现金流量信息，而企业编制的资产负债表、利润表和所有者权益变动表及有关账户记录资料反映的会计信息都是以权责发生制为基础记录报告的。所以，现金流量表的编制依据必然是资产负债表、利润表和所有者权益变动表及有关账户记录资料；编制现金流量表的过程就是将权责发生制下的会计资料转换为按收付实现制表示的现金流量情况。

具体编制现金流量表时，根据企业规模以及业务量的大小，可以选择适当的编制思路。一种编制思路是直接从企业会计记录中获得有关企业现金收入和现金支出的信息；另一种编制思路是在利润表中营业收入、营业成本等数据的基础上，通过调整有关资产负债表项目来获得。例如，“销售商品、提供劳务收到的现金”项目的数据，就可以根据库存现金、银行存款日记账中对应账户为“主营业务收入”“应收账款”“预收账款”等的相关记录填列，也可以根据利润表中“营业收入”项目金额和资产负债表中的“应收票据”“应收账款”“预收款项”等项目金额变动数分析填列。

2. 经营活动现金流量的列报——直接法

（1）直接法的内涵。由于直接法是按现金收入和现金支出的主要类别直接反映企业经营活动产生的现金流量，加之企业净利润主要来自企业的经营活动，因此，直接法实际上是从利润表中的营业收入项目开始，逐项将与经营活动有关的利润项目转换为经营活动现金流入和经营活动现金流出项目。

但是，实际操作时并不是所有的项目都需要经过这种转换过程，因为直接法下经营活动现金流量的项目有时并不完全与利润表项目逐一对应。根据我国现金流量表准则，现金流量表中直接法下经营活动现金流入与现金流出的项目设置比较简单，主要有“销售商品、提供劳务收到的现金”“收到的税费返还”“购买商品、接受劳务支付的现金”“支付给职工以及为职工支付的现金”“支付的各项税费”“收到其他与经营活动有关的现金”“支付其他与经营活动有关的现金”等项目，其中，“支付给职工以及为职工支付的现金”项目，实际上与现行利润表中“主营业务成本”“销售费用”“管理费用”等诸多项目有关。

（2）直接法下各项目的内容及填列方法。直接法下比较难以填列的项目主要有“销售商品、提供劳务到的现金”“购买商品、接受劳务支付的现金”等。

1）“销售商品、提供劳务收到的现金”项目。“销售商品、提供劳务收到的现金”项目，反映企业销售商品、提供劳务实际收到的现金，包括销售收入和应向购买者收取的增值税销项税额，具体包括：本期销售商品、提供劳务收到的现金，以及前期销售商品、提供劳务本期收到的现金和本期预收的款项，减去本期销售本期退回的商品和前期销售本期退回的商品支付的现金。企业销售材料和代购代销业务收到的现金，也在本项目反映。

在填列“销售商品、提供劳务收到的现金”项目时，应考虑的因素有：营业收入的发生额、应收账款的增减变动、应收票据的增减变动、预收账款的增减变动、核销坏账引起的应收账款的减少，以及收回以前年度核销的坏账、销售退回、应交增值税（销项税额）的发生额等。

“销售商品、提供劳务收到的现金”项目的填列方法可以分为根据有关账户记录的发生额资料填列和根据财务报表资料填列两种。

①根据有关账户记录的发生额资料填列的计算公式为：

销售商品、提供劳务收到的现金＝本期销售商品、提供劳务收到的现金
＋以前期间销售商品、提供劳务在本期收到的现金
＋以后将要销售商品、提供劳务在本期预收的现金
＋本期收回前期已核销的坏账
－本期因销售退回支付的现金

例 12－3

甲企业本期销售一批商品，开出的增值税专用发票上注明的销售价款为 1 400 000 元，增值税销项税额为 182 000 元，以银行存款收讫；“应收票据”项目期初余额为 135 000 元，期末余额为 30 000 元；“应收账款”项目期初余额为 500 000 元，期末余额为 200 000 元；年度内核销的预期信用减值损失为 10 000 元。另外，本期因商品质量问题发生退货，货款 15 000 元，已通过银行转账支付。

本期销售商品、提供劳务收到的现金计算如下：

本期销售商品收到的现金（1 400 000＋182 000）	1 582 000
加：本期收到前期的应收票据（135 000－30 000）	105 000
本期收到前期的应收账款（500 000－200 000－10 000）	290 000

减：本期因销售退回支付的现金	15 000
本期销售商品、提供劳务收到的现金	1 962 000

②根据利润表、资产负债表有关项目以及部分账户记录资料填列的计算公式为：

销售商品、提供劳务收到的现金＝营业收入＋应收票据项目（期初余额－期末余额）＋应收账款项目（期初余额－期末余额）
＋预收款项项目（期末余额－期初余额）
－债务人以非现金资产抵债减少的应收账款和应收票据
－本期计提坏账准备导致的应收票据及应收账款项目减少数

例 12-4

甲企业2×18年有关资料如下：利润表中“营业收入”项目本期金额300 000元；资产负债表中“应收账款”项目年初余额90 000元、年末余额300 00元。本年度发生预期信用减值损失3 000元，已予以核销。根据上述资料，2×18年度现金流量表中“销售商品、提供劳务收到的现金”项目的金额计算如下：

销售商品、提供劳务收到的现金＝300 000＋(90 000－30 000)＝360 000(元)

应注意的是，资产负债表中“应收账款”项目是根据“应收账款”余额之差填列的，所以，本年度核销预期信用减值损失3 000元对“应收账款”项目期末余额的影响数为零。因此，在计算中不应将这3 000元扣减。

2）“收到的税费返还”项目。“收到的税费返还”项目，反映企业收到返还的各种税费，如收到退回的增值税、消费税、所得税、关税和教育费附加返还款等。本项目可以根据“库存现金”“银行存款”“税金及附加”“营业外收入”等科目的记录分析填列。

例 12-5

甲企业前期出口商品一批，已缴纳增值税，按规定应退增值税17 000元，前期未退，本期以转账方式收讫；本期收到教育费附加返还款102 000元，款项已存入银行。

本期收到的税费返还计算如下：

本期收到的出口退增值税额	17 000
加：收到的教育费附加返还额	102 000
本期收到的税费返还额	119 000

3）“收到其他与经营活动有关的现金”项目。“收到其他与经营活动有关的现金”项目，反映企业除上述各项目外，收到的其他与经营活动有关的现金，如罚款收入、经营租赁固定资产收到的现金、流动资产损失中由个人赔偿的现金收入、除税费返还外的其他政府补助收入等。其他与经营活动有关的现金，如果价值较大，应单列项目反映。本项目可以根据“库存现金”“银行存款”“管理费用”“销售费用”等科目的记录分析填列。

企业实际收到的政府补助，不论是与资产相关还是与收益相关，均在该项目中填列。

4）“购买商品、接受劳务支付的现金”项目。“购买商品、接受劳务支付的现金”项目，反映企业购买材料、商品、接受服务实际支付的现金，包括支付的货款以及与货款一并支付的增值税进项税额，具体包括本期购买商品、接受服务支付的现金，以及本期支付前期购买商品、接受服务的未付款项和本期预付款项，减去本期发生的购货退回收到的现金。为购置存货而发生的借款利息资本化部分，应在“分配股利、利润或偿付利息支付的现金”项目中反映。在填列“购买商品、接受劳务支付的现金”项目时，应考虑的因素有：营业成本、存货增减变动、应交增值税（进项税额）的发生额、应付账款增减变动、应付票据增减变动、预付账款增减变动以及购货退回收到的现金等。根据报表资料填列的计算公式如下：

购买商品、接受劳务支付的现金＝营业成本＋存货项目(期末余额－期初余额)
＋应付票据项目及应付账款项目(期初余额－期末余额)
＋预付款项项目(期末余额－期初余额)

还要考虑与投资、交换非流动资产、抵偿非流动负债等有关的存货增减数，非现金抵债、非存货抵债引起的应付账款、应付票据减少数，直接购货业务应交增值税（进项税额）的发生额及营业成本中的非外购存货费用。

例 12－6

甲企业本期购买原材料收到的增值税专用发票上注明的材料价款为 300 000 元，增值税进项税额为 39 000 元，款项已通过银行转账支付；本期支付应付票据 200 000 元，货款已通过银行转账支付。

本期购买商品、接受劳务支付的现金计算如下：

本期购买原材料支付的价款	300 000
加：本期购买原材料支付的增值税进项税额	39 000
本期支付的应付票据	200 000
本期购买商品、接受劳务支付的现金	539 000

例 12－7

甲企业是商品流通企业，其 2×18 年度利润表中“营业成本”项目本期金额 1 200 000 元；资产负债表中“应付账款”项目年初余额 60 000 元、年末余额 40 000 元，“预付款项”项目年初余额为 0、年末余额 10 000 元，“存货”项目年初余额 1 400 000 元、年末余额 1 800 000 元；当年接受投资人投入存货 160 000 元。

根据上述资料，2×18 年度现金流量表中“购买商品、接受劳务支付的现金”项目的计算如下：

购买商品、接受劳务支付的现金
=1 200 000+(60 000−40 000)+(10 000−0)+(1 800 000−1 400 000)−160 000
=1 470 000(元)

5）“支付给职工以及为职工支付的现金”项目。“支付给职工以及为职工支付的现金”项目，反映企业实际支付给职工的现金以及为职工支付的现金，包括企业为获得职工提供的服务，本期实际给予的各种形式的报酬以及其他相关支出，如支付给职工的工资、奖金、各种津贴和补贴等，以及为职工支付的其他费用，不包括支付给在建工程人员的工资。支付给在建工程人员的工资，在“购建固定资产、无形资产和其他长期资产支付的现金”项目中反映。

企业为职工支付的医疗、养老、失业、工伤、生育等社会保险基金、补充养老保险、住房公积金，企业为职工缴纳的商业保险金，因解除与职工劳动关系给予的补偿，现金结算的股份支付，以及企业支付给职工或为职工支付的其他福利费用等，应根据职工的工作性质和服务对象，分别在“购建固定资产、无形资产和其他长期资产支付的现金”和“支付给职工以及为职工支付的现金”项目中反映。

本项目可以根据“库存现金”“银行存款”“应付职工薪酬”等科目的记录分析填列。

例 12-8

甲企业本期实际支付工资 500 000 元，其中，经营人员工资 300 000 元，在建工程人员工资 200 000 元，则本期“支付给职工以及为职工支付的现金”项目金额应为 300 000 元。

6）“支付的各项税费”项目。“支付的各项税费”项目，反映企业按规定支付的各项税费，包括本期发生并支付的税费，以及本期支付以前各期发生的税费和预缴的税金，如支付的教育费附加、印花税、房产税、土地增值税、车船税、增值税、所得税等，不包括本期退回的增值税、所得税。本期退回的增值税、所得税等，在“收到的税费返还”项目中反映。本项目可以根据“应交税费”“库存现金”“银行存款”等科目的记录分析填列。

例 12-9

甲企业本期向税务机关缴纳增值税 68 000 元，本期发生的所得税 6 200 000 元已全部缴纳，企业期初未交所得税 560 000 元，期末未交所得税 240 000 元。

本期支付的各项税费计算如下：

本期支付的增值税额	68 000
加：本期发生并缴纳的所得税额	6 200 000
前期发生本期缴纳的所得税额（560 000−240 000）	320 000
本期支付的各项税费	6 588 000

7）“支付其他与经营活动有关的现金”项目。“支付其他与经营活动有关的现

金”项目，反映企业除上述各项目外，支付的其他与经营活动有关的现金，如罚款支出、支付的差旅费、业务招待费、保险费、经营租赁支付的现金等。其他与经营活动有关的现金，如果金额较大，应单列项目反映。本项目可以根据有关科目的记录分析填列。

3. 经营活动现金流量的列报——间接法

间接法是以本期净利润（或净损失）为起算点，调整不增加或不减少现金的收入与费用项目；调整属于投资活动、筹资活动的收益与损失；调整与经营活动有关的非现金流动资产与流动负债的增减变动，从而计算出经营活动现金流量的一种方法。间接法的内容及具体填列方法将在 12.4.3 节现金流量表附注中解释。

4. 投资活动现金流量的列报

（1）“收回投资收到的现金”项目。“收回投资收到的现金”项目，反映企业出售、转让或到期收回除现金等价物以外的交易性金融资产、债权投资、其他权益工具投资、长期股权投资、投资性房地产而收到的现金。本项目可以根据“交易性金融资产”“债权投资”“其他权益工具投资”“长期股权投资”“投资性房地产”“库存现金”“银行存款”等科目的记录分析填列。

例 12－10

甲企业出售某项长期股权投资，收回的全部投资金额为 960 000 元；出售某项债权投资，收回的全部投资金额为 820 000 元，其中，120 000 元是债券利息。

本期收回投资所收到的现金计算如下：

收回长期股权投资金额	960 000
加：收回债权投资本金（820 000－120 000）	700 000
本期收回投资收到的现金	1 660 000

（2）“取得投资收益收到的现金”项目。“取得投资收益收到的现金”项目，反映企业因股权投资而分得的现金股利，因债券投资而取得的现金利息收入。本项目可以根据“应收股利”“应收利息”“投资收益”“库存现金”“银行存款”等科目的记录分析填列。

例 12－11

甲企业期初长期股权投资余额 4 000 000 元，其中，3 000 000 元投资于联营企业 A 企业，占其股本的 25%，采用权益法核算，另外 400 000 元和 600 000 元分别投资于 B 企业和 C 企业，各占接受投资企业总股本的 55%和 60%，采用成本法核算。当年 A 企业盈利 4 000 000 元，分配现金股利 1 600 000 元，B 企业亏损没有分配股利，C 企业盈利 1 200 000 元，分配现金股利 400 000 元。企业已如数收到现金股利。

本期取得投资收益收到的现金计算如下：

取得 A 企业实际分回的投资收益（16 00 000×25%）	400 000
加：取得 B 企业实际分回的投资收益	0

取得C企业实际分回的投资收益（400 000×60%）	240 000
本期取得投资收益收到的现金	640 000

（3）“处置固定资产、无形资产和其他长期资产收回的现金净额”项目。“处置固定资产、无形资产和其他长期资产收回的现金净额”项目，反映企业出售固定资产、无形资产和其他长期资产所取得的现金，减去为处置这些资产而支付的有关费用后的净额。处置固定资产、无形资产和其他长期资产所收到的现金，与处置活动支付的现金，两者在时间上比较接近，净额更能准确反映处置活动对现金流量的影响。由于自然灾害等原因造成的固定资产等长期资产报废、毁损而收到的保险赔偿收入，在本项目中反映。如处置固定资产、无形资产和其他长期资产所收回的现金净额为负数，则应作为投资活动产生的现金流量，在“支付其他与投资活动有关的现金”项目中反映。本项目可以根据“固定资产清理”“库存现金”“银行存款”等科目的记录分析填列。

例12-12

乙企业出售一台不需用设备，收到价款60 000元，该设备原价80 000元，已提折旧30 000元。支付该项设备拆卸费用400元、运输费用160元。设备已由购入单位运走。

本期处置固定资产、无形资产和其他长期资产收回的现金净额计算如下：

本期出售固定资产收到的现金	60 000
减：支付出售固定资产的清理费用	560
本期处置固定资产、无形资产和其他长期资产收回的现金净额	59 440

（4）“处置子公司及其他营业单位收到的现金净额”项目。“处置子公司及其他营业单位收到的现金净额”项目，反映企业处置子公司及其他营业单位所取得的现金，减去子公司或其他营业单位持有的现金和现金等价物以及相关处置费用后的净额。本项目可以根据有关科目的记录分析填列。

整体处置一个单位，结算方式是多种多样的。企业处置子公司及其他营业单位是整体交易，子公司和其他营业单位可能持有现金和现金等价物。这样，整体处置子公司或其他营业单位的现金流量，就应以处置价款中收到现金的部分，减去子公司或其他营业单位持有的现金和现金等价物以及相关处置费用后的净额反映。

（5）“收到其他与投资活动有关的现金”项目。“收到其他与投资活动有关的现金”项目，反映企业除上述各项目外，收到的其他与投资活动有关的现金。其他与投资活动有关的现金，如果价值较大，应单列项目反映。本项目可以根据有关科目的记录分析填列。

（6）“购建固定资产、无形资产和其他长期资产支付的现金”项目。“购建固定资产、无形资产和其他长期资产支付的现金”项目，反映企业购买或建造固定资产、取得无形资产和其他长期资产（如投资性房地产）支付的现金，包括购买机器设备所支付的现金、建造工程支付的现金、支付在建工程人员的工资等现金支出，不包括为购建固定资产、无形资产和其他长期资产而发生的借款利息资本化部分，以及租入固定资产所支付的租赁费。为购建固定资产、无形资产和其他长期资产而发生的借款利息资本化部分，在“分配股利、利润或偿付利息支付的现金”项目中反映；租入固定资产所支付的租赁费，在“支付其他与筹资活动有关的现金”项目中反映，不在本项目中反映。本项目可以根据“固定资产”“在建工程”“工程物资”“无形资产”“库存现金”“银行存款”等科目的记录分析填列。

例 12－13

乙企业购入房屋一幢，价款 3 700 000 元，通过银行转账 3 600 000 元，其他价款用公司产品抵偿。为在建工程购进建筑材料一批，价值 320 000 元，价款已通过银行转账支付。

本期购建固定资产、无形资产和其他长期资产支付的现金计算如下：

购买房屋支付的现金	3 600 000
加：为在建工程购买材料支付的现金	320 000
本期购建固定资产、无形资产和其他长期资产支付的现金	3 920 000

（7）“投资支付的现金”项目。“投资支付的现金”项目，反映企业进行权益性投资和债权性投资所支付的现金，包括企业取得除现金等价物以外的交易性金融资产、债权投资、其他债权投资、其他权益工具投资而支付的现金，以及支付的佣金、手续费等交易费用。企业购买债券的价款中含有债券利息，以及溢价或折价购入的，均按实际支付的金额反映。

企业购买股票和债券时，实际支付的价款中包含的已宣告但尚未领取的现金股利或已到付息期但尚未领取的债券利息，应在“支付其他与投资活动有关的现金”项目中反映；收回购买股票和债券时支付的已宣告但尚未领取的现金股利或已到付息期但尚未领取的债券利息，应在“收到其他与投资活动有关的现金”项目中反映。

本项目可以根据“交易性金融资产”“债权投资”“其他债权投资”“其他权益工具投资”“投资性房地产”“长期股权投资”“库存现金”“银行存款”等科目的记录分析填列。

例 12－14

乙企业以银行存款 5 000 000 元投资于 A 企业的股票。购买某银行发行的金融债券，面值总额 400 000 元，票面利率 8%，实际支付 408 000 元。

本期投资支付的现金计算如下：

投资于 A 企业的现金总额	5 000 000
加：投资于某银行金融债券的现金总额	408 000
本期投资支付的现金	5 408 000

（8）“取得子公司及其他营业单位支付的现金净额”项目。“取得子公司及其他营业单位支付的现金净额”项目，反映企业取得子公司及其他营业单位购买出价中以现金支付的部分，减去子公司或其他营业单位持有的现金和现金等价物后的净额。

本项目可以根据有关科目的记录分析填列。

整体购买一个单位，结算方式是多种多样的，如购买方全部以现金支付或一部分以现金支付而另一部分以实物清偿。企业购买子公司及其他营业单位是整体交易，子公司和其他营业单位除有固定资产和存货外，还可能持有现金和现金等价物。这样，整体购买子公司或其他营业单位的现金流量，就应以购买出价中以现金支付的部分减去子公司或其他营业单位持有的现金和现金等价物后的净额反映，如为负数，应在“收到其他与投资活动有关的现金”项目中反映。

(9)“支付其他与投资活动有关的现金”项目。“支付其他与投资活动有关的现金”项目，反映企业除上述各项目外，支付的其他与投资活动有关的现金。其他与投资活动有关的现金，如果价值较大，应单列项目反映。本项目可以根据有关科目的记录分析填列。

5. 筹资活动现金流量的列报

(1)“吸收投资收到的现金”项目。“吸收投资收到的现金”项目，反映企业以发行股票、债券等方式筹集资金实际收到的款项净额（发行收入减去支付的佣金等发行费用后的净额）。以发行股票等方式筹集资金而由企业直接支付的审计、咨询等费用，不在本项目中反映，而在“支付其他与筹资活动有关的现金”项目中反映。本项目可以根据“实收资本（或股本）”“资本公积”“库存现金”“银行存款”等科目的记录分析填列。

例 12-15

丙企业对外公开募集股份 2 000 000 股，每股 1 元，发行价每股 1.1 元，代理发行的证券公司为其支付的各种费用共计 30 000 元。丙企业已收到全部发行价款。

本期吸收投资收到的现金计算如下：

发行股票取得的现金	2 170 000
其中：发行总额（2 000 000×1.1）	2 200 000
减：发行费用	30 000
本期吸收投资收到的现金	2 170 000

(2)“取得借款收到的现金”项目。“取得借款收到的现金”项目，反映企业举借各种短期、长期借款而收到的现金。本项目可以根据“短期借款”“长期借款”“交易性金融负债”“应付债券”“库存现金”“银行存款”等科目的记录分析填列。

(3)“收到其他与筹资活动有关的现金”项目。“收到其他与筹资活动有关的现金”项目，反映企业除上述各项目外，收到的其他与筹资活动有关的现金。其他与筹资活动有关的现金，如果价值较大，应单列项目反映。本项目可根据有关科目的记录分析填列。

(4)“偿还债务支付的现金”项目。“偿还债务支付的现金”项目，反映企业以现金偿还债务的本金，包括：归还金融企业的借款本金、偿付企业到期的债券本金等。企业偿还的借款利息、债券利息，在“分配股利、利润或偿付利息支付的现金”

项目中反映。本项目可以根据“短期借款”“长期借款”“交易性金融负债”“应付债券”“库存现金”“银行存款”等科目的记录分析填列。

（5）“分配股利、利润或偿付利息支付的现金”项目。“分配股利、利润或偿付利息支付的现金”项目，反映企业实际支付的现金股利、支付给其他投资单位的利润或用现金支付的借款利息、债券利息。不同用途的借款，其利息的开支渠道不一样，如在建工程、财务费用等，均在本项目中反映。本项目可以根据“应付股利”“应付利息”“利润分配”“财务费用”“在建工程”“制造费用”“研发支出”“库存现金”“银行存款”等科目的记录分析填列。

例 12－16

丙企业期初应付现金股利为 42 000 元，本期宣布并发放现金股利 100 000 元，期末应付现金股利 24 000 元。

本期分配股利、利润或偿付利息所支付的现金计算如下：

本期宣布并发放的现金股利	100 000
加：本期支付的前期应付股利（42 000－24 000）	18 000
本期分配股利、利润或偿付利息支付的现金	118 000

（6）“支付其他与筹资活动有关的现金”项目。“支付其他与筹资活动有关的现金”项目，反映企业除上述各项目外，支付的其他与筹资活动有关的现金，如以发行股票、债券等方式筹集资金而由企业直接支付的审计、咨询等费用，融资租赁所支付的现金，以分期付款方式构建固定资产以后各期支付的现金等。其他与筹资活动有关的现金，如果价值较大，应单列项目反映。本项目可以根据有关科目的记录分析填列。

6. “汇率变动对现金及现金等价物的影响”项目的列报

企业外币现金流量及境外子公司的现金流量折算成记账本位币时，所采用的是现金流量发生日的汇率或按照系统合理的方法确定的、与现金流量发生日即期汇率近似的汇率，而现金流量表中的“现金及现金等价物净增加额”项目中外币现金净增加额是按资产负债表日的即期汇率折算的。这两者的差额即汇率变动对现金及现金等价物的影响。

编制现金流量表时，应当将企业外币现金流量以及境外子公司的现金流量折算成记账本位币。现金流量表准则规定，外币现金流量以及境外子公司的现金流量，应当采用现金流量发生日的即期汇率或按照系统合理的方法确定的、与现金流量发生日即期汇率近似的汇率折算。汇率变动对现金及现金等价物的影响额应当作为调节项目，在现金流量表中单独列报。

12.4.3　现金流量表附注

现金流量表附注也是现金流量表的补充资料，分为三部分：第一部分是将净利润调节为经营活动现金流量；第二部分是不涉及现金收支的重大投资和筹资活动；

第三部分是现金及现金等价物净变动情况。按现金流量表准则的规定，企业应当采用间接法在现金流量表附注中披露将净利润调节为经营活动现金流量的信息，因此，将净利润调节为经营活动现金流量也是本部分的重点。现金流量表附注的具体内容见表12-12。

表12-12 现金流量表附注

2×19年度

单位：元

补充资料	本期金额	上期金额
1. 将净利润调节为经营活动现金流量：		
净利润	90 000	
加：资产减值准备	12 360	
固定资产折旧、油气资产折耗、生产性生物资产折旧	40 000	
无形资产摊销	24 000	
长期待摊费用摊销	0	
处置固定资产、无形资产和其他长期资产的损失（收益以“—”号填列）	−20 000	
固定资产报废损失（收益以“—”号填列）	7 880	
公允价值变动损失（收益以“—”号填列）	0	
财务费用（收益以“—”号填列）	4 600	
投资损失（收益以“—”号填列）	−12 600	
递延所得税资产的减少（增加以“—”号填列）	−3 000	
递延所得税负债的增加（减少以“—”号填列）	0	
存货的减少（增加以“—”号填列）	38 120	
经营性应收项目的减少（增加以“—”号填列）	−48 000	
经营性应付项目的增加（减少以“—”号填列）	12 852.40	
其他	0	
经营活动产生的现金流量净额	146 212.40	
2. 不涉及现金收支的重大投资和筹资活动：		
债务转为资本	0	
一年内到期的可转换公司债券	0	
租入固定资产	0	
3. 现金及现金等价物净变动情况：		
现金的期末余额	326 052.40	
减：现金的期初余额	562 520	
加：现金等价物的期末余额	0	
减：现金等价物的期初余额	0	
现金及现金等价物净增加额	−236 467.60	

1. 将净利润调节为经营活动现金流量

（1）将净利润调节为经营活动现金流量的原因。将净利润调节为经营活动现金流量是经营活动现金流量的又一种表达方式，即间接法。间接法与直接法一样，都是从利润表项目入手；但间接法以利润表中的最后一项“净利润”项目为起算点，调整不涉及经营活动的净利润项目、不涉及现金的净利润项目、与经营活动有关的非现金流动资产的变动、与经营活动有关的流动负债的变动等，据此计算出经营活动现金流量净额。为什么从净利润开始调整？因为净利润主要来自经营活动，所以净利润与经营活动现金流量有着必然的联系，但是净利润与经营活动现金流量又存在金额差异。净利润与经营活动现金流量之间的差异主要表现在：与净利润有关的交易或事项不一定涉及现金，如计提的资产减值准备等；与净利润有关的交易或事项不一定都与经营活动有关，如投资损益等；有些交易或事项虽然与净利润没有直接关系，但属于经营活动，如用现金购买存货等。所以，只有将以上这些导致净利润和经营活动现金流量两者不一致的因素在“净利润”项目的基础上进行调整，才能计算出经营活动现金流量净额。可见，间接法能够说明为什么企业一定期间的净利润与经营活动现金流量净额不一致。

（2）将净利润调节为经营活动现金流量的公式。间接法下，将净利润调节为经营活动现金流量的方法用计算公式表示如下：

经营活动产生的现金流量净额＝净利润＋实际没有支付现金的费用和损失
－实际没有收到现金的收入
＋不涉及经营活动的费用和损失
－不涉及经营活动的收益
＋与经营活动有关的非现金流动资产的减少数
＋与经营活动有关的流动负债的增加数

对公式的进一步解释如下：

1）实际没有支付现金的费用和损失包括：计提的资产减值准备，计提的固定资产折旧、油气资产折耗、生产性生物资产折旧，无形资产的摊销，长期待摊费用的摊销，递延所得税资产的减少或递延所得税负债的增加等。

2）实际没有收到现金的收入包括：冲销已计提的资产减值准备，递延所得税资产的增加或递延所得税负债的减少等。

3）不涉及经营活动的费用和损失包括：投资损失、财务费用、非流动资产处置损失、固定资产报废损失以及与投资性房地产、生产性生物资产有关的公允价值变动损失等。

4）不涉及经营活动的收益包括：投资收益、财务收益、非流动资产处置收益、固定资产报废收益以及与投资性房地产、生产性生物资产有关的公允价值变动收益等。

5）与经营活动有关的非现金流动资产和与经营活动有关的流动负债的增加数（或减少数），是指存货、应收账款等经营性应收项目，以及应付账款等经营性应付项目的增加数（或减少数）。

这里的非现金流动资产、流动负债的变动，必须是与经营活动有关的，因此，与接受投资、进行债务性和权益性投资、固定资产、无形资产、长短期借款、应付债券、股本等投资活动和筹资活动有关的交易或事项引起的非现金流动资产、流动负债等的增减变动金额，在这里不能作为调整数。

（3）将净利润调节为经营活动现金流量项目的填列。

1）资产减值准备。资产减值准备包括：坏账准备、存货跌价准备、投资性房地产减值准备、长期股权投资减值准备、债权投资减值准备、固定资产减值准备、在建工程减值准备、工程物资减值准备、生产性生物资产减值准备、无形资产减值准备、商誉减值准备等。企业计提的各项资产减值准备包括在利润表中，属于利润的减除项目，但没有发生现金流出。所以，在将净利润调节为经营活动现金流量时，需要加回。本项目可根据“资产减值损失”“信用减值损失”科目的记录分析填列。

2）固定资产折旧、油气资产折耗、生产性生物资产折旧。企业计提的固定资产折旧，有的包括在管理费用中，有的包括在制造费用中。计入管理费用的部分，作为期间费用在计算净利润时予以扣除，但没有发生现金流出，在将净利润调节为经营活动现金流量时，需要予以加回。计入制造费用中的已经变现的部分，在计算净利润时通过销售成本予以扣除，但没有发生现金流出；计入制造费用中的没有变现的部分，既不涉及现金收支，也不影响企业当期净利润。由于在调节存货时已经予以扣除，在此处将净利润调节为经营活动现金流量时，需要予以加回。同理，企业计提的油气资产折耗、生产性生物资产折旧，也需要予以加回。本项目可根据“累计折旧”“累计折耗”“生产性生物资产折旧”科目的贷方发生额分析填列。

3）无形资产摊销和长期待摊费用摊销。企业对使用寿命有限的无形资产计提摊销时，计入管理费用或制造费用。长期待摊费用摊销时，有的计入管理费用，有的计入销售费用，有的计入制造费用。计入管理费用等期间费用和计入制造费用中的已变现的部分，在计算净利润时已予以扣除，但没有发生现金流出；计入制造费用中的没有变现的部分，在调节存货时已经予以扣除，但不涉及现金收支，所以，在此处将净利润调节为经营活动现金流量时，需要予以加回。这个项目可根据“累计摊销”“长期待摊费用”科目的贷方发生额分析填列。

4）处置固定资产、无形资产和其他长期资产的损失（减：收益）。企业处置固定资产、无形资产和其他长期资产发生的损益，属于投资活动产生的损益，不属于经营活动产生的损益，所以，在将净利润调节为经营活动现金流量时，需要予以剔除。如为损失，在将净利润调节为经营活动现金流量时，应当予以加回；如为收益，在将净利润调节为经营活动现金流量时，应当予以扣除。本项目可根据“营业外收入”“营业外支出”“资产处置损益”等科目所属有关明细科目的记录分析填列，如为净收益，以“－”号填列。

5）固定资产报废损失（减：收益）。企业发生的固定资产报废损益，属于投资活动产生的损益，不属于经营活动产生的损益，所以，在将净利润调节为经营活动现金流量时，需要予以剔除。同样，投资性房地产发生报废、毁损而产生的损失，也需要予以剔除。如为净损失，在将净利润调节为经营活动现金流量时，应当予以加回；如为净收益，在将净利润调节为经营活动现金流量时，应当予以扣除。本项目可根据“营业外支出”“营业外收入”等科目所属有关明细科目的记录分析填列。

6）公允价值变动损失（减：收益）。公允价值变动损益反映企业在初始确认时划分为以公允价值计量且其变动计入当期损益的金融资产等业务中公允价值变动形成的计入当期损益的利得或损失。企业发生的公允价值变动损益，通常与企业的投资活动或筹资活动有关，而且并不影响企业当期的现金流量。为此，应当将其从净利润中剔除。本项目可以根据“公允价值变动损益”科目的发生额分析填列。如为持有损失，在将净利润调节为经营活动现金流量时，应当予以加回；如为持有利得，在将净利润调节为经营活动现金流量时，应当予以扣除。

7）财务费用（减：收益）。企业发生的财务费用中不属于经营活动的部分，应当将其从净利润中剔除。本项目可根据“财务费用”科目的本期借方发生额分析填列；如为收益，以“—”号填列。

在实务中，企业的“财务费用”明细账一般是按费用项目设置的，为了编制现金流量表，企业可在此基础上，再按“经营活动”“筹资活动”“投资活动”分设明细分类账。每一笔财务费用发生时，即将其归入“经营活动”、“筹资活动”或“投资活动”中。

8）投资损失（减：收益）。企业发生的投资损益，属于投资活动产生的损益，不属于经营活动产生的损益，所以，在将净利润调节为经营活动现金流量时，需要予以剔除。如为净损失，在将净利润调节为经营活动现金流量时，应当予以加回；如为净收益，在将净利润调节为经营活动现金流量时，应当予以扣除。本项目可根据利润表中“投资收益”项目的数字填列；如为投资收益，以“—”号填列。

9）递延所得税资产的减少（减：增加）。如果递延所得税资产减少使计入所得税费用的金额大于当期应交的所得税金额，其差额没有发生现金流出，但在计算净利润时已经扣除，在将净利润调节为经营活动现金流量时，应当予以加回。如果递延所得税资产增加使计入所得税费用的金额小于当期应交的所得税金额，其差额没有发生现金流入，但在计算净利润时已经包括在内，在将净利润调节为经营活动现金流量时，应当予以扣除。本项目可以根据资产负债表“递延所得税资产”项目期初、期末余额分析填列。

10）递延所得税负债的增加（减：减少）。如果递延所得税负债增加使计入所得税费用的金额大于当期应交的所得税金额，其差额没有发生现金流出，但在计算净利润时已经扣除，在将净利润调节为经营活动现金流量时，应当予以加回。如果递延所得税负债减少使计入当期所得税费用的金额小于当期应交的所得税金额，其差额没有发生现金流入，但在计算净利润时已经包括在内，在将净利润调节为经营活动现金流量时，应当予以扣除。本项目可以根据资产负债表“递延所得税负债”项目期初、期末余额分析填列。

11）存货的减少（减：增加）。期末存货比期初存货减少，说明本期生产经营过程中耗用的存货有一部分是期初的存货，耗用这部分存货并没有发生现金流出，但在计算净利润时已经扣除，所以，在将净利润调节为经营活动现金流量时，应当予以加回。期末存货比期初存货增加，说明当期购入的存货除耗用外，还有一部分剩余，这部分存货也发生了现金流出，但在计算净利润时没有包括在内，所以在将净利润调节为经营活动现金流量时，需要予以扣除。当然，存货的增减变化过程还涉及应付项目，这一因素在经营性应付项目的增加（减：减少）中考虑。本项目可根据资产负债表中“存货”项目的期初数、期末数之间的差额填列；期末数大于期初数的差额，以“－”号填列。如果存货的增减变化属于投资活动，如在建工程领用存货，应当将这一因素剔除。

12）经营性应收项目的减少（减：增加）。经营性应收项目包括应收票据、应收账款、预付账款、长期应收款和其他应收款中与经营活动有关的部分，以及应收的增值税销项税额等。经营性应收项目期末余额小于经营性应收项目期初余额，说明本期收回的现金大于利润表中所确认的销售收入，所以，在将净利润调节为经营活动现金流量时，需要予以加回。经营性应收项目期末余额大于经营性应收项目期初余额，说明本期销售收入中有一部分没有收回现金，但是，在计算净利润时这部分销售收入已包括在内，所以，在将净利润调节为经营活动现金流量时，需要予以扣除。本项目应当根据有关科目的期初、期末余额分析填列；如为增加，以“－”号填列。

13）经营性应付项目的增加（减：减少）。经营性应付项目包括应付票据、应付账款、预收账款、应付职工薪酬、应交税费、应付利息、长期应付款、其他应付款中与经营活动有关的部分，以及应付的增值税进项税额等。经营性应付项目期末余额大于经营性应付项目期初余额，说明本期购入的存货中有一部分没有支付现金，但是，在计算净利润时却通过销售成本包括在内，在将净利润调节为经营活动现金流量时，需要予以加回；经营性应付项目期末余额小于经营性应付项目期初余额，说明本期支付的现金大于利润表中所确认的销售成本，在将净利润调节为经营活动产生的现金流量时，需要予以扣除。本项目应当根据有关科目的期初、期末余额分析填列；如为减少，以“－”号填列。

2. 不涉及现金收支的重大投资和筹资活动

不涉及现金收支的重大投资和筹资活动，反映企业一定期间内影响资产或负债但不形成该期现金收支的所有投资和筹资活动的信息。这些投资和筹资活动虽然不涉及当期现金收支，但对以后各期的现金流量有重大影响。例如，企业租入设备，将形成的负债记入“长期应付款”账户，当期并不支付设备款及租金，但以后各期必须为此支付现金，从而在一定期间内形成了一项固定的现金支出。

现金流量表准则规定，企业应当在附注中披露不涉及当期现金收支但影响企业财务状况或在未来可能影响企业现金流量的重大投资和筹资活动，主要包括：债务转为资本，一年内到期的可转换公司，租入固定资产。

3. 现金及现金等价物净变动情况

现金及现金等价物净变动情况，可以通过现金的期末、期初余额的差额予以反映，用以检验用直接法确定的现金流量净额是否准确。现金流量表准则将现金等价物定义为企业持有的期限短、流动性强、易于转换为已知金额现金、价值变动风险很小的投资。其中，期限短指自购买日起3个月内到期。企业可据此设定现金等价物的标准，根据期末、期初余额分析填列。若企业的现金等价物期末、期初余额相差不大，可以忽略不计。

12.4.4 现金流量表及附注的平衡关系

（1）现金流量表中用直接法填列的“经营活动产生的现金流量净额”等于现金流量表附注中用间接法调整得出的“经营活动产生的现金流量净额”。

（2）现金流量表中由“经营活动产生的现金流量净额”“投资活动产生的现金流量净额”“筹资活动产生的现金流量净额”“汇率变动对现金和现金等价物的影响”之和得出的“现金及现金等价物净增加额”等于现金流量表附注中通过“库存现金”“银行存款”“其他货币资金”账户的期末、期初余额的差额以及现金等价物的差额得出的“现金及现金等价物净增加额”。

以上平衡关系是检验现金流量表编制正确性的两个最重要的依据，也是基本的平衡关系。

12.4.5 现金流量表编制实例

例12-17

沿用甲公司2×19年12月31日的资产负债表（见表12-3）和2×19年度的利润表（见表12-7）的资料。甲公司其他相关资料如下：

1. 资产负债表有关项目的明细资料如下：

（1）存货中制造费用、生产成本的组成：固定资产折旧费用32 000元，职工薪酬129 960元。

（2）本期用银行存款购买固定资产40 400元，购买工程物资120 000元。

（3）本期收回交易性股票投资本金6 000元，公允价值变动400元，同时实现投资收益200元。

（4）应付职工薪酬的期初数无应付在建工程人员的部分，应付职工薪酬的期末数中应付在建工程人员11 200元，本期支付在建工程人员职工薪酬80 000元。

（5）应交税费的组成：本期增值税进项税额16 986 40元，本期增值税销项税额85 000元，已交增值税40 000元；应交所得税期初余额为0，应交所得税期末余额为8 038.80元；应交税费期末数中应由在建工程人员负担的部分为40 000元。

（6）应付利息均为短期借款利息，其中，本期计提利息 4 600 元，支付利息 5 000 元。

（7）本期用银行存款偿还短期借款 100 000 元，偿还一年内到期的长期借款 400 000 元；借入长期借款 224 000 元。

2. 本年度利润表有关项目的明细资料如下：

（1）管理费用的组成：职工薪酬 6 840 元，无形资产摊销 24 000 元，固定资产折旧费用 8 000 元，支付其他费用 24 000 元。

（2）财务费用的组成：计提借款利息 4 600 元，应收票据贴现利息 12 000 元。利润表中的销售费用 8 000 元至期末已经支付。

（3）资产减值损失的组成：上年年末坏账准备余额 360 元，本年计提坏账准备 360 元，本年计提固定资产减值准备 12 000 元。

（4）投资收益的组成：收到股息收入 12 000 元，与本金一起收回的交易性股票投资收益 200 元，自公允价值变动损益结转的投资收益 400 元。

（5）营业外收入的组成：处置意外灾害固定资产净收益 20 000 元（所报废的固定资产原价为 160 000 元，累计折旧 60 000 元，收到处置收入 12 000 元）。假定不考虑与固定资产处置有关的税费。

（6）营业外支出的组成：报废固定资产净损失 7 880 元（所报废的固定资产原价为 80 000 元，累计折旧 72 000 元，支付清理费用 200 元，收到残值收入 320 元）。

（7）所得税费用的组成：当期所得税费用 37 120 元，递延所得税收益 3 000 元。

3. 根据以上资料，编制甲公司 2×18 年度现金流量表。

（1）甲公司 2×18 年度现金流量表各项目金额的分析计算如下：

1）销售商品、提供劳务收到的现金

＝营业收入＋应交税费（应交增值税——销项税额）

＋应收票据项目或应收账款项目（期初余额－期末余额）

－本期计提坏账准备

－票据贴现利息

＝500 000＋85 000＋(119 640－239 280)＋(98 400－26 400)－360－12 000

＝525 000(元)

2）购买商品、接受劳务支付的现金

＝营业成本＋应交税费（应交增值税——进项税额）

＋存货项目（期末余额－期初余额）

＋应付票据项目或应付账款项目（期初余额－期末余额）

＋预付款项项目（期末余额－期初余额）

－当期列入生产成本、制造费用的固定资产折旧费用和修理费

－当期列入生产成本、制造费用的职工薪酬

＝300 000＋16 986.40＋(993 880－1 032 000)＋(381 520－381 520)＋(80 000

－40 000)＋(40 000－40 000)－32 000－129 960

=156 906.40(元)

3）支付给职工以及为职工支付的现金

=生产成本、制造费用及管理费用中的职工薪酬

+应付职工薪酬项目（期初余额－期末余额）

－应付职工薪酬中的在建工程部分（期初余额－期末余额）

=129 960+6 840+(44 000－72 000)－(0－11 200)

=120 000(元)

4）支付的各项税费

=当期所得税费用+税金及附加+应交税费（应交增值税——已交税金）

+应交所得税项目（期初余额－期末余额）

=37 120+800+40 000+(0－8 038.80)

=69 881.20(元)

5）支付其他与经营活动有关的现金=销售费用+其他管理费用

=8 000+24 000

=32 000(元)

6）收回投资收到的现金

=交易性金融资产贷方发生额+与交易性金融资产一起收回的投资收益

=6 400+200

=6 600(元)

7）取得投资收益收到的现金=收到的股息收入=12 000(元)

8）处置固定资产、无形资产和其他长期资产收回的现金净额

=120 000+(320－200)

=120 120(元)

9）购建固定资产、无形资产和其他长期资产支付的现金

=以银行存款购买固定资产、工程物资+支付在建工程人员职工薪酬

=40 400+120 000+80 000

=240 400(元)

10）取得借款收到的现金=224 000(元)

11）偿还债务支付的现金=100 000+400 000=500 000(元)

12）分配股利、利润或偿付利息支付的现金=5 000(元)

(2) 将净利润调节为经营活动现金流量各项目的分析计算如下：

1）资产减值准备=360+12 000=12 360(元)

2）固定资产折旧、油气资产折耗、生产性生物资产折旧

=32 000+8 000

=40 000(元)

3）无形资产摊销=24 000(元)

4）处置固定资产、无形资产和其他长期资产的损失（减：收益）=－20 000(元)

5）固定资产报废损失（减：收益）＝7 880(元)

6）财务费用＝4 600(元)

7）投资损失（减：收益）＝－12 600(元)

8）递延所得税资产的减少（减：增加）＝－3 000(元)

9）存货的减少＝1 032 000－993 880＝38 120(元)

10）经营性应收项目的减少（减：增加）

＝(98 400－26 400)＋[(119 640－239 280)－(720－360)]

＝－48 000(元)

11）经营性应付项目的增加（减：减少）

＝(40 000－80 000)＋(381 520－381 520)＋[(72 000－11 200)－44 000]

＋[(90 692.40－40 000)－14 640]

＝12 852.40(元)

(3) 根据上述数据，编制现金流量表（见表12-9）及现金流量表附注（见表12-12）。

12.5 所有者权益变动表

12.5.1 所有者权益变动表概述

1. 所有者权益变动表的概念及作用

所有者权益变动表是反映所有者权益各组成部分当期增减变动情况的报表。所有者权益变动表应当全面反映一定时期所有者权益变动的情况，不仅包括所有者权益总量的增减变动，还包括所有者权益增减变动的重要结构性信息，让报表使用者准确理解所有者权益增减变动的根源。

2. 所有者权益变动表的列报格式

(1) 以矩阵的形式列报。为了清楚地表明所有者权益各组成部分当期的增减变动情况，所有者权益变动表应以矩阵的形式列示。一方面，列示导致所有者权益变动的交易或事项，改变以往仅仅按照所有者权益的各组成部分反映所有者权益变动情况，而是按所有者权益变动的来源对一定时期所有者权益变动情况进行全面反映；另一方面，按照所有者权益各组成部分（包括实收资本或股本、其他权益工具、资本公积、库存股、其他综合收益、盈余公积、未分配利润等）及其总额列示交易或事项对所有者权益的影响。

(2) 列示所有者权益变动的比较信息。根据财务报表列报准则的规定，企业需要提供比较所有者权益变动表，因此，所有者权益变动表还就各项目再分为“本年金额”和“上年金额”两栏分别填列。所有者权益变动表的具体内容见表12-13。

表 12－13 所有者权益（股东权益）变动表

会企 04 表

编制单位：甲公司 2×19 年度 单位：元

项目	本年金额											上年金额（略）										
	实收资本（股本）	其他权益工具			资本公积	减：库存股	其他综合收益	专项储备	盈余公积	未分配利润	所有者权益合计	实收资本（股本）	其他权益工具			资本公积	减：库存股	其他综合收益	专项储备	盈余公积	未分配利润	所有者权益合计
		优先股	永续债	其他									优先股	永续债	其他							
一、上年年末余额	2 000 000								40 000	20 000	2 060 000											
加：会计政策变更																						
前期差错更正																						
其他																						
二、本年年初金额	2 000 000								40 000	20 000	2 060 000											
三、本年增减变动金额（减少以“－”号填列）																						
（一）综合收益总额										90 000	90 000											
（二）所有者投入和减少资本																						
1. 所有者投入的普通股																						
2. 其他权益工具持有者投入资本																						
3. 股份支付计入所有者权益的金额																						
4. 其他																						
（三）利润分配																						
1. 提取盈余公积									9 908.16	－9 908.16												

续表

项目	本年金额											上年金额（略）										
	实收资本（股本）	其他权益工具			资本公积	减：库存股	其他综合收益	专项储备	盈余公积	未分配利润	所有者权益合计	实收资本（股本）	其他权益工具			资本公积	减：库存股	其他综合收益	专项储备	盈余公积	未分配利润	所有者权益合计
		优先股	永续债	其他									优先股	永续债	其他							
2. 对所有者（或股东）的分配									−12 886.34	−12 886.34	−12 886.34											
3. 其他																						
（四）所有者权益内部结转																						
1. 资本公积转增资本（或股本）																						
2. 盈余公积转增资本（或股本）																						
3. 盈余公积弥补亏损																						
4. 设定收益计划变动额结转留存收益																						
5. 其他综合收益结转留存收益																						
6. 其他																						
四、本年年末余额	2 000 000								49 908.16	87 205.50	2 137 113.66											

12.5.2　所有者权益变动表的列报

1. 所有者权益变动表各项目的列报说明

（1）“上年年末余额”项目，反映企业上年资产负债表中实收资本（或股本）、其他权益工具、资本公积、库存股、其他综合收益、盈余公积、未分配利润等的年末余额。

（2）“会计政策变更”和“前期差错更正”项目，分别反映企业采用追溯调整法处理的会计政策变更的累积影响金额和采用追溯重述法处理的会计差错更正的累积影响金额。

为了体现会计政策变更和前期差错更正的影响，企业应当在上期期末所有者权益余额的基础上进行调整得出本期期初所有者权益，根据“盈余公积”“利润分配”“以前年度损益调整”等科目的发生额分析填列。

（3）“本年增减变动金额”项目分别反映如下内容：

1）“综合收益总额”项目，反映企业在某一期间除与所有者以其所有者身份进行的交易之外的其他交易或事项所引起的所有者权益变动，其金额为净利润和其他综合收益扣除所得税影响后的净额相加后的合计金额。

2）“所有者投入和减少资本”项目，反映企业当年所有者投入的资本或减少的资本。其中，“所有者投入的普通股”项目，反映企业接受投资者投入形成的股本和股本溢价，并对应列在“实收资本”和“资本公积”栏；“其他权益工具持有者投入资本”项目，反映企业发行的除普通股以外分类为权益工具的金融工具的持有者投入的资本金额，本项目应根据金融工具类科目的相关明细科目的发生额分析填列。

3）“利润分配”项目，反映当年对所有者（或股东）分配的利润（或股利）金额和按照规定提取的盈余公积金额，并对应列在“未分配利润”和“盈余公积”栏。其中，“提取盈余公积”项目，反映企业按照规定提取的盈余公积；“对所有者（或股东）的分配”项目，反映对所有者（或股东）分配的利润（或股利）金额。

4）“所有者权益内部结转”项目，反映不影响当年所有者权益总额的所有者权益各组成部分之间当年的增减变动，包括资本公积转增资本（或股本）、盈余公积转增资本（或股本）、盈余公积弥补亏损等金额。为了全面反映所有者权益各组成部分的增减变动情况，所有者权益内部结转也是所有者权益变动表的重要组成部分，主要指不影响所有者权益总额、所有者权益的各组成部分当期的增减变动。其中，“资本公积转增资本（或股本）”项目，反映企业以资本公积转增资本（或股本）的金额。“盈余公积转增资本（或股本）”项目，反映企业以盈余公积转增资本（或股本）的金额。“盈余公积弥补亏损”项目，反映企业以盈余公积弥补亏损的金额。“其他综合收益结转留存收益”项目主要反映：①企业指定为以公允价值计量且其变动计入其他综合收益的非交易性权益工具投资终止确认时，之前计入其他综合收益的累计利得或损失从其他综合收益中转入留存收益的金额；②企业指定以公允价值计量且其变动计入当期损益的金融负债终止确认时，之前由企业自身信用风险变动引起而计入其他综合收益的累计利得或损失从其他综合收益中转入留存收益的金额等。本项目均根据“其他综合收益”科目的相关明细科目的发生额分析填列。

2. “上年金额”栏的列报方法

所有者权益变动表“上年金额”栏内各项数字，应根据上年度所有者权益变动表“本年金额”栏内所列数字填列。如果上年度所有者权益变动表规定的各个项目的名称和内容与本年度不一致，应对上年度所有者权益变动表中各项目的名称和数字按本年度的规定进行调整，填入所有者权益变动表“上年金额”栏内。

3. “本年金额”栏的列报方法

所有者权益变动表“本年金额”栏内各项数字一般应根据“实收资本（或股本)”“资本公积”“盈余公积”“利润分配”“库存股”“以前年度损益调整”等科目的发生额分析填列。

12.6 财务报表附注

12.6.1 财务报表附注概述

1. 提供财务报表附注的原因

附注是财务报表不可或缺的组成部分，是对在资产负债表、利润表、现金流量表和所有者权益变动表等报表中列示项目的文字描述或明细资料，以及对未能在这些报表中列示项目的说明等。由于企业日常发生的经济业务千差万别、数量繁多，每个企业都必须按照一定的程序、方法，把日常发生的大量的、不同性质的经济交易和事项分类、汇总、加工成系统的会计核算记录，并定期编制成以表格形式表现的财务报表。为了便于使用者理解，一些在报表中被高度浓缩的项目需要进一步分解、解释或补充，于是，附注逐渐成为财务报表的组成部分。

提供财务报表附注，主要有以下三个目的：

（1）突出财务报表信息的重要性。财务报表中所包含的信息已比较全面，但内容繁多，报表使用者可能抓不住重点，对其中的重要信息的了解可能不够全面、详细。通过注释，可将财务报表中的重要数据进一步予以分解、说明，有助于报表使用者了解哪些是重要的信息，应当引起注意，并在决策中有所考虑。

（2）提高报表内信息的可比性。财务报表通常依据会计准则编制而成，会计准则在许多方面规定了多种会计处理方法，并允许企业根据本行业特点及所处的经济环境选择能最恰当、公允地反映财务状况和经营成果的会计原则、程序和方法，结果导致不同行业或同一行业各企业所提供的会计信息产生较大的差异。此外，为使财务报表编制所采用的方法保持连贯性，产生的信息具有可比性，会计准则要求企业慎重选择其采用的会计程序、方法与原则，不得随意变更，但这并不意味着这些程序、方法与原则在确定后就不能变更。

只要新的经济环境表明，采用另一种会计原则、程序或方法能更为恰当地反映企业的经济情况，那么改变原来的会计方法或程序就是合理的。改变方法会影响信息的可比性，因而，在财务报告中用适当的方式通过注释来说明企业所采用的会计方法及其变更，有助于提高财务报表的可比性。

（3）增加报表内信息的可理解性。企业财务报表的使用者颇多，其知识结构必然有异，信息需求及侧重点各不相同，仅有财务报表肯定不能满足所有报表使用者的需要。对表中数据进行解释，将一个抽象的数据分解成若干的具体项目，并说明产生各项目的会计方法，有助于报表使用者理解财务报表中的信息。

由于会计管理机构加强了对企业信息披露的管理，近年来，附注中提供的信息有日益增多的趋势。尽管附注技术性很强，不易为非专业人员理解，但它确实向报表使用者提供了富有意义的信息。

必须指出，尽管附注与表内信息不可分割，共同组成财务报表的整体，但是，附注中的定量或定性说明都不能用来更正表内的错误，也不能用以代替报表正文中的正常分类、计价和描述，或与正文数据产生矛盾。此外，附注作为一种会计信息的披露手段，还存在以下缺陷：1）如果使用者对附注不作认真研究，便难以阅读和理解，从而可能忽视这项资料；2）附注的文字叙述比报表中所汇总的数据资源更难以用于决策；3）随着企业业务复杂程度的增加，存在过多使用附注的倾向，这势必会削弱基本财务报表的作用。

2. 财务报表附注披露的基本要求

（1）附注披露的信息应是定量信息与定性信息的结合，从而能从量和质两个角度对企业经济事项完整地进行反映，满足信息使用者的决策需求。

（2）附注应当按照一定的结构进行系统合理的排列和分类，有顺序地披露信息。由于附注的内容繁多，因此更应按逻辑顺序排列，分类披露，条理清晰，具有一定的组织结构，以便于使用者理解和掌握，更好地实现财务报表的可比性。

（3）附注相关信息应当与资产负债表、利润表、现金流量表和所有者权益变动表等报表中列示的项目相互参照，以帮助使用者联系相关的信息，从整体上更好地理解财务报表。

3. 财务报表附注的形式

在会计实务中，财务报表附注可采用旁注、附表和底注等形式。

（1）旁注。旁注是指在财务报表的有关项目旁直接用括号加注说明。旁注是最简单的报表注释方法，如果报表上有关项目的名称或金额受到限制或需简要补充，可以直接用括号加注说明。为了保持报表项目简明扼要、清晰明了，旁注只适用于个别需简单补充的信息项目。

（2）附表。附表是指为了保持财务报表简明易懂而另行编制一些反映其构成项目及年度内的增减来源与数额的表格。附表反映的内容，有些已直接包括在底注之内，有些则附在报表和底注之后，作为财务报告的一个单独组成部分。必须注意的是，附表与补充报表的含义并不相同。附表所反映的是财务报表中某一项目的明细信息，补充报表则往往反映一些附加的信息或按不同基础编制的信息。最常见的补充报表是揭示物价变动对企业财务状况和经营成果影响的附表。

（3）底注。底注也称脚注，是指在财务报表后面用一定文字和数字所作的补充说明。一般而言，每一种报表都可以有一定的底注，其篇幅大小依各种报表的复杂程度而定。底注的主要作用是揭示那些不便于列入报表正文的有关信息。但是，底注作为财务报表的组成部分，仅是对报表正文的补充，不能取代或更正报表正文中的正常分类、计价和描述。

凡列入财务报表正文部分的信息项目都必须符合会计要素的定义和一系列确认与计量的标准。财务报表正文主要是以表格形式描述有关企业财务状况与经营绩效的定量信息，这一特征使报表正文所能包含的信息受到限制。底注则比较灵活，可提供有关报表编制基础等方面的定性信息、报表项目的性质、比报表正文更为详细的信息、一些相对次要的信息等。这些信息对理解和使用报表信息是十分有益的。正因为有这一优点，底注在财务报表中发挥着越来越重要的作用。

12.6.2 财务报表附注的内容

财务报表附注披露的内容如下：

1. 企业的基本情况

例如，企业注册地、组织形式和总部地址；企业的业务性质和主要经营活动，如企业所处的行业、所提供的主要产品或服务、客户的性质、销售策略、监管环境的性质等；母公司以及集团最终母公司的名称；财务报告的批准报出者和财务报告批准报出日，或者以签字人及其签字日期为准；营业期限有限的企业，还应当披露有关其营业期限的信息。

2. 财务报表的编制基础

财务报表的编制基础包括：会计年度、记账本位币、会计计量所运用的计量基础、现金和现金等价物的构成。

3. 遵循企业会计准则的声明

企业应当明确说明编制的财务报表符合企业会计准则体系的要求，真实、完整地反映了企业的财务状况、经营成果和现金流量等有关信息。

4. 重要会计政策和会计估计

重要会计政策的说明，包括财务报表项目的计量基础和在运用会计政策过程中所做的重要判断等。重要会计估计的说明，包括可能导致下一个会计期间内资产、负债账面价值重大调整的会计估计的确定依据等。

企业应当披露采用的重要会计政策和会计估计，并结合企业的具体实际披露其重要会计政策的确定依据和财务报表项目的计量基础，及其会计估计所采用的关键假设和不确定因素。

5. 会计政策和会计估计变更以及差错更正的说明

企业应当按照《企业会计准则第 28 号——会计政策、会计估计变更和差错更正》的规定，披露会计政策和会计估计变更以及差错更正的情况。

6. 报表重要项目的说明

企业应当按照资产负债表、利润表、现金流量表、所有者权益变动表及其项目列示的顺序，对报表重要项目采用文字和数字描述相结合的方式进行披露。报表重要项目的明细金额合计，应当与报表项目金额相衔接。

企业应当在附注中披露费用按照性质分类的利润表补充资料，可将费用分为耗用的原材料费用、职工薪酬费用、折旧费用、摊销费用等。

7. 或有和承诺事项、资产负债表日后非调整事项、关联方关系及其交易等需要说明的事项

8. 有助于财务报表使用者评价企业管理资本的目标、政策及程序的信息

9. 其他需要披露的说明

例如，其他综合收益各项目及其所得税影响；其他综合收益各项目原计入其他综合收益、当期转出计入当期损益的金额；其他综合收益各项目的期初和期末余额及其调节情况。

企业应当在附注中披露终止经营的收入、费用、利润总额、所得税费用和净利润，以及归属于母公司所有者的终止经营利润；资产负债表日后、财务报告批准报出日前提议或宣布发放的股利总额和每股股利金额（或向投资者分配的利润总额）。

特别提示

如果企业有其他权益工具，应当在财务报表附注中增加单独附注项目，披露发行在外的所有归类为权益工具或金融负债的优先股、永续债等金融工具的详细情况，包括发行时间、数量、金额、到期日或续期情况、转股条件、转换情况、会计分类以及股利或利息支付等信息。

思考题

1. 何谓财务报告？其编制的目的和主要内容是什么？
2. 财务报表提供的信息应达到哪些基本质量要求？

3. 何谓资产负债表？其作用如何？
4. 何谓利润表？其作用如何？
5. 何谓现金流量表？其作用如何？
6. 所有者权益变动表有何作用？
7. 现金流量表直接法和间接法的区别是什么？
8. 简述财务报表附注的内容。
9. 财务报告列报的基本要求是什么？
10. 简述资产负债表的作用及其局限性。
11. 简述两种不同的收益计量观。
12. 简述经营活动现金流量的直接法。
13. 简述经营活动现金流量的间接法。
14. 简述现金流量表主要项目的转换方法。
15. 简述所有者权益变动表的作用。

练习题

习题一

[目的] 练习经营活动现金流量流入项目列报金额的计算。

[资料] 甲公司为增值税一般纳税人，增值税税率为13%，2×18年与销售有关的现金流量业务如下：

(1) 销售产品一批，增值税发票标明销售价300 000元（不含应取得的增值税），货款尚未收到。

(2) 销售产品一批，销售价700 000元，应收的增值税额91 000元，款项已收妥存入银行。

(3) 甲公司将到期的一张面值为180 000元的无息银行承兑汇票（不含增值税），连同解讫通知和进账单交银行办理转账，款项已收妥。

(4) 甲公司收到应收账款51 000元。

(5) 甲公司采用商业承兑汇票结算方式销售产品一批，价款250 000元，增值税额为32 500元，收到282 500元的商业承兑汇票一张，甲公司已将上述承兑汇票到银行办理贴现，贴现息为20 000元。

[要求] 计算甲公司销售商品、提供劳务收到的现金。

习题二

[目的] 练习经营活动现金流量流出项目列报金额的计算。

[资料] 甲公司2×18年与采购有关的业务如下：

(1) 购买原材料，收到的增值税专用发票上注明的材料价款为150 000元，增值税进项税额为 19 500 元，款项已通过银行转账支付。

(2) 用银行汇票支付材料及运费 99 800 元和增值税 12 974 元。

(3) 收到银行通知，本期支付到期商业承兑票据 100 000 元。

(4) 购买工程用物资 160 000 元，货款已通过银行转账支付。

[要求] 计算甲公司购买商品、接受劳务支付的现金。

习题三

[目的] 练习现金流量表有关项目列报金额的计算。

[资料] 某企业 2×18 年度应付职工薪酬有关资料见表 12-14。

表 12-14 应付职工薪酬有关资料 单位：元

项目		年初数	本期分配或计提数	期末数
应付职工薪酬	生产工人工资	100 000	1 000 000	80 000
	车间管理人员工资	40 000	500 000	30 000
	行政管理人员工资	60 000	800 000	45 000
	在建工程人员工资	20 000	300 000	15 000

本期用银行存款支付离退休人员工资 500 000 元。假定应付职工薪酬本期减少数均以银行存款支付，应付职工薪酬为贷方余额。假定不考虑其他事项。

[要求] 计算下列项目的列报金额：

(1) 支付给职工以及为职工支付的现金。

(2) 支付其他与经营活动有关的现金。

(3) 购建固定资产、无形资产和其他长期资产支付的现金。

习题四

[目的] 练习资产负债表的编制。

[资料] 甲企业 2×18 年 12 月 31 日的有关资料如下：

(1) 科目余额表（见表 12-15)。

表 12-15 科目余额表 单位：元

科目名称	借方余额	贷方余额
库存现金	10 000	
银行存款	57 000	
应收票据	60 000	
应收账款	80 000	
预付账款		30 000
坏账准备		5 000
原材料	70 000	

续表

科目名称	借方余额	贷方余额
低值易耗品	10 000	
发出商品	90 000	
材料成本差异		55 000
库存商品	100 000	
固定资产	800 000	
累计折旧		300 000
在建工程	40 000	
无形资产	150 000	
短期借款		8 000
应付账款		70 000
预收账款		10 000
应付职工薪酬	4 000	
应交税费		13 000
长期借款		80 000
实收资本		500 000
盈余公积		200 000
未分配利润		200 000

(2) 债权债务明细科目余额。

应收账款明细资料如下：

“应收账款——A公司”借方余额100 000元；

“应收账款——B公司”贷方余额20 000元。

预付账款明细资料如下：

“预付账款——C公司”借方余额20 000元；

“预付账款——D公司”贷方余额50 000元。

应付账款明细资料如下：

“应付账款——E公司”贷方余额100 000元；

“应付账款——F公司”借方余额30 000元。

预收账款明细资料如下：

“预收账款——G公司”贷方余额40 000元；

“预收账款——H公司”借方余额30 000元。

(3) 长期借款共两笔，均为到期一次性还本付息，其金额及期限如下：

1) 从工商银行借入30 000元，期限为2×17年6月1日至2×19年6月1日。

2) 从建设银行借入50 000元，期限为2×18年8月1日至2×20年8月1日。

甲企业资产负债表的格式见表12-16。

表 12-16　资产负债表

编制单位：甲企业　　　　2×18 年 12 月 31 日　　　　单位：元

资产	金额	负债和所有者权益	金额
流动资产：		流动负债：	
货币资金		短期借款	
应收票据		应付票据	
应收账款		应付账款	
预付款项		预收款项	
应付职工薪酬		应交税费	
存货		一年内到期的长期负债	
流动资产合计		流动负债合计	
非流动资产：		非流动负债：	
固定资产		长期借款	
在建工程		非流动负债合计	
无形资产		负债合计	
其他非流动资产		所有者权益：	
非流动资产合计		实收资本	
		盈余公积	
		未分配利润	
		所有者权益合计	
资产总计		负债和所有者权益总计	

［要求］　编制甲企业 2×18 年 12 月 31 日的资产负债表。

习题五

［目的］　练习利润表的编制。

［资料］　甲公司为增值税一般纳税人，适用的增值税税率为 13%。商品销售价格中均不含增值税额，按每笔销售分别结转销售成本。甲公司销售商品、零配件及提供劳务均为主营业务。

甲公司 2×18 年 9 月发生的经济业务如下：

(1) 以分期收款销售方式向 A 公司销售商品一批。该批商品的销售价格为 20 万元，实际成本为 17 万元，取货单和增值税专用发票已交 A 公司。根据合同，该价款（不含增值税额，下同）分三次收取，第一次收取货款的 20%，10 月 1 日和 11 月 1 日分别收取货款的 40%。第一次应收取的货款已于本月收存银行。

(2) 与 B 公司签订协议，委托其代销商品一批。根据代销协议，B 公司按代销商品协议价的 5%收取手续费，并直接从代销款中扣除。该批商品的协议价为 5 万元，实际成本为 3.6 万元，商品已运往 B 公司。本月末收取 B 公司开来的代销清单，列明已售出该批商品的50%，同时收到已售代销商品的代销款（已扣除手续费）。

(3) 与C公司签订一份设备安装合同。该设备安装期为2个月，合同总价款为3万元，分两次收取。本月末收到第一笔价款1万元，并存入银行。按合同规定，安装程序完成日收取剩余的款项。至本月末，已实际发生安装成本1.2万元（假定均为安装人员工资）。

(4) 向D公司销售一件特定商品。合同规定，该件商品须单独设计制作，总价款35万元，自合同签订起两个月内交货。D公司已预付全部价款。至本月末，该件商品尚未完工，已发生生产成本15万元（其中，生产人员工资5万元，原材料10万元）。

(5) 向E公司销售一批零件。该批零件的销售价格为100万元，实际成本为80万元。增值税专用发票及提货单已交给E公司。E公司已开出承兑的商业汇票，该商业汇票期限为3个月，到期日为12月10日。E公司因受场地限制，推迟到下月23日提货。

(6) 与H公司签订一项设备维修服务协议。本月末，该维修服务完成并经H公司验收合格，同时收到H公司按协议支付的劳务款50万元。为完成该项维修服务，发生相关费用10.4万元（假定均为维修人员工资）。

(7) M公司退回2×17年12月28日购买的商品一批，该批商品的销售价格为6万元，实际成本为4.7万元。该批商品的销售收入已在售出时确认，但款项尚未收取。经查明，退货理由符合原合同规定。本月末已办妥退货手续并开具红字增值税专用发票。

(8) 计算本月应交所得税，假定该公司适用的所得税税率为25%，采用资产负债表债务法核算所得税。假定本期无任何纳税调整事项，且不考虑递延所得税的影响。

其他相关资料：除上述经济业务外，甲公司登记2×18年9月发生的其他经济业务形成的账户金额见表12-17。

表12-17　其他经济业务形成的账户金额　　单位：元

账户名称	借方金额	贷方金额
其他业务收入		20 000
其他业务成本	10 000	
投资收益		15 300
营业外收入		20 000
营业外支出	40 000	
税金及附加	100 000	
管理费用	50 000	
财务费用	10 000	

［要求］

(1) 编制甲公司上述(1)至(8)项经济业务相关的会计分录（“应交税费”科

目要求写出明细科目及专栏名称)。

(2) 编制甲公司 2×18 年 9 月的利润表（利润表的格式见表 12－18，计算结果保留至整数位)。

表 12－18　利润表（简表）

编制单位：甲公司　　2×18 年 9 月　　单位：元

项目	本期金额
一、营业收入	
减：营业成本	
税金及附加	
销售费用	
管理费用	
财务费用	
加：投资收益（损失以“—”号填列）	
公允价值变动收益（损失以“—”号填列）	
资产减值损失（损失以“—”号填列）	
二、营业利润（亏损以“—”号填列）	
加：营业外收入	
减：营业外支出	
三、利润总额（亏损总额以“—”号填列）	
减：所得税费用	
四、净利润（净亏损以“—”号填列）	

第13章

会计调整

学习目标

通过本章的学习，了解会计变更的种类及构成内容；掌握会计变更的追溯调整法和未来适用法；掌握各类会计差错的调整方法及资产负债表日后事项的类别和调整事项的调整方法。

13.1 会计政策及其变更

13.1.1 会计政策

1. 会计政策的概念

会计政策是指企业在会计确认、计量和报告中所采用的原则、基础和会计处理方法。会计政策包括会计原则、会计基础和会计处理方法，是指导企业进行会计确认和计量的具体要求。

（1）会计原则，是指按照企业会计准则规定的、适合于企业会计核算的具体会计原则。例如，按收入准则的规定，将商品销售收入同时具备五个条件作为收入确认的标准，就属于收入确认的具体会计原则。

（2）会计基础，是指为了将会计原则应用于交易或者事项而采用的基础，主要是计量基础（即计量属性），包括历史成本、重置成本、可变现净值、现值和公允价值等。

（3）会计处理方法，是指企业在会计核算中按照法律、行政法规或者国家统一的会计制度等规定采用或者选择的、适合于本企业的具体会计处理方法。例如，企业按照建造合同准则规定采用的完工百分比法等。

2. 会计政策的特点

在我国，会计准则属于法规，会计政策所包括的具体会计原则、基础和具体会计处理方法由企业会计准则规定。企业基本上是在法规允许的范围内选择适合本企业实际情况的会计政策。所以，会计政策具有强制性和多层次的特点。

(1) 会计政策的强制性。由于企业经济业务的复杂性和多样化，某些经济业务在符合会计原则和会计基础的要求下，可以有多种会计处理方法。例如，存货的计价可以有先进先出法、加权平均法、个别计价法等。但是，企业在发生某项经济业务时，必须从允许的会计原则、会计基础和会计处理方法中选出适合本企业特点的会计政策。

(2) 会计政策的层次性。会计政策包括会计原则、会计基础和会计处理方法三个层次。其中，会计原则是指导企业会计核算的具体原则；会计基础是为将会计原则体现在会计核算中而采用的基础；会计处理方法是按照会计原则和会计基础的要求，由企业在会计核算中采用或者选择的、适合本企业的具体会计处理方法。会计原则、会计基础和会计处理方法三者是一个符合逻辑、密不可分的整体，通过这个整体，会计政策才能得以应用和落实。

3. 重要的会计政策

企业应当披露重要的会计政策，对不具有重要性的会计政策可以不予披露。判断会计政策是否重要，应当考虑与会计政策相关项目的性质和金额。企业应当披露的重要会计政策包括：

(1) 发出存货成本的计量，是指企业确定发出存货成本所采用的会计处理方法。例如，企业发出存货成本的计量是采用先进先出法，还是采用其他计量方法。

(2) 长期股权投资的后续计量，是指企业取得长期股权投资后的会计处理。例如，企业对被投资单位的长期股权投资是采用成本法核算，还是采用权益法核算。

(3) 投资性房地产的后续计量，是指企业对投资性房地产进行后续计量所采用的会计处理方法。例如，企业对投资性房地产的后续计量是采用成本模式，还是采用公允价值模式。

(4) 固定资产的初始计量，是指企业对取得的固定资产初始成本的计量。例如，企业对取得的固定资产初始成本是以购买价款为基础进行计量，还是以购买价款的现值为基础进行计量。

(5) 生物资产的初始计量，是指企业对取得的生物资产初始成本的计量。例如，企业为取得生物资产而产生的借款费用，是应当予以资本化，还是计入当期损益。

(6) 无形资产的确认，是指无形项目的支出是否确认为无形资产。例如，企业内部研究开发项目开发阶段的支出是确认为无形资产，还是在发生时计入当期损益。

(7) 非货币性资产交换的计量，是指非货币性资产交换事项中对换入资产成本的计量。例如，非货币性资产交换是以换出资产的公允价值作为确定换入资产成本的基础，还是以换出资产的账面价值作为确定换入资产成本的基础。

（8）收入的确认，是指收入确认所采用的会计处理方法。例如，企业是按照从购货方已收或应收的合同或协议价款确定销售商品收入金额，还是按照应收的合同或协议价款的公允价值确定销售商品收入金额。

（9）借款费用的处理，是指借款费用的会计处理方法。例如，是采用资本化方法，还是采用费用化方法。

（10）其他重要会计政策等。

13.1.2 会计政策变更

会计政策变更是指企业对相同的交易或者事项由原来采用的会计政策改用另一会计政策的行为。为保证会计信息的可比性，使财务报表使用者在比较企业一个以上期间的财务报表时，能够正确判断企业的财务状况、经营成果和现金流量的趋势。一般情况下，企业采用的会计政策在每一会计期间和前后各期应当保持一致，不得随意变更，否则，势必会削弱会计信息的可比性。企业只有在以下两种情况下才可以变更会计政策：

第一，依法变更。这种情况是指法律、行政法规以及国家统一的会计制度要求企业采用新的会计政策，则企业应当按照法律、行政法规以及国家统一的会计制度的规定改变原会计政策，执行新的会计政策。

第二，自行变更。这种情况是指由于经济环境、客观情况的改变，企业原采用的会计政策所提供的会计信息，已不能恰当地反映企业的财务状况、经营成果和现金流量等情况。在这种情况下，应改变原有会计政策，按变更后新的会计政策进行会计处理，以便对外提供更可靠、更相关的会计信息。

企业发生的下列情况，不属于会计政策变更的范围：（1）企业本期发生的交易或事项与以前相比具有本质的差别而采用新的会计政策。例如，企业以往出租的设备均为经营租赁，因此按经营租赁会计处理方法核算，但自本年度起对新出租的设备均采用融资租赁方式，则该企业自本年度起对新出租的设备采用融资租赁会计处理方法核算。由于经营租赁和融资租赁有着本质差别，因而改变会计政策不属于会计政策变更。（2）对初次发生的或不重要的交易或者事项采用新的会计政策。例如，某企业初次签订一份劳务合同，选择了符合条件的劳务收入确认方法，由于初次发生该项交易，其劳务收入方法的选择，不属于会计政策变更。

13.1.3 会计政策变更的会计处理

1. 会计政策变更的会计处理原则

企业会计政策变更要根据具体情况，分别按以下规定进行会计处理：

（1）在法律、行政法规以及国家统一的会计制度等要求变更的情况下，企业应当分别按以下情况进行处理。

1）国家发布相关的会计处理办法的，按照国家发布的相关会计处理规定进行处理。

2）国家没有发布相关的会计处理办法的，则采用追溯调整法进行会计处理。

（2）在会计政策变更能够提供更可靠、更相关的会计信息的情况下，企业应当采用追溯调整法进行会计处理，根据会计政策变更的累积影响数调整列报前期最早期间的期初留存收益，其他相关项目的期初余额和列报前期披露的其他比较数据也一并调整。

（3）确定会计政策变更对列报前期影响数不切实可行的，应当从可追溯调整的最早期间期初开始应用变更后的会计政策。

（4）在当期期初确定会计政策变更对以前各期累积影响数不切实可行的，应当采用未来适用法进行处理。例如，企业因账簿超过法定保存期限而销毁等，可能使在当期期初确定会计政策变更对以前各期累积影响数不切实可行，在这种情况下，应当采用未来适用法进行处理。

2. 追溯调整法

追溯调整法是指对某项交易或事项变更会计政策，视同该项交易或事项初次发生时即采用变更后的会计政策，并以此对财务报表相关项目进行调整的方法。

追溯调整法的运用通常由以下几步构成：

第一步，计算会计政策变更的累积影响数；

第二步，编制相关项目的调整分录；

第三步，调整列报前期最早期间的期初财务报表相关项目及其金额；

第四步，附注说明。

采用追溯调整法时，对于比较财务报表期间的会计政策变更，应调整各期间净损益各项目和财务报表其他相关项目，视同该政策在比较财务报表期间内一直采用。对于比较财务报表可比期间以前的会计政策变更的累积影响数，应调整比较财务报表最早期间的期初留存收益，财务报表其他相关项目的数字也应一并调整。因此，追溯调整法将会计政策变更的累积影响数用于调整列报前期最早期间的期初留存收益，而不计入当期损益。

例 13-1

甲公司在 2×16 年、2×17 年分别以 90 万元和 112 万元的价格从股票市场购入 A，B 两种以交易为目的的股票，市价一直高于购入成本。假定不考虑相关税费，且公司采用成本与市价孰低法对购入的股票进行计量。公司从 2×18 年起对其以交易为目的的股票由成本与市价孰低法改为以公允价值计量，公司保存的会计资料比较完整，可以通过会计资料进行追溯调整。公司适用的所得税税率为 25%，按净利润的 10%提取法定盈余公积，按净利润的 5%提取任意盈余公积。2×17 年公司发行在外普通股的加权平均数为 900 万股。A，B 股票的有关成本及公允价值资料见表 13-1。

表 13-1　A，B股票有关成本及公允价值　　单位：元

股票	购入成本	2×16年年末公允价值	2×17年年末公允价值
A	900 000	1 020 000	1 020 000
B	1 120 000	—	1 280 000

根据上述资料，甲公司的会计处理如下：

第一步，计算改变交易性金融资产计量方法后的累积影响数，见表13-2。

表 13-2　改变交易性金融资产计量方法后的累积影响数　　单位：元

时间	公允价值	成本与市价孰低	税前差异	所得税影响	税后差异
2×16年年末	1 020 000	900 000	120 000	30 000	90 000
2×17年年末	1 280 000	1 120 000	160 000	40 000	120 000

甲公司2×18年12月31日的比较财务报表最早期间的期初为2×17年1月1日。

第二步，编制有关项目的调整分录。

（1）调整交易性金融资产。

借：交易性金融资产——公允价值变动　　160 000

　贷：利润分配——未分配利润　　120 000

　　　递延所得税负债　　40 000

（2）调整利润分配。

借：利润分配——未分配利润　　18 000

　贷：盈余公积　　18 000

提取盈余公积18 000元（120 000×15%），其中，按净利润的10%提取法定盈余公积12 000元，按净利润的5%提取任意盈余公积6 000元。

第三步，财务报表调整和重述（财务报表略）。甲公司在列报2×18年度的财务报表时，应调整2×18年年末资产负债表有关项目的年初余额、利润表有关项目的上年金额及所有者权益变动表有关项目的上年余额和本年金额。

（1）资产负债表项目的调整。调增交易性金融资产上年年末余额160 000元；调增递延所得税负债上年年末余额40 000元；调增盈余公积上年年末余额18 000元；调增未分配利润上年年末余额102 000元（120 000－18 000）。

（2）利润表项目的调整。调增公允价值变动收益上年金额40 000元（160 000－120 000）；调增所得税费用上年金额10 000元（40 000－30 000）；调增净利润上年金额30 000元（120 000－90 000）；调增基本每股收益上年金额0.003 3元。

（3）所有者权益变动表项目的调整。调增会计政策变更项目中盈余公积上年金额13 500元（90 000×15%）；未分配利润上年金额76 500元（90 000－13 500）；所有者权益合计上年金额90 000元。这里的上年金额要结合所有者权益变动表中的栏目内容理解。

调增本年金额栏中上年年末余额下的会计政策变更项目中盈余公积4 500元、未

分配利润 25 500 元。

第四步，附注说明。甲公司 2×18 年按照会计准则规定，将交易性金融资产计量由成本与市价孰低法改为以公允价值计量。此项会计政策变更采用追溯调整法。2×18 年的比较财务报表已重新表述。2×17 年期初运用新会计政策追溯计算的会计政策变更累积影响数为 90 000 元。调增 2×17 年的期初留存收益 90 000 元，其中，调增未分配利润 76 500 元，调增盈余公积 13 500 元。会计政策变更对 2×18 年度报告财务报表的影响为：调增本年年初未分配利润 102 000 元、盈余公积 18 000 元，调增净利润上年数 30 000 元。

3. 未来适用法

未来适用法是指将变更后的会计政策应用于变更日及以后发生的交易或者事项，或者在会计估计变更当期和未来期间确认会计估计变更影响数的方法。

在未来适用法下，不需要计算会计政策变更产生的累积影响数，也无须重编以前年度的财务报表。变更之日仍保留企业会计账簿记录及财务报表上反映的原有金额，不因会计政策变更而改变以前年度的既定结果，并在现有金额的基础上按新的会计政策进行处理。

例 13-2

乙公司 2×18 年以前存货计价采用后进先出法。该公司从 2×18 年 1 月 1 日起改用先进先出法。具体数字资料见表 13-3。该公司属于依法改变存货计价方法，因而属于会计政策变更。假设企业对以前年度的存货成本不能进行合理的调整，因此，采用未来适用法进行处理，即对存货从 2×18 年及以后才适用先进先出法，不需要计算 2×18 年 1 月 1 日以前在先进先出法下存货应有的余额以及对留存收益的影响金额。计算确定会计政策变更对当期净利润的影响数见表 13-3。

表 13-3　当期净利润的影响数计算表　　单位：元

项目	后进先出法	先进先出法
营业收入	10 000 000	10 000 000
减：营业成本	7 320 000	6 400 000
其他费用	480 000	480 000
利润总额	2 200 000	3 120 000
减：所得税费用	550 000	780 000
净利润	1 650 000	2 340 000
差额	690 000	

会计政策变更使乙公司 2×18 年的净利润增加了 690 000 元。

13.1.4　会计政策变更的披露

企业应当在附注中披露与会计政策变更有关的下列信息：

（1）会计政策变更的性质、内容和原因。具体包括：对会计政策变更的简要阐述、变更的日期、变更前采用的会计政策和变更后采用的新会计政策及会计政策变更的原因。例如，依据法律或会计准则等行政法规、规章的要求变更会计政策时，在财务报表附注中应当披露所依据的文件，如对于由于执行企业会计准则而发生的变更，应在财务报表附注中说明：依据《企业会计准则第×号——××》的要求变更会计政策……

（2）当期和各个列报前期财务报表中受影响的项目名称和调整金额。具体包括：采用追溯调整法时，计算出的会计政策变更的累积影响数；当期和各个列报前期财务报表中需要调整的净损益及其影响金额，以及其他需要调整的项目名称和调整金额。

（3）无法进行追溯调整的，说明该事实和原因以及开始应用变更后的会计政策的时点、具体应用情况。具体包括：无法进行追溯调整的事实；确定会计政策变更对列报前期影响数不切实可行的原因；在当期期初确定会计政策变更对以前各期累积影响数不切实可行的原因；开始应用新会计政策的时点和具体应用情况。

需要注意的是，在以后期间的财务报表中，不需要重复披露在以前期间的附注中已披露的会计政策变更的信息。

13.2 会计估计及其变更

13.2.1 会计估计

1. 会计估计的概念

会计估计是指企业对结果不确定的交易或者事项以最近利用的信息为基础所作的判断。由于商业活动中内在的不确定因素的影响，许多财务报表中的项目不能精确地计量，只能加以估计。估计涉及以最近可利用的、可靠的信息为基础所作的判断。例如，以下项目可能需要估计：坏账、陈旧过时的存货、应折旧资产的使用寿命或者体现在应折旧资产中的未来经济利益的预期消耗方式、担保债务等。

2. 会计估计的特点

（1）会计估计的存在是由于经济活动中内在的不确定性因素的影响。在会计核算中，企业总是力求保持会计核算的准确性，但有些经济业务本身具有不确定性（如坏账、固定资产折旧年限、固定资产残余价值、无形资产摊销年限、收入确认等），因而需要根据经验作出估计。可以说，在进行会计核算和相关信息披露的过程中，会计估计是不可避免的，并不会削弱其可靠性。

（2）进行会计估计时，往往以最近可利用的信息或资料为基础。企业在会计核算中，由于经营活动中内在的不确定性，不得不经常进行估计。一些估计的主要目的是确定资产或负债的账面价值，例如，坏账准备、担保责任引起的负债；另一些估计的主要目的是确定将在某一期间记录的收益或费用的金额，例如，某一期间的折旧、摊销的金额。企业在进行会计估计时，通常应根据当时的情况和经验，以一定的信息或资料为基础。但是，随着时间的推移、环境的变化，进行会计估计的基础可能会发生变化，因此，进行会计估计所依据的信息或者资料经常发生变化。由于最新的信息是最接近目标的信息，以其为基础所作的估计最接近实际，因此进行会计估计时，应以最近可利用的信息或资料为基础。

（3）进行会计估计并不会削弱会计确认和计量的可靠性。企业为了定期、及时地提供有用的会计信息，将延续不断的经营活动人为地划分为一定的期间，并在权责发生制的基础上对企业的财务状况和经营成果进行定期确认和计量。例如，在会计分期的情况下，许多企业的交易跨越若干会计年度，以至于需要在一定程度上作出决定：某一年度发生的开支，哪些可以合理地预期能够产生其他年度以收益形式表示的利益，从而全部或部分向后递延；哪些可以合理地预期在当期能够得到补偿，从而确认为费用。也就是说，需要在结算日决定，哪些开支可以在资产负债表中处理，哪些开支可以在利润表中作为当年费用处理。因此，基于会计分期和货币计量的前提，在确认和计量过程中，不得不对许多尚在延续中、其结果尚未确定的交易或事项予以估计入账。

3. 会计估计的判断

企业会计估计的判断，应当考虑与会计估计相关的项目的性质和金额。通常情况下，企业应披露的会计估计包括：

（1）存货可变现净值的确定。

（2）公允价值模式下投资性房地产公允价值的确定。

（3）固定资产的预计使用寿命、预计净残值和折旧方法、弃置费用的确定。

（4）存货资产及消耗性生物资产可变现净值的确定，生产性生物资产的使用寿命、预计净残值和折旧方法。

（5）使用寿命有限的无形资产预计使用寿命与净残值和摊销方法。

（6）非货币性资产公允价值的确定。

（7）固定资产、无形资产、长期股权投资等非流动资产可收回金额的确定。

（8）职工薪酬金额的确定。

（9）与股份支付相关的公允价值的确定。

（10）与债务重组相关的公允价值的确定。

（11）预计负债金额的确定。

（12）收入金额的确定、提供劳务完工进度的确定。

（13）建造合同完工进度的确定。

（14）与政府补助相关的公允价值的确定。

（15）一般借款资本化金额的确定。

（16）应纳税暂时性差异和可抵扣暂时性差异的确定。

（17）非同一控制下的企业合并成本的公允价值的确定。

（18）租赁资产公允价值的确定、租赁付款额现值的确定、承租人租赁折现率的确定、融资费用和融资收入的确定、未担保余值的确定。

（19）与金融工具相关的公允价值的确定、摊余成本的确定、金融资产减值损失的确定等。

13.2.2 会计估计变更

会计估计变更是指由于资产和负债的当前状况及预期经济利益和义务发生了变化，从而对资产或负债的账面价值或者资产的定期消耗金额进行调整。

会计估计变更的情形包括：

（1）赖以进行估计的基础发生了变化。企业进行会计估计，总是依赖于一定的基础。如果其依赖的基础发生了变化，则会计估计也相应发生变化。如某企业的一项无形资产摊销年限原定为10年，以后发生的情况表明，该资产的受益年限已不足10年，则相应调减摊销年限。

（2）取得了新的信息、积累了更多的经验。企业进行会计估计是就现有资料对未来所做的判断，随着时间的推移，企业有可能取得新的信息，积累更多的经验，在这种情况下，企业可能不得不对会计估计进行修改，即发生会计估计变更。如某企业原根据当时能够得到的信息，对应收账款每年按其余额的5%计提坏账准备。现在掌握了新的信息，判定不能收回的应收账款比例已达15%，企业改按15%的比例计提坏账准备。

13.2.3 会计估计变更的会计处理

企业对会计估计变更应当采用未来适用法处理，具体方法为：

（1）会计估计变更仅影响变更当期的，其影响数应当在变更当期予以确认。

例13-3

某企业原按应收账款余额的5%提取坏账准备，由于企业不能收回应收账款的比例已达10%，故改按应收账款余额的10%提取坏账准备。这类会计估计的变更只影响变更当期，因此，应于变更当期确认。

（2）既影响变更当期又影响未来期间的，其影响数应当在变更当期和未来期间予以确认。

例13-4

某企业的一项可计提折旧的固定资产，其有效使用年限或预计净残值的估计发生变更，影响了变更当期及资产以后使用年限内各个期间的折旧费用，这项会计估计的变更应于变更当期及以后各期确认。

会计估计变更的影响数应计入变更当期与前期相同的项目。为了保证不同期间的财务报表具有可比性，如果会计估计变更的影响数以前包括在企业日常经营活动的损益中，以后也应包括在相应的损益类项目中；如果会计估计变更的影响数以前包括在特殊项目中，以后也相应作为特殊项目反映。

（3）企业应当正确划分会计政策变更和会计估计变更，并按不同的方法进行相关会计处理。企业通过判断会计政策变更和会计估计变更划分基础仍然难以对某项变更进行区分的，应当将其作为会计估计变更处理。

13.2.4　会计估计变更的披露

企业应当在附注中披露与会计估计变更有关的下列信息：

（1）会计估计变更的内容和原因，包括变更的内容、变更日期以及会计估计变更的原因。

（2）会计估计变更对当期和未来期间的影响数，包括会计估计变更对当期和未来期间损益的影响金额，以及对其他各项目的影响金额。

（3）会计估计变更的影响数不能确定的，披露这一事实和原因。

例 13-5

甲公司于 2×14 年 1 月 1 日起对一台管理用设备计提折旧，价值 67 200 元，估计使用年限为 8 年，预计净残值为 3 200 元，按直线法计提折旧。至 2×18 年年初，由于新技术的发展等原因，需要对原估计的使用年限和净残值作出修改，修改后该设备的使用年限为 6 年，预计净残值为 1 600 元。

甲公司对上述会计估计变更的处理方式如下：

（1）不调整以前各期折旧，也不计算累积影响数。

（2）变更日以后发生的经济业务改按新估计的使用年限提取折旧。

按原估计每年折旧额为 8 000 元，已提折旧 4 年共计 32 000 元，固定资产净值为 35 200 元。改变估计使用年限后，2×18 年起每年计提的折旧费用为 16 800 元（(35 200－1 600)÷(6－4)）。2×18 年不必对以前年度已提折旧进行调整，需按重新预计的使用年限和净残值计算确定年折旧费用。编制会计分录如下：

借：管理费用　　16 800

　贷：累计折旧　　16 800

（3）附注说明。本公司一台管理用设备的原始价值 67 200 元，原估计使用年限为 8 年，预计净残值 3 200 元，按直线法计提折旧。由于新技术的发展，该设备已不能按原估计使用年限计提折旧，本公司于 2×18 年年初变更该设备的使用年限为 6 年，预计净残值为 1 600 元，以反映该设备的真实使用年限和净残值。此估计变更导致本年度净利润减少 6 600 元（(16 800－8 000)×(1－25%)）。

13.3　前期差错及其更正

13.3.1　前期差错的概念及类型

1. 前期差错的概念

前期差错是指由于没有运用或错误运用下列两种信息，造成前期财务报表省略或错报：(1) 编报前期财务报表时预期能够取得并加以考虑的可靠信息。(2) 前期财务报告批准报出时能够取得的可靠信息。

2. 前期差错的类型

前期差错通常包括计算错误、应用会计政策错误、疏忽或曲解事实和舞弊产生的影响，以及存货、固定资产盘盈等。没有运用或错误运用上述两种信息而形成前期差错的情形主要有：

(1) 计算以及账户分类错误。例如，企业购入五年期国债，意图长期持有，但在记账时记入交易性金融资产，导致账户分类上的错误，并导致在资产负债表上流动资产和非流动资产的分类也有误。

(2) 采用法律、行政法规或者国家统一的会计制度等不允许的会计政策。例如，按照《企业会计准则第17号——借款费用》的规定，为购建固定资产的专门借款而发生的借款费用满足一定条件的，在固定资产达到预定可使用状态前发生的应予以资本化，计入所购建固定资产的成本；在固定资产达到预定可使用状态后发生的应计入当期损益。如果企业将固定资产已达到预定可使用状态后发生的借款费用计入该项固定资产的价值并予以资本化，则属于采用法律或会计准则等所不允许的会计政策。

(3) 对事实的疏忽或曲解，以及舞弊。例如，对于在某一时段内履行的履约义务，企业应当在该段时间内按照履约进度确认营业收入，而企业却在某一时点就确认了营业收入。

(4) 在期末对应计项目与递延项目未予调整。例如，企业应在本期摊销的长期待摊费用在期末未予摊销。

(5) 漏记已完成的交易。例如，企业销售一批商品，商品已经发出，开出增值税专用发票，商品销售收入确认条件均已满足，但企业在期末未将已实现的销售收入入账。

(6) 提前确认尚未实现的收入或不确认已实现的收入。例如，若采用委托代销商品的销售方式，应在收到代销单位的代销清单时确认商品销售收入的实现，如企业在发出委托代销商品时即确认收入，则为提前确认尚未实现的收入。

(7) 资本性支出与收益性支出划分差错等。例如，企业发生的管理人员的工资一般作为收益性支出，而发生的在建工程人员工资一般作为资本性支出。如果企业将发生的在建工程人员工资计入了当期损益，则属于资本性支出与收益性支出的划分差错。

13.3.2 前期差错重要性的判断

如果财务报表项目的遗漏或错误表述可能影响财务报表使用者根据财务报表所作出的经济决策，则该项目的遗漏或错误是重要的。重要的前期差错足以影响财务报表使用者对企业财务状况、经营成果和现金流量作出正确判断。不重要的前期差错，是指不足以影响财务报表使用者对企业财务状况、经营成果和现金流量作出正确判断的前期差错。

前期差错的重要性取决于在相关环境下对遗漏或错误表述的规模和性质的判断。前期差错所影响的财务报表项目的金额或性质，是判断该前期差错是否具有重要性的决定性因素。一般来说，前期差错所影响的财务报表项目的金额越大、性质越严重，其重要性水平越高。

企业应当严格区分会计估计变更和前期差错更正，对于前期根据当时的信息、假设等作了合理估计，在当期按照新的信息、假设等需要对前期估计金额作出变更的，应当作为会计估计变更处理，不应作为前期差错更正处理。

13.3.3　前期差错更正的会计处理

会计差错产生于财务报表项目确认、计量、列报或披露的会计处理过程中，如果财务报表中包含重要差错，或者差错虽不重要但是由故意造成（以便形成对企业财务状况、经营成果和现金流量等会计信息某种特定形式的列报），则应认为该财务报表未遵循企业会计准则的规定进行编报。在当期发现的当期差错应当在财务报表发布之前予以更正。如果重要差错直到下一期间才被发现，就形成了前期差错。

企业应当采用追溯重述法更正重要的前期差错，但确定前期差错累积影响数不切实可行的除外。追溯重述法，是指在发现前期差错时，视同该项前期差错从未发生过，从而对财务报表相关项目进行更正的方法。

1. 不重要的前期差错的处理

对于不重要的前期差错，企业不需调整财务报表相关项目的期初数，但应调整发现当期与前期相同的相关项目。影响损益的，应直接计入本期与上期相同的净损益项目；不影响损益的，应调整本期与前期相同的相关项目。

例 13-6

2×18 年 12 月 31 日，甲公司发现 2×17 年度的一台管理用设备少计提折旧 5 400 元。这笔折旧相对于折旧费用总额而言金额不大，所以直接记入 2×18 年有关项目。其更正此差错的会计分录如下：

借：管理费用　　5 400

　　贷：累计折旧　　5 400

例 13-7

甲公司在 2×18 年发现 2×17 年漏记管理人员工资 5 000 元，则 2×18 年更正此差错的会计分录如下：

借：管理费用　　5 000

　　贷：应付职工薪酬　　5 000

2. 重要的前期差错的处理

对于重要的前期差错，企业应当在发现当期的财务报表中调整前期比较数据。

具体地说，企业应当在重要的前期差错发现当期的财务报表中，通过下述处理对其进行追溯更正：（1）追溯重述差错发生期间列报的前期比较金额；（2）如果前期差错发生在列报的最早前期之前，则追溯重述列报的最早前期的资产、负债和所有者权益相关项目的期初余额。

对于发生的重要前期差错，如影响损益，应根据其对损益的影响数调整发现当期的期初留存收益，财务报表其他相关项目的期初数也应一并调整；如不影响损益，应调整财务报表相关项目的期初数。

在编制比较财务报表时，对于比较财务报表期间重要的前期差错，应调整各该期间的净损益和其他相关项目，视同该差错在产生的当期已经更正；对于比较财务报表期间以前的重要的前期差错，应调整比较财务报表最早期间的期初留存收益，财务报表其他相关项目的数字也应一并调整。

确定前期差错影响数不切实可行的，可以从可追溯重述的最早期间开始调整留存收益的期初余额，财务报表其他相关项目的期初余额也应当一并调整，也可以采用未来适用法。当企业确定前期差错对列报的一个或者多个前期比较信息的特定期间的累积影响数不切实可行时，应当追溯重述切实可行的最早期间的资产、负债和所有者权益相关项目的期初余额；当企业在当期期初确定前期差错对所有前期的累积影响数不切实可行时，应当从确定前期差错影响数切实可行的最早日期开始采用未来适用法追溯重述比较信息。

需要注意的是，为了保证经营活动的正常进行，企业应当建立健全内部控制制度，保证会计资料的真实、完整。对于年度资产负债表日至财务报告批准报出日之间发现的报告年度的会计差错及报告年度前不重要的前期差错，应按照资产负债表日后事项的规定进行处理。

例 13-8

甲公司在2×18年发现，2×17年公司漏记一项固定资产的折旧费用300 000元，所得税申报表中未扣除该项折旧费用，税法允许调整应交所得税。假设2×17年适用的所得税税率为25%，无其他纳税调整事项。该公司按净利润的10%提取法定盈余公积，按净利润的5%提取任意盈余公积。公司2×17年发行在外的普通股加权平均数为3 600 000股。

（1）分析差错的影响数。甲公司于2×17年少计折旧费用300 000元；少计累计折旧300 000元；多计所得税费用75 000元（300 000×25%）；多计净利润225 000元；多计应交税费75 000元（300 000×25%）；多提法定盈余公积22 500元（225 000×10%）；多提任意盈余公积11 250元（225 000×5%）。

（2）编制有关项目的调整分录。

1）补提折旧。

借：以前年度损益调整　　300 000

　贷：累计折旧　　300 000

2）调整应交所得税。

借：应交税费——应交所得税　　75 000

　贷：以前年度损益调整　　75 000

3）将“以前年度损益调整”科目的余额转入利润分配。

借：利润分配——未分配利润　　225 000

　贷：以前年度损益调整　　225 000

4）调整利润分配有关数字。

借：盈余公积　　33 750

　贷：利润分配——未分配利润　　33 750

（3）财务报表调整和重述（财务报表此处从略）。甲公司在列报 2×18 年财务报表时，应调整 2×18 年年末资产负债表有关项目的上年年末余额、利润表有关项目的上年金额及股东权益变动表有关项目的上年金额。

1）资产负债表项目的调整。调减固定资产上年年末余额 300 000 元；调减应交税费上年年末余额 75 000 元；调减盈余公积上年年末余额 33 750 元；调减未分配利润上年年末余额 191 250 元。

2）利润表项目的调整。调增营业成本上年金额 300 000 元；调减所得税费用上年金额 75 000 元；调减净利润上年金额 225 000 元；调减基本每股收益 0.062 5 元。

3）股东权益变动表项目的调整。调减前期差错更正项目中盈余公积上年金额 33 750 元，未分配利润上年金额 191 250 元，股东权益合计上年金额 225 000 元。

（4）附注说明。本年度发现 2×17 年漏记固定资产折旧 300 000 元，在编制 2×17 年与 2×18 年可比财务报表时，已对该项差错进行了更正。更正后，调减 2×17 年净利润及留存收益 225 000 元，调增累计折旧 300 000 元。

13.3.4　前期差错更正的披露

企业应当在附注中披露与前期差错更正有关的下列信息：（1）前期差错的性质；（2）各个列报前期财务报表中受影响的项目名称和更正金额；（3）无法进行追溯重述的，说明该事实和原因以及对前期差错开始进行更正的时点、具体更正情况。

在以后期间的财务报表中，不需要重复披露在以前期间的附注中已披露的前期差错更正的信息。

13.4　资产负债表日后事项

13.4.1　资产负债表日后事项的概念及涵盖期间

1. 资产负债表日后事项的概念

资产负债表日后事项是指资产负债表日至财务报告批准报出日之间发生的有利

或不利事项。

（1）资产负债表日。资产负债表日是指会计年度末和会计中期期末。其中，年度资产负债表日是指公历12月31日；会计中期通常包括半年度、季度和月度等，会计中期期末相应地是指公历半年末、季末和月末等。

如果母公司或者子公司在国外，无论该母公司或子公司如何确定会计年度和会计中期，其向我国国内提供的财务报告都应根据《中华人民共和国会计法》和会计准则的要求确定资产负债表日。

（2）财务报告批准报出日。财务报告批准报出日是指董事会或类似机构批准财务报告报出的日期，通常是指对财务报告的内容负有法律责任的单位或个人批准财务报告对外公布的日期。

财务报告的批准者包括所有者、所有者中的多数以及董事会或类似的管理单位、部门和个人。公司制企业的董事会有权批准对外公布财务报告，因此，公司制企业财务报告批准报出日是指董事会批准财务报告报出的日期。对于非公司制企业，财务报告批准报出日是指经理（厂长）会议或类似机构批准财务报告报出的日期。

（3）有利或不利事项。资产负债表日后事项概念中所称的“有利或不利事项”，是指资产负债表日后事项肯定对企业财务状况和经营成果具有一定影响（既包括有利影响也包括不利影响）。如果某些事项的发生对企业并无任何影响，那么，那些事项既不是有利事项也不是不利事项，也就不属于资产负债表日后事项。

2. 资产负债表日后事项涵盖的期间

资产负债表日后事项涵盖的期间是自资产负债表日次日起至财务报告批准报出日止的一段时间，具体是指报告年度次年的1月1日或报告期下一期间的第一天至董事会或类似机构批准财务报告对外公布的日期。财务报告批准报出以后、实际报出之前又发生与资产负债表日后事项有关的事项，并由此影响财务报告对外公布日期的，应以董事会或类似机构再次批准财务报告对外公布的日期为截止日期。

13.4.2 资产负债表日后事项的内容

资产负债表日后事项包括资产负债表日后调整事项（以下简称调整事项）和资产负债表日后非调整事项（简称非调整事项）两类。

1. 调整事项

资产负债表日后调整事项，是指对资产负债表日已经存在的情况提供了新的或进一步证据的事项。如果资产负债表日及所属会计期间已经存在某种情况，但当时并不知道其存在或者不能知道确切结果，资产负债表日后发生的事项能够证实该情况的存在或者确切结果，则该事项属于资产负债表日后事项中的调整事项。调整事项能对资产负债表日的存在情况提供追加的证据，并会影响编制财务报表过程中的内在估计。调整事项有两个特点：一是在资产负债表日或以前已经存在，资产负债表日后得以证实；二是对按资产负债表日存在状况编制的财务报表产生重大影响。

例 13-9

甲企业与乙企业签订合同，合同中订明乙企业在 2×17 年内给甲企业提供指定数量的电力。由于乙企业延迟了修建新发电厂的计划，致使乙企业没有履行合同规定的义务，甲企业不得不以明显较高的价格从另一供电单位购买电力。在 2×17 年内，甲企业通过法律手段要求乙企业赔偿供电合同违约造成的经济损失。2×17 年后期，法院作出了乙企业赔偿甲企业全部损失的判决。在编制 2×17 年 12 月 31 日的资产负债表时，甲企业与其法律顾问协商后得出结论，甲企业有法定权利获取赔偿款，并且乙企业的任何上诉都不会获胜，甲企业已将可能收到的赔款作为一项应收款项列示在资产负债表上。2×18 年 1 月，乙企业建议用现金结算大部分赔款，余下的赔款不再支付，甲企业接受了以此全部结案的建议。对此，甲企业应对 2×17 年 12 月 31 日所作出的估计进行调整，调整财务报表相关项目的数字。

例 13-10

甲公司于 2×17 年 10 月销售给乙公司一批产品，销售价款为 100 万元，增值税额为 13 万元，该批产品的生产成本为 60 万元，货款在 2×17 年 12 月 31 日尚未收到。甲公司于 2×17 年 12 月 20 日接到乙公司通知，其在验收货物时发现该批产品存在严重质量问题，要求退货。甲公司希望协商解决问题，并与乙公司共同寻找解决办法。甲公司在 12 月 31 日编制资产负债表时，将该应收账款 113 万元减去已计提的坏账准备后的金额（甲公司按应收账款年末余额的 5%计提坏账准备）列示于资产负债表的“应收账款”项目内，并将 100 万元的货款作为收入列入利润表。2×18 年 1 月 28 日双方协商未达成协议，甲公司收到乙公司通知，该批产品已全部退回。甲公司在 2×18 年 2 月 5 日收到乙公司退回的产品和增值税专用发票的发票联、抵扣联。在这种情况下，甲公司需要将该项退货作为资产负债表日后调整事项进行处理。

2. 非调整事项

资产负债表日后非调整事项，是指表明资产负债表日后发生的情况的事项。非调整事项的发生不影响资产负债表日企业的财务报表数字，只说明资产负债表日后发生了某些情况。对于财务报告使用者来说，非调整事项说明的情况有的重要，有的不重要；其中重要的非调整事项虽然与资产负债表日的财务报表数字无关，但可能影响资产负债表日以后的财务状况和经营成果，所以应在附注中适当披露。非调整事项的特点是：第一，资产负债表日并未发生或存在，完全是期后才发生的；第二，对理解和分析财务报告有重大影响。

例 13-11

债务人乙公司财务情况恶化导致债权人甲公司发生坏账损失。2×18 年 12 月 31 日乙公司财务状况良好，甲公司预计应收账款可按时收回；乙公司一周后发生重大火灾，导致甲公司 50%的应收账款无法收回。导致甲公司 2×18 年度应收账款损失的因素是乙公司火灾，应收账款发生损失这一事实在资产负债表日以后才发生，因此乙公司发生火灾导致甲公司应收款项发生坏账的事项属于非调整事项。

综上所述，调整事项和非调整事项的区别在于：调整事项存在于资产负债表日或以前，资产负债表日后提供的证据可以对以前已存在的事项作进一步的说明；而非调整事项在资产负债表日尚未存在，但在财务报告批准报出日之前发生或存在。这两类事项的共同点在于：调整事项和非调整事项都是在资产负债表日后至财务报告批准报出日之间发生或存在的，对报告年度的财务报告所反映的财务状况、经营成果都将产生重大影响。

如何确定资产负债表日后发生的某一事项是调整事项还是非调整事项，是运用资产负债表日后事项准则的关键。某一事项究竟是调整事项还是非调整事项，取决于该事项表明的情况在资产负债表日或资产负债表日以前是否已经存在。若该情况在资产负债表日或之前已经存在，属于调整事项；反之，则属于非调整事项。

13.4.3 资产负债表日后调整事项的会计处理

1. 资产负债表日后调整事项的处理原则

企业发生资产负债表日后调整事项，应当调整资产负债表日已编制的财务报表。对于年度财务报表而言，由于资产负债表日后事项发生在报告年度的次年，报告年度的有关账目已经结转，特别是损益类科目在结账后已无余额，因此，年度资产负债表日后发生的调整事项，应分别按以下情况进行处理：

（1）涉及损益的事项，通过“以前年度损益调整”科目处理。调整增加以前年度利润或调整减少以前年度亏损的事项，贷记“以前年度损益调整”科目；反之，借记“以前年度损益调整”科目。

需要注意的是，涉及损益的调整事项如果发生在资产负债表日所属年度（即报告年度）所得税汇算清缴前，应调整报告年度应纳税所得额和应纳所得税额；如果发生在报告年度所得税汇算清缴后，应调整本年度（即报告年度的次年）应纳税所得额和应纳所得税额。

（2）涉及利润分配调整的事项，直接在“利润分配——未分配利润”科目中处理。

（3）不涉及损益以及利润分配的事项，调整相关科目。

（4）进行上述会计处理后，还应同时调整财务报表相关项目的数字，包括资产负债表日编制的财务报表相关项目的期末余额或本年金额；当期编制的财务报表相关项目的期初余额或上年金额。经过上述调整后，如果涉及财务报表附注的内容，还应当调整报表附注相关项目的数字。

2. 资产负债表日后调整事项示例

例 13-12

甲公司因违约于2×17年12月被乙公司告上法庭，要求甲公司赔偿160万元。2×17年12月31日法院尚未判决，甲公司按或有事项会计准则对该诉讼事项确认预计负债 100 万元。2×18 年 3 月 10 日，经法院判决甲公司应赔偿乙公司 120 万元。甲、乙双方均服从判决。判决当日，甲公司向乙公司支付赔偿款 120 万元。甲、乙两公司 2×17 年所得税汇算清缴在 2×18 年 4 月 10 日完成（假定该项预计负债产生的损失不允许税前扣除）。公司财务报告批准报出日是 2×18 年 3 月 31 日，所得税税率为 25%，按净利润的 10%提取法定盈余公积，提取法定盈余公积后不再作其他分配，调整事项按税法规定均可调整应交所得税。

本例中，2×18 年 3 月 10 日的判决证实了甲、乙两公司在资产负债表日（即 2×17 年 12 月 31 日）分别存在现时赔偿义务和获赔权利，因此两公司都应将“法院判决”这一事项作为调整事项进行处理。

（1）甲公司的账务处理如下：

1）2×18 年 3 月 10 日，记录支付的赔款，并调整递延所得税资产。

借：以前年度损益调整　200 000
　贷：其他应付款　200 000
借：应交税费——应交所得税　50 000
　贷：以前年度损益调整（200 000×25%）　50 000
借：应交税费——应交所得税　250 000
　贷：以前年度损益调整　250 000
借：以前年度损益调整　250 000
　贷：递延所得税资产　250 000
借：预计负债　1 000 000
　贷：其他应付款　1 000 000
借：其他应付款　1 200 000
　贷：银行存款　1 200 000

特别提示

2×17 年年末因确认预计负债 100 万元时已确认相应的递延所得税资产，资产负债表日后事项发生后，递延所得税资产不复存在，故应冲销相应记录，借记“以前年度损益调整”250 000 元，贷记“递延所得税资产”250 000 元。

如果调整分录中借方或贷方只有一方涉及货币资金类的分录，则会导致货币资金总额发生增减变化，也就是说会引起现金流入或流出进而涉及现金流量表，而现金流量表是收付实现制下的报表，因此不需要调整报告年度的财务报表项目。

2）将“以前年度损益调整”科目余额转入未分配利润。

借：利润分配——未分配利润　150 000
　贷：以前年度损益调整　150 000

3）因净利润变动调整盈余公积。

借：盈余公积（150 000×10%）　15 000

贷：利润分配——未分配利润　　15 000

4）调整报告年度财务报表相关项目的数字（财务报表此处从略）。

①资产负债表项目的年末数调整。调减递延所得税资产250 000元；调减预计负债1 000 000元；调增其他应付款1 200 000元；调减应交税费300 000元；调减盈余公积15 000元；调减未分配利润135 000元。

②利润表项目的调整。调增营业外支出200 000元；调减所得税费用50 000元。

③所有者权益变动表项目的调整。调减净利润150 000元；提取盈余公积项目中"盈余公积"一栏调减15 000元；"未分配利润"一栏调增15 000元。

（2）乙公司的账务处理如下：

1）2×18年3月10日，收到赔款。

借：其他应收款　　1 200 000

贷：以前年度损益调整　　1 200 000

借：以前年度损益调整（1 200 000×25%）　　300 000

贷：应交税费——应交所得税　　300 000

借：银行存款　　1 200 000

贷：其他应收款　　1 200 000

（说明：借记"银行存款"，贷记"其他应收款"这笔分录由于涉及现金，因此不需要调整报告年度的财务报表项目。）

2）将"以前年度损益调整"科目余额转入未分配利润。

借：以前年度损益调整　　900 000

贷：利润分配——未分配利润　　900 000

3）因净利润增加，补提盈余公积。

借：利润分配——未分配利润　　90 000

贷：盈余公积（900 000×10%）　　90 000

4）调整报告年度财务报表相关项目的数字（财务报表此处从略）。

①资产负债表项目的年末数调整。调增其他应收款1 200 000元；调增盈余公积90 000元；调增未分配利润810 000元；调增应交税费300 000元。

②利润表项目的调整。调增营业外收入1 200 000元；调增所得税费用300 000元。

③所有者权益变动表项目的调整。调增净利润900 000元；提取盈余公积项目中"盈余公积"一栏调增90 000元；"未分配利润"一栏调减90 000元。

例13-13

2×17年5月甲公司销售给乙公司一批产品，货款为116 000元（含增值税），乙公司于6月收到所购物资并验收入库，按合同规定，乙公司应于收到所购物资后一个月内付款。由于乙公司财务状况不佳，到2×17年12月31日仍未付款。甲公司于12月31日编制2×17年度财务报表时，已为该项应收账款提取坏账准备5 800元；12月31日资产负债表上"应收账款"项目的金额为152 000元，其中110 200

元为该项应收账款。甲公司于 2×18 年 2 月 2 日（所得税汇算清缴前）收到法院通知，乙公司已宣告破产清算，无力偿还所欠部分货款。甲公司预计可收回应收账款的 40%。甲公司财务报告批准报出日是次年 3 月 31 日，所得税税率为 25%，按净利润的 10%提取法定盈余公积，提取法定盈余公积后不再作其他分配，调整事项按税法规定均可调整应交所得税。

本例中，甲公司在收到法院通知后，首先判断该事项属于资产负债表日后调整事项，然后根据调整事项的处理原则进行处理。具体账务处理如下：

（1）补提坏账准备。

应补提的坏账准备＝116 000×60%－5 800＝63 800（元）

借：以前年度损益调整　　63 800
　　贷：坏账准备　　63 800

（2）调整递延所得税资产。

借：递延所得税资产　　15 950
　　贷：以前年度损益调整（63 800×25%）　　15 950

（3）将“以前年度损益调整”科目的余额转入未分配利润。

借：利润分配——未分配利润　　47 850
　　贷：以前年度损益调整（63 800－15 950）　　47 850

（4）调整利润分配有关数字。

借：盈余公积　　4 785
　　贷：利润分配——未分配利润（47 850×10%）　　4 785

（5）调整报告年度财务报表相关项目的数字（财务报表略）。

1）资产负债表项目年末数的调整。调减应收账款 63 800 元；调增递延所得税资产 15 950 元；调减盈余公积 4 785 元；调减未分配利润 43 065 元。

2）利润表项目的调整。调增资产减值损失 63 800 元；调减所得税费用 15 950 元。

3）所有者权益变动表项目的调整。调减净利润 47 850 元；提取盈余公积项目中“盈余公积”一栏调减 4 785 元；“未分配利润”一栏调增 4 785 元。

13.4.4　资产负债表日后非调整事项的处理

1. 资产负债表日后非调整事项的处理原则

资产负债表日后发生的非调整事项，是表明资产负债表日后发生的情况的事项，与资产负债表日的存在状况无关，不应当调整资产负债表日的财务报表。但有的非调整事项对财务报告使用者具有重大影响，如不加以说明，将不利于财务报告使用者作出正确估计和决策，因此，企业应在财务报表附注中披露重要的资产负债表日后非调整事项的性质、内容，及其对财务状况和经营成果的影响。

2. 资产负债表日后非调整事项的处理方法

对于资产负债表日后发生的非调整事项，企业不必调整资产负债表日编制的年度财务报表中已确认的金额，但需要在财务报表附注中披露每项重要的资产负债表日后非调整事项的性质、内容，及其对财务状况和经营成果的影响。无法作出估计的，应当说明原因。

资产负债表日后非调整事项的主要例子有：

（1）资产负债表日后发生重大诉讼、仲裁、承诺。资产负债表日后发生的重大诉讼等事项对企业影响较大，为防止误导投资者及其他财务报告使用者，应当在报表附注中进行相关披露。

（2）资产负债表日后资产价格、税收政策、外汇汇率发生重大变化。

（3）资产负债表日后因自然灾害导致资产发生重大损失。

例 13－14

甲企业拥有某外国乙企业 15%的股权，对乙企业无重大影响，投资成本 400 万元。乙企业的股票在国外的某家证券交易所上市交易。在编制 2×17 年 12 月 31 日的资产负债表时，甲企业对乙企业投资的账面价值按初始投资成本反映。2×18 年 1 月，该国发生海啸造成乙企业的股票市场价格大幅下跌，甲企业对乙企业的股权投资遭受重大损失。

本例中，自然灾害导致的资产重大损失对企业资产负债表日后财务状况的影响较大，如果不加以披露，有可能使财务报告使用者作出错误的决策，因此应作为非调整事项在报表附注中进行披露。本例中海啸发生在 2×18 年 1 月，属于资产负债表日后才发生或存在的事项，应当作为非调整事项在 2×17 年度报表附注中进行披露。

（4）资产负债表日后发行股票和债券以及其他巨额举债。企业发行股票、债券以及向银行或非银行金融机构举借巨额债务都是比较重大的事项，虽然这一事项与企业在资产负债表日的状况无关，但这一事项的披露能使财务报告使用者了解与此有关的情况及可能带来的影响，故应披露。

（5）资产负债表日后资本公积转增资本。企业以资本公积转增资本将会改变企业的资本（或股本）结构，影响较大，需要在报表附注中进行披露。

（6）资产负债表日后发生巨额亏损。企业资产负债表日后发生巨额亏损将会对企业报告期以后的财务状况和经营成果产生重大影响，应当在报表附注中及时披露该事项，以便为投资者或其他财务报告使用者作出正确决策提供信息。

（7）资产负债表日后发生企业合并或处置子公司。企业合并或者处置子公司的行为可能影响股权结构、经营范围等方面，对企业未来生产经营活动能产生重大影响，因此企业应在附注中披露处置子公司的信息。

（8）资产负债表日后，企业利润分配方案中拟分配的以及经审议批准宣告发放的股利或利润。资产负债表日后，企业制定利润分配方案，拟分配或经审议批准宣告发放股利或利润的行为，并不会致使企业在资产负债表日形成现时义务，因此虽